Stefan Mekiffer
Warum eigentlich genug Geld für alle da ist

Stefan Mekiffer

Warum eigentlich genug Geld für alle da ist

HANSER

Zitat auf S. 104 – Textauszug aus: Jean-Jacques Rousseau: *Abhandlung über den Ursprung und die Grundlagen der Ungleichheit unter den Menschen*. Herausgegeben und aus dem Französischen übersetzt von Philipp Rippel. © 1998 Philipp Reclam jun. GmbH & Co. KG, Stuttgart.
Zitat auf S. 114 – Textauszug aus: Georg Orwell: *1984*. Aus dem Englischen von Michael Walter. © der deutschen Ausgabe: 1984 Ullstein Buchverlage GmbH, Berlin.
Zitat auf S. 234 – Textauszug aus: Stéphane Hessel: *Empört Euch!* Aus dem Französischen von Mihael Kogon. © der deutschen Ausgabe: 2011 Ullstein Buchverlage GmbH, Berlin.

Bibliografische Information der Deutschen Nationalbibliothek
Die Deutsche Nationalbibliothek verzeichnet diese Publikation in der Deutschen Nationalbibliografie; detaillierte bibliografische Daten sind im Internet über http://dnb.d-nb.de abrufbar.

Dieses Werk ist urheberrechtlich geschützt.
Alle Rechte, auch die der Übersetzung, des Nachdruckes und der Vervielfältigung des Buches oder von Teilen daraus, vorbehalten. Kein Teil des Werkes darf ohne schriftliche Genehmigung des Verlages in irgendeiner Form (Fotokopie, Mikrofilm oder ein anderes Verfahren), auch nicht für Zwecke der Unterrichtsgestaltung – mit Ausnahme der in den §§ 53, 54 URG genannten Sonderfälle –, reproduziert oder unter Verwendung elektronischer Systeme verarbeitet, vervielfältigt oder verbreitet werden.

1 2 3 4 5   20 19 18 17 16

© 2016 Carl Hanser Verlag München
www.hanser-literaturverlage.de
Herstellung: Denise Jäkel
Umschlaggestaltung: Hauptmann & Kompanie Werbeagentur, Zürich
Illustrationen: Lisa Frühbeis
Satz: Kösel Media GmbH, Krugzell
Druck und Bindung: CPI – Ebner & Spiegel, Ulm
Printed in Germany
ISBN 978-3-446-44703-5
E-Book-ISBN 978-3-446-44711-0

für alle.

Inhalt

Prolog 9

**1. Die Geschichte der Großen Maschine:
eine Biografie** 15
Was ist Geld? 19
Die Mechanik 40
Die Programmierung 50
Die Benutzeroberfläche 75
Fazit: der Geld-Zauber 94

**2. Die manifestierte Maschine:
Wie wirkt das Geld auf die Welt?** 97
Eine kleine Dorfgeschichte 98
Die negative Ökonomik 104
Die Maschine wird manifest 166
Fazit: die Krise des Vertrauens 172

**3. Die Metamorphose des Geldes und die organische
Wirtschaft** 177
Freies Geld 179
Die Organische Wirtschaft 204

Epilog 247

Danksagung 249

Anmerkungen 251

Literatur 280

Register 301

Prolog

Die Ökonomik, also die Lehre von der Wirtschaft, hat eine Doppelfunktion: Auf der einen Seite erklärt sie wirtschaftliche Vorgänge, auf der anderen Seite erteilt sie Ratschläge. Sie ist sowohl beschreibend als auch empfehlend, sowohl deskriptiv als auch normativ: Eine schöne Theorie, die Sie da aufgestellt haben, Herr Ökonom, aber was machen wir jetzt? Wie retten wir die Arbeitsplätze, unsere Ersparnisse, die Biosphäre?

Damit unterscheidet sich die Ökonomik von anderen Wissenschaften. Physik und Biologie zum Beispiel untersuchen die Natur und das Lebendige, und wir wenden ihre Erkenntnisse in der Landwirtschaft, beim Bau von Motoren oder bei der Planung von Kraftwerken an. Aber die Gültigkeit ihrer Gesetze ist unbeeinflusst von unseren Theorien, denn wir Menschen untersuchen damit primär nicht uns selbst, sondern etwas von uns Unabhängiges. Den geworfenen Stein interessiert es nicht, ob wir die Gesetze der Gravitation kennen, und die Bäume wachsen, egal ob wir wissen warum.

Die Ökonomik dagegen fußt auf der Empfehlung. Sie hat sich aus der Ethik der antiken Philosophen entwickelt, die sich fragten, wie Armut und Reichtum entstehen und was zu tun ist. Seit der biblische Josef[1] dem Pharao sieben fette und sieben dürre Jahre prophezeite und ihn anwies, Steuern zu erheben und Kornkammern anzulegen, haben alle Wirtschaftsdenker von Aristoteles bis Adam Smith eines gemein: Sie erzählen eine Geschichte über die Wirtschaft, die erklärt, was arm und reich ist, und begründen daraus, was vernünftiges, wirtschaftliches, gutes Handeln ist. Aus Narrativ und Analyse bilden sie die

Empfehlung, und nach ihrem Rat formen wir Handeln, Institutionen, Politik.

Wenn Sie Ökonomik an einer Universität studieren, lernen Sie auch eine Geschichte, die ungefähr so lautet: Früher handelten die Leute nur durch Tausch, was sehr unpraktisch war – also erfanden sie Geld. Dadurch entstanden Märkte sowie Arbeitsteilung, Spezialisierung und Maschinen, womit sich Güter effizienter produzieren ließen und uns reich und mächtig machten. Die Märkte garantieren, dass jeder, der zum Wohlstand beiträgt, Geld verdient. Diese Mechanik ist berechenbar, und die Modelle prognostizieren, dass die Wirtschaft weiter wachsen wird, solange wir neue Techniken erfinden, um neue Güter zu produzieren. Diese bringen immer mehr Reichtum, bis irgendwann das »ökonomische Problem« gelöst sein wird und wir nicht mehr arbeiten müssen. Zwar gibt es einige Märkte, die nicht perfekt sind, aber für deren Feinjustierung existieren ja die Werkzeuge der Ökonomik.

Ich möchte nicht behaupten, dass diese Story falsch ist – so einfach ist das nicht. Aber sie ist deskriptiv und normativ zugleich: Wir beschreiben uns damit selbst und handeln nach ihr. Ökonomik ist zirkulär: Sie verändert die Welt, die sie beschreibt, mit jedem Ratschlag, den sie erteilt. Sie erzählt eine Geschichte über uns und die Welt, über Arm und Reich, handelt danach und macht sie dadurch wahr.

In diesem Buch möchte ich dieser Geschichte, der Erfolgsstory der Märkte, die wir alle kennen, eine andere gegenüberstellen. Ihre Hauptrolle spielt das Geld, ein besonderes Artefakt, das halb Ding, halb Gedanke ist. Als abstraktes, ausgedachtes Objekt hat es unsere Mathematik, Physik und Philosophie inspiriert, hat unser Handeln und Denken revolutioniert wie kaum eine andere Erfindung. Wir haben begonnen, seine Zahlen auf uns selbst anzuwenden, Wirtschaft zu messen und zu modellieren wie eine große Maschine, die alle reich machen soll. Das Ergebnis ist die oben kurz skizzierte Geschichte der Mainstream-Ökonomie. Davon handelt der erste Teil dieses Buchs.

Der zweite Teil beschreibt, wie die Mechanik des Geldes, unterstützt von einer moralisch aufgeladenen Wirtschaftstheorie, die Welt des Wirtschaftens einer großen Maschine angeglichen hat. Auf der Suche nach dem versprochenen Wohlstand lassen wir die Zahlen wachsen und übergeben wachsende Teile der Welt den Mechanismen der Märkte. Dadurch lässt die Geldphilosophie ihre eigenen Annahmen wahr werden und animiert uns, uns selbst zu Teilen einer großen Maschine umzuformen. Diese Geschichte ist eine Tragödie, denn das Geld betrügt uns, weil es nicht nur den versprochenen Reichtum bringt, sondern auch die Welt mit seinen mechanischen Eigenschaften Homogenität, Anonymität, Austauschbarkeit und Knappheit überzieht und dadurch ungeahnte neue Formen der Armut produziert.

Der dritte Teil schließlich fragt nach Alternativen. Ich suche nach passenderen Bildern, um über Ökonomik nachzudenken, und überlege, wie man Wirtschaft, Geld und Menschen nicht als mechanisch, sondern als lebendig begreifen kann. Ich finde dort unverhofften Optimismus und skizziere Handlungsempfehlungen, die sich daraus ergeben.

Dieses Buch schlägt einen großen Bogen, daher bedarf es einiger erklärender Worte. Wissen unterliegt gewöhnlich der Arbeitsteilung: Wir fragmentieren das, was man wissen kann, in immer kleinere Teile, auf die sich Experten spezialisieren. Dieses Vorgehen ist durchaus nützlich, denn wenn Forscher das Große und Ganze als gegeben hinnehmen, können sie dafür umso tiefer nach Details graben. Die Methode stößt aber an ihre Grenzen, wenn das Programm selbst infrage steht: Dann muss man zurücktreten, einen Überblick gewinnen, das alte Vorgehen umdrehen und die Details zu einer neuen Geschichte verweben.

Dazu will dieses Buch beitragen, und daher berührt es zahlreiche Bereiche und Fachgebiete, in denen ich selbst keine Expertise vorweisen kann, sondern nur die Einsichten anderer referiere. Folglich ist es unvermeidlich, dass ich zuweilen ein Puzzleteil in den Händen halte, das ich nicht im selben Maß würdigen kann wie manche meiner Leser.

Wenn Sie also der Meinung sind, dass ich etwas falsch verstanden, eine wichtige Quelle übersehen oder ein Argument vernachlässigt habe, dann haben Sie bitte Nachsicht mit mir. Wenn Sie möchten, schreiben Sie mir! Das können Sie natürlich gerne auch dann tun, wenn dieses Buch bei Ihnen Zustimmung hervorruft. Ich werde vielleicht nicht jeden Brief beantworten, aber gewiss jeden Hinweis dankbar lesen und bedenken.

Alle Philosophie ist Autobiografie, weil die Suche nach Antworten auf persönliche Fragen zu ihr führt. Ich bin an die Universität und zur Ökonomik gegangen, weil mich einige wirtschaftliche Fragen bewegten, die hauptsächlich normativer und pathologischer Natur waren: Warum gibt es so viel Armut neben so viel Reichtum? Warum haben wir kollektiv nie genug Geld für Krankenhäuser, Universitäten, Armutsbekämpfung und andere sinnvolle Dinge? Warum zerstören wir Wälder und rotten Tiere aus, obwohl wir beteuern, dies nicht zu wollen? Warum wird uns allen die Zeit immer knapper? Warum werden wir ständig nach Karriereplänen gefragt? Warum kaufen wir so viele billige Dinge, die schnell kaputtgehen? Warum verschwenden wir gleichzeitig so viel Öl und Plastik? Warum definieren sich so viele Menschen über ihre Autos oder Mobiltelefone? Warum sind der Politik Bruttoinlandsprodukt und Wachstum so wichtig? Warum wirken viele Menschen, als hätten sie ständig Ängste? Überhaupt: Läuft hier nicht irgendwas schief mit der Wirtschaft? Wie kann man die Probleme beheben? Was habe ich damit zu tun? Was kann ich zur Lösung all dieser Fragen beitragen? Wie lebe ich vernünftig in dieser Zeit der Veränderungen? Und was hat Geld mit alldem zu tun?

Ich ging also an die Wirtschaftsfakultät, um Antworten zu hören. Ich lernte dort Gleichungen (sehr viele Gleichungen!), um Reichtum zu berechnen und zu optimieren, und stieß immer wieder auf die Geschichte von Reichtum, Wohlstand und Fortschritt: Wächst die Wirtschaft, wächst der Wohlstand, schwinden die Probleme, und alles wird gut.

Ich war überrascht, denn einen so unbeirrbaren Optimismus hatte ich nicht erwartet. Optimisten gefallen mir eigentlich – ich würde mich selbst als einen bezeichnen. Aber diese Geschichte überzeugte mich nicht so recht: Nicht nur, dass sie viele Probleme, die mir so dringend erschienen, ausklammerte, sondern ihre Antwort – mehr vom Gleichen – schien mir ziemlich naiv.

Ich stellte also weiter Fragen. Ich wollte historische Studien sehen über den Ursprung von Geld, Schuld und Zins, wollte philosophische Diskussionen darüber führen, worin dieser Reichtum besteht und was er mit Geld zu tun hat. Ich wollte anthropologische, soziologische, psychologische Argumente für das ökonomische Menschenbild hören, wollte eine methodologische Begründung für die ganze Rechnerei. Aber viele Dozenten verdrehten die Augen: All das war eigentlich nicht Thema der Kurse, blieb Randbemerkung in den Lehrbüchern. Stattdessen lernte ich immer neue Methoden, Gleichungen zu manipulieren, abgerufen im Ankreuztest. Statt Empirie, einer In-Bezug-Setzung der von mir und anderen wahrgenommenen Welt, lernte ich nur Statistik, statt Geschichten nur Differentialgleichungen, statt Ethik nur Buchhaltung, Management und Marketing. Wenn ich eine Frage stellte, bekam ich Theoreme, Rechnungen und Formeln zur Antwort.

Bald war ich frustriert. Meine Fragen blieben nicht nur unbeantwortet, sondern augenscheinlich nahm sie auch niemand als den Wirtschaftswissenschaften zugehörig wahr. Irgendwann dämmerte mir, dass die Theorien der Lehrbücher nicht die Antwort, sondern Teil des Problems sein mussten. Ich legte also die Lehrbücher beiseite und begab mich auf eine Suche, die mich durch die akademischen Fächer mäandern ließ, stets darum bemüht, ökonomische Vorurteile zu prüfen. Zu meinem Erstaunen stellte ich fest, dass ausgerechnet die Wissenschaft des Wohlstands davon ausgeht, dass Geld, Güter und das Gute knapp sind, dass Welt und Mensch mangelhaft und ungenügend sind – weshalb sie verbessert, kultiviert und kontrolliert werden müssen.

Mir kam ein Verdacht. Könnte es sein, dass ausgerechnet die Ökonomik, die so angestrengt der unbestechlichen, harten Physik gleichen möchte, ein Tempel der Mythen, des Glaubens und der magischen Prophezeiungen ist, in dem unsere Angst vor Armut und unsere Hoffnung auf Überfluss ein Eigenleben entwickeln? Ich suchte weiter und begann zu ahnen, dass diese Suche mein Weltbild kopfstehen lassen würde. Zum Anlass des vorläufigen Endes meiner Universitätszeit habe ich deswegen das Buch geschrieben, das ich zu deren Beginn gerne gelesen hätte.

Stefan André Mekiffer
Berlin und Waldeck, im Januar 2016

1. Die Geschichte der Großen Maschine: eine Biografie

Der erste Wirtschaftsprognosecomputer entstand lange vor dem PC. Es war der Moniac, ein Akronym für »Monetary National Income Analogue Computer« – eine komplett analoge hydraulische Maschine des neuseeländischen Ökonomen und Ingenieurs Alban Phillips[1] aus den späten vierziger Jahren, die Wirtschaftsentwicklungen vorhersagen sollte. Mit Wasser und Mechanik simuliert der Moniac den der klassischen wie der zeitgenössischen Wirtschaftstheorie zugrunde liegenden »Circular Flow of Income«, den Wirtschaftskreislauf.

Dieser hydraulische Kreislauf ist das in Mechanik Metall gewordene Bild der Wirtschaft, welches das Denken von Ökonomen, Beratern, Aufsichtsräten, Professoren, Ministern, Bankiers und Politikern seit dem vergangenen Jahrhundert gestaltet. Der Moniac pumpt Wasser herauf, leitet es durch Kanäle mit verstellbaren Öffnungen hinunter und wieder herauf und imitiert so den Wirtschaftskreislauf, wie er auf der ersten Seite eines jeden Lehrbuchs gelehrt wird: Die Haushalte erhalten durch ihre Arbeit und für ihre Investitionen Geld, bezahlen durch ihre Steuern die Regierungsausgaben, sparen und investieren einen anderen Teil und konsumieren den Rest. Regierungsausgaben, Investitionen und Konsum speisen die gesamtwirtschaftliche Nachfrage. Diese ruft das Angebot auf den Plan: Die Firmen produzieren Güter, um die Nachfrage zu erfüllen, von ihrem Einkommen bezahlen sie die Angestellten, und die Gewinne fließen an die Investoren. So fließt das Geld wieder zu den Haushalten – und der Kreislauf beginnt von Neuem. In seiner ewigen Kreislaufbewegung gibt damit der Moniac dem Lauf des Geldes durch Wasser Gestalt.[2]

Der Moniac wurde seinerzeit von Regierungen, Universitäten, Banken und Unternehmen benutzt, um vorherzusagen, wie die Wirtschaft auf Veränderungen der zentralen Knöpfe und Regler wie variable Zinssätze, Steuereinnahmen, Sparquoten und Regierungsausgaben reagiert. Er hilft zum Beispiel die Frage zu beantworten, wie hoch man die Steuern, Zinsen und Staatsbudgets anheben kann, ohne den Kreislauf zum Erlahmen zu bringen. Und obwohl der Moniac inzwischen im Museum steht, liefert das hydraulische Kreislaufmodell, das er verkörpert, noch immer die Grundlage für die Standardtheorie wie das AS-AD-Modell,[3] das man in jedem Lehrbuch der Makroökonomik findet und das, wie einer meiner Professoren einmal meinte, bei jedem Ökonomen im Hinterkopf läuft.

Weiter mathematisch dynamisiert und durch Stochastik[4] verfeinert liefert der Moniac die Basis für die volkswirtschaftlichen Modelle und Prognosen, welche die Auswirkungen von Politik evaluieren, die Zukunft für Firmen, Regierungen und Zentralbanken berechnen und somit die Entscheidungsgrundlage für diese Institutionen bilden. Er ist das tief in den modernen Wirtschaftswissenschaften verankerte Fundament: die sich im Kreis drehende Maschine, die mathematisch berechnet, ingenieurtechnisch kontrolliert und deren Output optimiert werden kann. Er ist die zentrale Metapher, auf der wirtschaftswissenschaftliches Denken fußt – selbst das ökonomische Denken von Wirtschaftslaien und Öffentlichkeit ist von dieser Mechanik geprägt: Wir sprechen vom »Ankurbeln« und »Anheizen« oder »Drosseln«, vom »Bremsen« und »Abwürgen« der Konjunktur, ganz wie von einem Motor.

Die Wirtschaft als Maschine. Auf den allerersten Blick mag dieser Vergleich einleuchtend sein: Schließlich produziert die Wirtschaft die vielen Dinge, die wir kaufen, und ist unser individueller Zugang zu den vielen großen Maschinen. Außerdem handelt Wirtschaft von Geldern, Werten, Mengen, Zahlen – da ist es doch sinnvoll, so mathematisch wie ein Ingenieur zu denken, oder?[5]

Die Geschichte der Großen Maschine: eine Biografie

DER MONIAC
VEREINFACHTE DARSTELLUNG

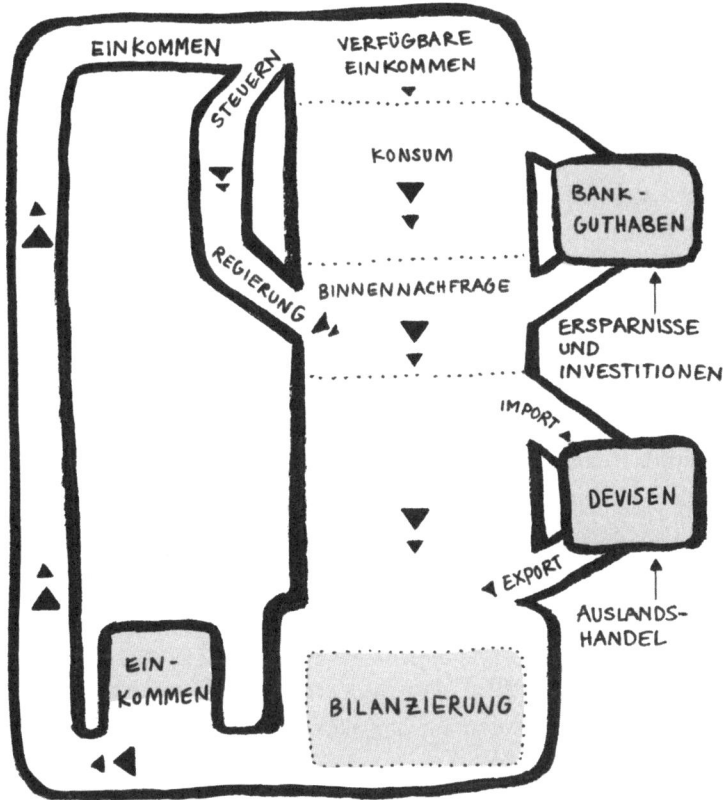

Der Moniac, dessen Hydraulik den Wirtschaftskreislauf modelliert (nach Reserve Bank Neuseeland, 2014).

Aber beim näheren Hinsehen erscheint die Gleichsetzung der Wirtschaft mit einer Maschine seltsam: Die Wirtschaft ist ein Aspekt der Gesellschaft und damit der Menschen. Doch wir Menschen sind keine leblosen Zahnräder, die nur von äußeren Kräften bestimmt werden, sondern selbstbewusste Akteure, die eigenständig handeln und damit die Wirtschaft antreiben. Ebenso wachsen und entwickeln sich Wirtschaft und Gesellschaft, während eine Maschine nur einmal geplant und gebaut wird, dann aber nur noch gewartet, repariert und schließlich verschrottet werden kann. Maschinen lassen sich vorhersehbar berechnen und kontrollieren, während Wirtschaft, Gesellschaft und Lebewesen sich zwar beeinflussen lassen, aber letztlich unvorhersehbar und unkontrollierbar bleiben. Gerade die mechanischen, mathematischen Modelle der klassischen Wirtschaftstheorie scheitern verlässlich daran, Krisen zu prognostizieren.[6]

Um es auf den Punkt zu bringen: Menschen und Gesellschaft leben, treiben sich selber an. Zahnräder und Motoren sind leblos und unbeseelt, werden von äußeren Kräften angetrieben. Menschen sind Lebewesen, sind Subjekte – Maschinen sind Sachen, sind Objekte.[7]

Metaphern sind mehr als bloße rhetorische Stilmittel. Als die Vehikel, mit denen wir bekannte Muster auf unbekannte Zusammenhänge übertragen, sind sie unerlässlich für alles Denken und für jede Wissenschaft.[8] Aber warum hängt die Ökonomik derart an Mathematik, an Funktionen, an Mechanik? Warum optimieren Ökonomen die Wirtschaft wie Ingenieure ihre Maschinen? Wie ist die Maschinenmetapher zum Grundstein der Wirtschaftswissenschaft geworden? Wie ist die Maschine in den Geist geraten?

Ich definiere eine Maschine als ein System von normierten, austauschbaren Teilen, das bedienbar und darauf ausgerichtet ist, einen programmierten Zweck zu erfüllen.[9] Wer eine Maschine bauen möchte, muss sich zumindest über drei zusammenhängende Fragen Gedanken machen:

- *Mechanik*: Welche Mechanismen stehen mir zur Verfügung, wie kann ich die Maschine bauen?
- *Programmierung*: Welche Funktion soll die Maschine erfüllen?
- *Benutzeroberfläche*: Wie kann ich sie bedienbar machen, um ihren Zweck zu erfüllen?

Ich möchte behaupten, dass Geld uns bei diesen drei Fragen und ihren Antworten beeinflusst und so die Maschine in unserem Geist inspiriert hat. Das Geld hat erstens das mechanische Denken begünstigt – Mathematik, Naturwissenschaft, Abstraktion –, das dem Menschen zu den Techniken verhalf, die wiederum die maschinelle Wirtschaft ermöglichen. Es hat uns zweitens ermuntert, den messbaren käuflichen Wohlstand als Ziel, Maß und Programm der Wirtschaft zu akzeptieren. Und es hat drittens die Philosophen motiviert, die Techniken der Ingenieure auf die Gesellschaft anzuwenden, um dieses Ziel zu erreichen, und so die Benutzeroberfläche der gegenwärtigen Wirtschaftstheorie geliefert. Da ich aber behaupte, dass Geld die Grundlage bildet, müssen wir uns zuvor fragen: Was ist überhaupt Geld?

Was ist Geld?

»Das Studium des Geldes ist, mehr als andere Felder der Ökonomik, eines, in dem Komplexität genutzt wird, um die Wahrheit zu verbergen oder ihr auszuweichen, anstatt sie zu enthüllen.«

John Kenneth Galbraith[10]

Geld ist kein Ding, sondern ein Versprechen. Es wurde von Gold und Silber inspiriert, hat sich an das Metall geheftet und seine Eigenschaften übernommen. Heute ist es wieder das reine Versprechen, das es schon immer war.

Was ist also Geld? Traditionell betrachten Ökonomen an dieser Stelle eine Münze und stellen fest, dass man mit ihr Dinge kaufen kann, dass sie wertvoll ist und dass dieser Wert durch eine Zahl definiert ist. Dann beantworten sie die Frage mit Verweis auf die Funktionen des Geldes: Geld ist erstens ein Zahlungsmittel, damit zweitens ein Speichermedium für Vermögen und drittens ein Wertmaßstab, durch den sich der Preis verschiedener Güter vergleichen lässt.[11] Diese Charakterisierung ist durchaus zutreffend – jede Münze in Ihrem Portemonnaie erfüllt diese drei Funktionen. Aber eine hinreichende Erklärung für Geld ist sie nicht.
 Erstens ist nicht jede Münze Geld: Eine Münze im Museum ist kein Wertmaßstab und auch kein Zahlungsmittel mehr. Was also gibt der Münze die Eigenschaft, Geld zu sein? Zweitens scheint Geld häufig

nicht einmal ein Ding zu sein: Das allermeiste Geld liegt nicht in Münzen und Scheinen vor, sondern als Guthaben auf Banken, und es besteht nur aus Zahlen, Bits und Bytes. Wie kann ein Nichtding ein Speichermedium sein? Drittens schließt diese Beschreibung Wertpapiere, Schuldscheine und Festgelder aus, weil sie keine direkten Zahlungsmittel sind[12] – man muss sie meist für flüssiges Geld verkaufen, um etwas mit ihnen zu kaufen. Und weil ihr Wert schwankt, sind sie auch keine Wertmaßstäbe. Andererseits sind Wertpapiere ebenfalls Speichermedien für Vermögen und damit Teil des Finanziellen.

Wie verwirrend! Es genügt wohl nicht, die Funktionen des Geldes zu kennen, um zu wissen, was Geld ist. Ich frage also andersherum: Was haben Münzen, Scheine, Bankguthaben, Wertpapiere und Gold gemein? Alle sind begehrt, weil man mit ihnen etwas kaufen kann. Doch warum kann man mit ihnen etwas kaufen? Weil die Verkäufer glauben, dass andere Verkäufer sie ebenfalls als wertvoll akzeptieren und etwas dafür verkaufen. Ich nehme nur Scheine an, die mir versprechen, ihr Geld wert zu sein.

So gesehen ist es die Akzeptanz einer Sache als Geld, die sie zu Geld macht. Münzen, Scheine, Wertpapiere, Bankguthaben sind lediglich Symbole und stehen für das Guthaben auf Güter, über die Sie durch den Geldbesitz verfügen können. Anders gesagt bezieht das Geld seinen Wert aus dem zirkulären Glauben, dass Verkäufer glauben, es habe seinen Wert. Verschwindet dieser Glaube, hören die Verkäufer auf, das Geld als Geld zu akzeptieren, hört die Münze auf, Geld zu sein. Die Scheine sind nicht das Papier wert, auf dem sie gedruckt sind, sondern sie sind ihr Geld wert.

Zugegeben, dieser Sachverhalt ist auf den ersten Blick etwas irritierend. Mir zumindest fällt es schwer, mir vorzustellen, dass ein Ding eigentlich gar kein Ding ist oder nur zu diesem Ding wird, wenn wir es als dieses Ding behandeln. Aber keine Sorge, die Geschichte des Geldes macht verständlich, was Geld ist: ein Symbol des Vertrauens, vereinheitlicht, abstrahiert und fassbar gemacht durch Metall, von dem es sich loslöste und das zu dem reinen Versprechen wurde, das es heute ist.

Praktisch alle Wirtschaftslehrbücher beginnen diese Geschichte mit einem Gedankenexperiment, das sich folgendermaßen zusammenfassen lässt: »Stell dir eine Wirtschaft wie heute vor, nur ohne Geld – alle mussten ihre Güter eins zu eins miteinander tauschen. Wer Kartoffeln besaß und Schuhe brauchte, musste jemanden finden, der Schuhe besaß und Kartoffeln brauchte – das war furchtbar unpraktisch! Also haben Leute Geld als universelles Tauschmittel erfunden.«[13] Die klassische Ökonomik nimmt an, dass bedingter Tausch – ich gebe dir dies, *wenn* du mir jenes gibst – die Urform des menschlichen Austauschs ist, aus der ganz natürlich Geld entsteht, weil es so praktisch ist. Die Annahme ist verständlich – schließlich funktioniert unsere Wirtschaft, in der wir Güter erhalten, *wenn* wir dafür bezahlen, nach dem Prinzip des Tauschs. Leider wird diese eingängige Lehrbuchgeschichte niemals mit historischen oder anthropologischen Beweisen untermauert – was daran liegt, dass es keine gibt.

Was fanden die Anthropologen, die auszogen, um geldlose Gesellschaften zu untersuchen, tatsächlich? Keinen Tausch, sondern Geschenke![14] Der Anthropologe und Ethnobotaniker Christian Rätsch erzählt beispielsweise von den Lakandonen, einem mexikanischen Mayastamm: Wenn ein Lakandone erfolgreich von der Jagd zurückkehrt, schaut wie zufällig das halbe Dorf vorbei und nimmt bei dieser Gelegenheit natürlich gerne auch ein Stück Wild mit – der Jäger teilt bereitwillig.[15] Die meisten Gesellschaften ohne Geld scheinen es ähnlich zu halten. Auf die Frage des Anthropologen Daniel Everett an einen Amazonasbewohner vom Stamm der Pirahã, warum er das Fleisch verschenke und nicht aufspare, antwortete der: »Ich bewahre das Fleisch im Bauch meines Bruders auf.«[16]

Sogar wir Kinder der Zivilisation wählen mit Bekannten eher das Geschenk als den Tausch zum Austausch: Wenn mein Fahrrad kaputt ist und meine Nachbarin mir beim Reparieren hilft, dann tausche ich auch nicht mit ihr. Ich backe ihr nicht einen Kuchen und sage: »Hey, du kannst diesen Kuchen haben, *wenn* du mir dafür beim Reparieren hilfst.« Vielmehr frage ich sie nett, ob sie mir zur Hand gehen kann. Wenn sie mir hilft, dann revanchiere ich mich – vielleicht backe ich ihr dann zum Dank besagten Kuchen oder passe auf ihre Kinder auf. Selten würden Nachbarn für so einen Gefallen eine unmittelbare Kompensation verlangen. Man sagt vielmehr: »Du hast einen bei mir gut.« Wir sind schließlich Nachbarn, man kennt und hilft sich doch! Das Geschenk ist also die Form des ursprünglichen, geldlosen Austauschs. Und die fundamentalste Währung ist das Vertrauen, dass der, der gibt, auch erhält, wenn er etwas braucht. Keine Sorge, ich will hier nicht das Klischee des »edlen Wilden« bemühen. Denn Teilen und Schenken ist nicht einfach nur gut und ehrenwert, sondern oft das Vernünftigste, was man tun kann. Denken Sie an den Jäger im Urwald: Zum einen kann er sowieso kein ganzes Reh essen, ehe es verdirbt, und zum anderen schulden ihm die anderen etwas, wenn ihn das Jagdglück verlässt, wenn er Hilfe beim Hausbau benötigt oder wenn er erkrankt und Pflege braucht.

In Ermangelung von Rentenversicherungen, Sparfonds oder Scheinen unterm Kopfkissen ist die Dankbarkeit einer Gemeinschaft die stärkste Versicherung gegen Jagdpech, Unglück und Mangel, die es gibt. Zudem ist das Geschenk oft viel praktischer als ein Tausch oder sogar eine Bezahlung. Stellen Sie sich vor, meine Nachbarin und ich müssten erst überlegen, was sie jetzt gerade von mir als Gegenleistung für ihre Hilfe brauchen könnte, oder verhandeln, welcher Preis für ihre Hilfe angemessen ist. Ohne Geld schulde ich ihr einfach einen Gefallen für ihre Hilfe, fertig. Und wenn ich dem nachkomme, fließt der Austausch weiter.

Der Schlüssel für dieses Schenkungssystem liegt im Vertrauen in den gegenseitigen Austausch – und dieses Vertrauen entsteht durch die Reziprozität, durch das Gegengeschenk. Wenn ich mich weigere, die Post meiner abwesenden Nachbarin anzunehmen, oder ihr meine Butter vorenthalte, wenn ihre gerade alle ist, wird sie sich sicherlich ärgern und sich weigern, mir weiter mit meinem Fahrrad zu helfen. Wer geben könnte, aber sich anderen verweigert und niemals etwas zum Gemeinwohl beiträgt, verspielt das Vertrauen und erhält nur noch wenige oder keine Gaben. Dieses Schenkungssystem funktioniert, weil es begrenzt ist, weil die Menschen einer Gruppe einander kennen und weil sie überblicken können, wer viel gibt und wer viel nimmt. Vertrauen ist hier die Währung; nur ist diese Währung nicht knapp, sondern in einer kleinen, vertrauten Gemeinschaft leicht erhältlich.

Zu sagen, dass die Geschenkwirtschaft die Austauschform von geldlosen Gesellschaften ist, bedeutet nicht, dass Tauschhandel nie existierte. Bemerkenswerterweise beobachten Anthropologen ihn jedoch nur zwischen Fremden oder Feinden, mit denen jede Transaktion abgeschlossen sein muss, da keiner weiß, ob die Beteiligten sich je wiedersehen (oder wiedersehen wollen).[17] Schenkungen hingegen haben ein offenes Ende, laden zu weiterem Austausch ein – schließlich schenken auch wir häufig Schokolade oder Blumen, um Beziehungen zu initiieren oder zu vertiefen. Ein Tausch ist wie ein Verkauf, ist abgeschlossen – man schuldet einander nichts. Es ist bezeichnend, dass sich Ökonomen eine Wirtschaft wie die unsere, nur ohne Geld, als eine Welt ohne Beziehungen und Vertrauen ausmalen.

Zu Beginn des Geldes standen sich also zwei Modi des Austauschens gegenüber: der Tauschhandel zwischen Fremden mit Nützlichem als Währung und der Geschenkeaustausch, der auf Vertrauen beruht und auf Gemeinschaften beschränkt war. Das Geld sollte diese Kluft überwinden, indem es dem Vertrauen in eine Gegenleistung einen berührbaren und handelbaren Körper gab.

Das erste menschliche Artefakt, das an Geld erinnert, sind kleine Tonmarken in standardisierten, geometrischen Formen – Kugeln, Scheiben, Pyramiden –, die vor zwölftausend Jahren im mesopotamischen Uruk, im heutigen Irak, zum ersten Mal auftauchten, und überall zwischen der Türkei und Pakistan in größeren Mengen gefunden wurden. Archäologen gehen davon aus, dass sie für spezifische Güter standen, also eine Kugel für ein Schaf, eine Scheibe für eine Tagesration Gerste oder einen Humpen Bier.[18] Manche dieser Marken wurden in Lehmklumpen versiegelt gefunden, ein Indiz dafür, dass sie nicht nur zum Zählen, sondern auch zum Zahlen benutzt wurden: Auf diese Weise konnte man versprechen, eine bestimmte Menge Schafe abzuliefern, und dieses Versprechen konnte später nachgeprüft werden. Die erste greifbare Form des Geldes war demnach ein verkörpertes Versprechen – ein Gutschein.

Diese Erfindung war ein Akt der Abstraktion: Ein Lehmkügelchen stand für ein Ding, versprach dieses Ding, wurde für das Ding gehandelt. Und es war ein Schritt der Verallgemeinerung, denn eine Marke verwies nicht auf ein bestimmtes Schaf, sondern auf irgendein Schaf. So ist in diesem frühen Geld schon seine weitere Entwicklung im Keim vorhanden – seine Bewegung zu Abstraktion, Standardisierung und Homogenisierung, die uns noch häufig begegnen wird. Natürlich kann jeder Mensch Lehmkügelchen selber basteln, was die sumerischen Marken mehr als Buchhaltungseinheit denn als Vermögensspeicher attraktiv macht – und damit kommen wir zum Gold.

Ein Edelmetall wie Gold und Silber ist ein besonderer Stoff: Es ist überaus begehrt, und diese Begierde lässt sich schwerlich aus praktischem Nutzen erklären. Man kann es nicht essen, sich nicht daran wärmen und keine Häuser daraus bauen; seine einzige Tugend scheint in seiner Schönheit, seiner Knappheit und seiner Unvergänglichkeit zu bestehen. Aber diese Unvergänglichkeit macht es zu einem wunderbaren Tauschmedium: Anders als mit Hühnern, Öl oder Holz kann auf diese Weise der ertauschte Wert dauerhaft aufbewahrt werden, ohne zu vergehen.

Dazu sind Gold und Silber kompakt und ermöglichen dem Wert, über weite Strecken und zu jedem Menschen zu fließen. Da sie knapp sind und von allen begehrt, kann man sie in nützliche Güter umtauschen. Ihre allgemeine Begehrtheit verspricht ihren Besitzern, dass sie davon in Zukunft irgendetwas Wertvolles kaufen können, ohne dass jemand dieses Versprechen aussprechen muss. Gold und Silber lösen also das Versprechen vom Versprochenen und vom Versprechenden, indem sie den versprochenen Wert an ein Ding heften.

Das funktioniert schon lange. Wir wissen zwar nicht, seit wann Gold- und Silberklumpen für fernen Handel benutzt wurden; aber als 3500 vor Christus die Sumerer in Mesopotamien die Schrift entwickelten und Aufzeichnungen machten, waren Edelmetalle bereits nützlich im Austausch über weite Strecken.

Und Metall hat eine andere Eigenschaft: Es ist homogen, einheitlich, gleich bleibend. Es lässt sich genau wiegen und ist daher eine hervorragende Maßeinheit, um mehrere Angebote zu vergleichen. Das macht diese Edelmetalle zum ersten Zahlungsmittel im eigentlichen Sinne: Mit ihnen kann man den Preis einer Ware in Silbermengen messen. Dinge bekommen mit Metall einen einheitlichen Wertmaßstab, der sich wiegen, zählen, beziffern lässt. Sie werden vergleichbar, als ob sie eine gemeinsame, einheitliche Qualität hätten, einen homogenen, konstanten Wert.

Ich weiß nicht, wann Metall zum ersten Mal als Preismaß benutzt wurde, aber ich weiß, wann zum ersten Mal ein Versprechen in diesem Maß gerechnet wurde. Denn sobald man beginnt, den Preis der Dinge zu zählen, kann man sich nicht nur einen Gefallen, sondern eine bestimmte Menge Geld schulden. Tatsächlich besteht der Unterschied zwischen Gefallen und Schulden darin, dass Schulden exakt gezählt, gerechnet und beglichen werden können. Es ist immer Ansichtssache, ob ein Gegengeschenk angemessen ist – aber mit Geld lässt sich eindeutig messen, ob eine Schuld getilgt ist. Und wenn man diese Schuld aufschreibt, kann man kontrollieren, dass sie eingefordert und eingelöst wird.

Der Begriff »Kontrolle« ist hier das Stichwort. Er stammt vom Französischen »contre rôle« und bedeutet »Gegenrolle«. Das Wort ist seit dem 19. Jahrhundert in Gebrauch und verweist auf Schulden, denn es bezeichnet das Gegenregister zur Beglaubigung einer Buchhaltung. Wenn ich Kontrolle innehabe, bedeutet das ursprünglich, dass ich die Macht besitze, ein Versprechen durch eine Zahl zu messen, diesen Schuldposten festzuhalten und ihn durch einen Beweis einfordern zu können. Jemanden zu kontrollieren bedeutet, durch eine Zahl beweisen zu können, wie viel er schuldet – und die Tilgung durchzusetzen.

Diese Technik verleiht demjenigen Macht, der sie nutzt. Vielleicht überrascht es daher nicht, dass die ältesten Schriftstücke überhaupt Schuldtafeln sind, nämlich fünfeinhalbtausend Jahre alte Tontafeln von sumerischen Buchhaltern, die aufzeichneten, wer wem wie viel schuldete, und somit Schulden und Guthaben für die Ewigkeit festhielten.

Konkret funktionierte das so: Die sumerische Wirtschaft wurde dominiert von einem zentralen Palast- und Tempelkomplex, für den zahlreiche Menschen arbeiteten. Um diese zu versorgen, legten Verwalter fest, dass der Preis für einen Scheffel Gerste bei einer bestimmten Menge Silber liegen sollte. Diese buchhalterische Größe definierten sie als den Schekel – wohl die erste Währungseinheit überhaupt, die sie als Guthaben monatlich auf den Tontafeln der Tempelarbeiter notierten. Sie unterteilten ihn in sechzig Minen, die jeweils einer Portion Gerste entsprachen, sodass jeder Tempelarbeiter, der monatlich einen Schekel erhielt, täglich Anrecht auf zwei Portionen Gerste hatte. Die erste Währung entstand also nicht aus dem Tausch heraus, sondern als Planungsinstrument, das es Tempelbürokraten ermöglichte, Ressourcen innerhalb des Tempels hin und her zu schieben, und den Leuten erlaubte, damit zu zahlen.[19]

Bemerkenswerterweise gab es keine Münzen. Soweit wir wissen, wurde das Silber nur in Klumpen gehandelt, wenn es überhaupt als Zahlungsmittel verwendet wurde. Tatsächlich schien das Silber fast nicht zu zirkulieren. Denn die Preise und Schulden waren zwar in Schekeln und damit in Silbermengen gerechnet – aber das war kein Grund, in Silber zu bezahlen. Man konnte mit so ziemlich allem bezahlen, insbesondere mit dem Guthaben auf den Tempeltontafeln. Das Silber bot lediglich die Werteinheit, worüber die Güter verrechnet wurden; als eigentliches Zahlungsmittel fand Silber weiterhin nur für überregionale Zahlungen Verwendung. Zumindest gegenüber dem Tempel und in Kneipen – da ist es belegt – konnte man seine Schulden auch anschreiben. Die Leute zahlten also mit einem Versprechen auf Tempelguthaben, gemessen in Silber – mit dem vom Silber abstrahierten Versprechen des Werts. Das erste Geldsystem der Sumerer war also ein reines Kreditsystem, basierend auf Guthaben und Schulden.

Was gab dem Schekel seinen Wert? Wenn man es genau nimmt, dann ist die Frage schlecht gestellt: Es gab »den Schekel« nicht. Obwohl die Technik zur Verfügung stand, sah niemand die Notwendigkeit, einheitlich gewogene Münzen zu prägen, auf denen »1 *Schekel*« stand. Der Schekel war keine Währung mit eigenständigem Wert, sondern ein Maßstab für den Wert versprochener Güter. Zu fragen, was dem Schekel seinen Wert gab, bedeutet zu fragen, was dem Meter seine Länge gibt.

Was gab also den Zahlungsversprechen des Tempels Wert? Zum einen ließen sie sich eintauschen in Silber, das im Tempel gelagert wurde, zum anderen aber gaben sie Anspruch auf die vielen Dienstleistungen des Tempels – von der Gerste bis zur Prostitution,[20] denn der Tempel handelte mit so ziemlich allem, was handelbar war. Es war also das Vertrauen in die Verfügbarkeit der Güter des Tempels, die dessen

Guthaben wertvoll machten.[21] Und weil es übertragbar war, nahmen auch andere dieses Zahlungsversprechen als Bezahlung an. Der erste Markt wie aus dem Lehrbuch entstand, mit Angebot und Nachfrage und berechenbaren, eindeutig vergleichbaren Preisen.

Die Sumerer hatten somit eine epochale Idee: Sie trennten das Silber vom Versprechen auf Silber. Dadurch erfanden sie Guthaben und Schulden, ein handelbares, einheitlich normiertes, abstrahiertes Versprechen – das erste Geld schlechthin. Während vorher Geschenke in Dörfern von Vertrauten zirkulierten, ermöglichte der Schekel Tausenden Unbekannten in den Städten im Dunstkreis des Tempels, mit ihren formalisierten Zahlungsversprechen zu handeln. Die Menschen mussten einander nicht mehr kennen, um in Austausch zu treten. Es genügte, wenn beide Parteien in einer Stadt oder unter einer Regierung lebten, welche die Auszahlung von Guthaben und Schulden garantierte. Das machte nicht nur zum ersten Mal allgemeingültige Gesetze nötig, die Eigentum, Erbe, Raub, Mieten und Zinsen regelten und einheitliche Geldstrafen festlegten, sondern ermöglichte auch einer größeren Gruppe als einem Stamm einen internen Warenaustausch. Das Geld der Sumerer war damit die Grundlage der Zivilisation – das Versprechen auf Wert, der einheitliche Geist des Silbers, losgelöst von seinem Träger.

Silberklumpen und Guthaben blieben für ganze dreitausend Jahre die einzige Erscheinungsform des Geldes, bis zirka 680 vor Christus an der Westküste Kleinasiens, also in der heutigen Türkei, erst die indogermanischen Lyder und bald die griechischen Ionier die ersten Münzen prägten. Zu jener Zeit bestand Griechenland aus einer Vielzahl kleiner, zerstrittener Stadtstaaten, die sich gegenseitig keinen Kredit gaben, aber dennoch miteinander in Gold und Silber handelten.

Warum sie Münzen als Zahlungsmittel einführten, ist nicht eindeutig belegt; es scheint aber mit Krieg und Misstrauen zu tun zu haben.[22] Wahrscheinlich dienten Münzen zunächst dazu, Söldnerheere zu bezahlen, die lieber harte Währung als Tontafeln sahen – Gold und Silber waren ohnehin Beute der Kriegszüge, und sie ließen sich einheitlich gemünzt besser verteilen. Möglicherweise erfanden Herrscher die Münzen in Verbindung mit Steuern, Gebühren und Tributen, um den

Unterhalt stehender Heere zu organisieren. Vielleicht kamen die Münzen auch als Ersatz für die Kreditsysteme der alten Tempel, nachdem diese erobert und ihre Schätze gestohlen worden waren. Was auch immer die Ursache und was die Wirkung war: Mit der Münze begann die Achsenzeit, das Zeitalter der großen Heere, Eroberungen und Weltreiche. Und egal, warum man Münzen prägte, es funktionierte: Der lydische König Krösus avancierte zum Inbegriff für Reichtum.

Der Trick bei der Münze liegt darin, dass nicht das Silber selbst der Münze ihren Wert verleiht, sondern deren allgemeine Akzeptanz. Diese Erkenntnis machten sich erst Goldschmiede und bald Regierungen zunutze. Es war nur ein kleiner Schritt, Gold in eine Münze zu gießen, ein Zeichen einzuprägen und ihr einen höheren Preis zuzuordnen, als dem reinen Metall zukommt.

Wird sie zu diesem Preis angenommen, ist die nun entstandene Münze mehr wert als ihr Metall – einfach weil sie als Geld benutzt wird. Man nennt sie heute auch *Scheidemünze*: In ihr scheidet sich der Wert, den das Metall verspricht, von dem Wert, den die Münze verspricht, weil sie als Geld gehandelt wird. Diesen ausgedachten Wert nennen manche *fiduziär*,[23] denn er beruht auf dem Glauben an das implizite Versprechen, dass andere das Geld ebenfalls annehmen und dafür etwas Nützliches hergeben werden. Wird die Münze akzeptiert, hat der Präger finanziellen Wert, also Geld, aus dem Nichts geschaffen.[24]

Ist das nicht faszinierend? Stellen Sie sich das vor: Auf ein Stück Metall wird ein Adler, eine Eule oder ein Löwe gepresst, man verspricht feierlich, es als Zahlungsmittel anzunehmen, und dieses Ritual gibt ihm einen Wert, den es vorher nicht hatte. Es animiert lebloses Metall zur Zirkulation – welch fantastische Macht, welch genialer Trick! Und es ist tatsächlich nur ein Trick, ausgeführt rein durch Worte, Riten und Manipulation von Symbolen, möglich gemacht durch den Glauben der Beteiligten. Der erste Schmied, der mit seinem Hammer ein Symbol auf Metall schlug und andere dazu brachte, ihm mehr dafür zu geben als für reines Silber, muss sich gefühlt haben wie ein großer Zauberer.

Die Scheidemünze verbreitete sich rasant in Griechenland und Persien. Eine Vielzahl an regionalen parallelen Münzsystemen entstand, und das veränderte vieles. Zwar wurde über ferne Strecken weiter mit Gold- und Silberklumpen gehandelt, aber innerhalb eines Staats ermöglichten Münzen ein ganz anderes System als das der Sumerer: Dank ihnen brauchte es keinen zentralen Tempel mehr, der alle Guthaben anschrieb und Silber vorhielt. Es reichte, wenn ein Herrscher sie prägte, ausgab und Steuern verlangte, damit alle für Geld arbeiten mussten und ein Markt entstand. Dieser veränderte die ganze Gesellschaft und löste traditionelle Beziehungen auf: Während man vorher öffentliche Ämter und Militärdienst als Ehrenpflicht angesehen hatte, als Gabe an die Allgemeinheit, wurden nun Soldaten, Beamte und Arbeiter bezahlt. Zur Zeit von Sokrates, im 5. Jahrhundert vor Christus, war Athen den Worten von Perikles zufolge »eine Lohn beziehende Stadt«.[25]

Mit dem Aufstieg Griechenlands fanden Münzen Verbreitung in der halben Welt; mit dem Aufstieg Roms erfuhren sie ihre Perfektionierung. Die Römer prägten Münzen aus relativ wertlosen Metallen wie Kupfer und Eisen und machten sie wertvoll, indem sie Steuern mit diesen Münzen zahlen ließen. So hatte jeder einen guten Grund, sie als Zahlungsmittel anzunehmen. Schon bald wurden Münzen nur für tägliche Einkäufe benutzt; wirklich große Geschäfte aber wurden wie heute abgewickelt:[26] In Rom entstanden Banken, Anleihen und Hochfinanz, die das Geld vieler auf industrieller Skala verwaltete, inklusive erster Finanzkrisen.[27]

Mit dem Untergang Roms verschwanden zwar die Edelmetalle,[28] aber ihre abstrahierte Werteinheit blieb erhalten. Noch jahrhundertelang wurden Kredite, Preise und Schulden in römischen Assen, Sesterzen und Denaren gehandelt. Auch als Karl der Große 794 die Maß- und Währungseinheiten landesweit vereinheitlichte und Silberpfund, Schilling und Pfennig einführte, verschwanden zwar bald die neu geprägten Silbermünzen, aber die Einheiten Pfund, Schilling und Pfennig spukten auch körperlos herum, denn es gab Techniken, ohne Münzen Kredite zu vergeben: Man konnte beispielsweise auf ein Stück Holz den verliehenen Wert einritzen und es entlang dieser Kerbungen durchtrennen. Am Zahltag wurden die Teile wieder zusammengeführt, um den Betrag zu kontrollieren. Diese Technik, bis ins 19. Jahrhundert weit verbreitet, lebt noch heute in Metaphern und Begriffen fort: »Anteilseigner« heißt auf Englisch »stockholder«, und jemand, der Schuld auf sich geladen hat, »hat einen auf dem Kerbholz«.[29]

Am Ende des Mittelalters tauchten die Münzen wieder auf, als nämlich feudale Abgaben nicht mehr in Naturalien, sondern in Geld gefordert und Frondienste durch Lohnarbeit ersetzt wurden.[30] Herrscher schienen Münzen von Anfang an zu lieben: Man prägte Münzen, hatte dadurch auf einen Schlag viel Geld und erhob dann allgemeine Steuern, damit alle sie als Zahlungsmittel annehmen mussten – schon konnte man die wirtschaftliche Schaffenskraft seiner Untertanen für die eigenen Zwecke dirigieren. Noch dazu konnte man Geld wundersam vermehren: Anders als heute war auf die Münzen keine Zahl geprägt, die ihren Wert festlegte, sondern nur Wappen und Insignien; der Münzwert wurde in öffentlichen Edikten festgelegt.

Wenn also ein Herrscher Geld brauchte, konnte er den Wert einer Münze einfach per Dekret reduzieren und anbieten, sie gegen eine Gebühr zum höheren Wert neu zu münzen. Diese Gebühr, genannt *Schlagsatz* oder *Seigniorage*, war praktisch eine einmalige Steuer auf gehaltenes Münzgeld und wurde von Souveränen sehr geschätzt: Die Einnahmen der französischen Krone kamen 1299 zur Hälfte, 1349 zu drei Vierteln aus diesen Neumünzungen; zwischen 1285 und 1490 gab es 123 Neumünzungen allein in Frankreich.[31]

Im Ergebnis wollte jeder, der mit diesen Münzen bezahlt wurde, sie schnell wieder loswerden, weshalb man in Möbel, Häuser, Kunstwerke investierte und in alles andere, was seinen Wert zu halten versprach.[32] Das war gut für Künstler und Handwerker, aber ein Ärgernis für Händler. Sie waren für ihre Arbeit, den Handel mit Fremden, auf Geld angewiesen, doch die Arbeit wurde erschwert, wenn die Münzen unregelmäßig, aber stark an Wert verloren. Untereinander waren sie es zwar gewohnt, sich mit gegenseitigen Zahlungsversprechen, also Krediten und Schulden, zu bezahlen, ohne Münzen benutzen zu müssen. Das funktionierte natürlich nur, wenn man dem Versprechen vertrauen konnte, und daher nicht beim überregionalen Handel mit Fremden. Die Händler standen also vor einem Problem: Wie konnten sie einem Dritten ihr Zahlungsversprechen glaubhaft machen, ohne diesem bekannt zu sein? Zuerst waren sie ratlos – dann erfanden sie die Bank.[33]

Ende des 12. Jahrhunderts gründeten Händler im italienischen Genua eine Institution, die ihnen Glaubwürdigkeit attestierte.[34] Ein Händler konnte ihr eine Zahlung versprechen, indem er einen Schuldschein ausschrieb. Die Bank überprüfte seine Bonität: Hatte er Vermögen, Eigentum, Einkommen oder Familie, und wie wahrscheinlich war es, dass er plötzlich von der Bildfläche verschwand? Wenn sie den Versprechen des Händlers glaubte, akzeptierte sie seinen Schuldschein und gab ihm dafür eine Banknote, auch *Kreditbrief* genannt. Diese Banknote war verbrieftes Vertrauen, Guthaben, Geld. Damit konnte der Händler jeden bezahlen, der die Bank kannte und ihrem Zahlungsversprechen vertraute.

Durch die Prüfung der Bonität erlaubte die Bank also dem Händler, sein Zahlungsversprechen überall dort geltend zu machen, wo man zwar nicht ihm, aber seiner Bank vertraute. Man könnte auch sagen, die Bank ermöglicht es ihrem Kunden, aus seiner Glaubwürdigkeit Geld zu schöpfen: Die Prüfung der Bank verleiht dem Zahlungsversprechen des Kunden allgemeine Akzeptanz, macht somit sein Versprechen zu Geld. Manchmal heißt es, Geld entstünde aus dem Nichts – daher auch der Name »Fiatgeld« für das Bankguthaben: Wie der Gott der Genesis spricht: »*Fiat lux* – es werde Licht«, so spricht der Bankier: »*Fiat pecunia* – es werde Geld.« Und er sieht, dass es gut ist.

Aber natürlich wird Geld nicht aus dem Nichts geschaffen. Das wirkt vielleicht so, wenn man Geld als Sache betrachtet, als materielles Objekt wie Gold. Geld ist aber keine Sache, sondern ein Versprechen zwischen Kreditgeber und Gläubiger, das durch die Bank verallgemeinert wird. Wenn die Bank einen Kredit vergibt, verwandelt sie das Versprechen des Kreditnehmers in eine einheitliche, austauschbare Form. Eine Bank ist also eine Institution, die Zahlungsversprechen von Schuldnern – Schuldscheine und Anleihen – ansammelt und auf der anderen Seite Guthaben – Konten, Kreditbriefe, Banknoten – ausschreibt. Man könnte auch sagen, sie synchronisiert eingehende und ausgehende Zahlungen.

Banken verbreiteten sich folglich ziemlich schnell: Im 14. Jahrhundert avancierte ihr Guthaben in Handelszentren wie Florenz, Genua und Barcelona zum Hauptzahlungsmittel, um 1500 gab es in Florenz allein achtzig Banken.[35] Es entstanden große Banken, die mit den großen Banken anderer Länder handelten. Dadurch konnte der Händler in Florenz bei seiner florentinischen Bank einen Kredit aufnehmen und damit einen Händler in Amsterdam bezahlen, wodurch dessen Amsterdamer Bank wiederum Guthaben bei der florentinischen Bank ansammelte. Dieses konnte sie sich in Münzen auszahlen lassen – aber wenn ein anderer holländischer Händler einem Florentiner Geld schuldete, konnten die Banken die Schulden auch untereinander verrechnen. Es wurden also zwei internationale Handel geschlossen, ohne dass eine einzige Münze fließen musste. Wie praktisch!

Die großen Häuser mussten sich nur einmal pro Quartal treffen, um ihre Schulden gegeneinander aufzurechnen und auszugleichen. Es gab sogar eine eigene Währung, ein komplett ausgedachtes Geld, den *Écu de marc*, in dem Schulden zwischen Banken gutgeschrieben wurden. Es war ein großes, international glaubhaftes Geld, völlig unabhängig von Regierungen und deren Kontrollen.[36] Dieser internationale Handel funktionierte, weil Banken einander vertrauten, sprich: weil Cliquen von Hochfinanzfamilien sich kannten, einander regelmäßig trafen und ihre Zahlungen ausglichen.

Die Bankiers wurden misstrauisch beäugt. Während sich vorher Händler regelmäßig mit Gespannen voller Waren auf den Märkten getroffen und zwischen Marktschreiern, Barden, Musik, Tanz, Feuerwerk, Halunken und Fressbuden ihre Güter versilbert hatten, tauchten nun mysteriöse, gut gekleidete Gestalten mit nichts als Papier und Tinte auf und verließen die Märkte trotzdem als reiche Leute.[37] Das veränderte den Handel fundamental: Plötzlich blieben Händler zu Hause, korrespondierten mit Briefen über Preise und Kredite und überließen Unterhändlern den Transport – aus realen Märkten wurden Finanzmärkte.

Amsterdamer Händler perfektionierten die Idee der Bank im Jahr 1609 mit der Erfindung des Buchgelds, etwa zeitgleich mit der Gründung der ersten Börse.[38] Das Buchgeld machte das Geld noch immaterieller, indem es sogar die Scheine eliminierte: Nahm ein Kunde einen Kredit auf, erhielt er einen Kontoeintrag in einem Buch der Bank. Dieses Guthaben konnte er bargeldlos auf ein anderes Konto der Bank

Was ist Geld? 33

überweisen lassen – ganz ohne Münzen, ganz ohne Papier. Sein Wort allein genügte. Es war fast überhaupt kein Gold und Silber mehr erforderlich. Zwar lagerten diese Banken oft noch Edelmetall, um Guthaben kurzfristig auszahlen zu können, aber nicht das gehortete Gold, sondern das Wort ihrer Schuldner gab diesem Kreditgeld seinen Wert: In der doppelten Buchführung der Bank stand jedem Gläubiger ein Schuldner, jedem Vermögen ein Zahlungsversprechen, jeder schwarzen eine rote Zahl gegenüber. Daher prüften Banken ihre Kreditnehmer so eingehend: Banken gehen bankrott, wenn viele ihrer Schuldner pleitegehen – ihr Geld besteht schließlich aus reiner Glaubwürdigkeit und schwindet mit dieser.

Eine Bank lässt also ihre Kunden Geld schöpfen, und zwar viel davon. Vielleicht haben Sie bemerkt, dass durch jeden Kredit doppelt fiduziärer, versprochener Wert entsteht: erstens der Schuldschein des Kreditnehmers, den die Bank erhält, und zweitens das Bankguthaben, mit dem der Kreditnehmer nun andere bezahlen kann. Die Bank ermöglicht es dem Kunden, anderen, ihm unbekannten Menschen durch sein Versprechen eine Zahlung zu leisten. Und das tut sie, indem sie das Versprechen wie ein Kerbholz in zwei voneinander losgelöste Teile trennt: Die Bank kann den Schuldschein des ersten Händlers weiterverkaufen, genau wie der zweite Händler sein Guthaben zur Zahlung weitergeben kann. Beides ist Geld, entstanden durch die Glaubwürdigkeit der Bank.

Bankengeld ist Kredit, was wiederum bedeutet: Die in der Bank geschöpfte Geldmenge ist durch die Zahl der vergebenen Kredite begrenzt. In guten Zeiten fließt Geld im Überfluss aus dem Nichts, in schlechten Zeiten werden Kredite nicht verlängert – und plötzlich verschwinden Unsummen in dem Nichts, aus dem sie gekommen sind.

Das Bankguthaben machte die Münzen unwichtig und beraubte Herren und Könige ihrer liebsten Einnahmequelle, worauf diese sich spektakulär verschuldeten. Das vorerst letzte Kapitel der Geldevolution begann 1694 in England, als sich 1268 private Gläubiger vereinten, um der zerknirschten Regierung einen Kredit von 1,2 Millionen Pfund zu einem Zinssatz von 8 Prozent zu gewähren – und damit die Aktiengesellschaft der Bank of England gründeten. Die Unterstützung von

König und Parlamentariern sicherten sie sich, indem sie ihnen Anteile am Gewinn anboten.[39] Im Gegenzug zu weiteren Krediten, günstigeren Zinssätzen und gelegentlichen Schulderlassen erhielt die Bank 1708 das Privileg, dass außer ihr keine andere Bank Banknoten ausgeben dürfe.

1833 verabschiedete die Krone – im Gegenzug zu einem weiteren großzügigen Kredit – ein Gesetz, das die Schuldscheine der Bank of England zum gesetzlichen Zahlungsmittel erklärte. Das bedeutete: Wer Schulden mit diesem Geld tilgte, erhielt die Rechtsgarantie des Staats, diese Schulden vor Gericht als beglichen anzuerkennen. Daraus folgte auch, dass die Regierung dieses Geld als Zahlungsmittel für Steuern akzeptierte. Durch dieses staatlich garantierte Währungsmonopol wurde die Bank of England zur ersten großen modernen Zentralbank – jener Bank, die das Geld ausgab, mit dem alle anderen handelten und das die Geschäftsbanken seitdem als Deckung für ihr Buchgeld benutzten. Das Papiergeld, der Schuldschein, wurde zur offiziellen staatlichen Währung.

Dieses Papiergeld erhielt seinen Wert fast ausschließlich per staatlichem Dekret. Das ist eigentlich nichts Neues, das hatte schon bei den griechischen Münzen gut funktioniert. Doch diese waren an Gold und Silber gekoppelt gewesen, aus denen sie bestanden. Die Zentralbank erlaubte, einen Hebel dazwischenzuschalten: Während zuvor Banken Reserven an Edelmetallen gehalten hatten, um flüssig zu bleiben, konnten sie nun stattdessen Zentralbankgeld halten. Wenn eine Geschäftsbank ihr Guthaben durch Zentralbankgeld im Wert von beispielsweise 10 Prozent ihres Guthabens deckte, und die Zentralbank ihr Guthaben durch Gold im Wert von 10 Prozent ihres Guthabens, war nur noch 1 Prozent des Geldwerts an Gold vorhanden. Gold war die Deckung für Banknoten, Banknoten die Deckung für Buchgeld, und so deckte eine Unze Gold Buchgeld im hundertfachen Wert. Mit diesem Hebel hing zwar alles an der Bank of England, aber er ermöglichte eine enorme Steigerung der Geldmenge, ohne sich vom Gold abzukoppeln – und blieb für 250 Jahre im Wesentlichen unverändert.

Seitdem hat es drei große Veränderungen gegeben: Erstens hat das digitale Zeitalter mit Kreditkarten und Onlinebanking dazu geführt, dass das Geld noch mehr seiner Materie, nämlich Papier und Buch, verloren hat. Selbst Scheine und Münzen machen nur noch weniger als 1 Prozent des Geldes aus. Der Rest besteht aus reiner Information, aus Bits und Bytes, und ist damit reines Versprechen, reiner Gedanke.

Zweitens liegt immer weniger Geldwert bei Banken, sondern bei Aktien, Versicherungen, Optionen und Staatsanleihen. Das hat die Hebelwirkung noch erhöht: Eine Aktienoption ist eine Versicherung auf eine Aktie, ist somit ein bedingtes Versprechen auf ein Papier, das ein Versprechen ist auf Buchgeld, welches ein Versprechen ist auf Bargeld, das ein Versprechen ist auf Gold. Und so ist durch Versprechen auf Versprechen auf Versprechen nicht nur ein stetig tieferer Graben zwischen fiduziärem Geld und greifbarem Gold entstanden, sondern mit dem Hebelshebel auch eine unfassbare Menge Geld.

Drittens wurde das Geld vom Gold, dem alten Bindeglied zwischen Kredit und Gut, abgekoppelt. 1971 liehen sich die USA zur Finanzierung des Vietnamkriegs so viele Dollar, dass sie ihr Zahlungsversprechen auf Gold nicht mehr einlösen konnten, die Golddeckung aufgeben mussten und zu einem reinen Papiergeldsystem wechselten. Fast alle anderen Länder zogen nach.

Das Abstreifen des Goldes als Reserve bedeutet eine epochale Veränderung. Seitdem ist ein Dollar nicht mehr den festgelegten Teil einer Goldunze, sondern genau einen Dollar wert. Vorher war das Geld ein Versprechen auf Gold und das Gold ein Versprechen auf käufliche Güter – heute haben wir das Gold aus der Gleichung herausgekürzt. Geld bezieht seinen Wert allein aus seinem Versprechen auf eine künftige Zahlung, auf Geld und Güter in der Zukunft. Dieses Versprechen allein deckt Euro und Dollar. Heute ist die Geldmenge nur begrenzt durch unseren reinen Glauben an zukünftiges Gut.

Der Kreis des Geldes schließt sich: Wir haben das Versprechen in Silber und Gold gebannt, haben es zählbar und greifbar gemacht. Nun hat es sich wieder schrittweise von der Materie losgelöst und ist wieder reines Versprechen geworden. Dabei haben wir dem Versprechen des Geldes die Qualitäten des Goldes verliehen: Homogenität, Uniformität, Austauschbarkeit, Zählbarkeit, Messbarkeit und, wie Sie sehen werden, Knappheit.

Was ist also Geld? Wir sind in der Geschichte dem Geld in einigen verschiedenen Erscheinungsformen begegnet, die fast alle heute noch in Gebrauch sind. Die Vorform der Zahlung waren unausgesprochene Versprechen zwischen Bekannten. Seine erste Entwicklung bestand in gewogenen Klumpen aus Metall, das Güter versprach und Wert speicherte. In Mesopotamien haben wir das Geld als Guthaben gesehen, als am Silber orientierte Buchhaltungseinheit und formalisiertes Zahlungsversprechen. In der Antike fanden wir die Geburt der Münze, die das Versprechen an Edelmetall heftete. Und mit der Neuzeit entstanden Banken und mit ihnen Geld als schuldbelasteter Kredit, gelagert in Schecks, Scheinen, Büchern, Papieren, Drähten, Glasfasern, Schwingungen im Äther. Und seit dem Ende der Golddeckung wissen wir, dass auch dieses raffinierte Geld letztlich immer noch Versprechen ist.

Was gibt dem Geld seinen Wert? Vielleicht ist nach dieser kurzen Geschichte klar, dass die Frage nicht eindeutig gestellt ist: Geld wirkt zwar einheitlich, aber eigentlich gibt es »das Geld« nicht. Von welchem Geld reden wir: von Dukatenmünze, Dollarschein, Bankguthaben, Schuldversprechen oder Staatsanleihe? Jede dieser Geldformen benutzt einen anderen Mechanismus, um Wert zu versprechen.

Gold verspricht durch seine Unvergänglichkeit und Knappheit, dass andere es weiter begehren werden. Guthaben hat Wert, weil es durch ein Versprechen gedeckt wird: beim mesopotamischen Tempel auf Gerste, beim Einkaufsgutschein auf Güter, bei Banken auf die Zahlungen der Schuldner. Münzen, Scheine und Zentralbankgeld erhalten ihren Wert von den Regierungen, deren Gesetze sie als Zahlungsmittel für Steuern und Schulden bestimmen. Alle Schulden sind wertvoll, weil der Schuldner mit Vermögen und Bonität für ihre Rückzahlung haftet und wir Gesetze eingeführt haben, die ihre Eintreibung erlauben.

Aber all diese Formen der Geldschöpfung haben eine Gemeinsamkeit: Wir akzeptieren Geld als Geld, weil wir dem Versprechen glauben, dass jemand anderes es ebenfalls akzeptieren und Güter dafür hergeben wird. Geld nährt sich aus Vertrauen, Geld ist vereinheitlichtes Versprechen – das ist sogar in der Sprache festgeschrieben: »Geld« kommt nicht von »Gold«, sondern von »gelten«,[40] »Kredit« von »credere« (»glauben«) und »money« von »monere« (»mahnen«).

DIE EVOLUTION DES GELDES

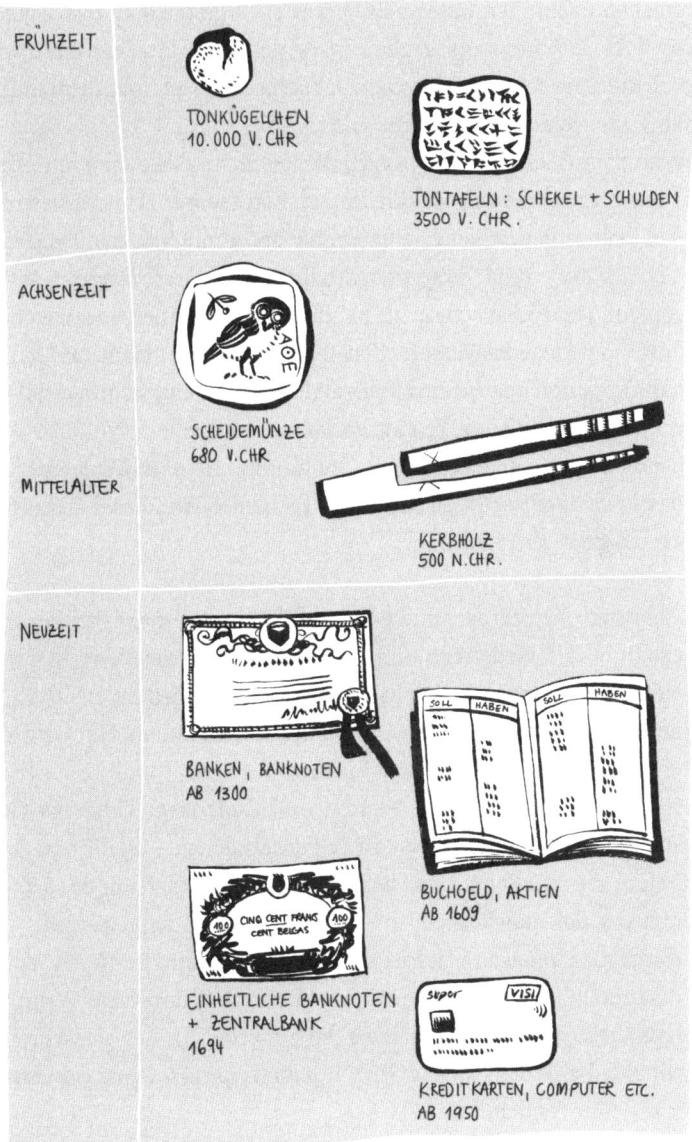

Geld ist ein Versprechen, das aber besonders ist, weil es allgemein ist. Die meisten Versprechen zielen auf etwas Bestimmtes und sind an jemand Bestimmten gerichtet: »Ich verspreche dir, morgen die Wäsche zu machen.« Geld ist anders: Es verspricht irgendjemandem irgendetwas.[41] Als Zahlungsversprechen ist es also im Zahlenwert bestimmt und nicht in der Sache. Und es ist ein Versprechen an irgendjemanden, weil man es weiterreichen kann.

Wenn Sie mir Geld zahlen, sagen Sie letztlich: »Sie haben mir einen Gefallen getan! Nehmen Sie dieses Zeichen meiner Dankbarkeit. Ich habe es bekommen, weil ich jemandem einen ähnlich wertvollen Gefallen getan habe – oder versprochen habe, es zu tun.[42] Möge es Ihnen helfen, von jemandem etwas zu bekommen, das Ihnen von gleichem Wert ist.« Geld löst das Versprechen vom Bekannten, macht aus Gedanken ein Ding, und unser Vertrauen gibt ihm die Macht, so universell wie Gold und Silber auf aller Welt akzeptiert zu werden.

Hier also ein Vorschlag für eine Definition: *Geld ist ein Versprechen, das losgelöst ist vom Versprechenden und vom Versprochenen.* Aus dieser Definition folgen einige Eigenschaften:

1. Geld ist ein *Versprechen*. Das bedeutet, Geld ist Teil einer *Beziehung*. Es besteht in den Gedanken und Worten, die mehrere Menschen miteinander verbinden. Daher ist es an Personen gebunden. Geld ist immer Besitz und Eigentum, gehört immer jemandem. Hat Geld keinen Besitzer, gehört es seinem Finder.
   Versprechen bestehen aus Worten und Gedanken, daher ist Geld *immateriell*. Es kann sich zwar an Gegenstände wie Scheine und Gold binden, aber der Schein und das Gold sind eigentlich nur ein Symbol für etwas, das man kaufen kann, mit dem man es kaufen kann.
   Versprechen müssen *glaubwürdig* sein, um zu funktionieren, daher muss auch Geld glaubwürdig sein, um zu funktionieren. Wenn ich nicht kreditwürdig bin, platzen die Schecks, die ich ausschreibe; geht eine Bank bankrott, ist ihr Guthaben wertlos. Ohne Glaubwürdigkeit hört Geld auf, Geld zu sein.
2. Geld ist ein Versprechen, *das losgelöst ist vom Versprochenen*. Es sagt nicht, von wem wir welche Güter bekommen, sondern wie viele und

zu welchem Preis. Geld ist Maß für Wert und Preis, und deshalb hat man davon immer eine bestimmte Menge, bleibt Geld immer eine Zahl.

Weil Geld ein Maß, eine Zahl, eine Idee ist, ist es *abstrakt*. Wir denken es als einheitlich, normiert, homogen. Ein Euro verspricht einen Euro Wert, egal ob er in Bankguthaben, Scheinen oder Gold gehalten wird, genau wie ein Gramm immer ein Gramm ist, egal ob es Gold oder Federn wiegt.

Geld verspricht außerdem irgendetwas Käufliches, und daher ist es *begehrt*. Für Geld kann man alles Käufliche kaufen, es vereint den Nutzen aller Güter in sich. Wer immer ein käufliches Gut begehrt, wird Geld begehren. Geld muss daher begrenzt sein – wäre es überflüssig, würde es keiner annehmen.

3. Geld ist ein Versprechen, *das losgelöst ist von der Person, die verspricht und der versprochen wurde*. Das bedeutet, es ist *austauschbar*. Meinen Schuldschein können Sie verkaufen, um Ihrerseits Zahlungen zu entrichten. Weil es abstrahiert kann Geld den Besitzer wechseln, ist es Zahlungsmittel.

Geld ist von Personen gelöst, das macht es *anonym*. Normale Versprechen haben einen Kontext, aber Geld abstrahiert vom Hintergrund, hat keine Geschichte – ein Goldstück kann durch alle Hände gegangen sein, für mein Bankguthaben könnte alles verkauft worden sein. Geld stellt keine Fragen.

Und weil es Versprechen ist, muss es immer jemanden geben, der verspricht, es zu erfüllen: Hinter jedem Guthaben stehen Kreditnehmer, die seinen Wert garantieren. Hinter jedem Vermögen haftet jemand für dessen Zahlung. Mit dem vielen Kreditgeld kommen also die vielen *Schulden*.

Geld ist ein revolutionärer Gedanke, und seine Mechanismen haben noch andere Gedanken inspiriert. Kommen wir also zurück zur Frage: Was hat das Geld im Geist angestellt?

Die Mechanik

»Preise machen, Werte abmessen, Äquivalente ausdenken, tauschen – das hat in einem solchen Maße das allererste Denken des Menschen präokkupiert, daß es in einem gewissen Sinne *das* Denken ist: hier ist die älteste Art Scharfsinn herangezüchtet worden, hier möchte ebenfalls der erste Ansatz des menschlichen Stolzes, seines Vorrang-Gefühls in Hinsicht auf anderes Getier zu vermuten sein. ... der Mensch bezeichnete sich als das Wesen, welches Werte mißt, wertet und mißt, als das ›abschätzende Tier an sich‹.«

Friedrich Nietzsche[43]

Das Geld hat die Mechanik der Maschine gebracht – es hat die geistigen Infrastrukturen von Rechnen, Lesen und Schreiben gefördert, unser Weltbild gewandelt und uns zu abstraktem und wissenschaftlichem Denken inspiriert.

Das Geld ist die folgenschwerste Erfindung der Geschichte. Es ermöglicht es Fremden, nicht einander, aber ihrem Geld zu vertrauen und damit über weite Strecken zu handeln. Es hat die Subsistenzwirtschaft aufgebrochen, Arbeitsteilung gefördert und Städte entstehen lassen. Das Geld hat Reiche unter einer Währung geeint, und seine neuzeitlichen Mutationen, Bank und Aktie, ermöglichen koordinierte Investitionen von Millionen von Menschen. Geld ist das Fundament der Wirtschaft, die Infrastruktur der Zivilisation, die Mechanik der Maschine.

Weniger bekannt ist der Einfluss des Geldes auf den Geist: Überall dort, wo das Geld eine neue Wandlung durchmachte, entstanden neue Denkweisen und Ansichten. Ziemlich zeitgleich mit dem Geld entwickelten sich Mathematik, Philosophie, Wissenschaft und abstrahierendes Denken. Ich werde einige Beispiele nennen, wie das Geld diese begünstigt und inspiriert haben könnte. Wenn das stimmt, hat das Geld selbst die Versatzstücke geliefert, die es braucht, um Welt und Wirtschaft als Maschine zu denken und zu behandeln. Ich möchte Ihnen damit zeigen, wie tief unser Weltbild vom Geld geprägt ist – und wie stark es sich in Zukunft wieder ändern könnte.

Beginnen wir mit der Mathematik, der Wissenschaft von Maß und Mengen. Geld ist Buchhaltungszahl und -maß, daher überrascht es nicht, dass die erste Geldgesellschaft, die Sumerer in Mesopotamien, nicht nur Schrift, Zahlen und die Grundrechenarten entwickelte, sondern auch ein umfangreiches System von standardisierten, ineinander konvertierbaren Maßeinheiten.[44] Die Sumerer führten den Scheffel für Getreide ein, definierten den Monat mit dreißig Tagen, die Woche mit sieben Tagen und teilten Tage in vierundzwanzig Stunden. Der gemeinsame Nenner dieser Einheiten war das Geld – ein Schekel waren schließlich sechzig Scheffel Gerste und damit die monatliche Bezahlung eines Tempeldieners.

Für die Buchhaltung entwickelten die Sumerer den Abakus, aus dem bald darauf die Babylonier das Stellenwertsystem entwickelten (die Darstellung der Zahl Zehn als »10« statt »IIIII IIIII«) und damit die Null erfanden – obgleich sie diese nur als Platzhalter und nicht als Zahl anerkannten. Als Grundlage des Systems wählten sie allerdings nicht die Zehn, sondern konsequent die Sechzig – ein Schekel waren schließlich sechzig Portionen Gerste. Unser Dutzend und unsere Einteilung des Kreises in 360 Grad sind Überbleibsel dieses ersten, auf der Sechs fußenden Zahlensystems, entworfen mit und für das Geld.

Auch die Geometrie entstand in Zusammenhang mit Geld und Eigentum: In Ägypten verwischten die periodisch auftretenden Nilschwemmen die markierten Begrenzungen der Felder. Um endlose Streitigkeiten zu vermeiden, entwickelten die Besitzer die ersten geometrischen Formeln zur Berechnung der Grundstücksflächen.[45] Dabei interessierten sie sich wenig für exakte Lösungen der Dreiecks- und Rechteckformeln – der praktische Zweck erlaubte ihnen, sich auf Näherungen zu beschränken. Erst als der Grieche Thales die Geometrie im 7. Jahrhundert vor Christus nach Ionien in Kleinasien brachte und die Philosophen mit den abstrakten Linien herumspielten, entwickelten sie den Anspruch strenger Beweisführung, der für uns heute Inbegriff der Mathematik ist.[46]

Auch die Algebra, also das Rechnen mit Unbekannten, hat ökonomischen Ursprung. Die erste Schrift dazu stammt vom Gelehrten Al-Khwarizmi aus dem Bagdad des 9. Jahrhunderts. Er stellt sie vor als

»kurzes Werk zur Rechnung durch das Ergänzen (auf Arabisch »algabr«) und Reduzieren, beschränkt auf die einfachste und nützlichste Arithmetik, die man ständig benötigt in Fällen von Erbe, Vermächtnis, Gerichtsprozessen, Handel und deren Verbindung, oder wo das Messen von Land, das Graben von Kanälen, geometrische Berechnung oder vieles Weiteres betroffen ist«.[47] Im ausgehenden 12. Jahrhundert wurde sie zusammen mit den indischen Ziffern und dem Dezimalsystem von einem Pisaner Händler namens Leonardo Fibonacci aus Algerien nach Europa eingeführt. Er veröffentlichte seine Erkenntnisse im Liber abbaci, dem für vierhundert Jahre wichtigsten Mathematikbuch – gefüllt mit Rechenbeispielen zum Umtausch von Währungen, Berechnung von Silberanteilen von Münzen, Zinserhebung und Gewinnaufteilung von Gesellschaftern nach Kapitalanteil.[48] Abgelöst wurde es ab 1522 vom Rechenmeister und Finanzverwalter Adam Ries. Sein auf Deutsch verfasstes Buch Rechenung auff der linihen und federn in zal, maß, und gewicht, das Beispiele für die alltägliche Berechnung des Münzschlagsatzes, die Vergütung für verunreinigte Waren bis hin zur Preiskalkulation von Brot, Kleidern und Gewürzen enthielt, wurde neben der Bibel zum ersten Bestseller überhaupt – bis ins 18. Jahrhundert hinein wurden über hundert Auflagen gedruckt. Erst durch diese Wirtschaftslehrbücher wurden Ziffern und Mathematik einer breiteren Bevölkerung zugänglich und interessant. Und noch heute sagt man »nach Adam Riese«, um die Richtigkeit einer Rechnung zu betonen.

Noch ein Beispiel? Auch die Wahrscheinlichkeitstheorie war Folge des Geldes, sie entstand als Hilfsinstrument für Glücksspiel und Versicherungen. Der lombardische Philosoph und Mathematiker Gerolamo Cardano entwickelte 1524 im Liber de Ludo Aleae, dem Buch der Würfelspiele, die Grundlagen der Wahrscheinlichkeitsrechnung. Es war ein Ratgeber für Zocker; neben gewinnoptimierenden Rechnungen zu Wahrscheinlichkeitsraum, Binomialkoeffizienten und Erwartungswert fanden sich in diesem Werk Tipps fürs Mogeln und aufmunternde Worte für die geplagte Spielerseele. Cardano hielt aber seine Erkenntnisse geheim, weil er ein begeisterter Spieler war und seinen Informationsvorsprung lieber in bare Münze verwandeln wollte.[49] Erst 1654 entwickelten Blaise Pascal und Pierre de Fermat die formale Grundlage der

Wahrscheinlichkeitstheorie über die Analyse eines Würfelspiels. Sie dient heute der Berechnung von Versicherungspolicen, Wertpapierpreisen und Prognosen und ist aus der Geldwirtschaft nicht wegzudenken. Geld und Mathematik haben sich parallel entwickelt. Kein Wunder: Geld ist Zahl, wer damit umgeht, dem geht es um mehr und um weniger, der handelt mit Gewinn und mit Verlust. Rechenkenntnisse lohnen sich, wenn Preise und Kurse den Alltag bestimmen. Das garantiert dem Geld das Bündnis mit der Mathematik und verhilft dieser zu ihrer allgemeinen Gebräuchlichkeit und Anerkennung.

Was hat das mit unserem Denken zu tun? Geld ist als Maßeinheit erfunden worden, es macht Dinge zählbar und vergleichbar, die es ohne Geld nicht wären. Was ist mehr: ein Hammer oder ein Schwein, ein Pfund Kartoffeln oder ein Liter Wein? Die Frage ergibt keinen Sinn, weil Hammer, Schwein, Kartoffeln und Wein sich qualitativ unterscheiden. Man kann Eigenschaften wie Gewicht, Größe oder Volumen vergleichen, aber die Sache selbst lässt sich nicht durch einen Zahlenwert festhalten.

Geld jedoch suggeriert diese universelle Vergleichbarkeit, indem es allen Dingen einen Zahlenwert zuordnet. Der Preis setzt das Ungleiche gleich: 1 Hammer = 1 Schekel = 1 Schwein. In diesem Wert summieren sich viele Eigenschaften von Waren: Güte, Menge und Verfügbarkeit, aber auch Reichtum von Käufern und Verkäufern, Beziehungen, Handelsgeschick, Sympathien und Machtgefälle. Im Preis reduziert sich all dies auf eine Nummer, verringern sich viele Qualitäten zu einer Quantität.

Der Aufstieg der Zahl hat daher unseren Ausblick auf die Welt entscheidend verändert. Wenn wir Dinge zählen, vollziehen wir implizit eine Abstraktion, bei der wir eine Vielheit einmaliger Objekte in eine Klasse einheitlicher Dinge unterordnen. Wenn ich zum Beispiel sage, dass vor meinem Haus sieben Eschen wachsen, setze ich voraus, dass diese Bäume nicht sieben grundverschiedene Individuen sind, sondern Teil einer abstrakten Kategorie, nämlich Eschenbäume. Ich impliziere, dass es einfach mehrere Exemplare desselben Typs sind, dass sie weitgehend identisch, austauschbar, gleichartig sind. Ich abstrahiere damit von der Einzigartigkeit jeder dieser Pflanzen. Zahlen lösen Objekte aus ihrer ursprünglichen Ordnung, sie suggerieren, dass sie allgemein, abstrakt, gleichwertig sind.

So gesehen ist es wenig überraschend, dass in entlegenen Gebieten zahlreiche Gesellschaften von Jägern und Sammlern entdeckt wurden, die keine Zahlenworte haben außer »eins«, »zwei« und »viele«. Manche neigen dazu, sie deswegen als unterentwickelt zu belächeln, aber wahrscheinlich haben sie es einfach nicht nötig, Mengen zu allgemeinen Zahlen zu abstrahieren. Sie leben in einer konkreten Welt, in der es keine Veranlassung dazu gibt, Äpfel und Äpfel zu addieren.

Als wir jedoch damit begannen, Geld zu nutzen, beschritten wir einen anderen Weg: Aus »dem Apfel« wurde »ein Apfel«, und die Zahl wurde von spezifischen Objekten losgelöst. Wir fingen an, zuerst Getreide, Schafe, Land, Menschen und bald den Rest der Welt als etwas zu denken, das inventarisiert, kontrolliert, verteilt werden kann. Das machte unsere Art des Denkens symbolischer und entfernte sie von der Wirklichkeit, die sie symbolisiert. Das Geld ermöglicht, nein, es ermutigt den Benutzer, der Welt messend, zählend und berechnend zu begegnen.[50] Wohl deswegen hat das Geld praktisch jede mathematische Errungenschaft inspiriert.

Dass Geld und Mathematik eng verwandt sind, mag wenig überraschen; aber vielleicht hat das Geld unsere Weltanschauung noch viel stärker beeinflusst, als wir denken. Eine Reihe von Historikern, Anthropologen und Philologen haben Indizien dafür gesammelt, dass das Geld uns in den Grundfesten des abstrakten Denkens, in der Philosophie geprägt hat. Ich werde dafür ein paar Beispiele nennen.

Als erste Philosophen gelten gemeinhin Thales, Anaximander und Anaximenes, weil sie, als frühe Form der Theoriebildung, explizit nach dem Ursprung aller Dinge fragten. Alle drei lebten im 6. Jahrhundert vor Christus in Milet, im Westen Kleinasiens. Genau dort waren kurz zuvor die ersten Münzen geprägt worden, und Milet ist wohl die erste Stadt, in welcher der tägliche Handel hauptsächlich mit Münzen bestritten wurde. Am meisten wissen wir über Thales: Es heißt, er sei durch Ölspekulation reich geworden, dank einer Wirtschaftsprognose. Aristoteles berichtete:

»Als man ihm wegen seiner Armut einen Vorwurf machte, als ob die Philosophie zu nichts tauge, habe er, sagen sie, da er aufgrund seiner astronomischen Kenntnisse vorausgesehen hatte, dass die Olivenernte reichlich sein würde, noch im Winter mit dem wenigen Geld, das ihm zur Verfügung stand, sämtliche Ölpressen in Milet und Chios für einen niedrigen Preis gemietet, wobei ihn niemand überbot. Als aber die Zeit der Ernte gekommen war und auf einmal und gleichzeitig viele Pressen verlangt wurden, da habe er seine Pressen so teuer verpachtet, wie er nur wollte, und auf diese Weise sehr viel Geld verdient: Zum Beweise dafür, dass es für die Philosophen ein Leichtes ist, reich zu werden, wenn sie dies wollen, dass es aber nicht das ist, was sie wollen.«[51]

Man könnte sagen, Thales war der erste hauptberufliche Denker der ersten Münzgesellschaft Europas. Er wurde berühmt durch seine Studien der Mathematik und Astronomie, und in der Antike kannte man ihn aufgrund seiner Weisheitssprüche, die uns Demetrios von Phaleron überliefert. Sie lesen sich wie ein bürgerlicher Abreißkalender:

»Bürgschaft – schon ist das Unheil da. Denk an deine Freunde, ob sie da sind oder fort. Nicht dein Äußeres schmücke, sondern sei schön in deinem Tun. Sei nicht reich durch Unrecht. Deinen Eltern zu schmeicheln zögere nicht. Was du den Eltern Gutes tust, das erwarte selbst im Alter von deinen Kindern. Das Angenehmste ist, zu bekommen, was man wünscht. Untätigkeit ist eine Qual. Unbeherrschtheit ist ein Schaden. Unbildung ist eine Last. Sei nicht faul, selbst wenn du Geld hast. Übles verbirg im Haus. Halte Maß. Nicht allen traue.«[52]

Ratschläge zu Kredit (Bürgschaft, Vertrauen), Beschäftigung (Untätigkeit), Geschäftsbeziehungen (Freunde), Humankapital (Unbildung), Bonität (Übles verbirg), Altersvorsorge (Kinder) – das Geld hinterlässt Spuren in der Weisheit. Und Thales formulierte bereits die These, die zur Grundannahme der späteren Mikroökonomik wurde: »Das Angenehmste ist zu bekommen, was man wünscht.«

Doch nicht nur die Werte ändern sich zu dieser Zeit, sondern es entsteht eine völlig neue Weltanschauung. Thales stellte wohl als Erster die Frage, aus welcher Substanz das Universum besteht. Woraus ist die Welt gemacht? Was ist ihr Ursprung? Es ist eine bemerkenswerte Frage, weil sie von der Idee ausgeht, dass ein einziges, einheitliches Element zu den grundverschiedenen Formen umgewandelt werden kann, die wir in der Welt sehen. Diese Vorstellung ist uns heute vertraut, weil sie hinter derselben Frage steht, die noch heute viele Physiker umtreibt: Was ist die fundamentale Substanz, aus der die vielen Elemente der Welt zusammengesetzt sind? Aber eigentlich ist die Frage doch verwunderlich – es gibt schließlich in der alltäglichen Erfahrungswelt keine Substanz, die den Gedanken nahelegt, universell wandelbar zu sein oder eigentlich aus etwas ganz anderem zu bestehen.

Als Antwort behauptete er – anders als heutige Physiker –, dass Wasser diese ursprüngliche Substanz sei. Die gesamte Schöpfung begann nach Thales mit Wasser, das durch Bewegung, Kompression, Rekombination die Formenvielfalt aller Substanzen und Objekte hervorbringe; und diese Objekte ließen sich durch Manipulation auch wieder zu Wasser reduzieren. Demnach wäre Wasser der Quell aller Dinge – die Welt entsteht aus Wasser, wird wieder zu Wasser, schwimmt auf Wasser.

Ist es Zufall, dass Thales' Sichtweise zeitgleich mit dem Geld und den ersten Märkten entstand? Denn seitdem gibt es in der menschlichen Erfahrung sehr wohl ein Material mit der Fähigkeit universeller Austauschbarkeit: Die Münze kann gegen jedes Objekt eingelöst werden – und umgekehrt. Geld ist das fundamentale Material, aus dem die vielen Objekte der Warenwelt bestehen: Der ganze wirtschaftliche Schöpfungsprozess beginnt mit Geld, das durch Investition die Formenvielfalt der Waren und Güter hervorbringt; und diese Güter lassen sich durch ihren Verkauf auch wieder zu Geld reduzieren. Demnach ist Geld der Quell der Güter – die Wirtschaft entsteht aus Geld, wird wieder zu Geld, schwimmt auf Geld.

Ich finde das eine bemerkenswerte Parallele. Thales mag sich geirrt haben in dem, was er über die Beziehung von Wasser und Welt lehrt; dennoch stimmt es für die Beziehung von Geld und Wirtschaft.

Noch ein Beispiel. Zur ersten Hochphase der Münze, im Athen des 5. Jahrhunderts vor Christus, stellte Platon mit seiner Ideenlehre die Behauptung auf, dass alles, was wir erleben, gar nicht die eigentliche Wirklichkeit sei. Menschen, Tiere, Gegenstände, alle beweglichen und veränderlichen Dinge seien nicht real, sondern nur ein Schatten der Idee des Menschen, des Tiers, des Dings an sich. Nur diese Ideen hätten objektive Realität; was die Sinne wahrnehmen, sei demnach unwesentlich und unwirklich; unsere Erfahrungswelt sei nur Schein, von dem es zu abstrahieren gelte, um zur eigentlichen Wirklichkeit zu gelangen.

Auch diese Vorstellung, dass eine abstrakte Realität die erfahrbare Wirklichkeit bestimmt, ist uns heute vertraut: Wir sprechen routiniert allgemeinen Naturgesetzen objektive Wirklichkeit zu. Aber eigentlich ist auch dieser Gedanke erstaunlich: Die Wirklichkeit ist gar nicht so wirklich, wie sie aussieht, sondern sie ist Schall und Rauch abstrakter Ideen, die viel wirklicher sind. Wie sind die Griechen darauf gekommen? Können Sie etwas entdecken, was den Gedanken nahelegt, dass es eigentlich gar nicht existiert? Haben Sie schon einmal eine Idee gehabt, die den Anschein machte, realer als die Realität zu sein? Wahrscheinlich nicht. Was hat die Griechen dann auf diesen Gedanken gebracht?

Bestimmt ahnen Sie es bereits: Es gibt ein Objekt, dessen Idee wesentlicher ist als sein Äußeres. Platons Sicht auf die Beziehung von Ding und Idee ähnelt auffallend dem Verhältnis von Münze und Wert. Bei der Münze ist die Materie zweitrangig – was zählt, ist die Idee, für die sie steht. Sie ist verkörpertes Vertrauen, daher ist ihr Äußeres letztlich Schein, von dem es zu abstrahieren gilt, um zu ihrem wesentlichen Wert zu gelangen. Ihre wirtschaftliche Wirklichkeit speist sich aus dem Reich der Ideen, und die kann man nicht verändern, indem man ihren Träger, die Münze, zerstört – die Magie des Vertrauens bleibt.[53] Anders gesagt: Platons Ideenlehre mag als Metaphysik seltsam klingen, aber als Geldtheorie würde sie gut funktionieren.

Noch offensichtlicher ist der philosophische Einfluss der Geldwirtschaft bei Pythagoras, geboren 570 vor Christus auf der kleinasiatischen Insel Samos. Kurz nach der Einführung der Münze gründete er einen Geheimkult, der die Zahl als Urprinzip der Welt selbst begriff. Er lehrte, dass der Kosmos aus Proportionen und Harmonien bestehe, deren Schlüssel in ihrer mathematischen Berechenbarkeit liege. Musik, Astronomie, Medizin und sonst alles in der Welt ließen sich auf Zahlen reduzieren, und dies sei der Weg zu universeller Weisheit. Seine Lehre erfreute sich über zwei Jahrtausende großer Beliebtheit. Ist es verwunderlich, dass diese Idee in einer Gesellschaft entstand und begeistert aufgenommen wurde, die gerade begonnen hatte, allen Dingen eine Zahl, einen Preis zuzuordnen?

Diese neuen Philosophien, die Ideen, Abstraktion und Zahlen als Schlüssel der Weisheit präsentieren, fielen in den ersten Marktgesellschaften auf fruchtbaren Boden. Und ist das erstaunlich? Für ihre Bewohner waren Preise, Kurse, Zahlen wichtiger als soziale Beziehungen geworden. Man musste mit abstrakten Werteinheiten umgehen können, um auf dem Markt ein gutes Geschäft zu machen. Man fing an, mehr über ausgedachte Werte und Abstraktionen zu reden als über das Wetter. Die Wahrnehmung der Sinne begann weniger zu zählen als Zahlen. Die Meinung von Gelehrten, die rechnen, lesen, schreiben, logisch argumentieren und von ihrem Ohrensessel über die Welt philosophieren konnten, genoss plötzlich mehr Vertrauen als die praktische Erfahrung von Handwerkern, Hirten und Bauern. Seit das Geld in unser Leben eingedrungen ist, wird das Allgemeine, Abstrakte, Ausgedachte realer und wichtiger als die wahrnehmbare Wirklichkeit.

Kann es sein, dass die Erfahrung, die wir mit Markt und Geld machen, unsere Erwartung prägt, wie der Rest der Welt funktioniert? Wo das Geld auftaucht, mit seinen unpersönlichen Märkten, allgemeinen Gesetzen und berechenbaren Preisen, entsteht zugleich die Vorstellung, dass berechenbare Gesetze, universelle Prinzipien und abstrakte Zahlenverhältnisse die Welt objektiv, aber unpersönlich strukturieren. Mit der Schenkungswirtschaft, bestehend aus persönlichen Beziehungen, regiert von den unvorhersehbaren Launen der Beteiligten, schwindet die archaische Vorstellung einer subjektiven, beseelten und geheimnisvollen Welt, bewohnt und animiert durch die unvorhersehbaren Launen von Göttern, Musen und Geistern. Während früher jeder Ort seine eigenen Satyrn, Sirenen und Dryaden hatte, wurde die Welt nun abstrakt und gleichförmig, bestand nur noch aus einheitlichen, aus-

Die Mechanik 49

tauschbaren Atomen. Während man früher sagen konnte, die Götter hätten das so gewollt, begannen die Philosophen nach den wiederholbaren, kontrollierbaren Ursachen zu suchen.

Die Philosophen entzauberten ihre Mythen und opferten sie zugunsten von Logik, Objektivität und Wissenschaft. Vorbei war die Zeit, als die alten Gedichte der Barden der Welt einen Sinn anhängten. »Viel lügen die Sänger zusammen«,[54] schmähte Aristoteles, der Meister der rationalen Erklärung. Mit der Münze begann unsere moderne Suche nach objektiver Erkenntnis. Geld ist Pate unserer wissenschaftlichen Weltanschauung, unserer Kosmologie und Metaphysik.

Auch die nächsten Jahrtausende entwickelten sich Geld, Zahl, Technik und Wissenschaft Hand in Hand: Die Erkenntnisse von Zahl und Maß ermöglichten den Alten nützliche Techniken wie Waage, Flaschenzug, Wasserrad.[55] Mit der Lohnarbeit verbreitete sich der Wunsch, diese genau berechnen zu können, und um 1335 wurde die erste mechanische Uhr gebaut. Die Idee, Zeit durch Zählen greifen zu können, inspirierte in der Bankenrepublik Florenz Galileo Galilei dazu, Geschwindigkeit zu messen und universelle Fallgesetze aufzustellen. Wiederholbare und vorhersehbare Ergebnisse zu produzieren funktionierte so gut, dass Galilei das Messen zum Fundament der Wissenschaft erklärte und technisch aufmotzte: Er erfand Instrumente wie Thermometer, hydrostatische Waage, Fernrohr und Mikroskop und stellte Formeln über die Planetenbewegung auf. Dahinter stand dieselbe Philosophie, die wir aus der Antike kennen: Glaube nicht der naiven Beobachtung – die Wirklichkeit ist nicht, wie sie scheint. Suche die Wahrheit im Zählen, Messen und Berechnen – alle Erfahrung lässt sich auf wenige Prinzipien reduzieren. Das ungeübte Auge mag nur Bäume, Häuser, Leute sehen, aber eigentlich gibt es nur Atome, Substanzen, Zahlen.[56]

Jahrzehnte später perfektionierte Isaac Newton die Methode, durch Maße, Mathematik und abstrakte logische Folgerungen die allgemeine Bewegung von Geschossen, Flüssigkeiten und Planeten in einheitliche Formen zu gießen. Es machte die Welt vorhersehbar und kontrollierbar, half, neue Maschinen zu bauen, und schuf neue Formen von Kontrolle und Reichtum. Und an diesem Punkt begannen sich Ökonomen zu fragen: Können wir das nicht auch?

Heute leben wir in einer völlig abstrakten Welt. Geld, Job, Schulden, Eigentum – diese menschengemachten Ideen beherrschen unser tagtägliches Leben mehr als je zuvor. Wir erkennen heute nicht mehr Bäume an ihren Blättern, dafür Unternehmen an ihren Logos. Wenn man darüber nachdenkt, wie sehr das Geld unsere Welt abstrakt macht, scheint es kaum verwunderlich, dass das Geld uns überhaupt daran gewöhnt hat, abstrakt zu denken.

Wir teilen die Meinung der ersten Philosophen, dass eine abstrakte Realität die wahrnehmbare Wirklichkeit bestimmt. Wir suchen Formeln, um die gesamte physikalische Welt berechenbar zu machen. Wir beschreiben die Welt in ihren Prinzipien, so wie sie wirklich ist, und mit »wirklich« meinen wir: frei von Meinungen, Vorurteilen, Dogmen, Mythen, ganz objektiv erklärt, allein durch Zahlen, Formeln, Gleichungen und Mechanismen – als wäre die Welt ein großes Uhrwerk und wir alle kleine Rädchen.

Die Programmierung

»Der Egoist fühlt sich von fremden und feindlichen Erscheinungen umgeben, und all seine Hoffnung ruht auf dem eigenen Wohl. Der Gute lebt in einer Welt befreundeter Erscheinungen: das Wohl einer jeden derselben ist sein eigenes.« Arthur Schopenhauer[57]

Das Geld hat auch die Programmierung der Maschine, das Ziel des Apparats und der einzelnen Zahnräder, gegeben. Das Geld hat uns gelehrt, das Gute zu zählen, zu berechnen und zuerst mit Gütern, zuletzt mit Geld gleichzusetzen. Es liefert so die Rechtfertigung für ein Wachstum von Gütern, Geld und Wirtschaft.

Ich habe eben skizziert, wie das Geld uns die Infrastrukturen der Wirtschaft geschenkt und die Bestandteile der Mechanik in den Geist gebracht hat: Symbole und Mathematik, abstraktes und quantitatives

Denken. Wie aber koordiniert sich das Zusammenspiel ihrer Einzelteile? Auf welches Ziel richtet es sich aus? Auf welches Programm haben wir die Maschine gestellt?

Wie das Geld unsere Gedanken über Wirklichkeit und Kosmos prägt, inspiriert es auch unser Denken über Glück und Leid, Richtig und Falsch, Moral und Ethik und die Natur des Menschen. Es prägt unser Hoffen, unsere Ziele und die Rechtfertigung dafür – kurz: das Denken über das Gute. Dieses Kapitel erklärt, wie das Geld uns die Rechtfertigung gegeben hat, mehr Geld zu machen und die Maschine auf Vollgas zu stellen.

Geld ist im Wesen ein Versprechen, und dieses hat eine potente normative Kraft. Wer es ausspricht, verpflichtet sich mit seiner persönlichen Integrität dafür, ihm nachzukommen. Gleiches gilt für Geschenke: Sie hinterlassen ein Gefühl von Dankbarkeit und Verpflichtung – und andere bemerken gewöhnlich, ob man die Verpflichtung erfüllt. Dieses Gefühl der *Verbindlichkeit*, der gegenseitigen Obligation, die uns an andere knotet, ist älter als das Geld. Geld zieht seine normative Macht aus diesem Erbe. Schulden sind eine Verpflichtung, sie erzeugen bei uns das Gefühl, dass wir sie tilgen müssen, dass wir unser Gesicht verlieren vor anderen und sogar uns selbst, wenn wir es nicht tun. Und es gibt heute einen ausgebauten sozialen Apparat, der uns zum Zahlen der Schulden zwingt, indem er mit dem Verlust unserer Kreditwürdigkeit, also Glaubwürdigkeit droht.

Im Geld fließen also alte moralische Kräfte, aber es hat auch unsere Moral verändert. Mit Schulden kam die Schuld: Einige der ersten moralischen Schriften sind Betrachtungen darüber, was es heißt, Vergehen nicht als Fehler zu verstehen, die es zu verzeihen, sondern als Schuld, die es zu begleichen gilt. Das ursprüngliche hebräische Wort für Sünde »chata'a« bedeutet wörtlich »Verfehlen eines Ziels« und beinhaltet eher eine Verfehlung oder ein Missgeschick. Die geschehen unweigerlich allen Menschen, daher kann man sie auch irgendwann wieder vergessen. Große Teile des Tanachs hingegen, allen voran das dritte und fünfte Buch Mose, lehren jedoch, dass wir mit unserer Schuld wie mit unseren Schulden umzugehen haben, dass Sünden eine Verschuldung bei Gott sind, die nicht durch seine Gnade vergeben werden, sondern durch Opfer zu sühnen, zu entschulden, zu tilgen sind – oder andernfalls über Generationen vererbt werden. Ähnliche Ideen tauchen bald in den Gesetzen auf: In Griechenland verbreitet sich die Idee der »ausgleichenden Gerechtigkeit«, die fordert, dass jeder für seine Taten zu bezahlen hat, und eine Justiz entsteht, um sie zu gewährleisten.

Wichtiger finde ich aber, dass das Geld überall dort, wo es auftaucht, Spuren im allgemeinen Menschenbild hinterlässt. Der Markt reduziert nämlich Beweggründe und macht Menschen so berechenbarer. Ein Geschenk kann viele Absichten haben: Vielleicht will der Schenker nett oder hilfsbereit sein, vielleicht will er Dankbarkeit, Loyalität oder Abhängigkeit schaffen, vielleicht will er auch angeben und andere beschämen, vielleicht will er alles auf einmal. Mit der Münze jedoch werden klassische Schenk- und Vertrauensbeziehungen ersetzt durch den unpersönlichen Markt, in dem der Austausch mit Unbekannten zum Standard wird und daher weniger Gefälligkeiten und Beziehungen gelten, sondern vielmehr das Geld. Wer auf diesem Markt bestehen will, kann nichts verschenken, muss Kosten und Nutzen abwägen, muss effizient handeln und rational denken, seine Motive auf den Gewinn reduzieren und den Rest herauskürzen. Ein gutes Geschäft zu machen heißt, viel Ertrag zu bekommen und wenig Einsatz dafür zu geben. Was hier zählt, ist die Ratio,[58] die am Ende herauskommt – der Profit. Kurz: Mit dem Geld wurden die Leute zielstrebiger, und das nicht nur auf die nette Tour.

Dafür erscheint stets eine moralische Rechtfertigung, die generell, individuell wie kollektiv, drei Schritten zu folgen scheint: Zuerst kommt die Beobachtung, dass Gewinn und Verlust die Menschen antreiben. Darauf folgt die Annahme, dass nur Gewinn und Verlust die Menschen antreiben, der Eigennutz das universelle Prinzip ist und andere Motive prätentiöser Schein. Das mündet schließlich in der Rechtfertigung, dass man selbst nur nach Gewinn und Verlust handeln darf, weil das ja alle tun.

Der erste Schritt kam mit der Münze. Mit Münze und Markt erschien das Bild des Menschen, der stets berechenbar seinen eigenen Vorteil optimiert. Plötzlich tauchten in den Sprachen Griechenlands, Chinas und Indiens Wörter wie Vorteil, Nutzen, Gewinn und Profit auf, nicht nur im Zusammenhang mit dem Markt, sondern auch mit Schlachtfeldern, Politik und Moralphilosophie – und die Annahme, dass das berechnende Eigeninteresse stets die wichtigste Motivation sei. Aus philosophischen Abhandlungen verschwindet zunehmend die Vielfalt der Motive, zuerst Gottheiten, Tradition, Orakel, Ahnen, Rituale, danach Tugenden wie Mut, Loyalität und Ehrlichkeit, schließlich Gefühle wie Ruhm, Rache, Ehre und Schande. All das beginnt sich aufzulösen, übrig bleiben berechenbarer Gewinn und Verlust als universeller Antrieb allen Handelns.

Ein Beispiel aus China: Mit Beginn der Münzprägung erhielt das Wort »li«, das ursprünglich den Mehrertrag an geerntetem gegenüber dem gepflanzten Korn bezeichnete, darüber hinaus die Bedeutung *Gewinn, Rückzahlung* oder *Profit* und wurde auf alle Lebensbereiche angewendet, wie zum Beispiel in Politik und Militär. Lü Buwei, Großkaufmann, Philosoph und Minister, riet im 3. Jahrhundert vor Christus seinem König:

»Als generelles Prinzip, wenn die Armee eines Gegners kommt, sucht sie irgendeinen Profit. Wenn sie nun kommen und stattdessen die Aussicht auf den Tod vorfinden, werden sie Weglaufen als die profitabelste Handlung erachten. Wenn alle Gegner Weglaufen als die profitabelste Handlung erachten, werden sich keine Klingen kreuzen. Das ist der wesentlichste Punkt in militärischen Angelegenheiten.«[59]

Alle wollen nur gewinnen, alle berechnen Chancen und Kosten, jeder optimiert seinen Nutzen – dieses düstere Menschenbild rechtfertigt eine Politik der Härte: Wenn alle nur ihren Gewinn berechnen, müssen wir nur stärker sein als die anderen, damit uns keiner angreift. Wir müssen aggressiver und abschreckender sein als die Feinde, dann haben wir Frieden. Wir dürfen keine Schwäche zeigen, sonst nutzen uns die anderen aus. Die Unterstellung allgemeinen Egoismus rechtfertigt die gemeinsten Handlungen, denn man kann ja nicht einfach nett sein, wenn die anderen es nicht sind. In Florenz, der Bankenrepublik der Renaissance, erklärte 1513 Niccolò Machiavelli dem staunenden Leser, dass Gewalt gut und Güte grausam ist:

»Cesare Borgia galt als grausam. Diese Grausamkeit hatte die Provinz Romagna zusammengehalten, in Einigkeit, in Frieden und in treuer Unterwürfigkeit. Erwägt man es genau, so wird man finden, daß dies viel menschlicher war (...). Jemand, der es darauf anlegt, in allen Dingen moralisch gut zu handeln, muß unter einem Haufen, der sich daran nicht kehrt, zu Grunde gehen. Daher muß ein Fürst, der sich behaupten will, sich auch darauf verstehen, nach Gelegenheit schlecht zu handeln, und dies thun oder lassen, so wie es die Nothwendigkeit erfordert.«[60]

Wenn die Welt schön und die Menschen gut wären, dann gäbe es keinen Grund, schlecht zu sein; aber wenn andere schlecht sind, schadet es mir, nett zu sein. Leider ist die Welt schlecht, die Leute lügen und betrügen, daher darf und eigentlich muss ich das auch – zum Wohle aller, jemand muss ja die Ordnung wahren!

Recht wird schlecht und schlecht wird recht. Diese seltsame Kalkulation taucht in allen Geldgesellschaften auf, aber so richtig geht sie selten auf. Ein Beispiel aus dem antiken Griechenland. Der griechische Historiker Thukydides erzählt, wie Athener Generäle, ebenfalls von dem Floh ökonomisch-militärischer Kräftekalkulation gebissen, der ehemals verbündeten Stadt Melos eröffnen, dass Athen sie nicht mehr als gleichwertigen Freund annehmen könne, weil das als Schwäche ausgelegt würde. Sie bieten den Meliern an, sich entweder zu unterwerfen und Tribute zu zahlen oder kollektiv massakriert zu werden. Und sie mahnen sie, vernünftig zu sein, weil doch Ersteres von viel größerem Vorteil wäre.

Eine absolut berechnende, rationale Argumentation, die mich an die Spieltheorie erinnert: Wenn ihr zahlenmäßig im Nachteil seid und wir drohen, alle zu töten, habt ihr den Anreiz, kampflos aufzugeben. Daher ist es für uns günstig, euch überhaupt zu attackieren – ein Sachzwang bedauerlicherweise, notwendig und alternativlos, ihr würdet genauso handeln, wir haben da alle keine Wahl, so ist die Welt eben. Aber schon damals funktionierte die realpolitische Schachspieltheorie nicht. Die Melier wählten nämlich den Kampf, was irrational, aber verständlich war. Dementsprechend starben auf beiden Seiten nutzlos Menschen, die Melier wurden getötet oder versklavt und die Stadt von Athenern neu besiedelt. Die Stärke brachte nicht Frieden, sondern Blutvergießen. Wer hätte damit rechnen können?

Könnte es sein, dass das Geld dieses finstere Menschenbild nährt und dass es die Neigung hat, sich selbst wahr zu machen? Wenn ich denke, dass alle anderen nur ihre egoistischen Ziele verfolgen, werde ich das auch tun, schon um mich zu schützen. Aber was, wenn das alle tun? Es ist offensichtlich, dass diese Annahme wahr wird, wenn man beginnt, konsequent nach ihr zu handeln, denn Misstrauen schafft Misstrauen. Was, wenn die dunkle Lehre des Geldes, wonach das Gute im Menschen knapp ist und nur Eigennutz den Menschen bewegt, im Wesentlichen eine sich selbst erfüllende Prophezeiung ist?

Bitte behalten Sie diese Überlegung im Hinterkopf, denn ich möchte mich hier nicht in Details der allgemeinen Moral des Geldes verlieren, und Sie können das auch alles anderswo nachlesen.[61] Dieser Teil der Geschichte handelt nämlich von der Wirtschaftstheorie im Speziellen und beginnt in der Neuzeit. Die wissenschaftliche Revolution, ausgelöst von der Entdeckung der allgemeinen Berechenbarkeit der Planetenbahnen, schenkte der Physik die neue Deutungshoheit über die Welt. Die quantitativen Methoden des Messens, Datenerhebens und Rechnens machten die physische Welt so berechenbar, dass sie binnen kürzester Zeit allgemein anerkannt wurden. Sie versprachen, die Welt durch Gleichungen, Techniken und Maschinen kontrollierbar zu machen, und ihre Befürworter, wie René Descartes, hofften, dass sie den Menschen »zum Herrn und Besitzer der Natur«[62] erheben würden.

Gleichzeitig verbreitete sich das Geld weiter, gestützt durch neue Techniken der Güter- und Geldschöpfung, und während die Macht der Märkte anwuchs, schwand die der Herrscher über ihre Untertanen. Mit der Doktrin der egoistischen Berechenbarkeit des Menschen breitete sich der aufrührerische Konsens aus, dass Könige und Fürsten nur scheinbar Gottes, in Wahrheit aber ihrem eigenen Interesse dienten. War das wirklich nötig? Konnte man nicht die neuen Methoden des Messens und Berechnens auf den Staat anwenden, um ihn zu verbessern? Konnte man nicht eine bessere, gerechtere Welt konstruieren und den Menschen zum Herrn und Besitzer seiner selbst machen? Ließ sich nicht berechnen, wie wir glücklich leben können? Philosophen in ganz Europa fragten sich, ob man die Methoden des Messens und Berechnens auf ein neues Territorium ausweiten konnte: die Gesellschaft. In England entstand der Begriff »Moral Sciences«: Moral sollte wie die Physik eine berechnende Wissenschaft werden.

Der Versuch ist ehrenhaft, aber äußerst herausfordernd. Den Physikern Newton und Galilei standen zwar zu Beginn ihrer Arbeit noch keine Funktionen und keine Differentialrechnung zur Verfügung, aber sie hatten Maße, Daten und Instrumente, auf die sie sich verlassen konnten. Den Gesellschaftsingenieuren ging es umgekehrt: Ihnen kam eine bereits entwickelte Mathematik zu Hilfe – aber es fehlten Maße, Daten und Formeln. Denn angenommen, die Konstruktion einer besseren Gesellschaft wäre möglich: Wie könnte man sich des Erfolgs sicher sein, ohne ihr Wohlergehen zu messen und zu berechnen? Gibt es ein Maß des Guten, nach dem man die Gesellschaft ausrichten kann?

Den Versuch einer ersten Antwort gab 1789 Jeremy Bentham, indem er das Prinzip des Nutzens erfand. Inspiriert von Newtons Vision, physische Bewegung durch berechenbare Kräfte zu erklären, versuchte er die auf den Menschen wirkenden Kräfte und Affekte zu bemessen:

»Die Natur hat den Menschen unter die Leitung zweier Herrscher gesetzt, Schmerz und Vergnügen. Sie alleine sollen darauf hinweisen, was wir tun sollten (...). Das Prinzip des Nutzens bedeutet das Prinzip, welches jede mögliche Handlung billigt oder missbilligt, je nach der Tendenz, nach welcher es das Glück der Beteiligten in Frage zu vergrößern oder zu verringern scheint; oder (...) ob es Glück fördert oder ihm entgegensteht. Ich sage, jede mögliche Handlung, und daher nicht nur jede Handlung eines privaten Individuums, sondern jede Maßnahme einer Regierung.«[63]

Nach diesem Utilitarismus treiben also zwei Motive jeden Menschen an: Freude und Schmerz, Lust und Leid, Gutes und Schlechtes, eine anziehende, positive und eine abweisende, negative Kraft. Sie gleichen einander aus; ihre Summe ergibt daher eine Zahl, die bestimmt, ob und wie viel Gutes oder Schlechtes eine Handlung verursacht. Ist sie positiv, macht sie glücklich und ist gut; ist sie negativ, macht sie unglücklich und ist schlecht. Mit diesem Prinzip kann ich jede Regierungsmaßnahme einfach bewerten: Ich summiere für jede betroffene Person das Leid und Glück, das sie verursacht, und rechne dann den Nutzen all dieser Personen zusammen. Ist der Gesamtnutzen positiv, ist meine Politik gut, ist er negativ, ist sie schlecht. Das Ziel: die größte Menge Glück für die größte Menge Menschen.

Dieses »hedonistische Kalkül« ist das Traumwerkzeug des Sozialingenieurs: Nicht etwa weil es tatsächlich hilft, das Verhalten der Menschen zu verstehen – wir rechnen schließlich selten explizit, wenn wir Entscheidungen fällen –, sondern weil es vorgibt, ein objektives Kriterium für Entscheidungen zu liefern. Wo man vorher diskutieren musste, ob eine Handlung gut oder schlecht ist, kann man nun – so die Hoffnung – ganz einfach rechnen. Wo vorher die Affekte des Menschen unkoordiniert gegeneinanderliefen, rechtfertigt es der Utilitarismus, eine vernünftige Gesellschaft zu steuern, in der alle Kräfte auf das gemeinsame Glück gebündelt sind. Wie ein Ingenieur die Arbeit der Mechanik koordiniert, um eine Maschine zu bewegen, wenden die »Moralwissenschaftler« die Gesetze der Mechanik auf die Menschen an, um die Effizienz der Glücksproduktion zu optimieren. Kein endloses Debattieren mehr, aus Moral und Politik wird eine exakte Wissenschaft!

Der Utilitarismus hat leider einige Schönheitsfehler, nicht nur, dass er alle Lüste gleich behandelt und annimmt, dass Freud und Leid einander ausgleichen wie gegeneinandergerichtete Schraubfedern.[64] Viel problematischer ist jedoch, dass das Glück nicht messbar ist. Ich kann zwar sagen, ob ich länger oder kürzer, intensiver oder schwächer glücklich bin, kann dem Glück eine Zahl zuordnen. Doch diese Zahl ist offensichtlich subjektiv: Glück kann man nicht messen, und ohne Maß gibt es keine Vergleichbarkeit und Objektivität, und ohne die bleibt der Traum von der wissenschaftlich optimierten Gesellschaft ein Gedankenspiel. Die Theorie des Utilitarismus wäre wahrscheinlich in Vergessenheit geraten, wäre nicht das Geld, die universelle Maßeinheit, zu ihrer Rettung gekommen.

In *Mathematical Psychics: An Essay on the Application of Mathematics to the*

1. Die Geschichte der Großen Maschine: eine Biografie

Moral Sciences fragte sich der Mathematiker und Ökonom Francis Ysidro Edgeworth 1881, wie man diesen Nutzen wohl messen konnte. Er träumte von einem Automaten, den er »Hedonimeter« nannte und der empfundenes Glück auf einem Graph darstellen sollte wie ein Thermometer die Hitze. Seine rührende Begeisterung zeigt den Esprit der Moralwissenschaften:

»Nehmen wir an, es gäbe in der Wissenschaft des Vergnügens das, was es in der Wissenschaft der Energie gibt, ein ideales perfektes Instrument, eine psychophysische Maschine, die ständig die Höhe des Vergnügens misst, das ein Individuum erfährt, genau nach dem Verdikt des Bewusstseins. (...) Von Moment zu Moment ändert sich das Hedonimeter, der filigrane Zeiger bebt mal mit dem Flattern der Leidenschaften, mal sinkt er, stabilisiert durch intellektuelle Aktivität, für ganze Stunden in die Umgebung von Null, oder springt für Momente ins Unendliche. Die konstant angezeigte Höhe wird registriert durch einen photographischen oder sonst wie reibungsfreien Apparat über einer sich einheitlich bewegenden Plane. Somit würde die Menge des Glücks repräsentiert durch die Fläche, begrenzt durch die Null-Linie, die Senkrechte dazu an den Endpunkten der Zeitspanne und die Kurve, die dem Zeiger folgt. (...) Die Integralrechnung muss von der Gegenwart bis zur unendlichen Zukunft fortgeführt werden, um das Ziel der reinen Egois festzulegen.«[65]

In Ermangelung dieser Apparatur beschloss er, den Nutzen indirekt zu messen, nämlich über Konsum. Die Idee: Güter müssen irgendein Bedürfnis befriedigen, müssen Vergnügen und Glück verursachen, sonst würde sie schließlich keiner kaufen. Wenn also jemand Geld für verschiedene Güter ausgibt und man annimmt, dass er dies tut, damit die Güter den größtmöglichen Nutzen stiften, kann man ausrechnen, wie nützlich welches Gut für ihn sein muss.

Edgeworth erzählt dafür eine kleine Robinsonade, die etwas vereinfacht so funktioniert: Angenommen, Sie und ich stranden auf einer einsamen Insel. Dort finde ich nach einigem Suchen fünf Orangen, und Sie finden zehn Äpfel. Nun fangen wir natürlich an zu tauschen (Willkommen in einer weiteren Ökonomenfantasie des Tauschhandels!). Auf welchen Preis werden wir uns einigen? Edgeworths Idee zufolge werden Sie die Orange nur ertauschen, wenn der Nutzen, den die Orange Ihnen spendet, größer ist als der Nutzen der Äpfel, die Sie dafür hergeben. Ich hingegen werde die Orange dann weggeben, wenn der Nutzen, den ich vom Konsum der Orange beziehe, kleiner ist als der Nutzen der Äpfel, die Sie mir dafür anbieten. Wir werden uns also nur handelseinig, wenn für uns beide der Nutzen der Transaktion ihre Kosten übersteigt. Umgekehrt bedeutet das: Wenn wir handeln, muss dies für uns beide einen Vorteil, einen Gewinn an Nutzen bedeuten.

Es ist nicht schwer, die Parallele zur klassischen Physik zu erkennen: In der Newton'schen Statik befindet sich ein Körper im Gleichgewicht, wenn sich alle auf ihn wirkenden Kräfte gegenseitig aufheben. In der Mikroökonomik befindet sich ein Markt im Gleichgewicht, wenn sich alle Nutzen-Kräfte gegenseitig aufheben. Unser Eigeninteresse lässt uns miteinander handeln, bis wir zu dem berechenbaren Punkt kommen, an dem wir nicht mehr beide vom Handel profitieren. Dann ist unser aller Nutzen optimiert, und es entstehen eindeutige Preise für die Güter; der Markt fließt also ganz automatisch, wie programmiert ins glücksoptimierende Gleichgewicht. Praktisch, nicht wahr?[66]

Mit der Anwendung der Nutzentheorie auf Güter »löste« Edgeworth das Problem des Utilitarismus: die Messbarkeit des Nutzens. Denn der Preis, zu dem ich die Orange verkaufe, ist ein Indikator dafür, wie viele Äpfel er mir wert ist. Wenn Sie bereit sind, meine Orange gegen zwei Äpfel zu tauschen, muss Ihnen die Orange mehr Nutzen bringen als die beiden Äpfel. Die Logik lässt sich nun auf jeden Kauf anwenden: Wenn Sie bereit sind, für 10 000 Euro ein Auto zu kaufen, muss Ihnen das Auto einen größeren Nutzen stiften als die ca. zehntausend Orangen oder die ca. hunderttausend Brausewürfel, die Sie für den gleichen Preis kaufen könnten. Der Preis, das Geld, entlarvt die Präferenzen, ist also das Maß des Nutzens. Alfred Marshall bringt die Überlegung wenig später auf den Punkt:

»Nutzen wird als Korrelat von Begierde oder Wollen angenommen. Man hat argumentiert, dass Begierde nicht direkt, sondern nur indirekt gemessen werden kann, durch die äußerlichen Phänomene, die sie hervorruft; und dass man in den Fällen, die die Ökonomik interessiert, das Maß findet im Preis, den eine Person zu zahlen bereit ist, um ihre Begierde zu befriedigen.«[67]

Der Preis ist so gesehen ein Indikator des Glücks, den der Kauf eines Gutes bringt, weil er die Maßeinheit der anderen Güter ist, die man für das gekaufte Gut aufgibt. Diese Rechnung führt Marshall für größere Märkte fort. Wenn ich alle Menschen nach Bedürfnis und Zahlungsfähigkeit in Bezug auf meine Orange nebeneinanderreihe, kann ich eine Funktion herleiten, in der die Nachfrage mit dem Preis korreliert: Je teurer die Orange, desto weniger werden sie kaufen wollen. Ebenso kann ich mit ein paar Annahmen über Produktionskosten eine Angebotsfunktion herleiten: Je teurer sich Orangen verkaufen, desto mehr werden sie produzieren und verkaufen wollen. Dort, wo sich die beiden Kurven schneiden, etablierten sich ein Marktpreis und eine Verkaufsmenge – alle Transaktionen, die ihren Beteiligten nützen, finden statt, und der Markt befindet sich im Gleichgewicht. Es ist der Versuch, den großen Markt durch den individuellen Nutzen zu erklären, so wie Newton die Bewegung der Gestirne mit den Fallgesetzen auf der Erde berechnete und aus dem Mikrokosmos den Makrokosmos herleitete.

Zwischen diesen beiden Kurven befindet sich, nun ja, das reine Glück: Alle Käufer, deren Nutzen höher ist als der Preis, den sie gezahlt haben, und alle Verkäufer, deren Produktionspreis geringer ist als der Verkaufspreis, profitieren von der Transaktion. Der Gesamtnutzen, den dieser Markt spendet, ist gleich der Fläche zwischen Angebots- und Nachfragekurve, gemessen in Geldwert.

Dieser Logik zufolge schafft jede Transaktion für Geld ein Glück, das mit Geld messbar ist. Wenn also die Deutschen Güter im Wert von 2,5 Billionen Euro pro Jahr kaufen, dann heißt das, dass sie mindestens einen Nutzen von 2,5 Billionen Euro aus ihrer Wirtschaft ziehen – sonst würden sie das Geld schließlich in etwas Nützlicheres investieren! Die Idee des Bruttoinlandsproduktes (BIP) ist geboren: Man benutzt die Summe aller verkauften Güter als Wohlstandsindikator. Ist das eine gute Reform, ein gutes Gesetz? Fördert es Wohlstand, wächst dadurch die Wirtschaft? Anhand dieser Zahl bewerten wir Handlungen, Unternehmen, Regierungen. Es ist der numerische Maßstab, um moralische Entscheidungen zu fällen und Politik zu rechtfertigen: Seht her, Güter und Geld bringen Wohlstand, sind gut und machen glücklich, daher lasst die Wirtschaft wachsen zum Wohle aller!

Der Traum Benthams wird wahr: Es gibt eine messbare Zahl für das gesamtgesellschaftliche Glück. Das BIP ist die Y-Achse des Makromodells, der Output des Moniac, das Produkt der Maschine. Geld wird das quantifizierte Gute, das Ziel, auf das die Gesellschaft zu optimieren ist.

Sind Ihre Augenbrauen skeptisch hochgezogen? Meine auch, seit Jahren. Dieser Gedankengang entspringt abenteuerlichen Annahmen, die seit ihrer Formulierung unablässig kritisiert wurden. Zunächst einmal ist das Konzept des Nutzens zirkulär:[68] Warum kaufen Leute Güter? Weil die Güter ihnen Nutzen bringen. Und woher wissen wir, dass die Leute die Güter wegen des Nutzens kaufen? Na, weil sie sie kaufen. Diese Definition dreht sich im Kreise und bedeutet eigentlich nichts.

Das ist aber das geringste Problem. Viel schwerwiegender sind die Annahmen hinter der Glückstheorie: Wir sind egoistische Nutzenmaximierer, und unsere Interessen sind grundsätzlich gegenläufig. Nur einer kann in Edgeworths Geschichte die Orangen essen, mehr für Sie heißt weniger für mich, mein Gewinn ist Ihr Verlust. Am besten wäre es demnach für Sie, wenn ich verhungere und Sie alle Äpfel und Orangen bekommen. Aber stimmt das? Wir sind schließlich allein auf einer einsamen Insel! Brauchen Sie nicht meine Hilfe, wenn das Obst alle ist, wir Kaninchen jagen, eine Hütte bauen, der Küstenwache Rauchzeichen schicken oder gegen die Einsamkeit kämpfen müssen?

Mehr für mich ist weniger für dich – diese Annahme vergisst, wie oft wir aufeinander angewiesen sind und durch Kooperation, durch Teilen von Arbeit und Erträgen unseren Reichtum vergrößern. Sie stimmt eigentlich nur unter drei Umständen: Erstens, wenn der Kampf um das Obst ein Kampf um Leben und Tod ist, wenn der absolute Mangel die Kooperation verbietet. Zweitens, wenn wir Fremde, vielleicht Feinde sind, isolierte Individuen in einer feindlichen Umgebung, die einander nicht genug vertrauen, um zu kooperieren. Und drittens bei Geld, denn in der Kreditbuchhaltung steht jedem Haben ein Soll gegenüber. Wenn Ihr Vermögen aus meinen Schulden besteht, ist mehr für Sie notwendigerweise weniger für mich.

Die Reduktion menschlichen Verhaltens auf eine Nutzenfunktion suggeriert, dass Menschen nur berechenbare Automaten sind, die allein ihren Nutzen maximieren. Der Homo oeconomicus kümmert sich nicht um andere, er hat nur Augen für Konsum, ist im Wesen egoistisch und unersättlich. Dieses krude Bild ist viele Male als zu simpel widerlegt worden, beispielsweise durch das Diktatorspiel, ein soziales Experiment: Ein Teilnehmer erhält einen Geldbetrag, von dem er so viel behalten kann, wie er möchte. Den Rest erhält ein zweiter Teilnehmer. Die beiden Teilnehmer erfahren nichts voneinander, die Wahl bleibt anonym, ohne Kontrolle. Wer glaubt, Menschen seien ohne sozialen Druck fundamental egoistisch, den wird überraschen, dass im Durchschnitt fast die Hälfte des Betrags weitergegeben wird – obwohl der erste Spieler nichts, nicht einmal Dank für seine Schenkung zurückbekommt.[69] Wenn Menschen wirklich herzlose Profitmaximierer wären, würden sie das ganze Geld behalten. Das tun sie aber nur sehr selten.

Es gibt jedoch eine bemerkenswerte Ausnahme: Wirtschaftsstudenten geben in dem Spiel durchschnittlich ein Drittel weniger als eine Kontrollgruppe von Ingenieurstudenten.[70] Über die Gründe kann man spekulieren: Zieht die Zunft geldaffinere Naturen an? Oder haben sie die Geldphilosophie verinnerlicht, die ihnen vorrechnet, welche Wahl den Nutzen optimiert? Vielleicht haben manche aus der Moral des Geldes geschlossen, dass Menschen eben egoistisch sind und eigennütziges Handeln daher rational und Selbstlosigkeit unvernünftig? Das ist normal – so ist der Mensch halt! Ich weiß nicht, wie hier Ursache und Wirkung verlaufen, aber mir scheint, es ist gefährlich, den Menschen zu reduzieren: Die Reduktion könnte wahr werden.

Die Theorie des Nutzens könnte einfach ein akademisches Kuriosum sein; zum handfesten Problem wird der Gedankengang beim Versuch, im BIP den Konsum zu summieren und das Wohlergehen zu messen. Dieser Versuch scheitert schon an dem banalen Problem, dass das BIP nicht mal einheitlich definiert ist. Es gibt theoretisch drei Arten, es zu berechnen: indem man addiert, was produziert wird oder was gekauft wird oder was eingenommen wird.[71] Das Problem: Es kommt jedes Mal etwas anderes heraus. Das ist auch kein Wunder, denn die genutzten Daten müssen aus anderen Kontexten übertragen, geschätzt oder durch Extrapolation herbeigerechnet werden. Kurze Durchsage von Mitarbeitern des Statistischen Bundesamts:

»Keineswegs alle Datensätze gehen aus direkten und auf diesen Erkenntniszweck bezogenen Erhebungen hervor. Viele Informationen müssen durch Kombination von Daten gewonnen werden, die für diese Kombination ursprünglich nicht gemacht sind. Viele Daten müssen durch äußerst kreative Schätzungen produziert werden. Man wird wohl heute mit einer Mischung aus Respekt und leiser Bangigkeit sagen dürfen: In den volkswirtschaftlichen Gesamtrechnungen muss auch ein wenig gezaubert werden.«[72]

Oh. Das klingt ja nicht so gut. Wie schlimm ist es denn?

»Den wahren Wert des Bruttosozialprodukts kennt niemand. Die vom statistischen Bundesamt für Deutschland veröffentlichten Zahlen stellen jeweils die aus Sicht der Zuständigen »beste« Zahl dar. Sie ist im Prinzip immer vorläufig. (...) Das Aufstellen von volkswirtschaftlichen Gesamtrechnungen ist angesichts der Unvollkommenheit der statistischen Fundierung eher als kreativer Vorgang denn als Rechenprozess zu verstehen.«[73]

Sprich: Wir bewerten und richten das gesamte Handeln von Volk und Wirtschaft nach einer Zahl, die nur einen kreativ ausgedachten Bezug zu dem hat, was sie misst!

Das allein ist schon beachtlich absurd, wäre aber für sich genommen noch verschmerzbar. Richtig übel wird die Sache erst mit der Annahme, dass Nutzen und Glück, wie ein Graph auf einer Achse, durch eine große Menge eines Gutes unendlich steigerbar sind, der Mensch also prinzipiell unersättlich ist. Aber mal ehrlich – eine Orange ist eine tolle Sache, zwei, fünf oder zehn auch. Aber Hunderte, Tausende, unendlich viele? Wenn man sie nicht teilen oder verkaufen kann, werden sie im Übermaß nutzlos. Dass mehr eines Gutes besser ist, stimmt nur, wenn es einen Mangel an diesem Gut gibt; Häuser, Autos, Sofas, Computer werden sowohl individuell wie kollektiv irgendwann überflüssig und sinnlos, ja Ballast. Das ist prima, weil es unsere Gier natürlich begrenzt. Bereits Aristoteles hat gemerkt, dass dies für alle Güter gilt – mit nur einer Ausnahme.[74]

Und die ist natürlich das Geld. Erst Geld macht den Überfluss an einer Sache nützlich, weil man den Überschuss für Geld verkaufen kann. Geld ist ein Versprechen auf alles, was man überhaupt kaufen kann, daher kann man eigentlich nie zu viel davon haben. Es kann nur nutzlos werden, wenn es überhaupt überflüssig wird, käufliche Güter zu kaufen. Abstrahiert von den konkreten Gütern ist Geld nur eine abstrakte Zahl, die generellen Nutzen verspricht; und in der Abstraktion allein lässt sich Nutzen unendlich steigern. Nichts sonst lässt sich endlos mehren als das reine Versprechen auf unendlichen Nutzen. Da Geld das Gute an sich verspricht, suggeriert es, dass mehr davon immer besser ist, dass kein Betrag genug ist.

Ich habe eine Studie gefunden, in der reiche Leute mit einem durchschnittlichen Vermögen von 78 Millionen Dollar gefragt wurden, wie viel Geld sie noch bräuchten, bis sie genug hätten. Egal wie reich sie waren, sie antworteten mit Zahlen, die im Durchschnitt 25 Prozent über ihrem momentanen Vermögen lagen.[75] Geld und Nutzen sind untrennbar eins, die unbegrenzte Nutzenfunktion des unersättlichen Homo oeconomicus stimmt daher nur für Geld.

Jedes Kind weiß und Umfragen belegen, dass Geld allein nicht glücklich macht, genauer: dass ein höheres Einkommen nur so lange ein Mehr an individueller Zufriedenheit bedeutet, wie man knapsen, sparen und wirtschaften muss. Sind diese Sorgen gestillt, korreliert Glück nicht mit Geld.[76] In den USA sind die Leute am glücklichsten, die in den ärmsten Orten wohnen, während die unglücklichste Stadt New York ist.[77] Im internationalen Vergleich ist der Zusammenhang von Glück und Einkommen sogar noch schwächer; schon die erste Untersuchung von Richard Easterlin von 1974 fand keine generelle Verbindung zwischen Wachstum der Wirtschaft und allgemeinem Glück der Befragten.[78] Geld verspricht unendlichen Nutzen; aber erfüllen kann es das Versprechen nicht. Ich persönlich finde es völlig offensichtlich, dass eine Gesellschaft, die den ganzen Tag arbeitet und keine Zeit hat, ihr Geld auszugeben, nicht so richtig glücklich sein kann, aber die meisten Ökonomen finden die Nichtkorrelation von Geld und Glück so seltsam, dass sich dafür der Name »Easterlin-Paradox« eingebürgert hat. Wie, Geld macht nicht glücklich? Kurios, wie kann das sein?!

Dabei ist es ganz einfach. Das Paradoxon ist unausweichlich, wenn man axiomatisch Glück mit Geld gleichsetzt, denn daraus folgt, dass nur gekaufte Güter glücklich machen. Allerdings ist es oft das nicht Käufliche, was uns glücklich macht: Man kann keine Vertrautheit kaufen, keine Freundschaft, keine Muße, keine Sorglosigkeit, keine Freude, nicht das Gefühl, etwas Sinnvolles mit seinem Leben zu tun. Man kann nur die billigen Ersatzbefriedigungen kaufen: Prunk statt Schönheit, Statusobjekte statt Anerkennung, Versicherungen statt Sicherheit, Wellnessurlaube statt Muße, Unterhaltung statt Abenteuer. Jeder weiß das. Nichts gegen Geld und die schönen Dinge, die es uns verschafft, aber es ist problematisch zu glauben, dass nur gekaufte Güter glücklich machen. Das ist jedoch die notwendige Annahme, um Geld und BIP als Glücksmaß zu verwenden. Überlegen Sie, was das bedeutet: Das BIP misst nicht das, was geschenkt ist. Es ist ein billiger Buchhaltertrick, der aber eine wunderbare Rechtfertigung liefert, mehr Geld zu machen: Wer etwas verkauft, was es vorher umsonst gab, darf nun glauben, die Welt damit reicher, glücklicher zu machen.

Wenn Preise ein Indikator für das Gute sind, das die Güter bringen, folgt daraus, dass günstige oder kostenlose Güter weniger gut sind als teure Güter. Eine Kampfdrohne für 50 Millionen Euro ist also unendlich mal besser als die Wälder der Welt, die völlig ohne Bezahlung unersetzlichen Sauerstoff produzieren – ein absurder Schluss. Das BIP misst nicht das Wohlergehen, sondern schlicht den Geldwert der bezahlten Güter. Bezahlte Güter, das ist maschinell produzierter Müll, abgebaute Ressourcen, gekaufte Handlungen – Konsum. Dieses Wort lässt tief blicken: »Consumere« heißt »aufbrauchen, erschöpfen, verzehren«, bezeichnet eine einseitige, unumkehrbare Reduktion wie durch eine Flamme. Das BIP steht für den Durchsatz, den Verbrauch, die Kosten der Wirtschaft, für den Sprit, den die Wohlstandsmaschine frisst – wir sollten diese Zahl daher eher »Bruttoinlandskosten« nennen.[79]

Das ist alles hinlänglich bekannt. Seit Jahren boomt eine Glücksforschung, die das BIP als Glücksmaß kritisiert und Alternativen vorschlägt. Es gibt heute den *Satisfaction with Life Index*, der Leute fragt, wie glücklich sie sich fühlen, einen *Human Development Index*, der »Lebenserwartung, Bildung und Lebensstandard« misst, einen *Better Life Index*, der auch »Gesundheit«, »Gemeinschaft« oder »Zufriedenheit« frei veränderbar gewichtet, einen *Genuine Progress Indicator*, der soziale und Umweltfaktoren einrechnet, und viele andere.[80] Das ist eine erfreuliche Entwicklung. Sie bringt die alte methodische Frage zurück: Was misst man wie, und wie gewichtet man es? Wie gießt sich etwas wie Gesundheit, Gemeinschaft, Bildung, Glück in eine Zahl? Letztlich ist das jedes Mal eine willkürliche Entscheidung, die aber von politischer, sozialer und moralischer Bedeutung ist, wenn zum Beispiel Entwicklungskredite an »wirtschaftliche Performance«, gemessen in BIP, geknüpft werden.[81]

Leider führen die meisten Indizes das BIP durch ein Hintertürchen wieder ein: Der *Satisfaction with Life Index* wiegt die Umfrageergebnisse mit »Indizes für Entwicklung« auf, gezählt in BIP, der *Human Development Index* berechnet sich zu einem Drittel aus dem »Lebensstandard«, gerechnet in BIP, und auch in den Rechnungen des *Better Life Index* taucht das BIP wieder auf – und damit die alten Probleme.

Noch unerfreulicher ist jedoch, dass wir diese Alternativen komplett ignorieren und auf das BIP zurückgreifen, obwohl wir seine Mängel kennen. Wir bewerten Regierungen danach, ob die Wirtschaft gewachsen ist, und das messen wir durch die Veränderung des BIP – obwohl wir wissen, dass ein großes BIP noch lange keine gute Politik bedeutet. Wir bejubeln Deutschland dafür, dass es »Exportweltmeister« ist – der Titel ist zwar durch allgemeine Lohnkürzungen erkauft, aber schaut doch, dafür ist das BIP gestiegen! Und Ökonomen benutzen, allem besseren Wissen trotzend, das BIP munter weiter als Output, das große Y, das ihren Modellgleichungen voransteht und die Systeme optimieren soll.

Dabei ist das BIP nur die Spitze des Eisbergs dieser Zahlenmoral. Wenn wir heute sachlich sein wollen, wenden wir den Geldutilitarismus, die Kosten-Nutzen-Analyse an: Soll die Sicherheit des Autos verbessert werden, soll die Krankenkasse jene Therapie bezahlen, soll man Rauchen stärker besteuern? Wie hoch sind die Verwaltungskosten und der Verdienstverlust? Was kostet es an Pflegeaufwand und Produktivitätsausfall? In einer Studie über *die Kosten des Rauchens für das Gesundheitswesen und die Volkswirtschaft Deutschlands*[82] zum Beispiel ist von »Produktivitätsverlust durch Zigarettenpausen« bis zu »Mortalitätsverlusten bewerteter Nichtmarkt-Tätigkeit« alles berechnet. Dabei geben wir routiniert sogar dem Leben selbst einen Preis – das müssen wir, sonst kommt schließlich am Ende keine Zahl heraus.

Das Ergebnis dieser Studie: Rauchen kostet sehr viel Geld. Eine andere Studie (von Tabakhersteller Philip Morris) kommt allerdings zu dem Schluss, dass Rauchen Geld spart, weil die Raucher kürzer Rente beziehen.[83] Ist es nicht offensichtlich, dass diese Zahlen keinen wirklichen, objektiven Wert, sondern etwas Ausgedachtes messen? Was soll der Sinn davon sein, subjektive Werturteile hinter harten Zahlen zu verschleiern? Damit eine begrenzte Zahl herauskommt, reduzieren wir das Unendliche – ist das nicht eine monströse Doktrin?

Wir wissen, dass Geld kein gutes Maß für das Glück, für das Gute ist. Warum benutzen wir es trotzdem zu diesem Zweck? Denken wir, dass Objektivität allein mit Messungen und Zahlen zu tun haben muss? Glauben wir, nur über Abstraktes vernünftig reden und denken zu können? Erwarten wir ernsthaft, dass ausgerechnet Geld als Maß uns unbestechlich macht? Dabei ist eine Zahl, die versucht, alles Wissenswerte zu Gesundheit, Glück und Wohlstand zu messen und zusammenzufassen, immer Meinung, immer subjektiv, immer ein Konstrukt, ein Artefakt, ein Schein, der aber vorgibt, wirklich und notwendig zu sein. Warum brauchen wir überhaupt eine Zahl, die sagt, ob unser Land heute besser ist als gestern, unsere Wirtschaft größer als die unserer Nachbarn? Warum fokussieren wir unsere gesamte kollektive Anstrengung auf diese Fiktion? Ich finde das unendlich rätselhaft: Woher nimmt das Geld die Kraft, diese moralischen Kategorien zu durchdringen? Ist es, weil wir der Objektivität ein mathematisches Wirtschaftsmodell schulden, zu dessen Programmierung eindeutige Zahlen vonnöten sind? Ist es, weil es denen, die Geld haben, eine Rechtfertigung liefert, mehr Geld zu machen?[84] Oder steckt noch etwas anderes dahinter?

Es gibt eine klassische Begründung, die vielleicht keinen vollständigen Erklärungs-, aber immerhin einen hohen Unterhaltungswert hat: Wirtschaftstheorie hat nämlich einen religiösen Charakterzug. In vielerlei Weise schloss sie sich nahtlos an das Christentum an.[85] Das lehrt, dass Gott den Menschen die Erde geschenkt hat, die sie sich untertan machen sollen, dass aber leider die Menschen schlecht sind und sich mit dem Sündenfall kollektiv verschuldet haben, weswegen Gott sie zur Arbeit verdonnert hat. (»Im Schweiße deines Angesichts sollst du dein Brot essen«, spricht Gott. »Wer nicht arbeiten will, soll auch nicht essen«, ergänzt Paulus.[86]) Das Leid ist zwar nicht von Dauer; die Erlösung der Menschheit durch Gottes Gnade steht bald bevor. Wer bis dahin jedoch erlöst wird und wer zur Hölle fährt, hängt vom individuellen Verhalten ab: ob man bereit ist, fromm zu sein, Sünden zu entsagen, hart zu arbeiten, sich zur rechten Lebensführung zu bekehren und zur Kirche zu gehen, um zu beichten und zu beten. Eingeweihte Priester in pompösen Roben und mächtigen Kathedralen beschwören Gottes Erbarmen durch lateinische Rituale, und Prediger ermahnen die Gläubigen, die Gebote einzuhalten, um ihren strafenden Herrn nicht zu verärgern.

Die junge Ökonomik borgte sich das Gewand des Greises und fühlte sich sehr wohl darin. Nun lehrt sie, dass die Erde eine Ansammlung ungenutzter Ressourcen ist, die der Wirtschaft und dem Wohlstand zur Verfügung stehen, aber leider ist der Mensch faul und eigennützig und lebt über seine Verhältnisse, weswegen er zu harter Arbeit verdammt ist. (»Nur wer arbeitet, soll auch essen«, predigte 2006 der SPD-Arbeitsminister Franz Müntefering.[87]) Das Leid ist zwar nicht von Dauer, die Erlösung der Menschheit von Arbeit durch Maschinen steht durch Kapitalwachstum und technischen Fortschritt bald bevor. Wer jedoch bis dahin reich und wer arm ist, hängt vom individuellen Verhalten ab, ob man bereit ist, fleißig zu sein, der Faulheit und Konsumlust zu entsagen, sich zur rechten Haushaltsführung zu bekehren und zur Bank zu gehen, um zu sparen und zu investieren. Eingeweihte Wirtschaftsweise und Bankiers in feinen Anzügen und imposanten Bauten aus Glas und Beton beschwören das Vertrauen der Märkte durch Rituale in arkanen Fachsprachen, und Bankberater ermahnen ihre Kunden an die fristgerechte Hypothekenrückzahlung, um den strafenden Gott der Ratenkalkulation nicht zu verärgern.

Okay, ich gebe zu, bei diesem Vergleich muss ich selber schmunzeln. Aber ich brauche kaum zu übertreiben. Klassische Reformatoren reden genau so, und ihre Tugenden sind die des Markts. Zum Beispiel Johannes Calvin:

»Unsere Arbeit, unser Broterwerb ist Gottesdienst und heilig. Müßiggang und Prasserei sind es, die die Menschen verderben. Darum arbeitet fleißig und lebt bescheiden, meidet Rausch, Tanz und Spiel. Das sind die Versuchungen des Teufels.«[88]

Ist das nicht mal eine Ethik, die zur Arbeit animiert? Der Punkt ist jedoch nicht nur, dass christliche Moral sich dem Geld unterworfen hat, sondern auch dass sich wiederum die Ökonomik ihr Heilsversprechen, die moralische Kraft von Begriffen wie »Schuld« und »Gläubiger« und überhaupt die Geschichte der Erlösung der Menschheit von der unvollkommenen Welt beim Christentum geborgt hat. Bei Marx und Engels, den Propheten des Kommunismus, scheint mir das offensichtlich. Aber die Erlösungshoffnung gibt es auch bei klassischen Ökonomen wie John Maynard Keynes, der eine klare ökonomische Ausgestaltung dieses Wachstumsoptimismus liefert.

In seinen *Economic Possibilities of Our Grandchildren* modelliert Keynes ein exponentielles Wachstum von Kapital und technischer Leistungsfähigkeit und prognostiziert daraus eine Potenzierung des Wohlstands. Es ist 1930, und er prophezeit, dass »die Lebenshaltung der fortschrittlichsten Länder in hundert Jahren vier- bis achtmal so hoch sein« wird. »Unter der Annahme, dass keine wichtigen Kriege und keine erhebliche Vermehrung der Bevölkerung stattfinden, wird die Lösung des ökonomischen Problems in 100 Jahren in Sicht sein« – sprich, nach dieser Periode des Wachstums (also ungefähr heute) werden wir keine drei

Stunden pro Tag mehr arbeiten müssen, um unsere Bedürfnisse zu befriedigen. Wir dürfen hoffen auf einen Zustand des Überflusses, genährt und getragen durch das Wachstum von Maschinen, Kapital und Technik. Wir werden alle leben wie gelangweilte Millionärsgattinnen, und unsere einzige Sorge wird sein, was wir mit der ganzen Freizeit anstellen. In Keynes' Begeisterung sieht man, wie viel Moralität, Pathos, Hoffnung, ja sogar biblische Metaphorik in dieser Wirtschaftstheorie liegen:

»Ich sehe also für uns die Freiheit, zu einigen der sichersten und gewissenhaftesten Grundsätzen der Religion und der traditionellen Tugend zurückzukehren: dass Gier ein Laster ist, das Verlangen von Wucherzinsen ein Vergehen, die Liebe zum Geld verächtlich, und dass diejenigen, die sich am wenigsten um das Morgen sorgen, am wahrsten auf dem Pfad der Tugend und der gesunden Weisheit wandeln. Wir werden die Zwecke wieder höher werten als die Mittel und werden das Gute dem Nützlichen vorziehen. Wir werden wieder diejenigen ehren, die uns lehren, der Stunde und dem Tage tugendhaft und gut gerecht zu werden, jene köstlichen Menschen, die zu einem unmittelbaren Genuss der Dinge fähig sind, die Lilien des Feldes, die sich nicht mühen und die nicht spinnen. Aber hütet Euch! Diese Zeit ist noch nicht gekommen. Für noch mindestens hundert Jahre müssen wir uns und anderen vortäuschen, dass recht schlecht und schlecht recht ist (fair is foul and foul is fair); denn schlecht ist nützlich, und recht ist es nicht. Gier, Wucher und Vorsicht müssen noch etwas länger unsere Götter bleiben. Denn nur sie können uns durch den Tunnel ökonomischer Notwendigkeit ins Tageslicht führen.«[89]

Ist das nicht die große Hoffnung, die kollektiv das Arbeiten motiviert? Es geht bergauf mit der Wirtschaft, wir werden immer reicher, und in ein paar Jahren werden Fabriken, Computer und Roboter uns von der Arbeit erlösen! Wir müssen dann nur noch vorbeischauen und sie bedienen und können ansonsten die Füße hochlegen. Hört die frohe Botschaft: Das Leben ist hart, aber dank Wachstum und Fortschritt wird es unseren Kindern einmal besser gehen als uns! Bis dahin müssen wir aber noch etwas arbeiten, sparen, investieren, rationalisieren, noch einmal die Zähne zusammenbeißen, den gemeinen Göttern Gier und Geiz nur noch zwei, drei Generationen opfern, dann ist das ökonomische Problem gelöst, dann wird alles gut, und Wohlstand, Wachstum und Wohlfahrt werden kommen.

Das soll keine einseitige Schmähung dieser Geschichte sein. Sie hat durchaus etwas Schönes! Im Kern hegt sie den edlen Wunsch, für das große abstrakte Gut des Wohlstands alle Muße, Freigebigkeit und Sorglosigkeit zu opfern. Der Gedanke spricht die Hoffnung und die Selbstlosigkeit an, wer ihm folgt, spielt eine Rolle in der menschlichen Aufstiegsgeschichte und darf sich gut fühlen. Vielleicht sind es diese versteckten Tugenden, welche die säkularen Priester von Wohlstand und Fortschritt mit missionarischer Verve verteidigen, vielleicht sind sie es, die aus dieser Geschichte eine so wahnsinnig effektive Rechtfertigung ableiten, Geld um jeden Preis zu machen.

Und ja, die Geschichte ist auch nicht falsch. Es sind Maschinen gekommen, Technik, Geld, Fabriken, Kapital. Sie haben uns neue Dimensionen der Macht über unsere Umwelt und ungeahnte Formen von Produkten verliehen. Und doch arbeiten wir nicht drei Stunden täglich, sondern acht. Und doch herrschen nicht Sorglosigkeit und Überfluss, sondern Armut und Ungerechtigkeit. Und doch gönnen wir uns kaum den Genuss des Unmittelbaren, sondern fürchten uns vor dem Absturz. Das Happy End scheint ausgeblieben zu sein. Was immer das versprochene Heil am Ende der Geschichte ist, *das hier* kann es ja wohl nicht sein. Wir scheinen uns in der Hoffnung getäuscht zu haben. Keynes' Wachstumsprognose mag gestimmt haben, aber seine Zukunft des erlösenden Wohlstands ist niemals eingetreten.

Aber was, wenn Keynes' Versprechen richtig ist, aber sein Rat nicht mehr stimmt? Stellen Sie sich vor, die Prognose ist eingetroffen, das Wachstum ist wie erhofft gekommen, und wir haben das Tal der Notwendigkeit längst durchschritten.[90] Es ist genug da, dass alle Menschen schön wohnen und gut essen können, und wir haben alle Maschinen, die es braucht, um bei wenig Arbeit rundum zufrieden zu sein. Wären Gier, Wucher und Vorsicht an diesem Punkt noch gute

Freunde? Könnte der Wohlstand an diesem Punkt noch durch Verzicht wachsen? Nun, es könnten zwar weiterhin schlaue neue Techniken erfunden werden, zum Wohle der Allgemeinheit. Aber ein reines Wachstum an käuflichen Gütern und Kapital würde das Wohlergehen nicht steigern; es würde nur mehr Müll und mehr Arbeit bringen. Selbst die Modelle[91] sagen, dass an diesem Punkt zusätzliche Investitionen in Kapital immer weniger zum Wohlergehen beitragen, aber dafür wachsende Mengen an Geld und Zeit für Betrieb, Pflege und Erneuerung fordern. Weiteres Sparen, Verzichten und Investieren machen dann nicht reicher, sondern ärmer.

Könnte es nicht sein, dass wir kollektiv eigentlich allen Reichtum haben, den man für Geld kaufen kann, aber zu sehr mit Geldverdienen beschäftigt sind, um ihn angemessen zu pflegen, zu ernten und zu genießen? Die Erde ist reich und könnte uns alle ernähren, aber wir werfen die Hälfte weg[92] und hamstern den Rest. Vielleicht haben wir die Maschine auf »Mehr!« programmiert und vergessen, sie herunterzuschalten, auch wenn sie unsere Vorräte verschlingt. Vielleicht sind wir zu sehr im Wirtschaften, Investieren und Rationalisieren verloren, um es zu bemerken.

Mir scheint, das Wachstum an Kapital und Maschinen ist wie gewünscht eingetreten, aber wir versagen darin, es allen zugutekommen zu lassen. In den USA besitzen die oberen 1 Prozent so viel wie die unteren 95 Prozent,[93] und 95 Prozent des Wirtschaftswachstums landet bei den reichsten 1 Prozent auf dem Konto.[94] In Deutschland sieht es ähnlich aus,[95] und global ist es nur noch extremer: Eine Milliarde Menschen leiden Hunger, während die oberste Million nicht weiß, wohin mit dem Geld. Wir haben riesige Mengen von Rohstoffen, Maschinen und Gütern, aber statt Wohlstand für alle haben wir Überfluss für wenige und Armut für viele, und wir rechtfertigen diese konkrete Ungerechtigkeit als ökonomische Notwendigkeit. Und dann sagt die Wirtschaftstheorie: Arbeitet fleißig, spart und verzichtet, dann geht es bald allen gut!

Doch wenn die verbliebene Knappheit nicht das Ergebnis mangelnder Investitionen, sondern uralter Schulden und ungerechter Verteilung ist, dann helfen Sparen und Wachsen nicht, dann können wir ewig auf das Jubiläum warten. Dann hilft die Forderung nach Verzicht nur, den Verzicht der Armen zu rechtfertigen. Dann wird sich Keynes' Prophezeiung nicht erfüllen, weil wir nicht wahrhaben wollen, dass sie schon wahr sein könnte.

Ich persönlich bin daher vorsichtig, wenn Ökonomen mit saurer Miene und mit Blick auf die Notwendigkeiten weiter Verzicht, Opferbereitschaft und Disziplin fordern: Sie rechtfertigen damit allzu leicht, dass die Allgemeinheit wachsende Teile ihres Vermögens aufgibt in der Hoffnung, dass der Reichtum nach unten durchsickert. Aber wenn wir kein Problem mit Wachstum und Kapital haben, sondern mit der Verteilung, werden die Opfer immer größer und verschlingen den restlichen Reichtum. Ich glaube daher, die Zeiten von Wucher, Gier und Vorsicht sind vorbei. Der Wandel, den ich geschehen sehe, wird mit dem Gott der ökonomischen Notwendigkeit brechen und nicht mit Muße, Freigebigkeit und Sorglosigkeit geizen.

Ich fasse zusammen: Wir haben angefangen, mit dem Guten zu rechnen, weil wir hehre Intentionen hatten – wir wollten eine vernünftigere, bessere Gesellschaft und wollten unsere neuen mathematischen Methoden in ihren Dienst stellen. Wir haben das Geld, diesen universellen Maßstab, als Maß des Glücks benutzt. Irgendwie finde ich das verständlich – Geld ist der Vater der Maßstäbe, und ist Geld nicht auf seine Weise Ausdruck des einzelnen und, in der Summe, des kollektiven Wünschens?

Wir haben es beibehalten, weil es praktisch war. Zahlen sind simpel – jeder versteht die Jobbeschreibung, Zahlen zum Wachsen zu bringen. Zahlen sind beeindruckend: »Hey, meine Vorstandsperiode war messbar erfolgreich: Wir hatten zweistellige Wachstumsraten!« Zahlen sind charmant: Eine elegante Rechnung kann zu Zustimmung verführen. Zahlen sind mächtig: Sie geben den dubiosesten Ansinnen einen Anschein von Objektivität und Vernunft.[96] Hauptsache, die Zahlen stimmen.

Wir haben also Moral in eine Zahl gebannt. Das BIP setzt Geld mit Gütern und dem Guten gleich und macht es so zum Gebot, Geld zu machen. Es fordert vom Einzelnen, an der »Wertschöpfung« teilzuhaben, damit er sich gut fühlen darf. Es legitimiert Unternehmen, die Produktion zu maximieren, Maschinen auf Vollgas zu stellen. Es erlaubt der Politik, unangenehme Gesetze wie Sparmaßnahmen durchzusetzen, weil sie ja der Wirtschaft, dem Gemeinwohlstand der Gesellschaft dienen. Und das Geld hat uns geholfen, eine mathematische Wirtschaftstheorie zu konstruieren, eine Maschinerie der Rechtfertigung, Geld zu machen. Die Quantifizierung des Guten ist furchtbar praktisch – sie verdrängt unangenehme Fragen. Über Zahlen kann man nur schwer streiten.

Sie bringen jedoch zwei Probleme mit sich. Erstens kann eine Zahl immer größer werden. Wenn Produktion gut und das Gute eine Zahl ist, muss ein guter Staat die Produktion maximieren – koste es, was es wolle. Eine Zahl kann unendlich wachsen; das Messen von Wohlstand suggeriert damit eine Hoffnung auf unendlichen Fortschritt durch unendliches Wachstum. Das ist ein ganz unmittelbares, praktisches Problem, wenn wir den wachsenden Kosten alle Ressourcen verfüttern.

Und damit kommen wir zu einem tieferen Problem, das sich ergibt, wenn man Zahlen zum Handlungsmaßstab wählt: Eine Zahl reduziert, lässt also Teile der komplexen Wirklichkeit aus. Dieser Teil taucht nicht in der Zahl auf, wird durch die Rechnung nicht bedacht, wird in der Abstraktion irrelevant, sogar unsichtbar. Das Geld zählt nur das, was einen Preis hat, was für Geld käuflich ist. Die Wälder, die unseren unbezahlbaren Sauerstoff als Geschenk produzieren, tauchen nicht auf in der Buchhaltung und schwinden für kurzfristigen Profit. Wir haben für diesen Fortschritt, für das Wachstum der Maschine, mit so vielem bezahlt, und wir sehen es nicht. Zahlen machen blind für das Unberechenbare.

Ich denke, der Gott der Zehn Gebote hat uns Menschen verboten, ein Bild von ihm zu machen, weil er wusste, dass wir das Bild mit ihm selbst verwechseln würden. Wir sollten uns aus demselben Grund keine Zahl vom Guten machen.

Die Benutzeroberfläche

»Ein wahrer Experte kann stets die Zukunft in fünfhundert Jahren leichter vorhersagen als die Zukunft in fünf Sekunden.«
Mark Twain[97]

Zuletzt haben wir versucht, mit der Physik den Wohlstand reproduzierbar zu machen. Wir haben eine mathematische Maschine gebastelt, um die Variablen der Wirtschaft zu kontrollieren. Wir haben eine Gebrauchsanweisung entworfen, um des Geldes Herr zu werden.

Das Ziel ist also definiert: das Maximum an Gutem, an Gütern, an Geld. Mit diesem Ziel beginnen Mathematiker, Physiker, Ingenieure und andere Moralphilosophen, die immer mehr zu Ökonomen werden, ihre Methoden anzuwenden, um Gesellschaft und Wirtschaft zu verbessern. Sie untersuchen die Mechanik der Maschine, um sie bedienbar zu machen, und formulieren mathematische Modelle, um sie zu optimieren. In unserem Kopf entsteht das Bild, die Wirtschaft sei eine große Maschine, bedienbar für unsere Zwecke.

Mathematik und Naturwissenschaft für Gesellschaftsfragen, Glück als Geld – Geld ist alt, aber dieses Denken ist etwas völlig Neues. Es gab schon immer Theorien und Empfehlungen von Philosophen, die sich mit Wirtschaft beschäftigt haben: Platons *Politeia* (zirka 410 vor Christus) verurteilt Geldgier als Ursache von Oligarchie und warnt davor, Münzen aus Eisen zu prägen, weil die Entwertung »Krieg und Feindschaft erzeugt«.[98] Aristoteles lehrt in seiner *Politik* (zirka 350 vor Christus), wie Haushalte zu führen sind (»Ökonomik« kommt von »oikos« und »nomos«, bedeutet »Gesetze des Haushalts« – er empfiehlt »autarkia«, lokale Selbstgenügsamkeit der Haushalte mit moderater Arbeitsteilung und Handel), wie Eigentum zu verteilen ist (maßvoll ungleich) und warum »Zins wider die Natur« ist.[99] Thomas von Aquin stellt in der *Summa Theologica* (1273) Theorien vom gerechten Preis auf. Francis Bacon gibt in seinen *Essays* (1597 und 1625) Tipps zur Geldanlage: »Reichtümer sind zum Ausgeben da, für Ehre und gute Taten« und:

»Regelmäßige Ausgaben sollten nur die Hälfte der Einnahmen betragen«.[100] David Humes *On the Balance of Trade* (1758) argumentiert, dass Außenhandelsdefizite die Geldmenge und Preise verringern, die Exportnachfrage steigern und sich so selbst ausgleichen; Immanuel Kant rät *Zum Ewigen Frieden* (1795), sie zu vermeiden, weil sie ein »gefährlicher Schatz zum Kriegsführen«[101] seien.

Auch waren die Religionen nie müde, Wirtschaft und Geld zu regeln. In der Thora mahnt Gott die Hebräer nicht nur, alle sieben Tage zu ruhen, sondern auch alle sieben Jahre ein Sabbatjahr zu feiern und die Felder unbestellt zu lassen. Alle neunundvierzig Jahre sollen alle Schulden erlassen, alle Sklaven befreit werden und alles Land zu den Sippen zurückkehren.[102] Zudem darf Land nicht als Ware verkauft, sondern nur gepachtet werden. So spricht Gott im dritten Buch Mose:

»Im Erlassjahr soll jeder seinen Besitz an Grund und Boden zurückerhalten. Der Preis richtet sich nach der Zeitspanne bis zum nächsten Erlassjahr. Sind es noch viele Jahre, so ist der Kaufpreis höher, sind es nur noch wenige, ist er entsprechend niedriger. Gekauft wird nicht das Land, sondern die Anzahl der Ernten. (...) Besitz an Grund und Boden darf nicht endgültig verkauft werden, weil das Land nicht euer, sondern mein Eigentum ist. Ihr lebt bei mir wie Fremde oder Gäste, denen das Land nur zur Nutzung überlassen ist.«

Zinsen sind unter Israelis, also unter Brüdern, ganz verboten, woraus die Kirchenväter, zusammen mit Jesu Lehre, dass alle Christen Brüder sind, folgern, dass Christen untereinander keinen Zins berechnen dürfen. Daher verbot ihn die Kirche in einem Dutzend Konzilen – und hörte damit offiziell erst auf, als sie im 18. Jahrhundert selber Kapitaleignerin wurde.[103] Ähnliches gebietet Gott im Koran[104] – weswegen arabische Banken statt festen Zinsen nur eine Gewinnbeteiligung verlangen, wodurch sie das Risiko einer Unternehmung mitschultern, was ich persönlich nur fair finde.

Wirtschaftliche Regeln und moralische Theorien darüber sind wirklich keine neuen Phänomene. Aber lange waren sie frei von Mathematik, frei von großen Theorien, wie die Wirtschaft funktioniert, und frei von der Hoffnung, dass Geld und Wirtschaftswachstum alle Probleme beseitigen. Im Gegenteil: Zinsverbot und Sonntagsruhe sind Regelungen *gegen* eine wuchernde Wirtschaft! Wie kam es also zu der modernen mathematischen Volkswirtschaftslehre, dem Moniac und der vollautomatisierten Benutzeroberfläche?

Kehren wir zurück zum Anfang der Neuzeit, so vor fünfhundert Jahren. An den absolutistischen Höfen Europas fragten sich Fürsten und Könige, wie ihr Staat reich und mächtig werden könne. Ihre kaufmännischen Berater gaben Antworten, die einleuchtend gewirkt haben mussten: Sie argumentierten, dass Reichtum an Geld und Gold hänge und daher ein reicher Staat der sei, der viel Gold ansammle. Ihre Empfehlung lautete, »weniger von Fremden zu kaufen, als ihnen zu verkaufen«,[105] also mehr zu exportieren, als zu importieren; sie schlugen vor, die Ausfuhr von Gold und Silber zu verbieten, Zölle auf Importe zu erheben und den Export zu unterstützen; sie rieten, Kolonien zu gründen, die nur ihrer Krone Ressourcen verkaufen durften – alles, was Geld von außen in die Kasse brachte.

Durchaus nachvollziehbar, oder? Diese Theorie entspricht der Logik eines Kaufmanns, der durch Sparsamkeit und Fleiß seinen Geldbesitz maximiert. Und die Idee, viel Gold in der Staatskasse anzusammeln, wird Könige sicher angesprochen haben. Sie stammt aus einer Zeit, in der man glaubte, Geld sei nicht Vertrauen, sondern Gold, das begrenzt sei und sich durch Krämerei ansammeln ließe. Wie auch immer; jedenfalls entstand die erste moderne Wirtschaftstheorie, der Merkantilismus, als Gebrauchsanweisung, den Landesreichtum zu mehren.

Systematischer gingen die französischen Physiokraten vor, mit denen ich, wie Sie sehen werden, sehr sympathisiere. Sie sahen im Geld nur ein Zeichen für Reichtum und fragten, wo denn der Reichtum, den man kauft, eigentlich herkommt. Sie kamen zu dem Schluss, dass er ein Produkt der Erde ist: Das Holz wächst in den Wäldern, das Korn auf den Feldern, und das Gold lagert im Boden – der Mensch kann diesen Reichtum kaum hervorbringen; er kann ihn im Wesentlichen ernten. Diese Ansicht ist verständlich in einer Zeit, in der der Großteil der Produktion nicht von einer Industrie, sondern von der Subsistenzwirtschaft kam.

Zudem lehrten sie, dass Handel, motiviert durch Eigeninteresse, diesen ursprünglichen Reichtum durch die Gesellschaft weiterleitet: François Quesnay, Leibarzt von Ludwig XV., ließ sich vom Blutkreislauf dazu inspirieren, die Wirtschaft als einen Kreislauf zu beschreiben, in dem Geld die Güter zirkulieren lässt. Damals stellte man sich den Körper als eine große, aufgezogene Puppe vor, weswegen Quesnay zuerst mit einer Pumpe den Kreislauf nachbaute und dann einen Plan schrieb, den »*tableau économique*«, ein Benutzerhandbuch. Der Doktor empfahl daraufhin seinem König, die Bauern, Adeligen und Händler einfach machen zu lassen: *Laissez-faire*, greift nicht ein, überlasst der Gesellschaft den Handel und tut Ihr in Eurer Leitung das Eurige.

Diese Meinung gab es auch in Großbritannien. Der schottische Philosoph David Hume vertrat die Ansicht, dass ein »Goldautomatismus« die Handelsbilanzen zwischen den Ländern ganz von selbst reguliert: Wenn ein Land viel exportiert, fließt dort viel Gold hin, daher steigen dort die Preise und es wird weniger exportieren können. Ansonsten sei Geld nicht so wichtig. Seine Bildsprache ist klar von Physik und Mechanik übernommen:

»Geld ist genau genommen kein Gegenstand des Handels, sondern nur das Instrument, auf welches sich Menschen geeinigt haben, um den Austausch der Güter zu erleichtern. Es ist keines der Räder des Gewerbes, sondern es ist das Öl, welches die Bewegung der Räder leicht und geschmeidig macht.«[106]

Es ist also eigentlich erstaunlich, dass man heute allgemein Adam Smith als den Gründervater der Ökonomik ansieht. Was machte er denn anders als seine Vorgänger? Die Ökonomik hatte bereits ihre Beraterfunktion, und sie hatte auch schon eine Theorie des Reichtums und der Geldzirkulation. Der einzige Unterschied: Smith bemühte sich, die universellen Gesetzmäßigkeiten des Reichtums in den Bewegungen der Menschen zu finden, um sie reproduzierbar zu machen. So wie die Physiker die Bewegung des Himmels mit den Fallgesetzen der Erde erklärten, versucht Smiths *Untersuchung des Wesens und der Ursachen des Wohlstands der Nationen* von 1776 den Reichtum der Nationen durch den Handel der einzelnen Teilnehmer zu verstehen. Die Hoffnung: Das Große reduziert sich aufs Kleine, und die Bewegungen der Einzelteile erklären in ihrer Summe das Große. Und wenn man modellieren kann, wie sich die einzelnen Teile bewegen, kann man das Ganze lenken, steuern und bedienen.

Smith beginnt also beim Einzelnen, und mit dieser Methode kommt er naturgemäß zu anderen Schlüssen als die Physiokraten: Er folgert, dass die Quelle des Reichtums in der menschlichen Arbeit zu finden ist. Durch das Eigeninteresse und »die menschliche Neigung, zu handeln und zu tauschen« spezialisieren sich Arbeitende und produzieren mehr Güter. Daraus schließt er, warum manche Länder reicher sind: Sie haben Arbeit durch Handel, Arbeitsteilung und Technik effektiver gemacht. Mit Smiths Worten:

»Dieses große Wachstum in der Arbeitsmenge, die, als Resultat der Arbeitsteilung, dieselbe Zahl an Menschen zu verrichten in der Lage ist, schuldet sich drei verschiedenen Umständen; erstens der Zunahme an Geschicklichkeit in jedem einzelnen Arbeiter; zweitens der Ersparnis der Zeit, die verloren geht im Wechsel von einer Arbeit zur anderen; und zuletzt der Erfindung einer großen Zahl an Maschinen, welche Arbeit vereinfachen und abkürzen und einem Mann ermöglichen, die Arbeit vieler zu verrichten.«[107]

Arbeit ist die Quelle des Werts; die Arbeitsteilung lässt Arbeiter geschickter werden und bricht die Arbeit in simple Einzelteile auf, die Maschinen übernehmen können. Das Geld sieht Smith nur als unschuldigen Mittler zwischen den Kräften. Der Staat muss lediglich das Funktionieren des Marktes gewährleisten; der wiederum perfektioniert Arbeit, Spezialisierung und Technik und bringt Wohlstand.

Dieser Schluss ist folgenreich, denn wenn Handel Arbeitsteilung und Arbeitsteilung Reichtum gebracht hat, dann bringt *mehr* Handel *mehr* Arbeitsteilung und *mehr* Reichtum. Diesen Gedanken dekliniert Smith in alle Richtungen durch: Er lobt die Märkte, die Kanäle und das Geld, weil sie Handel fördern, und plädiert gegen Zölle, Zünfte und hohe Steuern, die ihn beschränken. Die Botschaft: Wenn die Neigung zum

Tauschen die Quelle des Wohlstandes ist, sollte sie nicht eingeschränkt werden. *Der Wohlstand der Nationen* ist somit wissenschaftliche Untersuchung, Ratgeber und Manifest zugleich: Das Ziel ist die »universelle Opulenz«, also Reichtum und Wohlstand – wo kommt er her, und wie kommen wir zu ihm, wie lässt er sich reproduzieren? Smith fasst wie in einem Lehrbuch alte Theorien zusammen, um sie mit neuen zu ergänzen und Ratschläge daraus zu entwickeln. Das Ergebnis ist das erste umfassende Wirtschaftsmanual, das Benutzerhandbuch für die Mechanik, die erste Gebrauchsanweisung der Wirtschaft. Viele werden folgen.

Aber Smiths Versuch, das Große und Ganze auf die einzelnen Teile zu reduzieren, stößt an eine kompliziertere philosophische Frage: Was ist denn der einzelne Teil der Wirtschaft? Ist es das Individuum?[108] Hier setzte Smith an und stieß notwendigerweise auf eine noch kompliziertere, noch philosophischere Frage: Wie ist »das Individuum«? Wie handelt »der Mensch«, was ist seine Natur? Ist der Mensch eigennützig oder gütig, schlecht oder gut? Seit Smith schlägt sich die Ökonomik mit dieser Frage herum. Dabei entsteht menschliches Verhalten nicht aus sich selbst, sondern aus der Interaktion mit anderen. Das Individuum ist unverständlich ohne seine Umwelt, weshalb auf die Frage nach der Natur des Menschen keine vernünftige allgemeingültige Antwort gefunden werden kann. Ich werde daher später eine andere Abzweigung nehmen und die Bewegung der Wirtschaft nicht aus »dem Individuum« heraus zu erklären versuchen, sondern aus der Bewegung, die das Geld in einer Gruppe anstößt.

Smiths Programm inspirierte Regenten, Händler und Bankiers, Arbeitsteilung, Spezialisierung und Handel voranzutreiben. Die Industrialisierung kam in Fahrt, Geld, Maschinen und Mathematik breiteten sich aus, fanden neue Anwendungen für ihre Macht, drangen tiefer in Wirklichkeit und Denken ein. Sie zogen die nachfolgende Philosophengeneration des 19. Jahrhunderts in ihren Bann. David Ricardo, Thomas Malthus und weitere begannen, formaler über quantitative Beziehungen in der sozialen Welt nachzudenken, die Reichweite der Mathematik auszuweiten und Smiths Moral zu verfeinern.

Thomas Malthus führte 1798 mathematische Folgen in die Ökonomik ein. Er berechnete, dass die Entwicklung der Bevölkerung wie eine verzinste Anlage exponentiell (2, 4, 8, 16) zunimmt, aber die Produktivität an Land für Nahrung nur linear (1, 2, 3, 4) steigt. Der Schluss: Weil Ressourcen systemisch zu knapp sind, muss der Hunger stetig zunehmen. Das Leben ist also notwendig ein Überlebenskampf. Obwohl schnell klar wird, dass Bevölkerungsentwicklung komplexer ist als eine ständig wachsende Exponentialfunktion – ein großer Teil von Malthus' Arbeit beschäftigt sich mit Ausnahmen zu seiner Regel –, ist die Rechnung bis heute Erklärung und Rechtfertigung für das Leid der Welt. Ihr zufolge kann Hunger nämlich nicht durch mehr Nahrung oder Landreformen bekämpft werden, denn dadurch wächst die Bevölkerung, und der Hunger wird nur größer. Helfen hilft also nicht, die Armen werden sich ja doch nur vermehren, folglich sind Geiz und Härte geboten. Mit Malthus' Worten ausgedrückt:

»Wenn ein Mensch, der in eine bereits besessene Welt geboren wird, keine berechtigte Subsistenz von seinen Eltern erhält und die Gesellschaft seine Arbeit nicht will, dann hat er keinen Anspruch auf das geringste bisschen Nahrung, und hat, tatsächlich, kein Recht zu sein, wo er ist. Das mächtige Festmahl der Natur hält kein freies Gedeck für ihn. Sie gebietet ihm abzutreten und säumt nicht, selbst diesen Befehl zur Ausführung zu bringen, wenn er nicht das Mitgefühl eines ihrer Gäste erregt. Wenn aber diese Gäste aufstehen und ihm Platz schaffen, erscheinen sofort andere Eindringlinge und fordern denselben Gefallen. Die Kunde der Versorgung für alle, die kommen, füllt die Halle mit zahlreichen Bittstellern. Ordnung und Harmonie des Gastmahls sind gestört, der Überfluss, der gerade herrschte, wird zum Mangel, und die Freude der Gäste wird zunichte durch das leidvolle Spektakel (...).«[109]

Es ist daher unnötig zu versuchen, Gesellschaft gerechter zu gestalten, denn sie wird »durch die unveränderlichen Naturgesetze in einer kurzen Zeit in eine Gesellschaft degenerieren, die nach einem Plan gebaut wäre, der sich nicht unterscheidet von allen heute bekannten

Staaten: eine Gesellschaft, geteilt in eine Klasse von Besitzern und eine Klasse von Arbeitern, mit Eigenliebe als der Hauptquelle der großen Maschine«.[110]

Nicht ungleiche Verteilung schafft also Knappheit,[111] nicht Reichtum schafft Armut, nein, die Natur selbst ist mangelhaft und geizig! Weil nicht genug da ist für alle, können Löhne höchstens das Existenzminimum decken; daher ist Armut ein normaler Zustand. Der Gedanke stilisiert Politik zum Naturgesetz und macht Geiz zum moralischen Imperativ.[112] Charles Dickens gestaltet die herzlose Idee zur literarischen Figur. Sein Ebenezer Scrooge begründet seine Weigerung, Armen zu spenden, so: »Wenn sie sterben müssen, dann sollten sie es lieber tun, um die Überbevölkerung zu reduzieren.«[113] Sorry, wir können euch nicht helfen. Ihr seid einfach zu viele, selbst schuld, wenn ihr euch so vermehrt.[114]

Hilfe durch Nichthilfe wurde bald Politik. Als in Irland, wo sich englische Großgrundbesitzer wachsende Teile des Landes für den profitablen Exportmarkt angeeignet hatten und die beraubten Kleinbauern auf ihren schrumpfenden Parzellen eine Monokultur an genetisch identischen Kartoffeln anbauten, die Kartoffelfäule sowohl 1845 als auch 1846 die komplette Ernte des Landes zerstörte, drohte der Hunger. Die Regierung in London jedoch weigerte sich, irgendetwas zur Hilfe zu tun. Nicht, dass sie nicht informiert gewesen wäre – Experten waren entsandt, Kommissionen versammelt, Gutachten geschrieben, Stirnen kluger Männer in Falten gelegt worden. Aber die Regierung wies das Hilfegesuch mit Verweis auf ökonomische Prinzipien ab: Wenn man jetzt Lebensmittel entsendete oder den Hungernden auch nur Zugang zum Land der Großgrundbesitzer gewährte, wäre das ein moralischer Irrtum.

Der *Economist* schrieb: »Barmherzigkeit ist der Nationalfehler der Engländer«, und Hilfe zu fordern »wirkt wie eine Aufforderung, die ersten Regeln der Arithmetik zu vergessen und zu summieren, als ob zwei und zwei fünf machten«.[115] Ein hoher Bankier meinte, »wenn große Zahlen am Hunger zugrunde gingen, würden sich die materiellen Verhältnisse der Überlebenden wieder normalisieren«. Malthus' Zahlenspiel schien den Ökonomen eine wissenschaftliche Offensichtlichkeit von mathematischer Notwendigkeit zu sein. Während in den beiden schlimmsten Jahren jeweils 430 000 Tonnen Getreide aus Irland exportiert wurden, verhungerten eine Million Iren, und zwei Millionen flohen in die Neue Welt. Noch heute ist Irland das einzige Land Europas, in dem weniger Menschen leben als vor jener Katastrophe. Ist das nicht wieder eine sich selbst erfüllende Prophezeiung?[116] Die Knappheitsphilosophie, nach der Hunger unvermeidlich und Mitgefühl fehl am Platz ist, ließ erst den Mangel wirklich werden.

Es ist nicht die letzte Modellrechnung, deren Vereinfachung Politik machte. David Ricardo stellte 1817 das erste abstrakte Handelsszenario auf, in dem zwei Länder (England und Portugal) mit zwei Gütern (Stoff und Wein) handeln. Er errechnete, dass freier Handel immer lohnt, selbst wenn ein Land in der Produktion beider Güter effizienter ist. Wenn sich beide Länder auf das Produkt spezialisieren, das sie vergleichsweise besser produzieren, entsteht eine größere Menge an Gütern, die sie durch Handel untereinander aufteilen können. Es ist die Übersetzung von Smiths Argument – mehr Spezialisierung führt zu mehr Arbeitsteilung führt zu mehr Wohlstand – in die Mathematik. Ricardos Modell ist die erste Politikempfehlung, die mit lässigen Gedankenspielen und dubiosen Axiomen bis heute alle Freihandelsabkommen intellektuell legitimiert und dafür sorgt, dass Deutschland jährlich 1,5 Millionen Kilo Kartoffeln nach England exportiert und England jedes Jahr 1,5 Millionen Kilo Kartoffeln nach Deutschland verkauft, und beide Seiten sich dadurch reicher fühlen dürfen.[117]

Paradoxerweise sorgen diese Abkommen gerade dafür, dass ausgerechnet die Annahme, dass alle vom Handel profitieren, nicht mehr stimmt. Ricardo nahm nämlich für das Modell an, dass Kapital (Webstühle, Weinhügel et cetera) unbeweglich und sein Besitz nicht übertragbar sei. Andernfalls könne das reichere Land mit seinem größeren Vermögen die Webstühle und Weinhügel des anderen Landes aufkaufen, und der Handel lohne sich nur noch für das reichere Land, in das nun praktisch die kompletten Erträge beider Nationen fließen. Die Annahme mag zu Ricardos Zeiten, als England England und Portugal Portugal gehörte und Vermögen recht unbeweglich war, einigermaßen zutreffend gewesen sein; aber heute haben wir Handelsverträge eingeführt, die globalen Konzernen international durchsetzbare Eigentumsrechte garantieren. Es ist also eine Ironie der Geschichte, dass die Freihandelsabkommen, die sich auf Ricardos Ergebnis stützen, die Rechte des großen Geldes so gestärkt haben, dass sie gerade die Annahme außer Kraft setzen, die garantieren sollte, dass der Handel überhaupt allen nützt.[118]

Nun, da der Mechanismus des Wohlstands vermeintlich bekannt war, begann die folgende Ökonomengeneration, ihn zu optimieren, und die Mathematik kam in Schwung. Im ausgehenden 19. Jahrhundert waren führende Ökonomen zum ersten Mal keine Moralphilosophen mehr, sondern geschulte Mathematiker, Naturwissenschaftler, Logiker und Ingenieure: Francis Edgeworth (der mit dem Glücksmessgerät und der Insel) war zum Beispiel ausgebildeter Mathematiker, und Alfred Marshall war Physiker und Mathematiker. Diese Ökonomengeneration bewunderte die Physik und versuchte sie nachzuahmen, mal offen, mal versteckt: Der Mathematiker Léon Walras (»Die reine Theorie der Ökonomik ist eine Wissenschaft, die den physico-mathematischen Wissenschaften in jeder Hinsicht gleicht«)[119] und der Chemiker und Logiker William Jevons (»Genau wie die Gravitationskraft (...) ist Nutzen eine Anziehungskraft zwischen einem wollenden Wesen und dem Gewollten«[120]) versuchten explizit, Newtons Physik auf den Markt zu übertragen. Der Ingenieur Vilfredo Pareto hingegen kaschierte den Vergleich lieber hinter Mathematik: »Wenn es jemanden gibt, der es nicht mag, wenn Mechanik erwähnt wird, auch gut, beachten wir die Ähnlichkeit eben nicht und reden direkt über unsere Gleichungen.«[121]

Diese Ökonomen waren besonders begeistert vom neuesten Werkzeug der Physik, der statistischen Mechanik: Wo Newtons Mathematik nur die Bewegungen zweier Körper hatte berechnen können, erlaubte es diese Technik dank Gleichungssystemen und linearer Algebra, die Bewegung großer Mengen gleichförmiger und unveränderlicher Elemente wie Gas oder Wasser vorherzusagen. Das Ziel war es, die quantitativen Beziehungen zu berechnen, um die Effizienz des Systems zu optimieren. Die Gesetze der Hydraulik wendeten sie an für die Berechnung großer Mengen Arbeitskraft, Kapital, Güter. Dadurch behandelten sie diese so, als ob sie gleichförmige Massen wären. Güter oder

Inputfaktoren wie Kapital und Arbeit wurden als homogen gedacht, man konnte sie konvertieren und miteinander substituieren. Es war eine Abstraktion vom arbeitenden Menschen zum »Faktor Arbeitskraft«, eine Reduktion von Menschen zur Variable: $Y = bL^{\kappa} K^{1-\kappa}$ mit Y = Produktion, K = Kapital und L = Arbeit und b und k als Konstanten. Nicht nur reduzierte sie die Komplexität aller Produktionsprozesse auf ein einfaches, immer gleiches Zahlenverhältnis begrenzter Faktoren, sondern auch die Produktionsfaktoren auf eine homogene Masse. Alle Menschen und Maschinen waren nach diesem Modell identisch und austauschbar, denn L = L ist ja mathematisch offensichtlich! Es war ein effizientes Denken: Damit auf rationalem, direktestem Weg der Wohlstand reproduziert werden kann, wird jede überflüssige Differenz beseitigt.

Jedoch war auch jetzt die Anwendung von Mathematik noch vergleichsweise zurückhaltend und vorsichtig; die meisten Ökonomen zögerten, die gewonnenen Gleichungen als naturwissenschaftliche, ewig währende Gesetze zu interpretieren. So beschrieb Francis Edgeworth die Mathematik als »nützliche, aber keineswegs unumgängliche Ergänzung zu wirtschaftlichen Studien; eine Politur der Ausbildung eines Ökonomen, vergleichbar mit der Kenntnis der Altphilologie als Teil der Allgemeinbildung«.[122] Alfred Marshall, einer der größten Mathematisierer seiner Zeit, schilderte seine Arbeitsweise so:

»1. Benutze Mathematik als Kurzschrift, nicht als Motor der Untersuchung. 2. Bleib dabei, bis du fertig bist. 3. Übersetze ins Englische. 4. Dann verdeutliche sie durch Beispiele, die im echten Leben von Bedeutung sind. 5. Verbrenne die Mathematik. 6. Wenn die 4 nicht gelingt, verbrenne 3. Das mache ich häufig.«[123]

Wie erfrischend erscheint mir dieser Ansatz, wenn man dagegen ein zeitgenössisches verklausuliertes, beispielfreies, rein mathematisches Research-Papier liest![124]

Ebenso sah John Maynard Keynes, wieder eine Generation später als Reaktion auf die Wirtschaftskrise von 1929 schreibend, die Gefahren der Mathematik und verwies sie in ihre Grenzen:

»Das Ziel unserer Analyse ist es nicht, eine Maschine zu bieten, eine Methode blinder Manipulation, die eine unfehlbare Antwort liefert, sondern uns mit einer organisierten und ordentlichen Methode des Denkens über spezielle Probleme zu versorgen; und nachdem wir einen vorläufigen Schluss ziehen, indem wir Stück für Stück die komplizierten Faktoren isolieren, müssen wir zu uns selbst zurückkehren und, so gut wir können, die möglichen Interaktionen zwischen den Faktoren berücksichtigen. Dies ist die Natur ökonomischen Denkens. (...) Ein zu großer Teil der jüngeren ›mathematischen‹ Ökonomik ist lediglich eine Suppe, so trübe wie die ursprünglichen Annahmen, auf deren Zugabe sie beruht, und erlaubt es dem Autor, die Sicht auf die Komplexität und Wechselwirkungen der wirklichen Welt in einem Irrgarten protziger und wenig hilfreicher Symbole zu verlieren.«[125]

Niemand hat die Absicht, eine Maschine zu bauen! Die Ausbreitung der Mathematik geschah langsam, aber stetig. Jede Ökonomengeneration warnte davor, weiter zu gehen als sie selbst – und die nächste tat es doch.

Wider Willen spielte Keynes daher in der letzten Stufe der Entwicklung der Benutzeroberfläche der Wirtschaft eine zentrale Rolle. Als die Weltwirtschaftskrise 1929 dramatisch Kredite platzen, Fabriken leer stehen und Maschinen stottern ließ, suchten Bankiers und Präsidenten, Minister und Manager dringend nach einer Methode, mit der sich die Wirtschaft wieder in Schwung bringen ließ. Keynes gab ihnen eine Theorie an die Hand, mit der sich die Wirtschaft durch regierbare Parameter steuern ließ. Sie analysierte die Prozesse und ihre Probleme – dass zum Beispiel Unternehmen, wenn sie schlechte Zeiten erwarten, Angestellte entlassen, die dann weniger Geld haben und weniger kaufen können, wodurch die Nachfrage sinkt, der Kreislauf erlahmt und die Erwartung sich selbst erfüllt. Und sie unterbreitete explizit Ratschläge, was für eine Regierung zu tun sei, um in schweren Zeiten den Wohlstand zu reanimieren – wie durch kreditfinanzierte Regierungsausgaben die Nachfrage zu stabilisieren, um den Motor wieder anzuwerfen. Wenn es hier hakt, ziehen Sie an der Nachfrage, wenn es hier knirscht, schrauben Sie den Steuersatz herunter, wenn es hier stockt, senken Sie den Zins – wieder ein klassisches Benutzerhandbuch. Das Bild der Wirtschaft, die sich durch eine Hand voll Regler und Stellschrauben regeln und steuern lässt, war geschaffen.

Eine wirkliche einfache Gebrauchsanweisung war die dreihundertseitige Abhandlung aber nicht, weshalb die Ökonomen John Hicks und Franco Mondigliani die Theorie direkt nach ihrer Veröffentlichung in einem mathematischen System mit vier Gleichungen, vier Variablen und einigen Parametern »zusammenfassten« und mit den klassischen mathematischen Ingenieurtechniken synthetisierten. Nun muss niemand mehr Keynes lesen, um seine Theorie zu nutzen: Das AS-AD-Modell, der Bauplan des Moniac, war geboren. Es lässt sich narrensicher den künftigen Führungskräften und Wirtschaftsexperten erklären, dominiert Lehrbücher und produziert eindeutige Antworten, die man in Ankreuztests bequem abfragen kann.

Nun kann man durch Gleichungen ökonomische Sachverhalte modellieren und quantitativ nachzeichnen, um endlich wie die Physik durch Messen und Rechnen allgemeingültige, reproduzierbare Gleichungen aufzustellen, mit denen Statistiker mit großen Computern die Zukunft berechnen können. Wirtschaft sollte keine ethische Angelegenheit sein, denn letztlich dreht sich doch alles nur um Sachfragen. Wenn wir wissen, wie genau Reichtum erzeugt wird, müssen wir uns gar nicht streiten, sondern können genau berechnen, welche Politik die gescheitere ist. Neoklassik-Papst Milton Friedman schrieb dazu:

> »Positive Ökonomik ist im Prinzip unabhängig von bestimmten ethischen Positionen oder normativen Urteilen. (...) Sie beschäftigt sich mit dem, ›was ist‹, nicht mit dem, ›was sein sollte‹. Ihre Aufgabe ist es, ein System von Generalisierungen zur Verfügung zu stellen, das benutzt werden kann, um korrekte Prognosen zu machen über die Konsequenzen jeder Veränderung der Umstände. Ihr Erfolg wird beurteilt durch Präzision, Umfang und Übereinstimmung zwischen der Erfahrung und ihrer Vorhersage. Kurz, positive Ökonomik ist, oder sollte sein, eine ›objektive‹ Wissenschaft, in genau derselben Bedeutung wie jede der physikalischen Wissenschaften.«[126]

Die Abstraktion ist perfekt. Wirtschaftswissenschaft wird zu einer Art Physik, die nur noch objektive, vom Betrachter unabhängige Beweise herleiten muss, wie Wohlstand produziert wird. Die Wirtschaft wird durch Gleichungen und Techniken kontrollierbar durch ihre Herrn und Besitzer, wird zu einer Wohlstandsmaschine, die der Gelehrte nur bedienen muss. Aus den Lehrplänen verschwinden Vorlesungen über Geschichte der Wirtschaft und der Wirtschaftstheorie, über Ethik, Soziologie, Psychologie, Anthropologie, Philosophie. Qualitative Methoden, Feldforschung, Interviews, Erfahrungsberichte, geschichtliche Quellen – alles, was mit subjektiven Erfahrungen von Individuen zu tun hat, wird gestrichen.

Und damit schwinden die kontroversen Diskussionen, die Vorstellung, dass Wirtschaftstheorie anders sein könnte und sollte, ja dass Wirtschaft anders sein könnte und sollte. Wie in den Naturwissenschaften werden einfach nur Gleichungen und Herleitungen präsentiert. Hier geht es nicht um Meinungen und Politik, hier geht es um die objektive Realität, die Zahlen sprechen ja für sich. Warum auch groß diskutieren, wenn wir alles berechnen können? Warum noch andere Modelle ansehen, wenn unsere so zuverlässig die Zukunft berechnen?

Leider scheint niemand Friedman gewarnt zu haben, dass Physik gar nicht so funktioniert, denn ihre Fähigkeit zur Prognose ist tatsächlich sehr beschränkt. Außerhalb der Labore entwickeln die Dinge Wechselwirkungen, die unvorhersehbar komplex sind. Dem Wetterdienst geht es daher wie dem Börsendienst: Beide können zwar Trends feststellen, aber beim Picknick wie beim Spekulieren sollten Sie trotzdem einen Schirm einpacken. Die Ebene der Elementarteilchen ist sogar strukturell unvorhersehbar: Die Bewegung von Quanten kann – wie die Entwicklung der Aktienpreise – niemals exakt vorherbestimmt werden, sondern höchstens durch Wahrscheinlichkeiten beschrieben werden. In den meisten Fällen produziert Physik also keine verlässlichen Prognosen, sondern bestenfalls Tipps.

Der einzige Ort, an dem Physiker präzise Vorhersagen abgeben können, ist unter kontrollierten Bedingungen, also in den Instrumenten und Apparaten der Labore. Der hydraulische Moniac, der durch Druck betriebene kreisrunde Fluss von Geld und Güterwert, ist daher die verkörperte Hoffnung, die Wirtschaft kontrollieren zu können, denn die einzigen Objekte, die wir einigermaßen vollständig berechnen können, sind die Maschinen, die wir selbst gebaut haben.

Was sagt so ein Modell über unser Wirtschaftsdenken aus? Dass es einen einzigen Kreislauf gibt, beinhaltet, dass die Wirtschaft eine lineare Aneinanderreihung individueller Teilchen ist, die nur mechanisch, also ohne komplexe Wechselwirkungen interagieren. Alle Bewegung ist nur die Summe der einzelnen Teilchen. Das suggeriert, dass man ihre Bewegung vorhersagen kann, indem man sie misst und die Werte in die Zukunft extrapoliert – wie die Hydraulikmaschinen der Physiker oder wie die Bewegung der Planeten. Die Wirtschaft ist nicht in konstanter dynamischer Bewegung, sondern sie befindet sich im statischen Gleichgewicht, berechenbar wie Newtons Himmelsmechanik.

Dass nur zwischen Unternehmen und Haushalten unterschieden wird, impliziert, dass diese gleichwertig und austauschbar wie Zahnräder sind. Unterscheidungen zwischen großen und kleinen Produzenten oder reichen und armen Haushalten sind einfach wegabstrahiert, und Fragen von Macht und Verteilung tauchen erst gar nicht auf – Wirtschaft wird so neutral wie Mathematik.

Das Modell beschreibt zudem allein die Bewegung von Geld und gekauften Gütern. Es geht also davon aus, dass Güter homogen sind, sich nur im Geldwert unterscheiden, und dass nur das Käufliche und Messbare von Bedeutung ist. Der Rest – Ehrenämter, Kindererziehung oder unentgeltliche Produkte wie Wikipedia – ist demnach unwichtig.[127] Nur was man kauft, kann man messen, und nur was man misst, das zählt. Außer Acht gelassen wird die Frage, wo Geld herkommt und wer durch seine Verwaltung verdient. Dementsprechend wird dieses Thema in Wirtschaftslehrbüchern nur kurz und oft falsch dargestellt.

Zuletzt ist das Kreislaufmodell losgelöst von der Außenwelt, mit der es nur durch Input und Output verbunden ist: Hier kommen Ressourcen rein, da kommt BIP raus. Input und Output sind kontrollierbar, ansonsten gibt es keine Beziehungen mit der Außenwelt. Alles, was draußen ist, muss man nicht verstehen, um die Mechanik zu verstehen – wie bei einem Motor, dessen Umwelt unwesentlich für seine

Funktion ist. Kein Wunder, dass Ökonomen meist wenig zu Ressourcenverbrauch und Müllproduktion zu sagen haben: Sie tauchen im Standardmodell einfach nicht auf.[128]

Diese Probleme gehen über den Moniac hinaus, denn die Maschine spiegelt sich in der Methode der Ökonomen wider, die hauptsächlich mathematische Modelle basteln. In der Mechanik ist die Bewegung gleich der Summe der einzelnen Teile, das heißt, ich kann sie aufschrauben, auseinandernehmen, die einzelnen Teile untersuchen, Funktionen für ihre Bewegung aufstellen und diese dann summieren. Genauso gehen diese Ökonomen vor: Ich isoliere einen Teil der Wirtschaftsmaschine, entwickle dann ein Modell, das den Fluss der Geldwerte eines einzelnen Sektors beschreibt, und beginne es mit den Worten »*ceteris paribus*«. Das heißt, ich nehme an, dass alles andere gleich bleibt und der Teil nicht mit dem Rest interagiert. Dann produziere ich eine Gleichung à la: »Das Output des Systems ist gleich der Summe oder dem Produkt dieser und jener Faktoren.« Schließlich »kalibriere« ich das Modell, das heißt, ich füttere es mit errechneten und geschätzten Zahlen über Geldflüsse der vergangenen Jahre, die ich unter »Arbeit«, »Kapital«, und »Output« gruppiere, und optimiere die Variablen so, dass sie gut zu den Daten passen. Dadurch errechne ich die Parameter, welche die größtmögliche Übereinstimmung des vom Modell prognostizierten Outputs mit dem gemessenen gewährleisten.

Wenn das alles klappt, habe ich Gleichungen, »Systeme von Generalisierungen«, die ich als allgemeine Gesetzmäßigkeiten präsentieren kann. Damit kann ich berechnen, wie sich die Veränderung dieser Variable auf jene auswirkt, kann also hier und da ein paar Knöpfchen drücken und sehen, was passiert. Dann kann ich die Parameter und Variablen so kontrollieren, dass das System und sein Output perfekt optimiert werden. Keynes' Alptraum, der »Apparat geistloser Manipulation«, wird wahr.

Denn dieses Vorgehen klingt zwar wissenschaftlich, ist es aber nicht. Die Mathematik hat in diesen Modellen nämlich nur einen imaginären Bezug zu dem, was Physiker treiben. Wenn eine Physikerin ein Modell aufstellt, dann erwartet man, dass jede Variable und jede Gleichung eine direkte Parallele zur Wirklichkeit aufweist – diese direkte Übereinstimmung ist es schließlich, die es uns erlaubt, Motoren, Autos und Flugzeuge zu bauen. Anders in der Ökonomik: Hier fußen die Modelle auf Gleichungen, die als Einzelteil nicht getestet werden. Ein infames Beispiel (unter vielen) ist die Euler-Gleichung, die, grob gesagt, eine negative Beziehung zwischen Konsum und Zinssatz postuliert. Dank ihr kann man aus (hypothetischen) Nutzenfunktionen den Zinssatz herleiten, und daher liegt sie im Kern der modernen dynamisch-stochastischen Gleichgewichtsmodelle, die heute die Makroökonomik dominieren. Das Problem: Es gibt nicht nur kein Fitzelchen Evidenz für diese Gleichung,[129] sondern ein Papier findet sogar eine *negative* Korrelation zwischen prognostiziertem und tatsächlichem Zinssatz.[130] Würden Ingenieure so arbeiten, dann hätten wir keine Autos.

Ich kann aus eigener Erfahrung berichten, dass es sehr befriedigend ist, mit ein bisschen mathematischer Tüftelei ein elegantes Modell zu basteln, das gut »die Daten abbildet«. Es gibt einem das tolle Gefühl, die große, komplexe Mechanik durch reines Abstraktionsvermögen durchschaut zu haben. Es vermittelt den berauschenden Eindruck, die Zukunft zu kennen und damit die Wirtschaft zähmen, steuern, kontrollieren zu können: Ich weiß, welche Knöpfchen und Regler wir betätigen müssen, um Wohlstand zu produzieren!

Lange Zeit hatte ich zum Beispiel eine Schwäche für das elegante, populäre Wachstumsmodell von Robert Solow. Simple Gleichungen über Kapital (K), Arbeitskraft (L), technischen Fortschritt (A) und Output (Y) sowie einige in Differenzialgleichungen formulierte Annahmen über deren Entwicklung (Kapital wächst durch Investitionen und schwindet durch Abschreibung, Investitionen sind der Teil des Outputs, der nicht konsumiert wird, et cetera) werden durch ein paar Manipulationen zu Formeln, die mathematisch »beweisen«, dass die Wirtschaft ewig weiterwächst, wenn es nur immer neue Technologien gibt. Mehr Maschinen werden uns reicher machen, und je mehr Techniken wir haben, desto reicher werden wir – diese Rechnung funktioniert so gut, die *muss* doch irgendwie stimmen!

Ich habe lange gebraucht, um zu erkennen, dass der Fehler bereits in den ersten Zeilen liegt: »Kapital sei K, Arbeit sei L, Output sei Y, technischer Fortschritt sei A.« Fortschritt an was denn? Als wären diese Variablen alle homogen und austauschbar.»Produktion sei eine Funktion von Kapital und Arbeit.« Als ob die Produktion von Fischstäbchen beschränkt wäre durch die Größe der Flotte und nicht durch die Menge der Fische, als ob die Produktion von Holz limitiert wäre durch die Qualität der Äxte und nicht durch die Größe der Wälder![131]

Das falsche Gefühl des Durchblicks, welches ein Modell auslöst, ist gefährlich, wenn es so einseitig ist: Man muss nicht Zeitung oder Bücher lesen, muss nicht mit Leuten reden, muss nicht aus dem Fenster ins Leben schauen, um ein Modell zu basteln, um eine Theorie zu entwerfen, um die Empfehlungen der Geldphilosophie wissenschaftlich zu legitimieren. Bitte verzeihen Sie meine Polemik: Eigentlich muss man gar nichts von Wirtschaft verstehen, um Modelle zu bauen und Wirtschaftsexperte zu sein. Man muss nur gute Gleichungen basteln, die irgendwie gut zu den Zahlen passen.

Bitte verstehen Sie mich nicht falsch: Ich fordere nicht, dass Ökonomen komplett aufhören zu rechnen. Mathematik ist praktisch, und wenn wirklich alles konstant und gleich bleibt und man nur die Daten extrapolieren muss, kann eine Rechnung auch eine gute Prognose liefern.[132] Aber wir haben es übertrieben mit unserer mathematischen Monokultur. Mathematik diente einmal dazu, eine quantitative Einsicht besonders klar und verständlich zu machen. In der gegenwärtigen Maschinenökonomik erscheint sie eher als Mittel, um den Mangel an Einsicht hinter einem Panzer an Gleichungen zu verbergen.[133]

Zudem vermitteln die deterministischen Modelle ein falsches Gefühl der Kontrolle. Wenn ich weiß, welche Rädchen ich drehen muss, um ein bestimmtes Ereignis herbeizuführen, kann ich die Zukunft planen, gestalten, designen wie ein Ingenieur. Ich kann überall kontrollierte Bedingungen herstellen, einheitliche Regeln aufstellen, konstante Währungen und Preise schaffen, damit die profitmaximierenden Individuen rational zum bestmöglichen Outcome führen. Das rechtfertigt es, die Welt so umzukrempeln, dass Geld gemacht werden kann und Märkte und Maschinen zufrieden sind. Ökonomik ist damit ein Kontrollinstrument geworden: Sie gibt vor beweisen zu können, welche Politik den Wohlstand mehrt, und fordert diese ein, als seien ihre Sätze mathematische Gewissheiten.

Dabei scheitert die naturwissenschaftliche, positive Ökonomik verlässlich an ihrem Anspruch, gute Prognosen zu machen, und die meisten Vorhersagen stimmen nicht. Modelle werden bei ihrer Veröffentlichung daran gemessen, wie nahe die Prognosewerte, die sie in der Vergangenheit für den Output berechnet haben, der gemessenen Variable kamen – dabei ist das Modell doch kalibriert worden, *indem* die Parameter so gewählt wurden, *dass* die Prognosen der Vergangenheit sich den gemessenen Werten annähern. Einfacher gesagt werden die Parameter so optimiert, dass es wirkt, als hätte das Modell die Vergangenheit gut vorhergesagt. Aber nichts an diesem Verfahren garantiert, dass die Wechselwirkungen und Parameter sich in der Zukunft brav genauso verhalten wie im Modell – und entsprechend liegen die meisten Modellprognosen daneben. Schlimmer: Die meisten schneiden in ihren Prognosen regelmäßig schlechter ab als die Alternativhypothese, dass einfach alles bleibt, wie es ist.[134] Schon zu normalen Zeiten scheitern die Modelle!

Besonders dramatisch wird ihr Versagen jedoch in der Krise. Denn sobald Kreditgeber ihr Vertrauen verlieren, panisch Posten verkaufen und Preise ins Bodenlose fallen, verändert sich plötzlich die Dynamik des Systems: Die Zahlen, die zuvor munter wuchsen, stürzen in dramatische Tiefen, berechenbar geglaubte Wirkungszusammenhänge verweigern ihre Reproduzierbarkeit, und die Hebel und Regler, die eben noch die Maschine kontrollierten, werden wirkungslos.

Fast kein Modell, weder von OECD noch von IMF oder Weltbank, hat die Krise kommen sehen.[135] Nur Insider und erfahrene Beobachter haben Warnungen ausgesprochen, die meisten Ökonomen hatten keine Ahnung. Wie sollten sie auch? Als Ökonom lernt man im Studium fast nichts über Krisen. Ich habe mein Wirtschaftsstudium 2007 begonnen, am Vorabend der Finanzkrise. Als diese hereingebrochen war, gab einmal ein Professor eine kryptische Abendvorlesung zu dem Thema – danach tauchte sie nicht wieder auf, schon gar nicht im Lehrplan, in Seminaren oder Prüfungen. Woher sollte man als Ökonom auch wissen, woran man eine Krise erkennt, wenn man nur lernt, dass Märkte effizient sind?

Doch spätestens in der Krise zeigt sich, dass das Bild der mechanischen Wirtschaft fehlgeleitet ist. Die Wirtschaft ist ein System komplexer Wechselwirkungen. Es entwickelt eine Dynamik, die unberechenbar und unkontrollierbar ist, ganz so, als wäre die Wirtschaft ein lebendiger Organismus.

Fazit: der Geld-Zauber

Hier endet die Vorgeschichte. Ich fasse zusammen: Geld ist ein losgelöstes Versprechen, und es besteht aus Vertrauen. Es wird gedeckt durch unsere Möglichkeiten, dieses Versprechen zu erfüllen. Geld hat uns komplexere Arbeitsteilung und größere soziale Organisationen ermöglicht. Es hat uns Schrift, Zahlen, Mathematik gegeben. Es lässt uns anderen und der Welt berechnend gegenübertreten. Es hat unser abstraktes Denken gefördert. Es hat uns fragen lassen, was die Ideen hinter den Dingen sind. Es hat uns eine Metaphysik der Objektivität beschert. Es hat uns gezeigt, wie wir sie anwenden können, um die Bewegung der Welt zu berechnen, und das hat uns erlaubt, Maschinen zu bauen und zu kontrollieren. Es hat sich als Maß des Guten angeboten, nach dem wir unser Handeln und unsere Politik richten, und für seine Feinjustierung haben wir begonnen, den Menschen und seine Bedürfnisse als berechenbare Einheiten zu sehen, haben wir angefangen, uns selbst als Maschinen zu denken.

Ich habe die Maschine am Anfang von Teil 1 definiert als »System von normierten, austauschbaren Teilen, welches bedienbar und ausgerichtet ist, einen programmierten Zweck zu erfüllen«. Die Ökonomik betrachtet Wirtschaft als System austauschbarer Teilchen: Haushalte, die sich nur durch ihre Konsumpräferenzen unterscheiden, verkaufen ihre Arbeitszeit an Unternehmen, die sich nur durch ihre Spezialisierung unterscheiden. Alle Marktteilnehmer sind Rädchen, angetrieben durch ihr berechenbares Eigeninteresse. Sie werden bedient durch Schalter, Regler und Hebel – Leitzins, Regierungsausgaben, Regulierungen, Steuern, Investitionen –, und zwar im besseren Falle von denen, die Sachverstand, und im schlechteren von denen, die Macht

Fazit: der Geld-Zauber 95

und Geld haben. Die Funktion des Systems ist es, Wohlstand, käufliche Güter, BIP zu produzieren.

Ökonomik lässt uns die Gesellschaft als Reichtum produzierende Maschine verstehen, die es zu modellieren, zu kontrollieren und zu optimieren gilt. Das ist unsere Philosophie, unsere Philosophie des Geldes.

Dieser Teil hat begonnen mit der Frage, was Geld ist. Zum Abschluss habe ich noch eine andere, unorthodoxe Antwort darauf. Seit der alten Zeit wurde Geld immer wieder charakterisiert als Magie, als Zauber.[136] Ich denke, da ist was dran. Oder wie würden Sie das nennen, wenn ich behaupte, dass ich ein paar Symbole auf einen goldenen Talisman prägen und damit andere becircen kann, mir ihre Habseligkeiten zu geben? Dass ich ein paar Zahlen auf ein Papier schreiben kann, worauf dieses weit zu fließen beginnt? Dass ich ein paar mysteriöse Schriftzeichen in ein großes Buch kritzeln und verlesen kann, um andere zu zwingen, mir wie Voodoo-Zombies gegen ihren Willen zu dienen? Dass ein Wink meiner kleinen goldenen Karte Dinge durch die halbe Welt trägt?

Woran denken Sie, wenn ich erzähle, dass die Signatur großer Finanzkünstler Fabriken aus dem Boden stampfen kann? Wenn ich sage, dass jemand, der seine Technik geschickt beherrscht, keinen Handgriff mehr selber tun muss? Wenn ich berichte, dass es Börsengurus gibt, vor deren Macht selbst die Könige knien? Wenn ich verrate, dass graue Herren mit schwarzem Anzug und glänzend polierten Schuhen wundersame Sprüche aufsagen und dieser Ritus eine unsichtbare Hand herbeiruft, die tausend Hände emsig wirken lässt? Oder wenn ich Ihnen anvertraue, dass ein paar Zahlen in ein paar Metallkästen hier und da ganze Völker in Depression oder Sklaverei halten können?

Wie würden Sie das bezeichnen, wenn ich Ihnen verrate, dass es eine Kraft gibt, durch die Städte, Reiche, Zivilisationen entstehen und vergehen, eine Kraft, deren Entfesselung das Antlitz der Erde verändert, eine Kraft, die allein existiert, weil wir Menschen an ihre Existenz glauben?

Wie würden Sie das nennen? Geld ist ein Zauber, und ein sehr mächtiger dazu.

Aber im Moment, so scheint es, ist die Magie des Geldes eine böse, schwarze Magie. Wie ein Djinn hat sie uns alles versprochen, und wir haben uns ihr anvertraut und sind ihr hörig geworden. Nun ist sie außer Kontrolle geraten, nun beherrscht uns unser Zauber. Wie Verhexte plündern wir gegen unseren verwunschenen Willen die Welt, um die Große Maschine Wirklichkeit werden zu lassen.

Von dieser Geschichte handelt der nächste Teil.

2. Die manifestierte Maschine: Wie wirkt das Geld auf die Welt?

Geld ist Magie, aber keine Sorge, das bedeutet gar nichts Mysteriöses. Es ist einfach nur ein Trick mit unserer Wahrnehmung der Welt. Wenn wir Geld benutzen, spielen wir ein Spiel mit und nehmen eine Rolle an, die sich aus den Regeln des Spiels ergibt. Wie genau funktioniert das?

Ich habe den ersten Teil begonnen mit der Geschichte des Geldes. Ich habe mehrfach bemerkt, dass Geld sich lange vermehrt hat: Seit es sich von begrenzten Edelmetallen gelöst hat und zu Kredit wurde, ist die Menge des Geldes förmlich explodiert. Aber warum eigentlich? Wenn es nicht daran liegt, dass Geld so praktisch ist, gibt es dann einen Mechanismus, nach dem sich Geld ausbreitet?

Der erste Teil handelte davon, wie das Geld sich im Geist verbreitet und dazu inspiriert hat, die Wirtschaft als Maschine zu denken. Der zweite Teil handelt davon, wie Geld sich in der Welt ausbreitet und uns dazu antreibt, die Wirtschaft dieser idealen Maschine anzugleichen. Ich werde erklären, dass der Motor der Wirtschaft im Geld liegt – oder genauer: in unsrer Art, Geld durch zinsbelastete Kredite zu erzeugen. Dies erzeugt die Bewegung und Wachstumsdynamik unserer Wirtschaft und färbt unsere Welt mit den Qualitäten des Geldes, der Abstraktheit, Anonymität, Austauschbarkeit, Knappheit.

Der Schlüssel dazu liegt darin, dass Geld kein Ding, sondern ein Zahlungsversprechen ist. Unter diesem System steht jedem Guthaben eine Forderung gegenüber, jedem Habenden ein Sollender, jedem Gläubiger ein Schuldner. Hinter jedem Euro auf meinem Sparbuch steht eine

2. Die manifestierte Maschine: Wie wirkt das Geld auf die Welt?

Bank, die verspricht, diesen Euro auszuzahlen, und ein Kreditnehmer, der mit seinem Vermögen für seine Schulden haftet. Wenn Kreditgeld unser Geld ist, ist Geld Schuld.

Und weil die Schulden verzinst sind, steht jedem Guthaben eine wachsende Verschuldung gegenüber. Diese muss mit Guthaben bezahlt werden, das aber nicht entsprechend wächst. Das bedeutet, es gibt mehr Schulden als Guthaben. Ein Paradoxon. Wer bezahlt eigentlich den Zins?

Seit Adam Smith versucht die Ökonomik, die große Wirtschaft aus dem Kleinen zu erklären. Das scheint mir nicht verkehrt zu sein: Wenn das Ganze zu komplex ist, schaut man sich seine Teile an. Aber Adam Smith und die meisten Nachfolger haben das Individuum und seinen Umgang mit Geld und Gütern als Denkausgangspunkt gewählt. Das halte ich für einen Fehler, weil Handel, Geld, Schuld und Zins etwas Soziales sind und notwendigerweise mehrere Menschen betreffen, nämlich Käufer und Verkäufer, Schuldner und Gläubiger. Wenn ich die Dynamik des Geldes innerhalb einer Gesellschaft begreifen möchte, verengt der methodische Fokus auf das Individuum nur den Blick. Ich werde daher – in bester Ökonomentradition – eine kleine Geschichte erzählen, die aber nicht nur von zwei Individuen auf einer Insel handelt, sondern von einer größeren Wirtschaftseinheit: dem Dorf.[1]

Eine kleine Dorfgeschichte

»Die Verbindung von Armut mit Fortschritt ist das große Mysterium unserer Zeit. Es ist die zentrale Tatsache, der die industriellen, sozialen und politischen Schwierigkeiten entspringen, welche die Welt verwirren, und mit der Staatskunst, Philanthropie und Erziehung vergeblich ringen. Von ihr kommen die dunklen Wolken am Himmel der fortschrittlichsten und selbstständigsten Nationen. Es ist das Rätsel, welche die Sphinx des Schicksals unserer Zivilisation stellt, bereit, sie für die falsche Antwort zu vernichten.« Henry George[2]

Eine kleine Dorfgeschichte

In einem kleinen, abgelegenen Dörfchen leben zehn Familien, unabhängig von außen, aber verbunden untereinander durch eine lange Tradition des Zusammenlebens. Es gibt eine moderate Arbeitsteilung, weil manche einige Aufgaben besonders gut beherrschen oder bevorzugt verrichten, und daher gibt es Tischler, Bauer, Brauer, Schäfer, Jäger und Kräuterkenner; aber eigentlich verfügt jeder über die wesentlichen Fertigkeiten des Dorflebens. Wenn ein neues Haus gebaut wird, packen alle gemeinsam an, und wenn ein Sturm die Ernte einer Familie vernichtet, helfen die anderen aus, weil sie wissen, dass sie selbst irgendwann die Hilfe der Nachbarn brauchen.

Eines Tages erscheint ein gut gekleideter Herr mit schwarzem Anzug und glänzenden Schuhen, belächelt die einfachen Mittel der Dörfler und verspricht ihnen, ihr Leben zu erleichtern. Er prägt hundertzehn fein gearbeitete Münzen, gibt jeder Familie zehn davon und behält zehn für sich. Er erklärt, dass jede genau einen Scheffel Weizen wert ist, und beteuert, dass sie den Handel enorm vereinfachen werden.[3] »Es gibt jedoch eine Einschränkung«, fügt der Mann hinzu: »Ich leihe euch die Münzen nur, daher komme ich in einem Jahr wieder, um sie zurückzuholen. Dann möchte ich von jeder Familie eine weitere elfte Münze – als Bezahlung für die Verbesserung, die ich einführe.«[4]

Anders gesagt: Der Mann gibt dem Dorf einen Kredit, verzinst zu 10 Prozent. Was wird in einem Jahr passieren? Das kommt vor allem darauf an, was der Bankier mit seinen zehn Münzen macht. Es gibt dafür vier Möglichkeiten:

1. *Konsum – Warenfluss:* Der Bankier kauft in dem Dorf produzierte Güter – Gemüse, Hühner, Bier und dergleichen – und bezahlt mit seinen zehn Münzen. Damit gibt es in dem Dorf hundertzehn Münzen, sodass alle zehn Familien ihre zehn Münzen plus eine Münze an Zinsen zurückzahlen können und die hundertzehn Münzen wieder zum Bankier zurückkehren. Der kann dann erneut jeder Familie zehn Münzen leihen. Dieses Spiel könnte Jahr für Jahr so weitergehen. Der Bankier würde einfach eine dauerhafte Rente im Wert von 10 Prozent der verliehenen Geldmenge kassieren.

100   2. Die manifestierte Maschine: Wie wirkt das Geld auf die Welt?

2. *Vermögensankauf – Kapitalfluss:* Der Bankier kauft mit seinem Geld Vermögen auf, also Dinge, die nicht leicht neu produziert werden können, zum Beispiel Land, Wälder, Fischgründe, Herden, Ställe oder Häuser. Damit gibt er dem Dorf das Geld, um den Zins zu zahlen. Mit der Zeit wird sich das Vermögen in der Hand des Bankiers sammeln, und es würden auch Dinge zu handelbaren Gütern werden, die das vorher nicht waren. Die Dörfler brauchen steigende Geldmengen, um ihr verkauftes Dorf vom Bankier zurückzumieten. Das kann so lange weitergehen, bis irgendwann das gesamte Dorf in seinem Besitz ist.

3. *Schuldeneintreiben – Horten:* Der Bankier verwahrt das Geld einfach in einem Tresor. Plötzlich wird das Geld nun knapp: Das Dorf muss von hundert Münzen hundertzehn zurückzahlen. Die Familien kämpfen um systematisch knappes Geld. Egal wie gut sie ihren Haushalt führen, mindestens eine Familie muss bankrottgehen, damit die anderen von deren Geld ihre Schulden bezahlen können. Das kann so lange weitergehen, bis das ganze Dorf über beide Ohren beim Bankier verschuldet ist.

4. *Reinvestition – Refinanzierung:* Der Bankier kann seine zehn Münzen verleihen, damit die Familien den Zins zahlen können – er refinanziert dann die alten Schulden. Nun schuldet ihm das Dorf hundertzehn Münzen, und diese Schulden sind natürlich wiederum verzinst. Das bedeutet, das Dorf versichert, wiederum mehr Geld zurückzuzahlen. Ein Jahr darauf schuldet das Dorf hunderteinundzwanzig Münzen – hundert vom Anfang, zehn Zinsen vom ersten Jahr und darauf elf Zinsen vom zweiten Jahr. Wenn der Bankier diese Schulden wieder refinanzieren möchte, muss er dieses Mal elf neue Münzen prägen. Im Folgejahr müsste er 12,1, dann 13,31 neue Münzen ausgeben und so weiter. Das Geld und die Verschuldung des Dorfs wachsen exponentiell. Und jedes Mal versprechen die Schuldner, mehr zurückzubezahlen.

Natürlich ist der Bankier nicht auf eine dieser vier Optionen verpflichtet. Er kann sie bunt mischen, und wahrscheinlich wird er sowohl Güter (1.) als auch Kapital (2.) als auch weitere Schuldversprechungen (4.)

anhäufen wollen. Daher hat für ihn auch das Horten (3.) seinen Reiz, obwohl der Bankier in diesem Fall weder Waren noch Vermögen bekommt: Es entzieht dem Dorf Geld, und je knapper das Geld, desto höhere Zinsen kann er für neue Kredite verlangen.

Was passiert nun in dem Dorf? Es entstehen Reichtum und Armut zugleich. Option 1, 2 und 4 machen den Bankier zum reichen Mann; er hat ein ständiges Einkommen, und Vermögen und Zahlungsversprechen sammeln sich bei ihm an. Aber auch der Reichtum des Dorfs polarisiert sich, denn wem gibt der Bankier mit Option 4 neuen Kredit zu niedrigen Zinsen? Erstens denen, die »Bonität«[5] haben, also reich genug sind, um die Kreditrückzahlung mit ihrem Vermögen zu garantieren. Und zweitens denen, die glaubhaft versprechen, dass sie mehr Geld zurückzahlen werden, also besser als die anderen um das Geld konkurrieren können, sich profitmaximierend verhalten und mehr Güter produzieren. Die anderen bekommen mit etwas Glück ebenfalls Kredite, aber diese Kredite sind risikoreicher, daher zahlen die Schuldner höhere Zinsen.

Und es entsteht Armut: Die verschuldeten Dörfler kämpfen nun um eine systematisch knappe Ressource, das Geld. Nun konkurrieren die Familien, die vorher durch Kooperation vereint waren, in einer künstlichen Mangelsituation, um nicht bankrottzugehen. Sie müssen sparen, weniger verschenken und mehr verkaufen. Sie beginnen Geld zu fordern für ihre Hilfe beim Hausbau. Und wenn ein Sturm die Ernte einer Familie vernichtet, zögern die anderen, ihre Erträge mit den Betroffenen zu teilen – schließlich könnten sie sie auch verkaufen, um die Schulden zu bezahlen. Sie brauchen schließlich selbst Geld, um etwas zu essen zu kaufen, wenn einmal ihre eigene Ernte in Gefahr ist.

So beginnt das Geld zu verdrängen, was umsonst war, und das gibt ihm nur noch mehr Macht: Wenn alle Dorfbewohner für alles Geld verlangen und sie ihr verkauftes Vermögen zurückmieten müssen, sind auch alle zunehmend auf das Geld angewiesen, um zu überleben. Aber egal wie sehr sich die Dorfbewohner anstrengen, sie können nicht gewinnen. Wenn der Bankier nur einmal etwas Geld hortet, können die Dorfbewohner in ihrer Summe nicht mehr genug Geld besitzen, um die Schulden zu begleichen. Es ist also egal, wie gut man Geld verdient – man muss immer mehr verdienen als die anderen. Die systemische

Knappheit der zunehmend lebenswichtigen Ressource Geld macht aus Nachbarn Wettbewerber und lässt denjenigen überleben, der am besten Geld verdient.

Das verzinste Kreditgeld führt zu Polarisierung und Knappheit – aber passen Sie auf, denn jetzt kommt die Krux: Denn was bedeutet es, zu versprechen, mehr Geld zurückzuzahlen? Nun, wie mache ich mehr Geld? Es gibt einige Möglichkeiten: Ich verkaufe irgendein Gut – vielleicht Gemüse von meinem Hof. Wenn das nicht reicht, arbeite ich mehr und verkaufe mehr Gemüse. Oder ich züchte beliebtere, schwerere oder billigere Sorten. Oder ich spare mehr, gebe weniger Geld aus, produziere effizienter, mache also mehr Geld für weniger. Oder ich verkaufe billiger als die Konkurrenz, indem ich einen Kredit für große Maschinen und 100 Hektar Land aufnehme und scharf kalkuliere. Oder, wenn der Wettbewerb zu groß ist und meine Bemühungen nicht genügen, mache ich Werbung, verkaufe aggressiver und steche die Konkurrenten aus. Wenn das alles nicht klappt, suche ich eine Marktlücke, verkaufe ein neues Gut, kreiere eine neue Dienstleistung – vielleicht passe ich auf die Kinder auf, damit die Eltern besser Geld verdienen können, oder werde Finanzberater. Oder ich finde einen Job, der eine wichtige Stellung bei einer der obigen Aktivitäten einnimmt und daher gut bezahlt wird. Kurz, ich mache irgendetwas für Geld, finde irgendeine neue Geschäftsmöglichkeit, steigere irgendwie das BIP, bringe irgendwie die Wirtschaft zum Wachsen, verhalte mich irgendwie wie ein profitmaximierender Homo oeconomicus.

Gelingt mir das Geldverdienen gut, werde ich reich. Ich kann mit dem Geld meine Schulden tilgen und sammle vielleicht sogar genügend Geld, um es selbst verzinst zu verleihen. Und solange die Wirtschaft wächst, werden diese Kredite verzinst zurückgezahlt, und ich werde nun auch immer reicher.

Gelingt es nicht, platzt mein Kredit, ich verliere Hab und Gut und werde arm. Dann wird mich der Geldmarkt zwar nicht mehr ganz so sehr interessieren, aber jetzt, wo alles nur für Geld käuflich ist, werde ich einen Job brauchen, um die Güter fürs Überleben zu kaufen. Also brauche ich immer noch Geld und damit, solange es Zinsen gibt, eine wachsende Wirtschaft.

Gelingt das Geldverdienen mäßig, kann ich zwar meine Raten zahlen, bleibe aber verschuldet. Ich bin jedes Jahr darauf angewiesen, dass der Bankier sein Geld im Dorf ausgibt oder neue Kredite vergibt, damit die alten bezahlt werden können. Sollte es keine Möglichkeit für neue Güter geben, werden irgendwann Kredite platzen und keine neuen vergeben, das Geld wird schwinden, mein Einkommen gefährden und meine Lage wird schnell prekär. Wie man es dreht und wendet: Wenn ich Geld brauche, brauche ich Wachstum.

Wir alle sitzen also in einem Boot, denn alle brauchen eines: neue Möglichkeiten für Geschäfte und Wachstum, für die uns die Bank neues Geld verleiht, damit wir unsere alten Schulden bedienen können. Wir sind alle systematisch auf eine wachsende Wirtschaft angewiesen, denn ohne sie platzen Kredite, verlieren Schuldner ihr Vermögen, Gläubiger ihr Geld und Arbeitende ihr Einkommen. Dieser sich selbst verstärkende Effekt ist der Motor der Wirtschaft: Je mehr verzinstes Kreditgeld wir haben, desto mehr brauchen wir neue Güter und Kommerz, je mehr Güter und Kommerz wir haben, desto abhängiger sind wir vom Geld.

Diese These soll die Modellgeschichte illustrieren: Wenn

1. Geld durch verzinste Kredite entsteht,
2. neue Kredite vergeben werden, um die verzinsten alten Schulden zu refinanzieren, und
3. die neuen Kredite an diejenigen vergeben werden, die Profite versprechen,

dann sind alle Beteiligten finanziell vom Wachstum abhängig. Nur gegen das Versprechen von Profit und Wachstum werden neue Kredite vergeben, die das gegenwärtige Geld refinanzieren, das durch Zinsen angewachsen ist. Es entsteht ein systematischer Zwang, die Wirtschaft zum Wachsen zu bringen.

Drei Komponenten sind für den Wachstumszwang nötig. Erstens der Zins, der wachsendes Zahlen fordert – ohne ihn müssten wir Schulden nicht mit mehr Geld begleichen. Zweitens das Kreditgeld, das immateriell ist und unendliche Zahlungsversprechen ermöglicht – ohne es wären Geld- und Schuldenmenge durch die Goldmenge begrenzt. Und drittens immer neue Geschäftsmöglichkeiten, welche die Versprechen glaubhaft machen.

Ich fasse zusammen: Welche Konsequenzen hat die neue Geldordnung für das Dorf? Es entsteht ein Mangel an Geld, weil stets weniger Münzen da sind, als Schulden vorhanden sind. Dadurch entsteht Knappheit; zunächst an Geld und später, je mehr Güter nur für Geld erhältlich sind und ehemals besitzerlose Dinge zu Eigentum werden, an Lebensnotwendigem. Weil die Dörfler um diese begrenzte Ressource kämpfen, entstehen Wettbewerb und Konkurrenz. Dazu kommt langsam eine gesellschaftliche Polarisierung, weil Geld und Vermögen zu denen fließen, die welches haben und es verleihen können, während Schulden und Zinsen von denen bezahlt werden, die keines haben und es leihen müssen. Schließlich führt diese Geldordnung zu einem Geldwachstum, weil dessen Menge sich durch Zins und Zinseszins exponentiell auftürmt, wenn Schulden durch neue verzinste Kredite refinanziert werden. Und dazu kommen, ebenso exponentiell wachsend, neue Güter und Dienstleistungen, eine stetig wachsende Produktion, Wirtschaftswachstum und Kommerzialisierung.

Die negative Ökonomik

Ist das eine gute Beschreibung der Dynamik, die das Geld entfacht? Wenn dem so ist, müsste in den Jahrhunderten des Geldes eine Menge an Geld, Gütern, Eigentum entstanden sein. Es müsste fast alles, das man irgendwie verkaufen kann, käuflich geworden sein. Unsere Welt müsste geprägt sein von Knappheit, Wettbewerb, Polarisierung. Jede Geschäftsmöglichkeit müsste genutzt, jeder Winkel unserer Welt müsste gezeichnet sein von den Narben einer Jahrhunderte währenden Kommerzialisierung. Und es könnte uns sogar schwerfallen, sie zu bemerken, weil wir so an sie gewöhnt sind.

Ich habe daher versucht, ihre Effekte zu ordnen. Nachdem ich im ersten Teil erklärt habe, wie die Grundbegriffe des abstrakten Denkens durch das Geld entstanden sind, möchte ich nun zeigen, wie das Geld unser Leben in Grundbegriffen wie Raum und Zeit, Gesellschaft und Staat und uns schließlich selbst durchwirkt.

Lieber Leser, falls meine Worte diesen Eindruck erwecken sollten – es geht mir auf den folgenden Seiten nicht darum, das Geld und die Wirtschaft zu verdammen, zu behaupten, dass ihre Entwicklung ein Fehler war und wir ohne sie besser dran wären. Sie hat uns fantastische Reichtümer und Macht gegeben, von denen vor wenigen Generationen niemand geträumt hätte, und diese lassen sich sicher einem guten Zweck zuführen. Wir alle kennen die Geschichte des Fortschritts, aber selten betrachten wir ihre Schattenseite. Denn das Geld hat uns nicht nur den zahlbaren Reichtum gegeben, sondern auch unzählbaren Reichtum genommen, und das will ich hier zeigen. Ich möchte bei Ihnen weniger Bestürzung und Empörung hervorrufen – auch wenn ich selbst bestürzt und empört bin –, sondern vielmehr Erwartungen wecken auf das, was uns verloren gegangen und doch greifbar nahe ist.

Raum und Eigentum

»Der Erste, der ein Stück Land mit einem Zaun umgab und auf den Gedanken kam zu sagen: ›Dies gehört mir‹, und der Leute fand, die einfältig genug waren, ihm zu glauben, war der eigentliche Begründer der bürgerlichen Gesellschaft. Wie viele Verbrechen, Kriege, Morde, wie viel Elend und Schrecken wären dem Menschengeschlecht erspart geblieben, wenn jemand die Pfähle ausgerissen und seinen Mitmenschen zugerufen hätte: ›Hütet euch, dem Betrüger Glauben zu schenken; ihr seid verloren, wenn ihr vergesst, dass zwar die Früchte allen, die Erde aber niemandem gehört!‹«

Jean-Jacques Rousseau[6]

Wahrscheinlich ist nichts naheliegender und folgenschwerer als die Kommerzialisierung von Land und Raum. Naheliegend, weil das Umzäunen und Verkaufen von herrenlosem Land das einfachste Mittel ist, um Geld zu bekommen und Schulden zu bedienen; folgenschwer, weil heute jeder Flecken jemandem gehört und man Geld braucht, um Zugang zum Land und seinen Früchten zu haben.

Bevor das Geld und seine Wirtschaft kamen, gab es kein Konzept von käuflichem Landeigentum. Aufzeichnungen von Weißen, die in Amerika vergeblich von Indianern Land zu kaufen suchten, geben davon einen Eindruck. So fragte 1853 Seattle, Häuptling der Duwamish:

»Wie könnt ihr den Himmel und die Wärme der Erde kaufen oder verkaufen? Diese Vorstellung ist uns fremd. Wenn wir die Frische der Luft und das Glitzern des Wassers nicht besitzen, wie könnt ihr sie dann von uns kaufen?«[7]

Ich kann diesen Widerspruch gut verstehen: Das Land schenkt uns Nahrung, die wir zum Leben brauchen, ist größer als wir und wird uns alle überleben. Was ist also naheliegender: dass das Land uns oder dass wir dem Land gehören?

Und auch wenn sich erst mit dem Römischen Reich und dann mit Napoleons Feldzügen die Idee des privaten Landeigentums in ganz Europa ausbreitete, waren im Mittelalter die weitesten Teile des Landes besitzerlos, gehörten niemandem. Die Wälder und Flure zwischen den Dörfern waren Allmenden, englisch Commons, und standen den anliegenden Dörfern zur Verfügung, um sich zu versorgen: mit Bau- und Feuerholz, Jagdtieren, Beeren, Wildgemüsen, Pilzen, Kräutern, Wasser, Medizin, Flachs, Früchten, Eicheln für die Schweine, Weideland.[8] Mit der Geldwirtschaft kam jedoch die Notwendigkeit, Schulden zu bezahlen und dafür Vermögen zu handelbarem Besitz und Dinge zu käuflichen Gütern zu machen, die vorher keine waren.

Brauchen Sie Geld, haben Sie Interesse an einer Geschäftsidee? Tun Sie Folgendes: Nehmen Sie etwas, das keinem (oder allen) gehört, überzeugen Sie andere durch Worte oder Gewalt, dass es nun Ihnen gehört, und verkaufen Sie es ihnen wieder. Nicht anders kann das Land käuflich geworden sein. Da alles Land einmal niemandem gehörte, kann es nur zu Eigentum geworden sein, indem eines Tages jemand einen Zaun darum aufstellte, es von den Allmenden abtrennte, die anderen verjagte und es sein Eigen nannte. »Privat« kommt von dem lateinischen Wort »privare«, das bedeutet »abtrennen, berauben, vertreiben«, und »Besitz« kommt von »besetzen«. Egal durch wie viele Hände das Land seitdem gegangen ist, einmal muss es jemand eingefriedet, vom Allgemeinbesitz losgelöst, von der Allgemeinheit gestohlen und sein Eigen genannt haben.[9]

So kamen mit der Neuzeit und der Kreditwirtschaft die großen Zäune. In England bildete sich ab 1450 das »Enclosure Movement«, bei dem anfangs vereinzelte, ab 1750 massiv wachsende Teile der Allmende abgezäunt und zum Verkauf freigegeben wurden. Bereits zu Beginn des 18. Jahrhunderts waren 75 Prozent Englands in privatem Besitz.[10] Bauernaufstände bewirkten nichts. Die nun Landlosen zogen in die Städte, um Arbeit zu finden und sich die Früchte des verlorenen Bodens zurückkaufen zu können. Der Tod der Allmende ist wohl der größte Antrieb der Industrialisierung: Er machte aus Selbstversorgern Konsumenten und aus Bauern Arbeiter. So machte die Kommerzialisierung weitere Kommerzialisierung notwendig.

Dabei erhielt die Landnahme die normative Schützenhilfe der Ökonomik. 1833 veröffentlichte der Ökonom William F. Lloyd ein Privatisierungsplädoyer[11], das als »Tragedy of the Commons« oder *Allmendentragödie* in die Lehrbücher einging. Die Geschichte: Mehrere Menschen teilen eine Allmende – einen Wald oder eine Weide. Aber jeder ist nur auf seinen eigenen Vorteil bedacht, daher wird die Allmende von eigennützigen Trittbrettfahrern überbeansprucht: Der Einzelne profitiert von jedem zusätzlichen Schaf, das er auf der Wiese grasen lässt, und jedem Baum, den er fällt, während die Nutzergemeinschaft den Verlust an Gras und Fruchtbarkeit trägt. Die Lösung: Wenn das Land privatisiert wird, gibt es keine Interessenkonflikte, und es wird nachhaltig genutzt. Das Argument wurde sofort populär, vor allem bei Landeigentümern. Es lieferte eine moralische Rechtfertigung, Land von der Allmende abzutrennen und zu Eigentum und Geld zu machen. 1968 wurde es erneut von dem Biologen Garrett Hardin im *Science* Journal veröffentlicht[12] und dient seither der Weltbank, dem IWF und Regierungen in Zahlungsnöten als »wissenschaftliche« Basis für großflächige Privatisierungen und agrarindustrielle Nutzung.

Dass das Argument einen wesentlichen Fehler hat, kann jeder erkennen, der schon einmal in einem Gemeinschaftsgarten mitgearbeitet hat: Es nimmt an, dass die Nutzung einer Allmende unüberblickbar und unbeeinflussbar ist. Dies ist zwar der Fall bei den Meeren, die so groß sind, dass sie Großfischereien unbemerkt leeren können, und beim Himmel, in den Autos und Fabriken ungehindert und zum Schaden aller Kohlenstoffdioxid schleudern können. In Allmenden wie Wäldern oder Weiden bemerkt jedoch das anliegende Dorf, wenn ich hektarweise Bäume fälle oder meine Schafe überweiden, und wird mir die Leviten[13] lesen. In der Allmende überwacht jeder jeden, weil Übernutzung bekanntermaßen allen schadet. Das motiviert zu Gemeinschaftlichkeit, denn niemand tut gut daran, es sich mit der Gemeinschaft zu verderben, auf deren guten Willen man angewiesen ist.[14]

Diese soziale Kontrolle verschwindet jedoch, wenn die Allmende privatisiert ist. Dann können fremde Besitzer ohne Verbindung und Kontrolle durch die anliegende Nutzergemeinschaft nach Belieben Landstriche abholzen und überweiden, Spekulationen und Fracking betreiben und so die ehemaligen Allmenden für kurzfristige Geldgewinne opfern, zum eigenen Vorteil und zum Schaden der Anwohner. Ein ferner Besitzer kann nun das Land liquidieren, kann es kahl schlagen lassen, ohne es selbst auch nur anzusehen, während die Anwohner dieser fernen, anonymen Macht wehrlos gegenüberstehen und mit den Konsequenzen leben müssen. Geld schafft Distanz, delegiert und verringert letztlich Verantwortung – das Gegenteil des Ziels, das die Privatisierung erreichen sollte.

Hier ist daher die Gegengeschichte zur Allmendentragödie, die Tragödie der Allmendentragödie:[15]

- *Erster Akt des Dramas:* Ein Dörfchen lebt von seiner Allmende, das die Dorfgemeinschaften oder die Ältesten verwalten. Durch Tabus, Strafen, Ächtung verhindern sie Übernutzung.
- *Zweiter Akt:* Es kommen Experten und Ökonomen von Regierung und Weltbank, diagnostizieren Armut aufgrund der Übernutzung, die ja bei Allmenden notwendigerweise geschehen muss – das hat schließlich die Wissenschaft festgestellt!

– *Dritter Akt und Wendepunkt*: Die Regierung privatisiert das Land gegen den Widerstand seiner Bewohner.
– *Vierter Akt*: Agrargroßbetriebe fällen die Wälder und legen riesige Monokulturen für den Exportmarkt an.
– *Fünfter Akt*: Das Dorf ist wehr- und nun auch landlos und verarmt; die Jungen ziehen in die Städte auf der Suche nach Geld und Arbeit. Ende und Exitus.

Die Ökonomik macht den Mangel erst wahr, von dem sie ausging. Bis heute trifft zu, was ein unbekannter Sänger 1764 dichtete:

»Gesetze binden dir die Hände,
stiehlst du die Gans von der Allmende.
Doch jenen nennt man Ehrenmann,
der die Allmende stehlen kann.«[16]

Das Privatisierungsargument basiert auf einer weiteren fehlerhaften Prämisse, nämlich dass der Landeigentümer mit seinem Besitz vernünftig und vorausschauend umgeht. Dieser Anspruch auf nachhaltige Ressourcennutzung wird jedoch durch den Zins behindert. Wieso? Angenommen, ich kaufe ein Stück Wald für, sagen wir, 100 Euro. Ich leihe mir den Betrag für 10 Prozent jährliche Zinsen. Ich kann nun den Wald stehen lassen, nachhaltig nutzen und Holz, Pfifferlinge, Wild, Bärlauch et cetera im Wert von 5 Euro pro Jahr ernten, oder ich kann ihn kahlschlagen und das Holz für 125 Euro verkaufen. Wenn ich den Wald nachhaltig nutze, erhalte ich pro Jahr 5 Euro, zahle aber 10 Euro für den Zins – ein Verlustgeschäft. Wenn ich den Wald hingegen rode, das Holz verkaufe, der Bank ihren Kredit plus Zins (110 Euro) bezahle, behalte ich 15 Euro, die ich wieder für 10 Prozent Zins verleihen kann und die mir so jährlich 1,50 Euro einbringen – ein feines Geschäft. Je höher der Zins, desto unrentabler wird die nachhaltige Nutzung und desto profitabler das Roden. Geld und Zins sorgen dafür, neue Länder zu umzäunen und alte Wälder zu vernichten.

Wir Kinder der Zivilisation können uns das Ausmaß dieser Zerstörung kaum vorstellen, denn eine intakte Umwelt ist ein Zustand, der in

2. Die manifestierte Maschine: Wie wirkt das Geld auf die Welt?

Europa länger vorüber ist, als unser kollektives Gedächtnis zurückreicht. Einen leider kurzen Einblick in ein gepflegtes Naturkapital[17] hatten die Europäer, als die ersten Entdecker, Abenteurer und Siedler Nordamerika erkundeten. Ihre Berichte lesen sich schier unglaublich. Sie erzählen von »guten Wäldern voller Wild, Kaninchen, Hasen, Fasanen, sogar im vollen Sommer, in unglaublichem Überfluss«,[18] von Inseln, »vollständig bedeckt mit brütenden Vögeln, so wie ein Feld bedeckt ist mit Gras«, von Flüssen, so voll mit Lachs, dass »man nachts nicht schlafen kann, so stark ist der Lärm, den sie machen«, von Vogelschwärmen, so groß, dass sie tagelang den Himmel verdunkeln und »ein einzelner Schuss eines Vorderladers in so einen Schwarm achtundzwanzig Vögel runterholte«.[19]

Bei diesem natürlichen Reichtum ist es kaum überraschend, dass Jäger und Sammler oft eine recht sorglose Einstellung zur Schau stellen. Sie besitzen ein enzyklopädisches Wissen über viele Dutzend essbare wilde Tiere und Pflanzen, weswegen sie kaum jemals so vom Hunger betroffen sind wie irische Farmer nach dem Kartoffelernten-Ausfall.[20] Ein Angehöriger des in Argentinien lebenden Yahga-Stammes erklärte daher, Vorräte anzulegen sei völlig überflüssig,

> »denn durch das ganze Jahr und mit fast unendlicher Großzügigkeit stellt die Natur alle Arten von Tieren dem Mann, der jagt, und der Frau, die sammelt, zur Verfügung. Sturm und Unfälle werden diese Dinge keiner Familie für mehr als ein paar Tage entziehen. Im Allgemeinen braucht niemand mit der Gefahr des Hungers zu rechnen, und jeder findet fast überall im Überfluss, was er braucht. Warum sollte sich also irgendjemand sorgen über Nahrung in der Zukunft?«[21]

Auf die Frage, warum sie keine Nahrung anbauen und Vorräte anlegen, wunderte sich ein Mitglied der afrikanischen Kung: »Warum sollten wir, wenn es so viele Mongongonüsse auf der Welt gibt?«[22]

Wir haben das alles vernichtet, als wir die Bäume fällten. Haben Sie sich die Erde einmal auf Google Earth angeschaut und sich über die großen Wüsten gewundert? Von Marokko bis Mesopotamien erstreckten sich vor rund zehntausend Jahren riesige Wälder aus Zedern,

Die negative Ökonomik 111

Eichen, Buchen und Kastanien, in denen die Zivilisationen von Uruk, Mykene und Rom Rohstoff sahen für Palisaden, Flotten und Heizmaterial: Das *Gilgamesch-Epos*, das älteste erhaltene literarische Schriftstück der Zivilisation, erzählt vom babylonischen König Gilgamesch und dem wilden Eikidu, die ausziehen, um Chubaba, den Gott des Walds, zu töten und die riesigen Zedern für Palisadenwälle zu fällen. Die Mykener holzten in ihren »Goldenen Zeiten« fast den kompletten Waldbestand der Peloponnes für Flotten ab – und retteten ihre Ernährung durch das Pflanzen zahlreicher Olivenhaine. Und Rom führte teure Kriege gegen Karthago und Germanien, um das Holz für Schiffe, Prachtbauten und die Beheizung von öffentlichen Bädern, ausladenden Villen und Gewächshäusern zu beschaffen.[23] Die Wälder Nordafrikas konnten nicht nachwachsen, weil das fruchtbare gerodete Land für die intensive Kultivierung von Ackerpflanzen gepflügt wurde, vor allem des lager- und transportfähigen Getreides. Das Zweistromland Mesopotamien war so noch für einen Moment der »fruchtbare Halbmond«, Nordafrika für einen Moment der »Brotkorb des Römischen Reiches«, bevor die Bäume verdorrten und kein Wasser mehr speichern konnten, wodurch im Landesinneren kein Regen mehr fiel.[24] Die darauf folgende Trockenheit sowie die Landwirtschaft entzogen jahrhundertelang dem Boden allen Humus und verwüsteten die Erde.

Nicht nur waren die Bäume mehr, sie waren auch dicker und höher: Die vierhundert Zedern in dem kleinen Waldstückchen im Libanon, das wie durch ein Wunder zweitausendfünfhundert Jahre der Vernichtung überdauert hat, haben einen Stammdurchmesser von oft über 5 Metern. Am Fuße des süditalienischen Ätna stand noch vor hundert Jahren eine Kastanie mit einem Stammumfang von 61 Metern.[25] Und in Nordamerika lebte vor fünfhundert Jahren noch ein Mammutbaum von 134 Metern Höhe und 37 Metern Stammdurchmesser, der die Siedler in Erstaunen versetzte, bevor sie ihn fällten, um ihn im Museum auszustellen.[26] Ähnliches geschah mit vielen von Afrikas gigantischen Affenbrotbäumen. Heute zeugen nur noch die Mythen alter Kulturen aus aller Welt von Weltenbäumen und der Kohlenstoff in der Luft von ihrer vergangenen Existenz. Der Verlust der Wälder ist die Hauptursache für Klimawandel und Hochwasser; mit ihnen schwinden Nahrung, Lebensräume und ein Drittel aller bekannten Arten, die wir in den letzten fünfzig Jahren für das Geld und sein Wachstum vernichtet haben.[27] Zwar schaffen intakte Ökosysteme handfesten ökonomischen Wert: Auf 740 Milliarden Euro beziffert eine Studie die notwendige Summe, um die Leistungen der in Deutschland verbliebenen Wälder zu ersetzen, und mit 33 Billionen Dollar bewertet eine andere alle biologischen Dienstleistungen weltweit[28] – obwohl es in meinen Augen unsinnig ist, etwas unersetzlich Lebenswichtigem wie Sauerstoff einen Preis zuzuschreiben, der geringer ist als unendlich. Ganz ohne Bezahlung absorbieren die Wälder Kohlenstoff, sorgen für Sauerstoff in der Luft, filtern und speichern Wasser, sorgen für Regen, verhindern Erosion, füttern unzählige Tiere, bieten ihnen Lebensräume und schenken der Welt damit ein ganzes Bündel unbezahlbarer Dienstleistungen, von ihrer Schönheit mal ganz abgesehen – das perfekte Kapital! Aber diese Dienstleistungen sind nicht knapp, nicht käuflich, sind keine Güter, bereichern das BIP nicht, helfen niemandem, Kredite zu begleichen – sie werden nämlich geschenkt und im Überfluss produziert. Und was nicht knapp ist, kann man nicht verkaufen, daher gibt es keine Kredite für Ökosysteme, egal wie unbezahlbar ihr Wert sein mag. Geld zählt nur käufliche Güter wie Holz und Ackerland, die der Wald durch sein Ableben preisgibt. Und wenn das Käufliche wachsen soll, wie der Zins es bewirkt, muss das weichen, was umsonst ist.

Sich vermehrendes Geld ist der Grund, warum Wälder abgeholzt werden, trotz aller Schutzbemühungen und obwohl kein Mensch ihre Zerstörung will. Bitte glauben Sie nicht, dass ruchlose, böse Leute dafür verantwortlich sind! Es stecken lediglich verzinste Kredite, unser Versprechen auf mehr Geld dahinter. Geld wächst auf dem Konto – also in unserer Vorstellung – ewig weiter, daher ist es mehr wert als ausgewachsene Wälder, und daher ist die Rodung profitabel. Ein ostasiatischer Minister soll einmal gesagt haben: »Auf dem Konto ist der Regenwald mehr wert als in echt.« Unter dem jetzigen Geldsystem hat er recht; ich korrigiere: Das Geldsystem macht, dass er recht hat. Das Unternehmen, das sich sträubt, den Wald zu verholzen, optimiert seine Profitabilität nicht. Vielleicht verliert es seine AAA-Bewertung, seine günstigen Kreditkonditionen; vielleicht tauschen die Aktienbesitzer

Die negative Ökonomik 113

und der Aufsichtsrat das Management aus gegen eines, das »besser wirtschaftet«. Oder ein anderes Unternehmen kommt ihnen einfach zuvor und kassiert das Geld – wer kann es sich schon leisten, sich eine solche Geschäftsmöglichkeit entgehen zu lassen?

Geld sorgt zudem mit seiner Knappheit dafür, dass irgendein armer Teufel verzweifelt genug ist, die Zerstörung anzurichten. Die Rädchen der Maschine sind austauschbar, und ihre Energie, das Geld, fließt zu dem, der Geld macht. Wenn Sie einen Wald retten wollen, machen Sie sich auf etwas gefasst: Ihnen steht die Logik des Geldes im Weg.

Was passiert, wenn alle diese Räder auf das gleiche Ziel, das Geld, zuarbeiten? Charles Eisenstein bringt es auf den Punkt:

»Stellen Sie sich vor, sie sind der Weltpräsident und erhalten folgendes Angebot von Aliens: ›Großer Führer, ein nachhaltiges Bruttoweltprodukt (BWP) ist 10 Billionen Dollar pro Jahr. Wir würden Ihnen gerne ein Angebot machen: 600 Billionen Dollar für die ganze Erde. Stimmt, wir planen, alle Ihre Ressourcen auszubeuten, den Mutterboden zu zerstören, die Ozeane zu vergiften, die Wälder in Wüsten zu verwandeln und sie als Schrotthaufen für radioaktiven Müll zu nutzen. Aber denken Sie mal nach – 600 Billionen! Sie wären alle reich!‹ Natürlich würden Sie nein sagen, aber kollektiv sagen wir im Wesentlichen ja zu diesem Angebot. Wir führen den Plan der Aliens aus, machen in den nächsten zehn Jahren vielleicht 600 Billionen Dollar (das gegenwärtige BWP beträgt 60 Billionen Dollar pro Jahr). Durch eine Million kleiner Entscheidungen jeden Tag versilbern wir die Erde.«[29]

Wir versilbern die Erde. Das ist die Kommerzialisierung des Raums: Land, das niemandem gehört, wird umzäunt, wird zu Eigentum, Vermögen, Ressource, die man plündern kann für Geld. Wir liquidieren das natürliche Kapital, das uns umsonst versorgte, für den Erwerb von Gütern, die man bezahlen muss. Und weil wir so viel Geld haben, das Frucht unserer Arbeit ist, möchten wir es sparen, um uns vor der Armut zu schützen. Und so benutzen wir Land als Immobilie, als Anlageobjekt, als Geldparkplatz.

Und weil Land zu Geld wird, polarisiert es sich wie Geld: In Angola und Sambia sind 80 Prozent aller Höfe kleine Betriebe und verfügen über nur 2 Prozent des Lands, und in der EU bewirtschaften große Agrarunternehmen, die nur 3 Prozent aller Höfe ausmachen, die Hälfte der landwirtschaftlichen Fläche.[30] Zunehmend gehören 99 Prozent des Landes nur 1 Prozent der Menschen, während 99 Prozent der Menschen Geld verdienen müssen, um den eigenen Lebensraum zurückzumieten. Und 99 Prozent des Grundstückswerts sammeln sich auf 1 Prozent der Fläche, nämlich den Städten, den Knotenpunkten des Geldes, während 99 Prozent der Äcker kultiviert werden, um diese Städte zu ernähren.

Im Raum ist die Kommerzialisierung sichtbar. Sichtbar in teuren, schicken Neubauwohnungen, Investitionsobjekten in Berlin, die gerade die kleinen, unabhängigen Klubs verdrängen, die diese Viertel überhaupt erst begehrt gemacht haben. Sichtbar in den erst vom Geld, dann von den Menschen verlassenen Dörfern und Landstrichen, ausgestochen von der Konkurrenz der Städte. Sichtbar in den rechteckigen Äckern und Neubaugebieten, die die Erde von oben wie einen Flickenteppich erscheinen lassen. Sichtbar im Stacheldraht, der uns von dem uns gestohlenen Land fernhalten soll. Und sichtbar in den Bankenvierteln, den Silbertürmen aus purem Geld, die den Platz der Kirchen übernommen haben als Gravitationsachsen, um die sich Städte und Länder drehen wie die Gestirne um die Sonne.

Apropos Gestirne: Interesse an einem Grundstück auf Mond, Mars, Venus? Ein Morgen Land für nur 17 Pfund an den Typen, der zuerst auf die Idee gekommen ist, die Planeten als seine einzutragen. Sogar den Weltraum haben wir schon abgesteckt![31] Verschenken Sie den Himmel als kleine Aufmerksamkeit! Und wenn auch hier alles nutzbare Land verkauft ist, dann investieren Sie in Gedanken: Nehmen Sie ein Patent auf Software, Geschäftsmethoden, Gen-Sequenzen, umzäunen Sie diese Ideen, und machen Sie sie zu geistigem Eigentum. Sie erhalten so das exklusive Privileg, dieses nutzen zu dürfen. Und wenn Sie das richtig gut machen, können Sie als Patent-Troll Tausende Patente aufkaufen, nicht um sie selbst zu nutzen, sondern um die Nutzer zu vertreiben und Geld von ihnen zu nehmen![32] Das ist die neueste Variante des Allmenderaubs, Vermögen der Allgemeinheit zu privatisieren, aber das Ergebnis ist alt: Das Monopol macht den reich, der es hat; aber es macht alle anderen etwas ärmer.

Ist es dabei nicht offensichtlich, dass all diese Formen von Eigentum wie Geld nur Geschichten sind, Produkte unserer Fantasie? Eigentum ist nur menschengemachte Illusion. Kein Eichhörnchen lässt sich durch ein Betreten-verboten-Schild abwimmeln. Nur wir Menschen wimmeln einander ab, weil wir der Geschichte des Eigentums unbedingten Glauben schenken.

Die schlechte Nachricht: Geld macht Raum knapp. Alles Eigentum, das der Allgemeinheit gestohlen wird, macht diese ärmer. Von den schier endlosen Wäldern der Vorgeschichte bleiben nur parzellierte Schrebergärten. Egal wie viel Land ich besitze, es muss weniger sein als die ungeteilte Allmende, es muss geringer sein als eine durch Zaun und Stacheldraht unbegrenzte Welt. Die gute Nachricht: Der Verkauf des Raums kann nicht ewig weitergehen, irgendwann muss er stocken, weil doch der Raum begrenzt ist. Genau das geschieht heute. Kennen Sie einen Hektar, der nicht der Produktion von Geld und Gütern dient, von Naturreservaten und den Polen einmal abgesehen? Kann die Wirtschaft noch mehr Geld aus Raum machen? Können wir nicht Geld haben, das kein Wachstum zum Funktionieren braucht? Warten wir hier wirklich, bis der letzte Baum gefällt ist?

Zeit und Zukunft

»Wer die Vergangenheit beherrscht, beherrscht die Zukunft.
Wer die Gegenwart beherrscht, beherrscht die Vergangenheit.«

George Orwell[33]

Seit wir unsere Allmenden, unser gemeinsames Land, verloren haben und Selbstversorger zu Konsumenten wurden, ist Nahrung nur für Geld erhältlich und Geld damit überlebensnotwendig geworden. Wer nicht Land oder Vermögen besitzt, dem bleibt nur, das Einzige zu verkaufen, was er hat: seine Lebenszeit.

2. Die manifestierte Maschine: Wie wirkt das Geld auf die Welt?

Mit dem Konzept der Lohnarbeit ist Zeit ein käufliches Eigentum geworden. Lohnarbeit ist für die Produktion und den Verkauf von Gütern eingesetzte Zeit. Ihre heutige Bedeutung erhält sie durch das Geldsystem. Warum? Nun, wer erhält Kredite? Diejenigen, die voraussichtlich genügend Geld verdienen, um ihn zurückzuzahlen. Und wer verdient Geld? Diejenigen, die Güter produzieren und verkaufen oder andere dafür entlohnen. Über diesen Mechanismus fließt das Geld zu den Angestellten, wovon diese ihre Lebensmittel kaufen können. So wird Zeit zu Geld.

Die Wirtschaftstheorie erzählt uns eine Geschichte des Fortschritts: Das Wachstum an Produktivität macht das Leben immer angenehmer; wir werden immer reicher, Maschinen erledigen zunehmend Arbeit, während wir uns zurücklehnen und die Freizeit genießen können. Im Umkehrschluss muss das Leben früher hart, unangenehm, arm, entbehrungs- und arbeitsreich gewesen sein.

Glauben Sie dieser Geschichte, dass der Mangel natürlich und Arbeit immer widrig und viel ist? Ich habe sie so häufig gehört, dass ich sie lange für selbstverständlich hielt. Aber das ist sie nicht. Der Anthropologe und Ökonom Marshall Sahlins hat die Arbeitszeit von Jägern und Sammlern, Gesellschaften ohne Geld, dokumentiert. Er zählte zum Beispiel, wie viele Stunden der Stamm der Kung in der afrikanischen Kalahariwüste – einem der unwirtlichsten Orte der Welt – wöchentlich seiner Subsistenz widmet. Das Ergebnis: Durchschnittlich arbeitet jeder Erwachsene zwischen 12 und 19 Wochenstunden, in fruchtbareren Regionen sogar noch weniger.[34] Diese Arbeiten – jagen, gärtnern, Boote, Bögen, Hütten bauen, Wasser holen, brauen, kochen – sind abwechslungsreich und täglich verschieden, werden gemeinschaftlich und ohne Hast verrichtet und durch Lieder, Scherze und viele Pausen aufgelockert. Sie sind so überschaubar, dass der einzelne Beitrag wichtig und geschätzt ist, sie haben sichtbare Resultate, die motivieren, und sie sind selbstbestimmt: Niemand passt auf, wer wann wie viel arbeitet, weil es gar nicht so viel zu tun gibt. Diese Arbeit ist meist so spielerisch, dass es in einigen dieser Gesellschaften kein Wort für »Arbeit« gibt.[35] Andere Anthropologen berichten Ähnliches. Christian Rätsch erzählt aus dem mexikanischen Dschungel:

»Es ist schon faszinierend, wie die Lakandonen gemeinschaftlich ihre Arbeit gestalten. Niemand sagt, was die anderen machen sollen. Niemand befiehlt, und niemand passt auf. Jeder arbeitet nach Lust und Laune, ruht sich aus, klönt miteinander. Es wird bei solchen Gemeinschaftsarbeiten immer sehr viel gescherzt und gelacht (...) Hier gibt es keine Hektik, keine Hetze, keinen Stress. Es ist mitunter unbegreiflich, wie heiter und gelassen die Leute hier sind.«[36]

Sahlins geht sogar so weit, zu behaupten und statistisch zu illustrieren, dass »die Menge an Arbeit pro Kopf steigt mit der Evolution der Kultur und die Menge an Freizeit pro Kopf sinkt«[37]. Kein Wunder, dass wir Angeln, Gärtnern, Kochen und ähnliche Subsistenzarbeiten heute als Hobbys wählen.

Doch auch bei uns nahm Arbeit einmal einen geringeren Raum ein, erläutert der Philosoph Patrick Spät:

»Seit der Reformation – als Martin Luther 1517 seine Thesen ans Tor der Schlosskirche zu Wittenberg hämmerte – ging die Zahl der arbeitsfreien Feiertage von 156 auf 2 zurück. Während die Menschen im vermeintlich düsteren Mittelalter die Hälfte des Jahres die Füße hochlegten, gab es seit der Reformation nur noch den Sonntag sowie Ostern und Weihnachten als arbeitsfreie Tage, den Rest der Zeit wurde geschuftet.«[38]

Damals wurden große Feste oft wochenlang gefeiert. Heute beschränken sie sich auf wenige arbeitsfreie Tage und sind zusehends nur noch Anlass, Dinge zu kaufen – eine weitere Weise, Zeit zu kommerzialisieren.

Romantisiere ich das Leben in Vergangenheit und Wildnis? Ich möchte gar nicht in Frage stellen, dass zum Beispiel die Medizin die Kindersterblichkeit in beeindruckendem Maß reduziert hat. In den untersuchten traditionellen Gesellschaften wurden lediglich zwei Drittel der Kinder 15 Jahre alt – wer allerdings über den Berg kam und dieses Alter überlebte, wurde meist zwischen 68 und 78 Jahre alt.[39] Diese Zahlen sagen allerdings wenig aus über die Lebensqualität, die ich nicht beurteilen kann. Was berichten also Zeugen? Benjamin Franklin beschwerte sich 1753 in einem Brief:

»Die Neigung der menschlichen Natur zu einem Leben in Gemütlichkeit, einer Freiheit von Sorge und Arbeit, schlägt sich nieder in dem geringen Erfolg, der bisher jedem Versuch zuteilwurde, unsere amerikanischen Indianer zu zivilisieren. In ihrer gegenwärtigen Lebensform werden fast all ihre Bedürfnisse durch die spontanen Erzeugnisse der Natur befriedigt, mit dem Zutun von sehr wenig Arbeit, wenn man Jagen und Fischen denn überhaupt Arbeit nennen darf und Wild so reichlich da ist. Sie besuchen uns oft und sehen die Vorteile, die uns Künste, Wissenschaften und die kompakte Gesellschaft verschaffen, ihnen mangelt es nicht am natürlichen Verstehen. Und dennoch haben sie niemals irgendeine Neigung gezeigt, ihre Lebensform gegen unsere zu tauschen oder irgendeine unserer Künste zu lernen.

Wenn ein indianisches Kind zwischen uns erzogen, unsere Sprache gelehrt und an unsere Bräuche gewöhnt wurde, es aber zu seiner Verwandtschaft zurück- und mit den Indianern auf Streifzug geht, dann ist es unmöglich, es jemals zur Rückkehr zu bewegen. Und das ist nicht nur für sie als Indianer natürlich, sondern für alle Menschen. Das ist offensichtlich, denn jedes Mal, wenn Weiße, egal welchen Geschlechts, jung von Indianern gefangen wurden und mit ihnen eine Weile gelebt haben und dann von ihren Freunden freigekauft und mit aller nur vorstellbaren Zärtlichkeit behandelt wurden, damit sie bei den Engländern blieben, dann waren sie trotzdem innerhalb kurzer Zeit angewidert von unserer Lebensweise und der Sorge und den Schmerzen, die notwendig sind, um sie aufrechtzuerhalten. Sie nutzten die erste günstige Gelegenheit, um wieder in die Wälder zu fliehen, von wo sie nicht zurückzuholen sind.«[40]

Tatsächlich begannen in Amerikas Kolonien so viele junge Männer zu den Indianern zu fliehen, dass Gouverneure beschlossen, die Deserteure zu jagen, zu hängen, zu verbrennen und zu rädern.[41] Die Bewohner der Wildnis gaben höchstens unter Zwang von Schulden, Gewalt und Eigentumsansprüchen ihr Land und die gewohnte Lebensweise auf, um Arbeit in den Städten aufzunehmen.[42] Ein Zeitgenosse berichtete 1785:

»Tausende Europäer sind Indianer geworden, aber wir haben nicht ein Beispiel eines Aborigines, der freiwillig europäisch geworden wäre.«[43]

Verständlich, wenn sie ahnten, was ihnen blühte. Die typische Lohnarbeit von heute ist das Gegenteil jener ursprünglichen Arbeit: Wir arbeiten vierzig Wochenstunden und mehr, Hausarbeit nicht mitgerechnet. Viele Arbeiten sind hochspezialisiert, repetitiv und monoton. Angestellte sitzen allein unter vielen in einer Bürozelle, es zählen Geschwindigkeit und Produktivität, Unterbrechungen sind unerwünscht – man bezahlt uns ja nicht fürs Kaffeetrinken. Die meisten Arbeitenden werden nicht persönlich, sondern nur in ihrer Funktion gebraucht, sind also austauschbar und werden wenig wertgeschätzt. Jeder Handgriff ist von fernen Experten festgelegt und wird durch Kontrollen eingefordert. Der individuelle Beitrag verschwindet hinter einem Produkt, das durch Tausende Hände geht. Mit ihrer Kommerzialisierung hat auch die Arbeitszeit die Eigenschaften des Geldes übernommen: Sie wird gleichförmig, abstrakt, anonym, fremdbestimmt und knapp.

Warum ist Arbeit so monoton und einförmig geworden? Weil Arbeitszeit den Arbeitgeber Geld kostet und daher auf möglichst viel Produktion in möglichst wenig Zeit ausgelegt ist. Das ist der Grundgedanke der Effizienz, der Spezialisierung ermöglicht und mit Geld belohnt wird: viel Geld verdienen, dafür wenig Geld ausgeben. Aber die Arbeitsteilung erfordert wieder weiteres Wachstum, weitere Arbeitsteilung: Sie macht uns nämlich zu Spezialisten, lässt uns unsere übrigen Fertigkeiten verlieren und nun Geld brauchen, um für die spezialisierten Fertigkeiten anderer zu bezahlen.

Brauchen Sie eine neue Geschäftsidee? Finden Sie etwas, das andere für sich selbst machen, nehmen Sie ihnen die Fertigkeiten dazu weg, produzieren Sie es, und verkaufen Sie es ihnen! Können Sie noch Ihr Fahrrad reparieren, oder bringen Sie es zum Laden nebenan? Können

Sie noch Ihre Socken stopfen, oder kaufen Sie einfach neue? Können Sie noch kochen, oder gehen Sie lieber essen oder kaufen Fertiggerichte? Wenn Sie diese Fertigkeiten noch nicht an die wachsende Wirtschaft verkauft haben, dann herzlichen Glückwunsch! Aber was ist mit Fernseher, Computer, Auto: Können Sie die auch reparieren? Könnten Sie Ihr Gemüse ziehen, Ihre Kleider nähen, Ihr Haus bauen, oder brauchen Sie die Agrar-, Textil- und Bauindustrie? Im zweiten Falle benötigen Sie Geld, um Spezialisten zu bezahlen und dafür müssen Sie arbeiten. Je mehr wir unsere Arbeit aufteilen, desto mehr sind wir von der Arbeit anderer abhängig; je mehr Arbeit wir haben, desto mehr brauchen wir. Es ist wieder ein sich selbst verstärkender Mechanismus, der uns zunehmend abhängig von Geld, Märkten und entfernten Experten macht und uns unfähig zurücklässt, uns selbst zu helfen.

Bitte, missverstehen Sie mich nicht. Ich möchte damit nicht sagen, dass Arbeitsteilung an sich schlecht ist. Wir haben alle verschiedene Gaben, Talente und Vorlieben, mit denen wir einander bereichern können. Aber es gibt ein Zuviel an Arbeitsteilung. Wenn ich den ganzen Tag nur eine einzige Aufgabe, nur einen einzigen Handgriff erledige, dann ist das eine Monokultur, die den Geist beleidigt. Dann überwiegen die Kosten schnell den Nutzen, wenn man nicht nur Marktwert, sondern das Wohlergehen der Arbeitenden in die Rechnung einbezieht.

Nun ist nicht nur die Spezialisierung der menschlichen Arbeitskraft die Quelle der Produktivität, sondern auch die Maschinen und ihre technische Weiterentwicklung. Sie haben in den vergangenen Jahrhunderten viel Arbeit unnötig gemacht, also »Arbeitsplätze vernichtet«. Aus diesem Grund erwartete Keynes, dass wir heute nur drei Stunden täglich arbeiten müssten. Stattdessen produzieren wir aber bei wachsender Arbeit sehr viele Güter.

Dass dieser Traum nicht eingetreten ist, die Maschinen nicht für arbeitsloses Einkommen sorgen und wir weiter so viel arbeiten, findet seine Rechtfertigung durch Adam Smiths Annahme, dass Wohlstand allein das Produkt menschlicher Arbeit sei, und unserem Wunsch, diesen Wohlstand zu maximieren. Aus ihm folgt, dass es allen am besten geht, wenn wir möglichst viel arbeiten, und das legitimiert es, Sozialsysteme abzubauen, damit Leute mehr und günstiger arbeiten.[44] Aus dem Traum der Vollbeschäftigung, in der jede freie Hand in jeder freien Minute bei der Produktion von käuflichen Gütern mitarbeitet, folgt die maximale Produktion an käuflichen Gütern. Das ist es, worauf unser Geld ausgelegt ist, das stetig nach neuen Gütern ruft, um Kredite zu refinanzieren.

Wie aber motiviert man Menschen zu dieser Arbeit, wie bringt man ein Rad zum Drehen? Räder bewegen wir durch physische Kraft, Menschen durch psychische Kraft, durch Zwang: Für die vom Land Vertriebenen ist Lohnarbeit der einzige Weg, um an Geld für Lebensmittel zu kommen. Dieser Druck sorgt dafür, dass von Maschinen verdrängte Arbeiter einen neuen Arbeitsplatz brauchen, also mitarbeiten müssen, neue Produkte herzustellen und die Kommerzialisierung voranzutreiben. Haben Sie sich schon einmal gewundert, dass es das höchste Gut der Politik, egal ob links oder rechts, ist, »Arbeitsplätze zu schaffen«? Wir brauchen Geld zum Überleben – und Geld gibt es nur für Arbeit. Also brauchen wir mehr Arbeit, egal wie fleißig die Maschinen sein mögen. Wir sind die einzigen Lebewesen dieser Erde, die aus Lebensmitteln knappe Güter gemacht haben und nun für ihr Überleben bezahlen müssen.

Wenn diese Arbeit wenigstens immer sinnvoll wäre! Denn was tun diese geschaffenen neuen Arbeitsplätze? Die Veränderung der Arbeit ist gut dokumentiert. Eine Studie des amerikanischen Amts für Arbeitsstatistik[45] zeigt, dass während des vergangenen Jahrhunderts die Zahl derer, die im Haushalt, in der Industrie und in der Landwirtschaft arbeiten, auf ein Zehntel gefallen ist, während Management-, Verkaufs- und Dienstleistungsarbeiten, die 1910 nur ein Viertel der Jobs ausmachten, sich verdreifacht haben und nun drei Viertel der Arbeitszeit in Anspruch nehmen. Überspitzt bedeutet das: Während vor hundert Jahren drei von vier Arbeitenden etwas produzierten und der Rest vom Schreibtisch die Arbeitenden leitete und die Produkte verkaufte, hat sich das Verhältnis heute umgekehrt. Für jede Stelle, die Arbeitsteilung und Technik obsolet machten, kam ein administrativer Papierschieberjob hinzu. Ganze Industrien entstanden wie Finanzdienstleistungen, Callcenter-Marketing, Vermögensverwaltung, Steuerberatung, Unternehmensberatungen, Gesellschaftsrecht, Human Resources, Public Relations und tausend weitere, die die Arbeit anderer verwalten.

Exemplarisch ist der Zuwachs an – natürlich – Ökonomen, aber auch an Juristen: 1880 kam in Deutschland ein Rechtsanwalt auf 11 000 Einwohner, 1915 einer auf 5280, 1991 auf 1350 und 2008 auf 558 Personen.[46] Heute gibt es also zwanzigmal mehr Juristen pro Kopf als vor hundertdreißig Jahren. Ich möchte sicherlich nicht behaupten, dass Juristerei grundsätzlich unsinnig wäre, aber ist dank der Juristen unsere Welt heute zwanzigmal gerechter, oder haben wir die Gesetze einfach zwanzigmal umfangreicher und komplizierter gemacht? Heute müssen Politiker routiniert über Gesetzestexte entscheiden, die Hunderte Seiten umfassen – ein schönes Beispiel, wie unendliche Differenzierung nicht nur Effizienz, sondern auch riesige Mengen Arbeit schafft, denen niemand nachkommen kann.

Zeit ist polarisiert: Hier ist sie knapp, dort herrscht sie im Überfluss. Die Köpfe unserer Generation haben keine Zeit, sich zurückzulehnen, zu entspannen und über die Welt nachzudenken, weil sie nur noch damit beschäftigt sind, andere dazu zu bringen, auf Werbung zu klicken[47] – völlig ohne Grund und zur allgemeinen Langeweile. Bissig schreibt David Graeber:

> »Immer mehr Angestellte stellen fest, dass sie, eigentlich wie sowjetische Arbeiter, 40 bis 50 Wochenstunden auf dem Papier, aber effektiv 15 Stunden arbeiten, genau wie Keynes es vorhergesagt hatte, weil der Rest ihrer Zeit aufgewendet wird, um Motivationsseminare zu organisieren oder zu belegen, ihre Facebook-Profile zu aktualisieren oder TV-Serien herunterzuladen.«[48]

Viel zu viel Arbeit ist sinnlos vergeudete Zeit, und dann macht sie nicht mal Spaß. Höhere Manager von Großunternehmen erhalten im Durchschnitt dreißigtausend E-Mails pro Jahr und sitzen mehr als einundzwanzig Wochenstunden in Meetings.[49] Ist das nicht, kollektiv gesehen, eine Selbstbeschäftigung auf hohem Niveau? Und dazu müsste man eigentlich noch die Jobs der Hilfsindustrien rechnen wie Pauschalfernreiseveranstalter, Kitas, Ganztagsschulen und 24-Stunden-Pizzaservices, die nur existieren, damit alle anderen so viel in ihren Jobs arbeiten können. Gesellschaftlich gesehen gibt es diese Jobs nur, damit

Die negative Ökonomik 123

wir einen Vorwand haben, Geld zu bekommen, weil wir nicht bereit sind, die Früchte von Entwicklung und Technik einfach als arbeitsloses Einkommen zu verteilen.

Übertreibe ich die Sinnlosigkeit der Arbeit? Stellen Sie sich vor, alle Marketingabteilungen der Welt würden streiken. Was würde passieren? Es gäbe weniger Werbung – eine, wie ich finde, durchaus erträgliche Vorstellung. Oder was, wenn wir allen Dax-Vorständen einen einjährigen Urlaub genehmigten? Oder wenn alle Bankiers die Arbeit niederlegten und ihre Häuser schlössen? Letzteres ist häufig passiert, in Europa zuletzt 1970 in Irland. Wer mit einer Wirtschaftsapokalypse gerechnet hatte, war überrascht, dass die Leute einfach anfingen, Schecks auszustellen, um einander zu bezahlen.[50] Anstatt sich von einer Bank Glaubwürdigkeit attestieren zu lassen, nahmen sie nur Schecks von denen, an deren Zahlungen sie glaubten. So schöpfte die irische Öffentlichkeit in den 6,5 Monaten ohne Banken über 5 Milliarden Pfund in Schecks, während sogar die Wirtschaft munter wuchs. Niemandem fehlte es an etwas. Neben Lokführern, Hebammen und Kindergärtnerinnen schrumpft die wirkliche Bedeutung von Bankiers und Verwaltern.

Nichts spricht dagegen, Arbeitszeit und Geld dafür zu nutzen, ein schönes und sinnvolles Produkt und Dienstleistungen zu entwerfen und anzubieten. Nichts spricht gegen Arbeit, die sinnvoll und interessant ist. Und selbst unangenehme, aber notwendige Arbeit führen wir Menschen häufig gerne aus, wenn sich jemand dafür nett bedankt. Doch wie viele Menschen füllen ihre Arbeitszeit damit aus, andere zum Kauf von Dingen zu überreden, die sie gar nicht brauchen? Wie viele Jobs bestehen im Wesentlichen daraus, eine Zahl – Profit – zum Wachsen zu bringen? Wie viele Menschen verrichten Arbeiten, von denen sie insgeheim wissen, dass sie unnötig sind? Wie viele von denen, die Betriebswirtschaftslehre oder Ingenieurwesen studieren, tun dies nicht, weil sie die Arbeit mögen oder glauben, dadurch zur Verbesserung der Welt beizutragen, sondern weil sie Angst haben vor sozialem Abstieg und dem Überlebenskampf bei einer drohenden Arbeitslosigkeit? Was, wenn Menschen nicht grundfaul sind, sondern jeder irgendwann in der Jugend die Vision hat, durch eigenes Zutun die Welt ein bisschen besser und schöner zu gestalten? Welche Gewalt üben wir auf sie aus, diesen Traum zu opfern für Geld und einen Job, von dessen Sinn- und Bedeutungslosigkeit sie überzeugt sind? Wen würde das nicht bitter, zynisch und zornig machen?

Die Ironie unseres Arbeitens: Sinnvolle, angenehme, aber unbezahlte Aufgaben bleiben unerledigt, weil sie kein Geld bringen und daher keine Zeit für sie da ist. Wir würden ja Ehrenämter bekleiden, Vereine gründen, uns in der Politik engagieren oder für soziale Projekte einsetzen, für Freunde kochen, uns um Kinder kümmern, gärtnern, wandern und Oma oder Enkel besuchen. Aber leider haben wir dafür keine Zeit. Im alten Rom sagte man: »Wer schnell geht, ist ein Sklave.« Je mehr wir arbeiten, desto weniger freie Zeit bleibt uns. Sie wird, wie Geld, ein knappes Gut, was uns, wie Geld, zu Effizienz zwingt; Freizeit kostet, weil wir, statt sie so zu genießen, etwas machen könnten. Also planen wir jede freie Minute, geben Geld für technische Zeitsparer und Wellness aus, um das Maximum an Zerstreuung und Erholung aus der Freizeit rauszuholen. Rausholen, wie passend! Zeit ist Geld, daher ist Zeit eine Ressource, die sich plündern lässt wie Minen, Wälder und Felder.

Aber es kommt noch schlimmer. Verzinste Wertpapiere eröffnen der Kommerzialisierung der Zeit noch eine zusätzliche Dimension. Dank ihnen können wir nicht nur die Gegenwart, sondern auch die Zukunft kaufen und verkaufen. Denn was ist ein verzinster Schuldschein, ein Wertpapier? Es ist ein Versprechen auf einen zukünftigen Wertefluss, der größer ist als das, was ich heute für ihn aufgegeben habe. Das ist die Idee der profitablen Investition: Gib heute etwas auf, um in der Zukunft mehr davon zu erhalten.

Mit dem Geld breitet sich dieses Denkmuster des Verzichts in unserem ganzen Leben aus: Wir sorgen für die Rente vor, indem wir heute Geld beiseite- und anlegen. Wir machen Überstunden, um in Zukunft vielleicht befördert zu werden; wir bleiben an den schönsten Sommertagen in Büros sitzen, um in Zukunft nicht gefeuert zu werden. Wir investieren unsere wilde Jugend in ein Studium in Regelzeit und unsere Ferien in Praktika, um uns im Wettbewerb durchzusetzen, Karriere zu machen. Wir nehmen unseren Kindern die sorglosen Stunden und opfern sie Lernspielen und Früherziehung. Wir trennen sie von ihren

Eltern – die schließlich arbeiten müssen – und bringen sie in Schulen, wo sie unter Druck lernen, abstrakte Aufgaben zu erledigen, um die Zahl auf ihrem Zeugnis zu erhöhen, von denen ihr zukünftiges Wohlergehen abhängt.

Warum? Damit sie für das Leben besser gewappnet sind, in dem sie abstrakte Arbeit verrichten, unter der Notwendigkeit, die Zahl auf dem Konto zu erhöhen, von der ihr Leben abhängen wird. Sie sollen etwas Nützliches für die Zukunft lernen, sprich den Nutzen ihrer Zukunft optimieren. Wie unsere Wertpapiere soll diese Investition planbar sein und sich auszahlen, und wir überlassen nichts dem Zufall. Und so entstehen Lebensläufe, so gleichförmig und einfältig wie unsere Vorstädte, schnurgerade bis zum Horizont.[51]

All dies tun wir meist gegen Lust und Laune, doch die Wirtschaftlichkeit gebietet es uns: Wir, die wir nur noch unsere Lebenszeit besitzen, sind abhängig von dem zukünftigen Geldfluss, den unsere investierte Zeit verspricht. Er ist überlebenswichtig geworden, daher befinden wir uns unablässig im Zustand der Bedrohung, in dem jeder Müßiggang den Konkurrenten zum Vorteil gereichen und uns Job, Karriere und Zukunft kosten kann. Als Unternehmer unser selbst ist unser besorgter Blick[52] stets in die Ferne gerichtet, bang, ob sich die Selbstinvestition rentiert und Erträge abwirft, die wir dann doch nicht genießen können, weil wir unsere Gedanken wieder in das nächste Projekt reinvestiert haben. Wie unsere Optionen leben wir rastlos verloren in unrealisierten Möglichkeiten. Buddha und die anderen Weisen lehren, Glück sei nur in der Gegenwart zu finden; da wir dieses jedoch für ein Mehr an Zukunft verkauft haben, jagen wir jener eilig hinterher, und Zeit und unsere Leben beschleunigen sich.[53] Wie könnte unsere Lebenszeit noch mehr zu Geld werden?

Dieser Verkauf der Zeit ist nicht nur nicht gut, er ist nicht mal wirtschaftlich. Ich habe die Erfahrung gemacht, dass ich die Aufgaben, die sich aus Notwendigkeit ergeben – Papierkram, langweilige Jobs, freudlose Hausarbeiten –, nur mit viel Mühe, aber lieblos und mit schlechtem Ergebnis verrichte. Ich spare Zeit, wo ich kann, und höre am liebsten sofort auf, wenn das Resultat gerade gut genug ist. Jedoch ist mir keine Anstrengung zu ermüden und keine Herausforderung zu groß, wenn ich eine Aufgabe finde, die mich interessiert, mich persönlich anspricht, mit der ich anderen oder mir selbst etwas Gutes tue und die ich so erfüllen kann, wie es mir gefällt. Ich arbeite dann aus eigenen Stücken, aus innerem Antrieb heraus, mit Sinn und Begeisterung erfüllt, und spiele enthusiastisch nach Herzenslust an Details herum, die vielleicht niemals jemand bemerkt, die aber dennoch die Qualität ausmachen. Ich entwickle dann unvermutete Energien und produziere die besten Ergebnisse.

Diese Tätigkeit aus innerem Antrieb und freien Stücken ist das Gegenteil von fremdbestimmter, erzwungener und freudloser Geldarbeit. Ihre Motivation ist nicht Zwang, sondern Sinn. In ihr gibt es keinen Unterschied zwischen Arbeit und Spiel.[54] Nur das Geld macht die Zeit knapp, und nur dieser Zeitmangel, verbunden mit der ständigen Bedrohung meines Lebens, kann mich überhaupt davon abhalten. Und ich bin sicher, Ihnen geht es nicht anders. Könnten wir nicht genug Geld haben, sodass wir nur zwanzig Stunden die Woche arbeiten müssen, und den Rest der Zeit unserem inneren Antrieb folgen?[55] Könnte das nicht die Zukunft der Arbeit sein?

Gemeinschaft und Gesellschaft

»Es gibt keine Gesellschaft.«   Margret Thatcher

Geld, das losgelöste Versprechen, trennt Individuen von Gemeinschaften ab. Es entlässt uns von der Abhängigkeit vom Bekannten in eine finanzielle Anonymität. Es zerteilt Gesellschaften in Arm und Reich. Geld ist Tauschmittel, und Austausch, Geben und Nehmen, ist das Fundament von Gemeinschaft und Gesellschaft. Geld, das losgelöste Versprechen, reduziert Beziehungen zu unpersönlichen Transaktionen und Austausch zu Tausch. Es verändert Beziehung im Kern. Ich werde das erklären.

Die Auflösung von Gemeinschaft bemerken wir selten, weil dieser Prozess schon Jahrhunderte andauert und daher schwer zu beobachten ist – wir wissen kaum aus Erfahrung, wie eine Gesellschaft ohne Geld funktioniert. Anderswo jedoch weichen traditionelle Gemeinschaften im Schnellvorlauf dem Geld, was die Kommerzialisierung beobachtbar macht. Elena Norberg-Hodge hat über zwei Jahrzehnte Ladakhi im Himalaya besucht, deren Dörfer durch das Geld plötzlich und drastisch verändert wurden. Sie berichtet, dass zu Beginn ihrer Anwesenheit die meisten Ladakhi als autarke Bauern lebten, die sich um Gerste, Yaks und Schafe kümmerten und nur wenig von außen importierten. In der kargen Umgebung pflegten sie einen ausgesprochen entspannten Lebensstil:

»Mit den knappen Ressourcen, die ihnen zur Verfügung stehen, haben es die Bauern geschafft, fast vollständige Unabhängigkeit zu erreichen. Sie benötigen die Außenwelt nur für Salz, Tee und ein paar Metalle für Geschirr und Werkzeuge. (...) Bemerkenswerterweise verrichten Ladakhi nur vier Monate jährlich richtige Arbeit. In den acht Wintermonaten müssen sie kochen, die Tiere füttern und Wasser tragen, aber die Arbeit ist minimal. Der Großteil des Winters wird auf Festivals und Partys verbracht; sogar während des Sommers vergeht kaum eine Woche ohne ein größeres Fest oder eine Feier irgendeiner Art, während im Winter die Party fast nonstop läuft.«[56]

Klingt nicht nach Armut, oder? Wie organisiert sich diese Gesellschaft? Weil die Dörfer klein sind, bilden persönliche Beziehungen die Basis allen Austausches. Dies limitiert vielleicht die Arbeitsteilung, macht aber die gegenseitige Abhängigkeit und die Konsequenzen allen Handelns sichtbar:

»Weil Dörfer selten mehr als hundert Häuser haben, ist die Größenordnung des Lebens so, dass Leute direkt ihre gegenseitige Abhängigkeit erfahren können. Sie haben einen Überblick und können die Strukturen und Netzwerke verstehen, an denen sie teilnehmen, sie sehen die Effekte ihrer Handlungen und haben daher ein Gefühl der Verantwortung. Und weil ihre Handlungen sichtbarer für andere sind, werden sie leichter zur Rechenschaft angehalten. Wirtschaftliche und politische Interaktionen laufen fast immer von Angesicht zu

Angesicht; Käufer und Verkäufer haben eine persönliche Verbindung, die vor Achtlosigkeit und Betrug schützt.«[57]

Die geringe Größe der Gemeinschaft zeigt die gegenseitige Abhängigkeit. Jeder braucht die Gemeinschaft für die Früchte der gemeinsamen Arbeit; das ermuntert dazu, sich um das Wohl der anderen zu kümmern.[58] Norberg-Hodge berichtet von einem Paar, das sich das Geschäft entgehen lässt, ein Zimmer zu vermieten, weil es befürchtet, damit einen Nachbarn vor den Kopf zu stoßen. Sie stehen auf dem Standpunkt: »Please talk to him first – we have to live together.« Norberg-Hodge kommentiert:

»Ihre Reaktion ›Wir müssen miteinander leben‹ gab mir zu denken. Es schien, dass das Hauptanliegen der Ladakhi die Koexistenz war. Es war wichtiger, gute Beziehungen mit Nachbarn zu erhalten, als etwas Geld zu verdienen.«[59]

Die Freundschaft der Nachbarn ist wichtiger als Geld. Logisch: Wenn man nicht alles für Geld kaufen kann, ist man auf Dank und guten Willen anderer angewiesen, egal wie viel man anhäuft. Ein ladakhisches Sprichwort sagt: »Sogar ein Mann mit hundert Pferden muss einen anderen um eine Peitsche bitten.« Außerdem sind die Erträge dieser Subsistenzwirtschaft anders als Geld: Gerste wird nicht mehr, indem man sie spart, sondern sie verdirbt. Sie wächst nicht durch das Horten, sondern allein durch ihre Saat. Das ermuntert zu Kooperation:

»Von Familie und Nachbarn bis zu Bewohnern anderer Dörfer oder sogar Fremden sind sich Ladakhi bewusst, dass es in ihrem eigenen Interesse liegt, anderen zu helfen. Ein hoher Ertrag für einen Bauern bedeutet keinen niedrigen Ertrag für einen anderen. Gegenseitige Hilfe und nicht Wettbewerb formt die Wirtschaft. Es ist, mit anderen Worten, eine synergistische Gesellschaft.«[60]

Die Ladakhi teilen ihre Erträge miteinander, weil sie wissen, dass sie einander brauchen und der Einzelne nicht ohne die Gruppe leben kann.

Wir Mitglieder der Geldgesellschaften neigen zu der Annahme, dass Abhängigkeit unsere Freiheit beschneidet; aber in Ladakh ist es nichts Schlechtes, einander etwas zu schulden, sondern die gegenseitige Abhängigkeit eint Individuen zu einer Gemeinschaft. Was passiert nun, wenn Geld die Funktion von Abhängigkeit, Beziehung und Dankbarkeit übernimmt? Probieren Sie es aus! Gehen Sie zum nächsten Supermarkt, und kaufen Sie ein Stück Butter. Was fühlen Sie? Dankbarkeit? Haben Sie das Gefühl, dass Sie dem Supermarkt oder dem Herrn an der Kasse nun etwas schulden? Verspüren Sie den Impuls, ihm etwas Gutes zu tun, weil er Ihnen die Butter gegeben hat? Natürlich nicht, Sie bezahlen ihn schließlich. Der Verkäufer hat Ihnen die Butter nicht gegeben, um Ihnen einen netten Gefallen zu tun, sondern um selber Geld zu verdienen.[61] Sie brauchen ihn nicht persönlich, müssen sich nicht um sein Wohlergehen sorgen, damit der Austausch stattfindet. Sie brauchen nur irgendeinen Verkäufer in irgendeinem Supermarkt, der Butter von irgendeinem Bauern verkauft. Das Geld, das Versprechen von irgendetwas an irgendjemanden, koppelt den Austausch von den Beziehungen ab und macht die Beteiligten austauschbar. Genau das ist in Ladakh passiert:

»In der traditionellen Wirtschaft wusste man, dass man von anderen Leuten abhing, und man kümmerte sich um sie. Aber in dem neuen Wirtschaftssystem hat sich die Distanz zwischen den Leuten vergrößert, sodass es nun so scheint, als ob man einander nicht mehr bräuchte. Am Ende braucht man sie natürlich doch, aber nicht mehr so direkt wie Familien, Freunde und Nachbarn. Jetzt nehmen politische und wirtschaftliche Interaktionen einen Umweg über die anonyme Bürokratie. Das Gefüge der lokalen wechselseitigen Abhängigkeiten löst sich auf, und mit ihm das traditionelle Niveau von Toleranz und Kooperation. (...) Sowie gegenseitige Hilfe durch Abhängigkeit von weit entfernten Kräften ersetzt wird, beginnen Leute sich unfähig zu fühlen, Entscheidungen über ihr eigenes Leben zu treffen.«[62]

Mit Geld sind wir unabhängig von der Hilfe unserer Alten, auf unsere Kinder aufzupassen – wir können schließlich Babysitter oder Kindergarten bezahlen. Wir brauchen keine Freunde, die uns die Haare schneiden – wir können zum Friseur gehen. Wir sind nicht auf Mitbewohner angewiesen, für uns zu kochen – wir können einfach essen gehen. Wer Geld hat, braucht Freunde und Gemeinschaft ökonomisch gesehen gar nicht. Wir pflegen sie nur noch zum Zeitvertreib. Was immer ich brauche, ich kann jemanden dafür bezahlen.

Das bedeutet natürlich im Umkehrschluss, dass niemand mich braucht. Meine Freunde sind auf mich für Geselligkeit angewiesen oder zum Zuhören, wenn sie Probleme haben – aber für alles andere können sie jemanden bezahlen, statt mich um Hilfe zu bitten. Zudem haben wir nötige Fertigkeiten verkauft: Womit soll ich meinen Freunden helfen, wenn ich nicht mehr kochen, backen, nähen, gärtnern, basteln, reparieren, musizieren kann? Ich habe einmal mit einem Freund ein Regal aus alten Bohlen gebaut – es hat uns mit Freude und Stolz erfüllt und uns zusammengeschweißt. Aber wer braucht mich noch, wenn ich nur philosophieren kann?

Folglich *mache* ich mit meinen Freunden nichts mehr gemeinsam, sondern konsumiere nur noch mit ihnen: Meistens gehen wir feiern, trinken Bier, sitzen redend herum. Kann es sein, dass das Freundschaften leerer und Freunde austauschbarer macht? Wir sitzen nicht mehr in einem Boot, wir leiden nicht mehr mit dem Unglück der anderen mit, wir hängen nicht mehr vom Wohlergehen aller ab – Geld ist schließlich Privatsache. Und so brauchen wir einander nicht, haben einander nichts zu geben, schulden einander nichts. Wer mag sich da nicht wie ein nutzloses, einsames, abgetrenntes Individuum fühlen?

Bedenken Sie den Extremfall dieser Technik, die Beziehung durch Geld ersetzt: die finanzielle Unabhängigkeit. In diesem Zustand hat ein Einzelner so viel Verschuldung anderer angehäuft, dass er von den Zinsen leben kann. Man sagt, er lasse sein Geld für sich arbeiten und sei daher auf niemanden angewiesen. Das stimmt natürlich nicht: Genau genommen lässt er andere für sein Geld arbeiten und ist nun angewiesen auf funktionierende Banken, Märkte, Unternehmen, Produktionsketten, Ressourcen, Heere von Experten, Zinserträge, Wachstum, immer neue Geschäftsmöglichkeiten. Die vollständige »finanzielle Unabhängigkeit« ist eigentlich die vollständige Abhängigkeit vom Finanziellen.⁶³ Da Geld uns nur das Anrecht auf die Früchte der Arbeit anderer gibt, kann die Unabhängigkeit von anderen, die das Geld verspricht, nur eine Illusion sein; aber je größer die Wirtschaft, je mehr für Geld käuflich und je weniger geschenkt ist, desto mehr brauchen wir ferne Experten, desto weniger die Menschen um uns herum, und desto wahrer wirkt dieser Trug. Uns geht es wie den Ladakhi:

»Im traditionellen System haben Dörfler ihre Grundbedürfnisse ohne Geld erfüllt. (...) Jetzt, plötzlich, als Teil der internationalen Geldwirtschaft, werden Ladakhi immer abhängiger – sogar für lebensnotwendige Belange – von einem System, das von entfernten Kräften kontrolliert wird. Sie sind angreifbar durch Entscheidungen von Leuten, die nicht einmal wissen, dass Ladakh existiert. Wenn der Dollarwert sich verändert, wird das am Ende Auswirkungen auf die indische Rupie haben. Das bedeutet, dass Ladakhi, die Geld zum Überleben brauchen, nun unter der Kontrolle von Managern internationaler Finanzen stehen. Als sie vom Land lebten, waren sie noch ihre eigenen Herren. (...) ›Es ist furchtbar‹, sagen mir ladakhische Freunde, ›alle werden so gierig. Geld war zuvor niemals wichtig, aber jetzt ist es das Einzige, woran die Leute denken können‹.«⁶⁴

Kennen Sie das Gefühl, dass ferne anonyme Mächte Ihr Leben bestimmen und Sie ohnmächtig zurücklassen? Nun, dieses Gefühl hat recht. Wir brauchen nicht mehr die, die uns kennen und uns ebenfalls brauchen. Stattdessen hängt unser Leben an tausend Unbekannten und dem kollektiven Glauben an das Geld. Ein Schluckauf von Finanzmärkten kann den, der in der Geldwirtschaft lebt, um seine Existenz bringen. Das macht uns besessen von Angst und Sorge.

Geld macht, dass wir niemanden brauchen, den wir kennen, und niemanden kennen, den wir brauchen. Geld zerteilt verwobene, aber nach außen autarke Gemeinschaften, indem es jeder Familie, jedem Einzelnen einen zählbaren Anspruch auf Eigentum zuweist und statt Kooperation Wettbewerb fördert: Am Ende stehen losgelöste Individuen, abgetrennt von der Gemeinschaft. So wie Geld Allmenden in Privatgrundstücke zerteilt, macht es »unser« zu »mein« und »dein«, macht es ein »Wir« zu vielen »Ichs«. Geld löst den sozialen Kleber der gegenseitigen Abhängigkeit, macht so aus einer Gemeinschaft viele Individuen und aus vielen Gemeinschaften eine Gesellschaft, eine Wirtschaft.

Die Liquidierung der Gemeinschaft hinterlässt die Grundbedürfnisse nach Zugehörigkeit und Anerkennung tragisch und chronisch unbefriedigt. Das wiederum bietet viele neue Geschäftsmöglichkeiten, die den Prozess verstärken. Zuerst versuchen wir, die verlorene Anerkennung durch Statussymbole zurückzukaufen, hier wie in Ladakh:

»Von allen Teufelskreisen, die ich in Ladakh beobachtet habe, ist der tragischste vielleicht die Weise, wie individuelle Unsicherheit Familien- und Gemeinschaftsbeziehungen schwächt, was wiederum individuelles Selbstwertgefühl erschüttert. Konsumismus spielt eine zentrale Rolle in diesem Prozess, weil emotionale Unsicherheit zu einem Hunger nach materiellen Statussymbolen beiträgt. Das Bedürfnis nach Anerkennung und Akzeptanz heizt den Drang an, Besitztümer zu erwerben – Besitztümer, die einem helfen, jemand zu sein. Schlussendlich ist das ein deutlich wichtigerer Motivationsfaktor als die Faszination für die Dinge selbst. Es bricht einem das Herz zu sehen, wie Leute Dinge kaufen, um bewundert, respektiert und letztlich geliebt zu werden, wenn es tatsächlich beinahe ausnahmslos das Gegenteil bewirkt. Das Individuum mit dem glänzenden neuen Wagen hebt sich ab, und das vertieft das Bedürfnis, akzeptiert zu werden. Ein Kreislauf setzt sich in Bewegung, in dem Leute immer mehr von sich selbst und voneinander getrennt werden.«[65]

Wenn der Versuch scheitert, Anerkennung zu kaufen, versuchen wir, das Imitat von Gemeinschaft zu erwerben. In Ermangelung einer Gruppe, mit deren Geschichten und Erleben ich eng verbunden bin, kann ich Serien, Soaps und Klatschillustrierte konsumieren. Statt mit Freunden über meine Probleme zu reden, kann ich Coaches und Berater dafür bezahlen, mir zuzuhören und Ratschläge zu erteilen. Ich kann ein Zugehörigkeitsgefühl durch die *Corporate Identity* meines Arbeitgebers erfahren, der vorgibt, mit seinen Angestellten eine große Familie zu bilden. Ich kann in Spezialisierung oder Firmenhierarchie aufsteigen und so wichtig werden, dass alle meine Hände schütteln wollen und ich glauben kann, tatsächlich gebraucht zu werden. Und ich kann so viel Geld zusammensammeln, dass ich ertrinken kann im Interesse anderer. Wenn niemand mich braucht und ich niemanden brauche, dann ist das Geld die Quelle meines Überlebens, der Aufmerksamkeit anderer, meines Selbstwertgefühls, meiner Identität.

Dabei kann gerade Geld das Bedürfnis nach Zugehörigkeit eben nicht erfüllen: Interesse anderer an meinem Geld und meiner Stellung ist umso vieles geringer und unbefriedigender als das tatsächliche Interesse an meiner Person. Geld gibt sich als Ersatz für die verlorene Zugehörigkeit, präsentiert sich daher als Lösung für die Probleme, die es eigentlich verursacht. Es verspricht Akzeptanz, aber distanziert einen nur noch weiter von der Umwelt.

Geld entzweit so die Gesellschaft in Arm und Reich, und entfremdet Reiche vom Rest. Darunter leiden offensichtlich die bestohlenen Armen, aber eine Umfrage unter amerikanischen Superreichen zeigt, dass auch sie unter der Spaltung leiden. Extremer Reichtum kann Beziehungsprobleme verursachen: Liebt er mich oder mein Geld?

»Wann erzählt man jemandem, dass man eine riesige Menge Geld hat? Wenn man es zu früh erzählt, wird man sich sorgen, dass sie einen nur wegen des Geldes wollen. Wenn man zu lange wartet, kann diese Person einem wirklich vertrauen?«[66]

Viele Reiche hegen Sorgen vor Einbrüchen und Entführungen, weshalb einige in wenig heimeligen Sperrbezirken zwischen Kameras, Zäunen und Sicherheitspersonal wohnen, geografisch losgelöst vom Rest. Wenn Reiche arbeiten, stellen sie manchmal fest, dass Arbeitskollegen ihnen grollen, weil sie »denen die Arbeit wegnehmen, die sie brauchen«. Dadurch fühlen sich einige tragischerweise außerstande, die einzige Tätigkeit zu ergreifen, die sie gelernt haben. »Mein ganzes Leben war ich verunsichert über meine Fähigkeiten, weil ich Geld geerbt habe.«[67] Und dann können viele Reiche kaum ihre Sorgen mit weniger Vermögenden teilen, ohne von denen schief angesehen zu werden: »Man fühlt, dass man seine Probleme nicht teilen kann (›Deine Sorgen möcht ich haben!‹), es kommt zu Verlegenheiten à la ›Wer bezahlt im Restaurant?‹«, schreibt eine Besitzerin von 80 Millionen Dollar. »Reichtum kann eine Barriere dabei sein, sich mit anderen zu verbinden.«[68]

Ob Reiche das nun wollen oder nicht – das Geld isoliert sie und schleust sie in eine Parallelgesellschaft. Ich habe das selbst erlebt, als ich Indien bereiste. Es reichte, ein paar Hunderter auf dem Konto zu haben, und schon besaß ich mehr Geld, als die allermeisten Menschen, denen ich begegnete, jemals auf einem Haufen sehen würden. Ich war plötzlich ein wandelnder Geldsack, oder fühlte mich zumindest als solcher wahrgenommen. Ich begann, misstrauisch zu werden, wenn ich angesprochen wurde – denn wer weiß, vielleicht wollten die ja nur meine Kohle? Diese Angst entpuppte sich zwar immer wieder als Illusion, aber sie verursachte ein sehr reales, unangenehmes Gefühl. Zu meiner eigenen Überraschung begann ich, die Gesellschaft jener zu suchen, die so »reich« waren wie ich.

Ich möchte damit zwei Dinge sagen: Erstens und offensichtlich ist Geld keine Lösung für soziale oder Beziehungsprobleme; tatsächlich ist es oft eher die Ursache. Das ist einer der Schlüsse, den die Reichenbefragung zieht: »Arbeiten Sie nicht zu hart für Geld, denn es wird Ihnen nicht viel bringen, wenn Sie alles andere ignorieren.« Zweitens neigen manche Kritiker dazu, Reiche zu verteufeln, sie als Gruppe zu verallgemeinern, die sich verschworen hat, vom Leid der Armen zu profitieren. Aber auch wenn manche Reiche vielleicht freigiebiger mit ihrem Vermögen umgehen könnten, kann kein Einzelner, egal wie reich, die Ungleichverteilung des Vermögens beenden. Zudem ist der Gewinn des Reichtums zweifelhaft: Wer reich ist, hat mehr zu verlieren. Geld und Dinge scheinen ihm auch mehr zu bedeuten und größere Aufmerksamkeit einzufordern. Seine Zeit ist mehr wert, darum muss sie umso mehr gespart werden. Schönes, aber Nutzloses muss aufgegeben werden. Der Reiche muss sich um die Verwaltung und Pflege viele toter Dinge kümmern, und Eigentum ist eine Droge. Und er ist weniger von dem direkten Austausch mit anderen abhängig, der Gemeinsamkeit und Zugehörigkeit schafft. Er ist losgelöst vom Rest der

Welt, mit dem er kaum noch Sorgen, Hoffnungen und andere Gemeinsamkeiten teilt.

Vergeuden Sie also bitte nicht Ihre Kraft damit, sich über die Reichen und Mächtigen zu ärgern. Glauben Sie, die sind immer zufrieden damit, wie es läuft? Mit dem Geld geht eine Philosophie der Knappheit einher, die von allen Disziplin und Härte fordert – leiden Reiche nicht darunter? Können Sie mit Bestimmtheit sagen, dass Sie anders handeln würden, wenn Sie diese Leben, Rollen und Ansichten geerbt hätten? Ich könnte es nicht. Sind nicht alle, die Geld brauchen, Täter und Opfer zugleich in diesem seltsamen Komplott?

Ärgern Sie sich daher nicht über die Vermögenden, sondern lieber über das Geld, das zu dieser Vermögensbildung führt. Das Geld hat einen tiefen Abgrund durch die Gesellschaft gezogen, die Schulden haben sie in zwei Teile geteilt. Sie und ich, wir können noch so viel gemeinsam haben, aber das Plus- oder Minuszeichen vor der Zahl auf unserem Konto lässt uns in unterschiedlichen Welten leben, und um in der besseren leben zu können, konkurrieren wir bis aufs Messer. Das ist die schlechte Nachricht. Die gute ist, dass diese Polarisierung von Reichtum ein künstliches, unnötiges, ja kurioses Artefakt unseres Geldes ist. Wieso? Weil nur unser Geld diesen Reichtumsunterschied möglich macht. Bevor es Geld gab, konnte Reichtum nur sehr begrenzt angesammelt werden. Norberg-Hodge erklärt das so:

»Die neue Wirtschaft vergrößert die Kluft zwischen Reich und Arm. In der traditionellen Wirtschaft gab es Unterschiede im Wohlstand, aber seine Ansammlung hatte natürliche Grenzen. Man konnte sich nur um soundso viele Yaks kümmern oder soundso viele Kilo Gerste lagern. Geld hingegen wird leicht gelagert auf der Bank, und die Reichen werden reicher, und die Armen werden ärmer.«[69]

Bevor es Geld gab, konnte Wert nur in Gütern gelagert werden. Güter aber sind vergänglich, und das setzt dem Reichtum Grenzen und macht ihre Besitzer großzügig. Sie glauben mir nicht? Stellen Sie sich vor, Sie haben zehn Laibe Brot, Ihre Tiefkühltruhe ist ausgefallen, und Sie können das Brot nicht verkaufen. In drei Tagen ist das Brot hart, und Sie können bis dahin nicht mehr als zwei Laibe essen. Was tun? Sie werden sicher den Rest verschenken. Das ist besser, als ihn wegzuwerfen, und vielleicht freut und revanchiert sich ja jemand. Und was ist mit Zeitungen, Mode, Computern? Sie werden uninteressant, hässlich, langsam, verlieren Nutzen, büßen Wert ein. Alle Güter der Welt fallen der Entropie zum Opfer. Dadurch ist Reichtumsanhäufung natürlich begrenzt, und solange Sie mehr haben, als Sie brauchen, ist es leicht, Überschüsse zu verschenken. Vergänglichkeit macht großzügig.

Die Ausnahmen sind Güter, die nicht schwinden und die man daher ungern gibt, nämlich Landbesitz, Edelmetalle und verzinstes Geld. Gold und Silber bleiben unverändert; sie vergehen nicht, ich kann sie für immer halten, horten und addieren, sie gewähren prinzipiell unendlichen Reichtum. Warum sollte man sie also teilen? Und verzinstes Geld ist morgen nicht nur nicht weniger, sondern wird mehr und mehr und wächst, dem Ökonomentraum zufolge, ewig. Zins gibt vor, sich der Entropie zu entziehen und die Vergänglichkeit in ihr Gegenteil umzudrehen. Dank dieser Illusion scheint es vernünftig, Geld zu bewahren und zu hamstern und für sich zu halten, statt es zu teilen. Dadurch wird Geld knapper und der Wettbewerb härter. Zins macht Teilen teuer und Gier billig.[70]

Dementsprechend haben traditionelle Gesellschaften eine andere Vorstellung von Reichtum als wir. Richard Lee befragte Xoma vom Stamm der Kung in der afrikanischen Kalahariwüste:

>»Was macht einen Mann zu einem Kaiha (einem Reichen) – ist es, dass er viele Perlen in seiner Hütte hat?‹ – ›Perlen zu haben macht einen nicht zum Kaiha‹, antwortete Xoma. ›Wenn jemand viele Güter zum Wandern bringt, nennen wir ihn einen Reichen.‹
> Xoma schien zu sagen, dass nicht die Menge an Gütern jemandes Reichtum bestimmte, sondern die Zahl an Freunden. Die reiche Person wurde gemessen an der Häufigkeit der Transaktionen und nicht an dem Inventar an Gütern, das er zur Hand hatte.«[71]

In einer Welt, in der Verderbliches schwer aufbewahrt werden kann, Besitz dem Nomaden eine Bürde ist und die gegenseitige Abhängigkeit

Die negative Ökonomik   137

als Quelle des Reichtums erkannt wird, ist derjenige reich, der viel gibt und dem man daher etwas schuldet. Überlegen Sie, was aus diesen Definitionen von Reichtum folgt: Wir denken, dass der reich ist, der viel nimmt, viel spart, viel hat. Dieser Reichtum macht andere arm, denn was ich gesammelt habe, können Sie nicht haben, mein Guthaben sind Ihre Schulden, und mehr für mich ist weniger für Sie. Die Kung hingegen denken, dass der reich ist, dem man geben möchte, weil er viel gibt. Status rührt daher, wie viel jemand teilt, nicht, wie viel jemand hat. Wenn Sie großzügig sind, gibt man Ihnen gerne, und Sie sind reich und geachtet. Nach dieser Idee von Reichtum kann jeder reich sein, und mehr für mich ist mehr für Sie. Und so halten wir uns für die reichste Gesellschaft, die die Welt je gesehen hat, während die Kung uns vielleicht für die ärmste halten würden.

Auch wenn man Wohlstand durch einfache Befriedigung materieller Bedürfnisse definiert, folgt daraus, dass die Stämme der Jäger und Sammler die »ursprüngliche Wohlstandsgesellschaft«[72] sind. Könnte es nicht sein, dass Gier und Geiz, der Mangel am Guten im Menschen, ein Resultat der Bedrohung durch äußere Knappheit sind? Vielleicht ist der ewige Wettbewerb nur Ausdruck der unbändigen Zukunftssorge vereinzelter Individuen, denen Land und Gemeinschaft geraubt wurden? Wäre das nicht erleichternd? Wenn Gier nicht das Wesen des Menschen ist, sondern von der Dynamik des Geldes entfacht wird, können wir dann nicht ein Geld haben, das nicht Knappheit, Hamstern und Wettbewerb fördert, sondern zu Kooperation und Gemeinschaft ermuntert?

Staat und Politik

»Ohne Wachstum keine Investitionen, ohne Wachstum keine Arbeitsplätze, ohne Wachstum keine Gelder für Bildung, ohne Wachstum keine Hilfe für die Schwachen. Und umgekehrt: Mit Wachstum Investitionen, Arbeitsplätze, Gelder für die Bildung, Hilfe für die Schwachen und, am wichtigsten, Vertrauen bei den Menschen. Das ist meine Überzeugung, eine Überzeugung, die auf meiner Grundauffassung von Politik gründet.«   Angela Merkel[73]

2. Die manifestierte Maschine: Wie wirkt das Geld auf die Welt?

Staat und Geld tauchen gemeinsam auf der historischen Bühne auf, ja sie bedingen einander: Geld entstand als Ordnungsmaß für sumerische Bürokraten der ersten Städte. Erst griechische Stadtstaaten, die Steuern in Münzen forderten, verschafften dem Geld Verbreitung. Aus der Verschuldung der englischen Krone entstand die Zentralbank und mit ihr das Papiergeld als Währung. Ohne Staat kein Gesetz, ohne Gesetz kein gesetzliches Zahlungsmittel. Aber der Staat ist nicht nur Urheber des Geldes, sondern auch sein Objekt: Seit es Staaten gibt, haben sie Haushalte, kann die Öffentlichkeit Schuldner und Gläubiger sein, bieten sich dem Geld lukrative Felder des Wachstums. So macht Geld Politik.

Was passiert, wenn ein Staat Schuldner wird? Genau dasselbe wie beim verschuldeten Dorf. Dort hängt der Verlauf davon ab, was der Bankier mit seinem Zinsertrag anstellt: Er kann, erstens, Güter kaufen. Damit fließt das Geld an das Dorf, das damit seine Zinsen begleicht, und der Bankier erhält so eine dauerhafte Rente. Zweitens kann er Dorfvermögen kaufen. So kann das Dorf kurzfristig Schulden begleichen, verliert aber auf die Dauer sein Eigentum an seinen Gläubiger. Drittens kann der Bankier die Rückzahlung des Kredits verlangen, ohne weiteres Geld auszugeben. Dann wird Geld knapp, weil es weniger Münzen als Schulden gibt, deren Begleichung nun unmöglich wird. Mindestens eine Familie muss zahlungsunfähig werden, der Wettbewerb wird schärfer. Viertens kann der Bankier neue Münzen prägen und verleihen und damit die Zinsen mit neuen Krediten refinanzieren.

Überschuldeten Dörflern in ihrer Bedrängnis kann er Bedingungen stellen. Er kann sagen: »Gern könnt ihr mehr Geld haben, aber wie kann ich wissen, dass ich es dieses Mal zurückerhalte? Beweist es mir! Seid ihr vertrauenswürdig? Zeigt mir Bonität und Kreditverhalten! Könnt ihr für euer Versprechen garantieren? Gebt mir Bürgen, haftet mit eurem Vermögen! Habt ihr schon eine Idee, wie ihr das Geld auftreiben wollt? Schreibt mir einen Businessplan, fangt an zu sparen! Ach, übrigens: Weil ich nun ein größeres Risiko für die Ausfälle trage, hätte ich gerne zwei Münzen für alle zehn Münzen, die ich gebe.« Wenn die Dörfler einwilligen, unterschreiben sie die Suche nach neuen

Geschäfts- und Wachstumsmöglichkeiten. Sie bürgen dann für ihre eigene Kommerzialisierung.

Ein Besitzer von Staatsanleihen, ein Gläubiger eines Landes, hat dieselben vier Möglichkeiten wie der Dorfbankier, und daher können wir jede Option in Aktion beobachten. Erstens zahlt der Staat eine Rente an seine Gläubiger. Der deutsche Bundeshaushalt zahlt nach eigenen Angaben 15 Prozent des Steuereinkommens als Zinsen an Gläubiger, die ihr Geld in Staatsanleihen geparkt haben – davon sind zirka 60 Prozent im Inland, 40 Prozent im Ausland; zwei Drittel sind Banken.[74] Das ist deutlich mehr, als er an Gesundheit, Bildung, Forschung, Familie und Landwirtschaft zusammen ausgibt; das ist mehr, als er für Rüstung zahlt, es ist nach »Arbeit und Soziales« der größte Haushaltsposten. Und ich rede nur von der Verschuldung des Bundeshaushaltes, nicht jener der Länder und Kommunen. Während Sozialausgaben in der Knappheit stetig gekürzt werden, steigt die Zinszahlung Jahr für Jahr kontinuierlich an.

Zweitens verkauft der Staat der Reihe nach das öffentliche Vermögen: Er privatisiert Bahn und Straßen, Post, Energie, Wasser, Krankenhäuser, Schulen und Universitäten, Landes- und Zentralbanken, um zumindest dieses Jahr die Zinsen zu begleichen. Er macht also Allmenden, die öffentliches Gemeinwohl gewährleisten, zu Privatkapital, das Profit für Kreditgeber maximieren soll. In meinem Heimatland Hessen hat die Landesregierung 2005 sogar ihre Regierungsgebäude verkauft und sofort wieder zurückgemietet – und war zufrieden, war doch nun der Haushalt der Legislaturperiode gerettet. Glorreich. Das kann weitergehen, bis der Staat sein gesamtes Vermögen verscherbelt hat.

Drittens können Gläubiger die Rückzahlung verlangen, ohne neue Kredite zu vergeben. Nun muss der Staat zusehen, wo er neues Geld auftreibt. Er muss die Steuern erhöhen, stärker exportieren, mehr Vermögen verkaufen, um die nötigen Einnahmen zu generieren; gleichzeitig muss er auf Sparkurs gehen, Budgets kürzen, Renten stutzen und Investitionen streichen, um die Ausgaben zu senken. Der Staat muss nun mehr einnehmen als ausgeben, um die Kreditgeber zu bedienen. Das Ergebnis sind strenge Sparmaßnahmen, herbe Disziplinarprogramme, trockene Entbehrung – in der Wirtschaftstheorie hat sich hier die poetische Bezeichnung »Austerität« eingebürgert, vom griechischen »austeros«, das heißt »Herbheit, Strenge, dunkler Farbton, schwierige Umstände, Trockenheit auf der Zunge«.

Viertens kann der Staat neues Geld leihen, um die alten Schulden zu bezahlen. Das war in den vergangenen Jahrzehnten der Kurs der meisten Staaten: Wenn die Steuereinnahmen nicht reichten, um Ausgaben, Kreditrückzahlungen und Zinsen zu begleichen, nahmen sie neue Kredite auf, um die alten zu bedienen. Solange der Staat eine gute Bonität hat, findet sich immer jemand, der eine sichere Anlage sucht und auch gegen geringe Zinsen die alten Schulden refinanziert. Alles also kein Problem.

Kein Problem, bis die Verschuldung zu einem gewissen Punkt anwächst, an dem klar ist, dass der Staat zu stark verschuldet ist, um seine Schulden begleichen zu können, ohne neue Kredite aufzunehmen. Das passiert meist nach einem Krieg,[75] nach großzügigen Steuersenkungen für Reiche,[76] nachdem der Staat hohe Kredite aufgenommen hat, um insolvente private Banken zu retten,[77] nachdem die Ausgaben angekurbelt wurden, um eine Rezession zu vermeiden, oder wenn die Gläubiger einfach lange geduldig warten – verzinste Schulden wachsen schließlich. Dann ist der Staat in einer Zwickmühle, denn um regelmäßig die Raten zahlen zu können, muss er regelmäßig neues Geld leihen. Er ist für den laufenden Betrieb auf die kontinuierliche Gunst der Geldgeber angewiesen.

Es ist eine gefährliche Situation. Wenn nämlich kein Geldgeber bereit ist, mit neuen Krediten die alten zu refinanzieren, ist der Staat plötzlich zahlungsunfähig, und die Anleihe wird wertlos. Es ist eine sich selbst erfüllende Erwartung: Zögern die Kreditgeber, gerät der Staat in Zahlungsnot, und gerät er in Zahlungsnot, zögern die Kreditgeber. Andere Staaten und Geschäfte buhlen ebenfalls um das Geld, und so stellen Geldgeber die Bedingungen. Sie fordern Vertrauenswürdigkeit, Bonität, Bürgschaften, höhere Zinsen. Sie lassen Sparpläne aufstellen, sie diktieren Wachstumsförderungsgesetze und Strukturanpassungsprogramme. Und wirtschaftsweise Berater verkünden: »Wir brauchen mehr Wachstum! Wächst die Wirtschaft, wachsen Steuereinnahmen, wächst die Wirtschaft, sinkt die Schuldenquote!« Kurz: Je größer, desto besser!

Die Gläubiger, die sich um ihr Geld sorgen, verlangen vom Staat vor allem eines: weniger ausgeben, aber mehr einnehmen; knausern und auf ein Wunder hoffen. Was folgt, ist ein seltsamer Spagat zwischen Spar- und Wachstumspolitik: Um Geld aufzutreiben, erhöht der Staat die Lohnsteuern, privatisiert Universitäten und Krankenhäuser, dereguliert die Märkte, um Investoren zu ködern; gleichzeitig versucht er zu sparen, wo er kann, entlässt Lehrer, Polizisten, Müllmänner, kürzt die Renten, schiebt Investitionen auf. Er stützt die Kommerzialisierung und wird gleichzeitig zum Profitmaximierer. Da jedoch all diese Maßnahmen weniger Geld für den Lebensunterhalt der meisten Bürger übrig lassen, die nun mehr Studiengebühren, Steuern, Krankenkassenbeiträge zahlen und weniger Rente, Lohn und Arbeitslosengeld erhalten, kommen auch kein Wachstum und keine Steuergelder, um die Verschuldungsspirale aufzuhalten. Kurzfristig werden die Kredite bedient, aber langfristig werden die Schulden nur größer und die Abhängigkeit stärker.

Dieser Teufelskreis endet gewöhnlich damit, dass sich aus dem Staatshaushalt irgendwann nichts mehr herauspressen lässt und somit niemand mehr bereit ist, dem verschuldeten Staat weitere Kredite zu geben. In diesem Fall muss ein Staat sich für zahlungsunfähig erklären. Er wird für ein paar Jahre kaum Kredite auf dem internationalen Finanzmarkt erhalten und muss sich von der eigenen Wirtschaft tragen lassen. Dabei geht eine Menge Geld verloren, nämlich das Geld derjenigen Anleger, die zuletzt dem Staat einen Kredit gegeben haben: Sie stehen nun mit einer wertlosen Anleihe, einem geplatzten Scheck da. Ein großes Ärgernis für jeden Gläubiger.

Praktischerweise kann der Staat von zwei Seiten kommerzialisiert werden. Er ist nicht nur ein guter Schuldner, dessen Schulden mit dem Staatshaushalt gedeckt werden; nein, er ist auch ein nützlicher Gläubiger! Droht einem Staat die Pleite, können andere Staaten den armen Gläubiger entschädigen, indem sie die wertlosen Schuldscheine aufkaufen und mit harter Währung bezahlen. Hier hat sich eine bemerkenswerte Vokabel eingebürgert: Man sagt, man »rettet« das Land. Bei dieser Formulierung stelle ich mir unwillkürlich vor, dass der Bevölkerung aus Helikoptern heraus Wolldecken und Essenspakete zugeworfen werden, aber das funktioniert leider anders.

Griechenland ist dafür ein trauriges Beispiel. Vor dem Euro war das Land ungefähr genauso verschuldet wie alle anderen. Als aber 2008 die amerikanische Investmentbank Lehman Brothers pleiteging, drohten griechische Banken viel Guthaben zu verlieren. Wie in anderen Ländern sprang der Staat ein, päppelte die Finanzhäuser auf, leistete Zahlungsgarantien, legte ein Konjunkturpaket auf, um der Krise entgegenzusteuern, und nahm alle Schulden auf sich. Im Resultat sank zwar das Ausfallrisiko der Banken, dafür stieg das des griechischen Staats.[78] Geldgeber suchten lieber sicherere Gläubiger, und niemand fand sich, um Griechenland neue Kredite zu geben, mit denen die alten hätten refinanziert werden können. Das war natürlich eine Bedrohung, denn wenn die Griechen nicht zahlten, würden Gläubiger in ganz Europa pleitegehen, und diese Krise musste man doch aufhalten! Woher aber das Geld nehmen?

In der Not sprang die »Troika« aus Weltwährungsfonds (IWF), Europäischer Zentralbank (EZB) und EU-Kommission ein und gab neue Kredite, um die alten zu zahlen. Von den »Hilfsgeldern« in Höhe von 207 Milliarden Euro, die entweder direkt oder durch »Rettungsschirme« an Griechenland flossen, landeten nur 22,5 Prozent im griechischen Haushalt.[79] 28 Prozent flossen in die »Rettung« griechischer Banken, die deren Geldgeber vor Verlusten bewahrten. Der Rest wurde verwendet, um Gläubiger des griechischen Staats auszuzahlen: Mit 55,44 Milliarden wurden auslaufende Staatsanleihen bedient, mit 34,6 Milliarden wurden private Anleger für einen Schuldenschnitt kompensiert, und 11,29 Milliarden wurden für einen Schuldenrückkauf eingesetzt, bei dem der griechische Staat Gläubigern wertlose Anleihen zum Vollpreis abkaufen musste. 77 Prozent des »Hilfsgeldes« landeten also direkt wieder bei Fonds und Banken. Und das ist nur eine vorsichtige Schätzung; andere Quellen gehen sogar von 98 Prozent aus.[80]

GLÄUBIGERSTRUKTUR GRIECHENLANDS

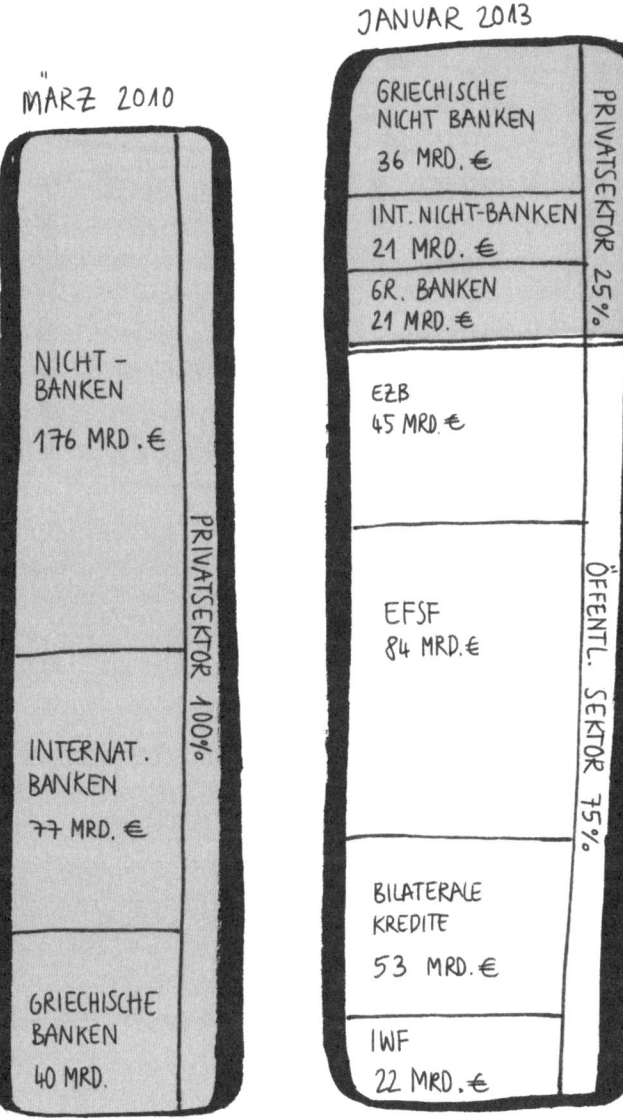

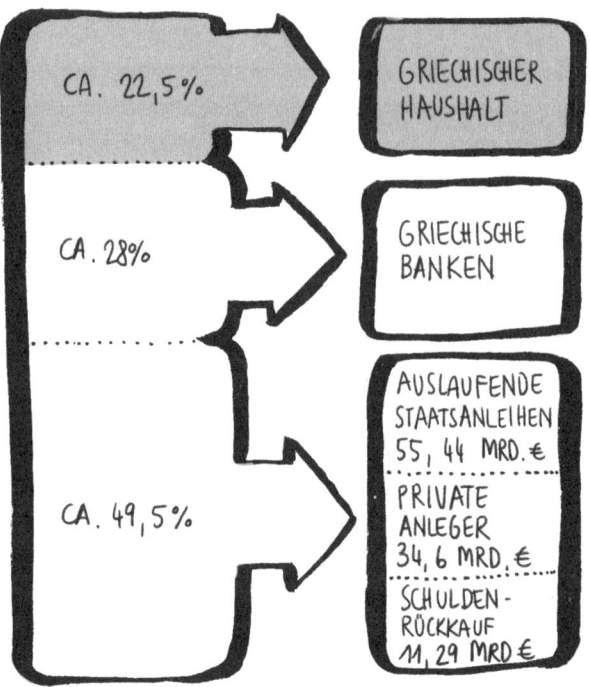

Das Ergebnis der »Griechenlandrettung«: Der Staat ist immer noch verschuldet, sogar noch mehr als vorher. 2010 betrug die Staatsverschuldung 129 Prozent des BIPs, 2013 waren die Schulden um 25 Milliarden angewachsen und betrugen 176 Prozent des BIPs, das derweil um ein Viertel eingebrochen ist. Anders sieht es jedoch bei den Gläubigern aus. Die Bundesregierung[81] geht davon aus, dass der griechische Staat 2010 zu 100 Prozent bei privaten Gläubigern verschuldet war, also bei Banken, Fonds und Versicherungen. 2013 stammen die Gläubiger zu 80 Prozent aus dem öffentlichen Sektor, nämlich der EZB, dem IWF und dem Rettungsschirm der Eurostaaten. Und für den Rest der Schulden haften die Staaten auch, weil die EZB und der Europäische Stabilitätsmechanismus (ESM) dafür bürgen. Kurz gesagt: Die Öffentlichkeit hat den Banken die platzenden Schecks zum Vollpreis abgekauft.

Wer hält nun also die wertlosen Schuldscheine? Wenn nach alter Väter Sitte IWF und EZB von dem Schuldenschnitt ausgenommen werden, haftet die europäische Öffentlichkeit zu fast 100 Prozent für die ausstehenden 300 Milliarden Euro und trägt somit allein alle Schuldenschnitte. Jens Berger erklärt dazu: »Betrachtet man die Systematik der ›Griechenlandrettung‹, so folgt sie einem eindeutigen Muster: Die mehr als 200 Milliarden Euro, die bislang nach Griechenland überwiesen wurden, dienten vor allem dem Zweck, privaten Gläubigern die zu erwartenden Verluste zu ersparen.«

Aber warten Sie, jetzt kommt der Clou an der ganzen Sache: Die Euro-Staaten, welche die griechischen Gläubiger bedienen, tun dies gar nicht mit ihrem eigenen Geld – sondern sie leihen es zum Teil von genau den Banken, die sie mit diesem Geld auszahlen. Bitte, lassen Sie sich das auf der Zunge zergehen: Eine Bank leiht mir Geld, und wenn ich nicht zahlen kann, geht die Bank zu Ihnen und schwatzt Ihnen einen Kredit auf, um meine Schulden zu übernehmen und mich zu retten. Lieb von Ihnen. Im Gegenzug erhalten Sie einen wertlosen Schuldschein von mir. Sie übernehmen die Haftung, die Bank den Gewinn.

Ein feiner Trick für die Bank: Man tauscht den Gläubiger aus, und aus einem geplatzten Scheck wird echtes Geld! Das ist wie das Hütchenspiel des Gauklers. »Wo ist die Münze?«, fragt er Sie: »Unter diesem Hütchen oder unter jenem?« Dabei lenkt er Sie mit seinem Gequatsche nur ab, während er das Geld in seinem Ärmel verschwinden lässt. Der Finanztrick klappt genauso: »Wo ist der geplatzte Scheck?«, fragt die Bank: »Bei den Sparern oder beim Staat?« Dabei lenken uns die kompliziertesten Verträge ab, während Fonds das Geld auf ihren Konten verschwinden lassen und uns mit dem leeren Hütchen und wertlosen Anleihen stehen lassen.

Vielleicht nicht der spektakulärste, aber sicher der größte Raubzug der Geschichte.[82] 200 Milliarden Euro Beute! Das sind so viele Euro, wie es Sterne in der Milchstraße gibt, bezahlt von der Öffentlichkeit als Gewinn an die Bank. Und der Sündenbock sind die Griechen, die nicht Grund, sondern Rechtfertigung der Zahlung sind: Stellen Sie sich vor, man würde das Land aus der Geschichte oben herauskürzen und einfach nur der Bank Geld geben, ohne etwas zurückzuerhalten – wie sähe das denn aus? Nicht zwischen Deutschland und Griechenland verläuft der Graben, sondern zwischen Geld und Politik.

Nein, nicht ganz: Der Grund für diese Deals ist eher, dass zwischen Geld und Politik eben *kein* Graben verläuft. Die EU-Kommission trifft sich viermal häufiger mit Lobbyverbänden und Unternehmensberatungen als mit nichtstaatlichen Organisationen.[83] Karrieren verlaufen von der Ölindustrie ins Oval Office (George W. Bush), vom Entwicklungsminister zum Rüstungsberater (Dirk Niebel), von der Weltbank über Goldman Sachs an die EZB (Mario Draghi) – wir haben jede Drehtür, und damit eine zunehmende Verzahnung von Geld und Politik, losgelöst von der Außenwelt.[84] Viele der Rettungsaktionen wurden direkt von »ehemaligen« Mitarbeitern von Goldman Sachs eingefädelt und ausgeführt, die direkt in die verschiedensten Positionen in Behörden gewechselt waren – Goldman Sachs und seine Schuldner wurden von Steuern saniert, die Konkurrenz Lehman Brothers hingegen nicht. Die Bank war ihre größte Konkurrenz los und konnte alle kleineren Banken aufkaufen.[85] Man weiß nicht, welche Entscheidung von spektakulärer Ignoranz und welche von krimineller Energie geprägt ist.[86]

Warum? Die Banken, die Griechenland einen Kredit gaben, wussten, dass sie ein Risiko eingehen![87] Sie ließen es sich durch eine Risikoprämie, einen erhöhten Zins bezahlen, und wer Zinsen für sein Risiko zahlen lässt, muss doch mit diesem Wagnis leben. Was würde passieren, wenn der Staat für jede noch so schlechte Investition einspränge?

Angenommen, ich gäbe einem Armen einen Kredit von 10 000 Euro. Mir ist völlig klar, dass dieser Mensch über kein Einkommen verfügt und den Kredit nicht zurückzahlen wird, daher verlange ich einen Risikozins von 20 Prozent. Irgendwann ist eine Rate fällig, die mein Schuldner erwartungsgemäß nicht zahlen kann. Ich zerre ihn also vor Gericht. Nun stellen Sie sich vor, die Richterin würde nicht zu mir sagen: »Tja, Ihr Problem, selber schuld, wenn Sie solche bekloppten Kredite vergeben!«, sondern würde mich trösten: »Mensch, Sie Ärmster, nun ist ja Ihr ganzes Geld weg! Kommen Sie, wir kaufen Ihnen den Kredit samt Zinsen von Steuergeldern ab. Ihr Schuldner kommt dafür in den Schuldturm oder macht Zwangsarbeit, der ist ja selber schuld, wenn er solch einen bescheuerten Kredit abschließt.«

Was für ein Unsinn! Wer Risikozinsen nimmt, muss auch scheitern können. Warum hat man nicht einfach die Schulden erlassen? Oder

Die negative Ökonomik 147

Geld gedruckt, um die Löcher zu stopfen? Wegen der Inflation? Wenn wir stattdessen mehr Kredite vergeben, dann entsteht doch auch mehr Geld! Wenn Schulden das Problem sind, wie können dann mehr Schulden die Lösung sein?

Die Gewinne wurden privatisiert, die Kosten zahlt die Bevölkerung. Die Hilfskredite für die Griechen sind nämlich an drakonische Bedingungen geknüpft:[88] Schmeißt ein Drittel der Beamten raus, die Putzfrauen, den kompletten öffentlichen Rundfunk,[89] schließt alle Polikliniken,[90] senkt die Renten und den Mindestlohn,[91] erhöht die Lohnsteuern, verscherbelt Häfen, Strände[92], Inseln, Flughäfen (natürlich nur die rentablen),[93] Ölfelder[94] und Staatsbetriebe, erhöht die Energiepreise, die Lohn- und Mehrwertsteuern, das Rentenalter, eure Exporte, sonst gibt es kein Geld mehr. (Nur eure Unternehmenssteuer, die senkt bitte von 40 auf 33,4 Prozent,[95] das lockt bestimmt Investoren an. Und die Panzer, die ihr in Deutschland kauft, na ja, ihr seid unser drittbester Waffenkunde, die finanzieren wir euch weiter![96]) Keine Wolldecken und Essenspakete, stattdessen verdreifacht sich die durchschnittliche Arbeitslosigkeit, mancherorts springt sie auf bis zu 70 Prozent, Löhne sinken auf bis zu 2,25 Euro pro Stunde,[97] es steigen Obdachlosenzahlen, Selbstmordrate und Kindersterblichkeit[98] um ein Drittel, Hunderttausenden wird der Strom abgestellt,[99] und Krankheiten wie Malaria kehren zurück.[100] Was ist das Ausrauben einer Bank gegen das Retten einer Bank? Hätte man den Staatshaushalt retten wollen, hätte man die Schulden erlassen; hätte man die Griechen retten wollen, hätte man ihnen Geld gegeben.

Aber raten Sie, welche Wissenschaft sich nicht zu schade ist, diesem Wahnsinn eine clever klingende Rechtfertigung zusammenzuschustern? Na klar: Die Orthodoxen der Ökonomik gründen ihre gebastelten Modelle auf der Idee der »Rational Expectations«. Diese geht davon aus, dass Leute berechnen können, wie es der Wirtschaft und ihnen in der Zukunft geht, und ihre Konsumausgaben danach richten. Das legitimiert die Sparpolitik, denn wenn die Regierung alle Gelder zusammenstreicht und die Sparpolitik wie erhofft funktioniert, dann wissen die Leute ja, dass sie in Zukunft weniger Schulden bezahlen müssen, und geben heute mehr aus.[101] Deswegen wird die Wirtschaft wachsen, wenn wir sparen, und alles wird gut! Seht ihr? Das ist Vertrauensbildung! Eigentlich meinen wir es doch gut, wir wollen doch nur den Markt stabilisieren!

Wie schafft es die Ökonomik immer wieder, eine Politik des Mangels durch die vage Hoffnung auf Wohlstand zu begründen? Abgesehen davon, dass diese Überlegung nur funktionieren kann, wenn die Leute berechnend sowie wohlinformiert sind und überhaupt Geld haben, das sie ausgeben können, könnte man mit dieser Begründung auch die Schulden erlassen. Dann würden in Zukunft noch weniger Schulden bezahlt, und man gäbe heute noch mehr aus. Würde das nicht viel mehr Vertrauen bilden und Nachfrage stärken, als eine Insolvenz zu verschleppen?

Klar, wir fürchten die Verluste der Geldgeber, weil Banken angeblich *too big to fail* sind und mit ihnen riesige Mengen an Geld verschwinden könnten. Aber wessen Geld eigentlich? Und gibt es dafür nicht einen intelligenteren Weg, als neue Kredite zu geben? Warum schmeißen wir nicht die Druckerpresse an, drucken 100 Milliarden und geben jedem Griechen 10 000 Euro? Dann wären alle unmittelbaren Probleme von Bevölkerung und Nachfrage direkt beseitigt. Klar, das würde die Geldmenge erhöhen und dadurch vielleicht die Preise; aber wenn die EZB stattdessen Anleihen aufkauft und so Kredite über 1 Billion Euro an Banken und Unternehmen vergibt, um »das Wachstum zu stabilisieren«, dann erhöht das die Geldmenge viel mehr; nur landet dieses Geld dort, wo bereits viel ist, und ist daher eine reine Abstraktion, die niemandem zugutekommt. Für dieses Geld hätte man jedem Menschen der Eurozone einfach 3000 Euro geben können. *Das* würde die Nachfrage stabilisieren und Vertrauen bilden!

Warum tun wir das nicht? Warum müssen Schulden unbedingt beglichen werden? Erkennen Sie, wie absurd das ist? Theoretisch hat der Staat ein Monopol auf gesetzliche Zahlungsmittel, deren Wert er durch seine Steuern und seine Gesetze garantiert. Dass er privaten Banken das Recht einräumt, die Allmende Geld zu umzäunen, das Gemeingut Vertrauen zu privatisieren, den Großteil des benutzten Geldes zu schöpfen und daraus ohne Gegenleistung Zinsgewinn zu ziehen, ist seltsam genug. Dass der Staat sich zu seiner eigenen Finanzierung von diesen Banken das Geld leiht, anstatt es einfach selbst zu drucken, ist bizarr.[102] Aber dass er die ganze Wirtschaft herunterfährt, um diese Kredite zu bezahlen, ist einfach albern. Wie kann man die Gläubiger über die Bürger stellen, die Kredite über die Wirtschaft, das Versprechen auf Wohlstand über den Wohlstand selbst? Sehen Sie: Hier geht es doch nicht um Wohlstand, sondern um Macht und Kontrolle – und viel, viel Geld.

Im Grunde ist die Schuldenkrise nur die Neuauflage eines uralten Tricks: Schuld als Machtmittel internationaler Politik, die Kommerzialisierung der Diplomatie. Kommen wir zurück zu unserem Dorf. Was passiert, wenn es hier keine Geschäftsmöglichkeiten mehr gibt, wenn niemand garantieren kann, mehr Geld zurückzuzahlen? Dann sucht sich das Geld die nächste Geschäftsmöglichkeit – im Nachbardorf. Einer der Dorfbewohner zieht seinen feinen Anzug an, nimmt Geld und gibt den zehn benachbarten Familien jeweils einen Kredit von zehn Münzen, mit der Bedingung, in einem Jahr elf zurückzuzahlen. Das Spiel geht von vorne los: Die Güter und der Landbesitz sammeln sich bei dem neuen Gläubiger, der erhält beim ersten Bankier neue Kredite, sodass er dem zweiten Dorf weitere Kredite geben und das Wachstum anfachen kann. Bald ist das zweite Dorf beim ersten verschuldet und muss seine Güter exportieren, damit es Geld bekommt, um seine wachsenden Schulden zu begleichen.

Babylon, Athen, Karthago und Rom forderten von den eroberten Provinzen einen Tribut, das bedeutet »Abgabe« und »Steuer«: So verlangte Rom nach seinem Sieg über Karthago im ersten Punischen Krieg 241 vor Christus nicht nur Sizilien, sondern auch Reparationszahlungen von über hundert Tonnen Silber[103] – eine absurde Menge, die die Besiegten auf absehbare Zeit lähmen sollte, ihre Wirtschaft zu einer Maschinerie zur Befriedigung römischer Bedürfnisse umfunktionierte und manchen Römern unglaubliche Profite bescherte.

Heute nennen wir diese Zahlungen nicht mehr Tribute, aber es gibt sie weiterhin; wir rechtfertigen sie als Kredittilgung. Ein Beispiel: 1895 eroberte Frankreich Madagaskar, setzte Königin Ranavalona III. ab und erklärte das Land zur französischen Kolonie. Der erste Akt General Gallienis nach dieser »Befriedung« war die Einführung hoher Steuern –

zum einen, um für die Kosten der französischen Invasion aufzukommen, zum anderen, um die Schulden für den Kredit zu bezahlen. Nanu, welchen Kredit? Den, den Frankreich daraufhin vergab, um Zuglinien, Straßen, Brücken, Plantagen zu bauen, die dafür gedacht waren, Früchte anzubauen und zu exportieren, um den Kredit zu begleichen.[104]

Kurz: Frankreich erklärte einfach, dass Madagaskar ihm Geld schulde, und andere Staaten pflichteten bei. Verweigerte das Land die Zahlung, drohten die anderen mit Boykott und Embargo. Die Schuld wurde vererbt und wuchs an. Sie blieb sogar nach der Unabhängigkeit 1960 bestehen. In den Siebzigern zahlte das Land zuweilen 50 Prozent der Exporterlöse an Zinszahlungen, während Importe mangels ausländischer Währung fast vollständig versiegten.[105] 1982 war das Land endgültig zahlungsunfähig. Sofort sprang der IWF ein, der die wertlosen Anleihen aufkaufte unter der Bedingung, die Märkte für Investoren zu öffnen, Staatsunternehmen zu privatisieren, Geschäftsmöglichkeiten und Monopole für Investoren zu schaffen. Es war die Neuauflage eines uralten Tricks: durch Krieg, Betrug oder erzwungene Kredite einen verzinsten Schuldschein ergaunern, sich lange dafür bezahlen lassen, bis die Schuld vielfach beglichen ist, und zuletzt, wenn dem Land der Bankrott droht, die wertlose Anleihe an eine noch zahlungskräftige Öffentlichkeit verkaufen.

Der Trick funktioniert heute noch besser. Suchen Sie auch noch nach einer neuen Geschäftsmöglichkeit? So geht's: Geben Sie einer (vorzugsweise korrupten) Führungsriege eines ärmeren Landes in Ihrer Währung einen hohen Kredit, vielleicht für den Bau eines riesigen Staudamms oder eines landesweiten Strom- und Transportnetzes – idealerweise mit der Bedingung, dass Ihre eigene Firma den Bauauftrag bekommt. Prognostizieren Sie mit imposanten mathematischen Modellen riesige Wachstumsraten, die dieser Investition folgen werden, und verlangen Sie deswegen einen ebenso riesigen Zinssatz. Ihr wollt den Wohlstand? Ihr müsst nur den Motor anwerfen! Baut ein großes Kraftwerk, nehmt einen großen Kredit! Sollte sich Widerstand regen oder die Bevölkerung einfach kein Interesse haben, überzeugen Sie sie. Ein paar Tipps von Charles Eisenstein:

»Zerstören Sie ihre Schenkungsnetzwerke durch neue Konsumgüter. Erledigen Sie ihr Selbstwertgefühl durch großartige Bilder aus der entwickelten Welt. Machen Sie ihre Mythologien lächerlich durch religiöse Missionierung und wissenschaftliche Erziehung. Entledigen Sie sich traditioneller Wissensvermittlung durch Schule mit festgelegten Lehrplänen. Vernichten Sie ihre Sprache durch Unterricht auf Englisch. Kappen Sie ihre Verbindung zum Land durch Importe billiger Nahrung, um Landwirtschaft unwirtschaftlich zu machen. Sie werden ein Volk erschaffen, das nach dem richtigen Turnschuh hungert.«[106]

Egal ob der Staudamm nun entsteht oder ob die Junta mit dem Geld im Koffer verschwindet: Da der Kredit in Ihrer Währung geschrieben ist, kann das Land nun nicht einfach Geld drucken, um den Kredit zu bedienen. Stattdessen muss es nun Geld in Ihrer Währung verdienen, muss Güter und Vermögen exportieren, Mais nicht mehr für den Dorf-, sondern für den Weltmarkt anbauen.

Sollten wider aller hoffnungsvollen Erwartungen die dörflichen Subsistenzbauern nicht mit der globalen ölbasierten, subventionierten, steuerfreien Industrie konkurrieren können und sich das erhoffte Wachstum nicht einstellen, steht Ihnen nun ein Vasallenstaat zur Verfügung. Sie kennen ja Ihre Optionen: Nehmen Sie Geld und Güter, kaufen Sie Ressourcen und Wälder auf – nur nicht kleinlich sein, denn das Geld landet ja als Zins wieder in Ihrer Tasche! –, und bauen Sie nach der Rodung Biosprit, Soja, Rinderfarmen für den Export. Ja, Sie können nun riesige Landstriche erobern, ganz ohne Armee. Es braucht nur die Heerscharen an Beratern, die dafür ausgebildet werden, Regierungschefs ärmerer Länder Wucherkredite und Bauprojekte zu verkaufen,[107] und die Legionen an Söldnern, die das Imperium des Geldes beschützen.[108] Wälder und Selbstversorgergärten weichen endlosen Plantagen von Zuckerrohr und Soja, die für uns zu Sprit und Tierfutter verarbeitet werden. Korrupte lokale Eliten und internationale Hedgefonds teilen sich die Einnahmen, die Vertriebenen erhalten vielleicht einen Job für 2 Dollar am Tag auf ihren gestohlenen Feldern.[109] Das System funktioniert. Wir hören es in den Nachrichten:

2. Die manifestierte Maschine: Wie wirkt das Geld auf die Welt?

»Überall auf der Welt kaufen Investoren mit staatlicher Unterstützung Land auf. Schon jetzt besitzen sie in Afrika und Südostasien Flächen, die zehnmal so groß sind wie Großbritannien. Allein 2011 sind in Afrika 41 Millionen Hektar verleast, verkauft oder ohne Gegenleistung überschrieben worden. Der Hedgefonds Pharos Financial Group lässt sich in Tansania auf 325 000 Hektar auch Exportschweine züchten. In Sierra Leone, dem ärmsten Land der Welt, kultiviert das schweizerische Unternehmen Addax Bioenergy auf 10 000 Hektar Zuckerrohr für den europäischen Treibstoffmarkt. In Simbabwe bauen chinesische Firmen auf 100 000 Hektar Reis an. In Liberia werden inzwischen so gut wie alle fruchtbaren Flächen von ausländischen Produzenten kultiviert.«[110]

Wenn die vertriebene Bevölkerung nun hungert, sammeln Sie gelegentlich von der Öffentlichkeit Hilfe für die Armen, die Sie in deren Schuldentilgung (also in Ihre Tasche) investieren, damit alle ein gutes Gewissen dabei behalten.

Sie glauben mir nicht, dass das tatsächlich passiert? Nehmen Sie sich die Zeit, der Spur des Geldes zu folgen: Entwicklungsländer zahlen reichen jedes Jahr ein Vielfaches von dem, was wir ihnen an Entwicklungs- und Hilfsgeldern zahlen, und haben ihre ursprünglichen, oft unfairen Kredite um ein Vielfaches beglichen.[111] Dennoch ist ihre Verschuldung größer denn je. Mittlerweile geben wir sogar der Bevölkerung direkte Mikrokredite, damit die sich ihr gestohlenes Land zurückmieten kann. Aber da diese oft zwischen 30 und 50 Prozent verzinst sind und an ganze Dörfer und Familien vergeben werden, müssen die Dörfler wieder mehr Geld erwirtschaften, als in ihrem Dorf vorhanden ist. Die Verschuldungsspirale in Elend und Armut, der Verlust des letzten Vermögens ist unvermeidlich, nur 5 Prozent der Mikrokreditnehmer können sich von der Armut wieder befreien, die anderen sind auf zusätzliche Kredite angewiesen.[112] Eine tolle neue Geschäftsmöglichkeit für Kreditgeber! Und der Zwangsvollstrecker IWF zwingt die Ärmsten zum Sparen, Privatisieren, Abschaffen von Zinsobergrenzen, zum Öffnen für unsere Konzerne, unser Geld.[113]

Lieber Leser, bin ich zynisch? Ja, weil ich diese Geschichte so dar-

Die negative Ökonomik 153

stelle, als würde eine boshafte Einzelperson dieses Grauen orchestrieren. Dem ist nicht so; trotzdem geben Reiche Armen verzinste Kredite, und wir verhalten uns kollektiv so, als hätten wir uns auf die Verarmung der Welt verschworen. Kein Einzelner, sondern das Geld steckt dahinter. Das ist die Macht der Arbeitsteilung: Geld verteilt seine Aufgaben auf viele Menschen und dirigiert diese so vollkommen, dass wir seinen Zwecken dienen können, ohne das obszöne Ganze überblicken zu müssen. Die Abstraktion des Geldes schafft eine Distanz zwischen Handeln und Auswirkungen: Wir haben ein Netz an Vasallenstaaten und eine Armee von Sklaven. Ja, richtige Sklaven. Nicht Lohnsklaven wie wir, die zwar nicht wählen können, ob, aber immerhin, *was* sie arbeiten, sondern richtige Sklaven, von Eigentümern Besessene. Ihre Zahl[114] wird auf 20 bis 30 Millionen geschätzt, der Großteil davon in Asien – dort, wo unser ganzer Krempel herkommt und wohin wir unsere Manufaktur ausgelagert haben. Aber wir haben sie kaschiert hinter einem Vorhang aus Zahlen, die alles rechtfertigen, was das Geld macht. Und wir bemerken nicht, welche Gewalt wir ausüben, weil wir ja aus unserer Sicht nur abstrakte Zahlen manipulieren und zum Wachsen bringen, die den Rest der Wirklichkeit ausklammern.

So findet die Wachstumspolitik des Geldes den Segen der Ökonomik, weil diese Wohlstand mit Gütern und Geld gleichsetzt. Die offizielle Armutsdefinition der Weltbank – »Armut ist, von weniger als 1,25 Dollar pro Tag zu leben«[115] – impliziert, dass ein traditionelles, geldloses Dorf, auch wenn es Gemeinschaft, Zeit und Nahrung im Überfluss hat, ein Dorf in Armut ist. Ein Leben ohne Geld ist demnach per Definition elend. Wie bekämpft man also Armut? Indem die Wirtschaft wächst, indem man Kredite gibt! Das nennen wir dann »Entwicklung« – ein Begriff, der suggeriert, dass der Unterentwickelte unfertig, ungenügend ist, so werden muss wie wir, die reichen Entwickelten mit dem vielen Geld. Von Zahlen geblendet, fordern wohlmeinende Ökonomen Kredite für alle Länder, um Hunger zu beseitigen, unwissend, dass diese die Armut erst erschaffen: Geldlosigkeit wird erst dann zu Armut und Hunger, wenn das Geld zwischen den Menschen und dem Land steht, wenn man Lebensmittel zahlen muss, wenn Überleben kostet.

2. Die manifestierte Maschine: Wie wirkt das Geld auf die Welt?

Aus Adam Smiths Formel »Handel = Wohlstand« folgt, dass mehr Handel uns alle reicher macht. Schutzzölle für Ressourcen oder Gesetze zum Schutz lokaler Wirtschaft werden zu »Handelsbarrieren«, die den Weg zum gelobten Land des Wohlstands versperren. Wir haben sie beseitigt und dabei ignoriert, dass ein globaler Markt doch auch globalen Wettbewerb erzeugt, indem Arbeitnehmer, weltweit um begrenztes Geld streitend, einander in ihren Löhnen unter- und Kreditnehmer einander in Zinszahlungen überbieten, während Geld und Konzerne, nun ungebunden, von der ganzen Welt mit den lukrativsten Geschäftsmodellen hofiert werden möchten.

Ist die Kommerzialisierung von Staat und Politik abgeschlossen? Einzelne Unternehmen haben größeren Umsatz als manche Staaten. Der IWF vergibt Kredite gegen Stimmen in UN-Generalversammlung und Sicherheitsrat.[116] Eine wachsende Zahl an Gesetzen wird von Konzernen und deren Stiftungen und Beratern geschrieben und in Parlamenten als »alternativlos« durchgewinkt. Und auch reiche Staaten sind so verschuldet, dass ihre Pleite nicht mehr lange auf sich warten lassen wird. Wir schmecken täglich die Knappheitsmedizin, die wir der Welt verabreichen. Schuldner sind wir Bürger, wir Öffentlichkeit. Jede weitere Kommerzialisierung von Staat und Politik werden wir teuer bezahlen.

Natürlich kann auch diese Wachstumsstrategie nicht ewig funktionieren. Sobald die Zinslast eines Staats schneller wächst als seine Wirtschaft, ist sein Bankrott besiegelt. Und auch im Nachbardorf oder Nachbarstaat wird der Tag kommen, an dem die Wirtschaft nicht weiter wächst und die Kredite platzen, daher stehen wir alle zeitgleich vor derselben Krise.

Der Schatten der Verschuldung hat sich über die Welt gelegt. Verzinstes Kreditgeld ist ein expansives System, das sein eigenes Ableben durch seine Ausbreitung verzögert. Und auch wenn ich es begrüße, dass Geld, nun universell geworden, die Welt überbrückt, unsere Leben miteinander verbindet und so die Erkenntnis nährt, dass wir Menschen alle voneinander abhängen, zu einer Familie gehören und Schwestern und Brüder sind, so grämt es mich, Teil von etwas zu sein, was unendliches unnötiges Leid verursacht. Was in der Welt werden wir noch verkaufen, bevor die Maschine zum Stillstand kommt?

Geist und Selbst

»Ich glaube, die wichtigste Frage die sich der Menschheit stellt, ist ›Ist das Universum ein freundlicher Ort?‹. Das ist die erste und grundlegendste Frage die alle Menschen für sich beantworten müssen. Denn wenn wir beschließen, dass das Universum ein unfreundlicher Ort ist, dann werden wir unsere Technologie, unsere wissenschaftlichen Entdeckungen und unsere natürlichen Ressourcen nutzen, um Sicherheit und Macht zu erreichen, indem wir größere Mauern schaffen, um die Unfreundlichkeit draußen zu halten, und größere Waffen, um alles zu zerstören, was unfreundlich ist. (...) Aber wenn wir beschließen dass das Universum ein freundlicher Ort ist, dann werden wir unsere Technologie, unsere wissenschaftlichen Entdeckungen und unsere natürlichen Ressourcen nutzen, um Werkzeuge und Modelle zu schaffen, um dieses Universum zu verstehen. Denn Macht und Sicherheit werden kommen durch das Verständnis seiner Arbeit und Motive.«

Dieses Zitat wird *Albert Einstein* zugeschrieben[117]

Die Wirtschaft – Geld, Gesetze, Theorien – ist ein Produkt des Geists, das die soziale Welt grundlegend kommerzialisiert hat. Es scheint mir daher nur logisch, meine Schilderung der Kommerzialisierung mit jener der Kommerzialisierung des Geistes zu beenden: der Geschichte, wie Eigennutz zum Naturgesetz und Knappheit und Konkurrenz zur natürlichsten Sache der Welt wurden.

Seinen höchsten Triumph feiert das Geld in der Kommerzialisierung unserer Kosmologie, der Antwort auf die Frage, wer wir sind, woher wir kommen und was der Zweck des Lebens und des Menschen ist. Diese Fragen haben lange der Kommerzialisierung widerstanden, und auch Wissenschaftler haben sich lange schwergetan, ökonomisch über das Leben und seinen Ursprung zu reden.

Im 19. Jahrhundert jedoch begannen Biologen die Arbeit von Thomas Malthus zu lesen, der exponentielles Bevölkerungswachstum als Konstante annahm und daraus schloss, dass das Leben ein hungriger

Kampf ums knappe Überleben sein müsse. So kroch die Ökonomik, die Wissenschaft der Knappheit, in die Biologie: Die Biologen übernahmen die Idee, dass die Natur durch Mangel und Wettbewerb gekennzeichnet ist. In seiner Autobiografie schrieb Charles Darwin:

»Im Oktober 1838, also fünfzehn Monate nachdem ich meine systematische Untersuchung begonnen hatte, las ich zu meiner Unterhaltung Malthus' Aufsatz über Bevölkerung, und da ich vorbereitet war, den Kampf um die Existenz zu schätzen, der lange währenden Beobachtungen von Wuchsformen und Pflanzen zufolge überall geschieht, fiel mir sofort auf, dass unter diesen Umständen günstige Variationen dazu tendieren würden, bewahrt zu werden, während ungünstige zerstört würden. Das Ergebnis wäre die Entwicklung neuer Spezies. Hier hatte ich also endlich eine Theorie, mit der man arbeiten konnte.«[118]

Darwin übernimmt die Vorstellung des systematischen Mangels überlebenswichtiger Ressourcen. In Entstehung der Arten schrieb er:

»Alle Natur befindet sich im Krieg miteinander oder mit der äußeren Natur. Wenn daher mehr Individuen erzeugt werden, als möglicherweise fortbestehen können, so muss jedenfalls ein Kampf um das Dasein entstehen, entweder zwischen den Individuen einer Art oder zwischen denen verschiedener Arten, oder zwischen ihnen und den äußeren Lebensbedingungen. Es ist die Lehre von Malthus, in verstärkter Kraft übertragen auf das gesamte Tier- und Pflanzenreich; denn in diesem Falle ist keine künstliche Vermehrung der Nahrungsmittel und keine vorsichtige Enthaltung vom Heiraten möglich. Auch wenn daher einige Arten jetzt in mehr oder weniger rascher Zunahme begriffen sein mögen: alle können es nicht zugleich, denn die Welt würde sie nicht fassen.«[119]

Die Knappheit ist der Kern von Darwins Theorie. Auf ihm fußt die Evolution: Der konstante Mangel führt zum Daseinskampf, und der sortiert die Wesen aus, die sich schlechter anpassen. So führt der Wettkampf in der Natur zur Entstehung neuer Arten, genau wie der Wettbewerb auf dem Markt zur Entstehung neuer Produkte führt. Nimmt man noch an, dass durch kleine, zufällige Mutationen vererbbare Veränderungen entstehen, findet sich ein Mechanismus, der die Formenvielfalt des Lebens erklärt:

– Zufällige, punktuelle Mutationen von Individuen verändern deren Eigenschaften,
– Individuen vererben diese Eigenschaften vertikal an ihre Nachfahren.
– Der Überlebenskampf sortiert gescheiterte Anpassungen aus.

Auf diese Weise überleben nur die Bestangepassten, um ihre Eigenschaften zu vererben; die anderen sterben aus. Kleine Veränderungen summieren sich zu großen, und so entstehen neue Spezies. Darwin formte also den Mangel zur Tugend um: Systematische Knappheit bringt Wettbewerb, und Wettbewerb ist der Motor von Evolution und Fortschritt.

Mangel als Motor des Fortschritts – erkennen Sie die Spuren der Geldphilosophie? Alle Lebewesen wollen nur überleben, den egoistischen Nutzen maximieren: ganz wie die Menschen auf dem Markt Profite optimieren, um zu bestehen. Die Komplexität der Natur braucht keinen großen Planer, Antreiber, Gott: wie der Reichtum der Nationen, der keinen König benötigt. Die Welt ist Mangel, das Leben Überlebenskampf: wie die vom Land Vertriebenen, die zu Darwins Zeit elend in Slums lebten, bis zu sechzehn Stunden am Tag arbeiteten und im harten Wettbewerb um begrenzte Jobs rangen – in Darwins Zeit der Industrialisierung Englands war der Überlebenskampf für viele eine Tatsache.[120]

Ich kann daher durchaus verstehen, dass diese Logik Darwin und den Zeitgenossen einleuchtend erschien. Die Erfahrung der damaligen Gesellschaft legt den Gedanken des allgegenwärtigen Wettbewerbs einfach nahe. Das blieb nicht unbemerkt: John Maynard Keynes kommentierte, die Entstehung der Arten sei einfach »Ökonomik formuliert in wissenschaftlicher Sprache«, und Karl Marx fand es »merkwürdig, wie Darwin unter Bestien und Pflanzen seine englische Gesellschaft mit

2. Die manifestierte Maschine: Wie wirkt das Geld auf die Welt?

ihrer Teilung der Arbeit, Konkurrenz, Aufschluss neuer Märkte, ›Erfindungen‹ und Malthus'schem ›Kampf ums Dasein‹ wiedererkennt«. Darwin ging von Mangel aus und suchte nach Gleichgewichtsmechanismen – ähnlich wie die klassischen Ökonomen. Kein Wunder, dass Ökonomen immer wieder auf ihn zurückgreifen, um die Wirtschaft zu erklären und zu rechtfertigen.[121]

Der Überlebenskampf als Ursprung des Lebens. Es ist eine harte Theorie, und mit der Zeit wurde sie immer härter formuliert. Herbert Spencer prägte 1864 den unglücklichen Ausdruck »survival of the fittest« – »fit« heißt nicht *stark*, sondern »passend, angepasst«; lädt aber zu Missverständnissen ein. Ernst Haeckel, der Darwins »Zuchtwahllehre« in Deutschland bekannt machte, übersetzte diesen Begriff mit »Überleben der Stärksten« und sah darin eine »gewaltige Naturmacht«, welche »den ganzen Entwicklungsgang der organischen Welt seit vielen Jahren ununterbrochen beherrscht und regelt«.[122]

Heute versteckt der Neodarwinismus, verfeinert durch Gregor Mendels Genetik und geschliffen mit mathematischer Spieltheorie, seine Brutalität hinter Abstraktion und Mathematik, vertritt aber noch dieselbe karge, mechanische Vorstellung vom Leben: Organismen sind bloße Vehikel, kontrolliert durch Gene, die zufällig und ohne Ziel mutieren. Dadurch entstehen Leiber, die um die Wette Ressourcen ausbeuten und ihre Reproduktion optimieren. Gene sind egoistisch, alle Handlung beruht auf Nutzenoptimierung, alles Leben ist Wettstreit. Richard Dawkins präsentierte diese Idee 1976 am pointiertesten:

»Wir sind Überlebensmaschinen – robotische Vehikel, blind darauf programmiert, die selbstsüchtigen Moleküle namens Gene zu bewahren.«[123]

Wir haben die Vielfalt des Lebens auf einen toten Mechanismus kalter Notwendigkeiten reduziert, in dem niemand eine Wahl hat.

Noch heute ist das die dominante wissenschaftliche Antwort auf die Frage, wer wir sind und woher wir kommen: Wir sind Maschinen, willenlose Diener unserer Gene, Produkte des Zufalls, geformt im Knappheitskampf der Äonen, programmiert auf die Maximierung von Nahrung und Nachkommen. Unser Ziel ist es, zu überleben und zu wachsen und alle Konkurrenten auszuschalten. Das ist unser wissenschaftliches Selbstverständnis: Die Natur ist ein Mechanismus, wir sind Maschinen, die aus der Knappheit kommen, programmiert auf Wettbewerb, Kampf und Egoismus.

Das Leben ist Wettbewerb: Die Ökonomik hat damit ihren Annahmen den Status von Naturgesetzen verliehen, hat sogar unser biologisches Selbstverständnis infiltriert. Das wiederum hilft, Knappheit, Ungleichheit und Wettbewerb als Naturgesetz zu rechtfertigen und sogar als Motor des Fortschritts zu begrüßen. Ein Beispiel: Andrew Carnegie, Stahlmagnat und einer der reichsten Männer der Welt, schrieb 1889 im *Evangelium des Reichtums*:

»Der Preis, den die Gesellschaft zahlt für das Gesetz des Wettbewerbs, ist groß, wie der Preis, den sie für billigen Komfort und Luxus zahlt; aber der Vorteil dieses Gesetzes ist noch größer, denn diesem Gesetz schulden wir unsere wundervolle materielle Entwicklung (...). Während das Gesetz manchmal hart für das Individuum ist, ist es am besten für die Rasse, denn es gewährt das Überleben des Bestangepassten (the survival of the fittest) in jeder Abteilung. Daher akzeptieren wir große Ungleichheit in der Umwelt, die Konzentration des Geschäfts, industriell und kommerziell, in den Händen weniger, und das Gesetz des Wettbewerbs zwischen ihnen und heißen sie willkommen, nicht nur als günstig, sondern als wesentlich für den zukünftigen Fortschritt der Rasse.«[124]

Sehen Sie, wie praktisch diese Theorie für das Geld ist? Sie geht wie Malthus davon aus, dass all die künstlichen Knappheiten, die wir geschaffen haben, gegeben sind, dass Mangel ein Naturgesetz und sogar eine gute Sache ist. Das rechtfertigt Elend und Ungleichheit. Du bist arm? Tja, so ist die Welt nun mal, es ist halt nicht genug für alle da. Wie, ich soll mit dir teilen? Das behindert doch den Wettbewerb, auf dem unser Fortschritt und Reichtum basieren. Ohne ihn würde es dir nur *noch* schlechter gehen, und das kannst du doch nicht wollen!

Und es wird noch schlimmer. Wenn man es darauf anlegt, kann man

2. Die manifestierte Maschine: Wie wirkt das Geld auf die Welt?

aus der Theorie folgern, dass die Armen ihre Armut *verdienen* – wenn sie im Wettbewerb nicht bestehen, sind sie ja wohl nicht so nützlich wie die anderen. Wenn die Nutzlosen also durch den Wettbewerb ganz automatisch aussortiert werden, ist das für die gesamte Population von Vorteil. Daraus wiederum folgerten manche, das alle Sozialpolitik grundverkehrt ist, weil sie den nicht so Wettbewerbsfähigen wettbewerbsfähiger macht und dadurch den Wettbewerb verzerrt, die natürliche Auslese beeinträchtigt und das gesamte Land weniger konkurrenzfähig macht. Kaum überraschend, dass Herbert Spencer staatliche Eingriffe grundsätzlich ablehnte.[125]

Ernst Haeckel ging noch weiter, er übernahm 1900 den Vorsitz eines von Krupp finanzierten Gremiums für Rassenhygiene, das behauptete, dass die Ideale der Gleichheit den natürlichen Wettbewerb einschränken und so zu »Entartung« und Degeneration der Zivilisation schlechthin führen.[126] So ist die Natur: Jeder kämpft gegen jeden, darum ist Stärke ein Vorteil, und Mitleid eine Schwäche. Das mündete in die Exzesse der Nazis, die ihre Rassenideologie mit Darwin legitimierten: Sie pickten die falsche Botschaft des Rechts des Stärkeren heraus und gaben damit ihrer kruden Rassenlehre und ihrer Brutalität einen wissenschaftlichen Anstrich.[127]

Doch auch heute noch spukt der Darwinismus durch das Wirtschaftsdenken. Er klingt nicht mehr ganz so grausam, weil der Überlebenskampf hinter dem Wort »Wettbewerb« kaschiert ist und die Erbarmungslosigkeit nun wie ein neutraler Selektionsmechanismus erscheint. Milton Friedman erklärte zum Beispiel, natürliche Selektion validiere die Hypothese, dass Unternehmen Profite maximieren oder untergehen müssen und darüber hinaus keine soziale Verantwortung haben.[128] Margret Thatcher dozierte, dass keine Regierung »irgendetwas tun kann außer durch Leute, und die Leute müssen sich zuerst um sich selbst kümmern«, und dass die meisten Leute einfach »zu viele Ansprüche stellten« – das Leben ist ein Kampf, und jeder ist sich selbst der Nächste! Ray Kroc, Gründer von McDonald's, war noch direkter: »This is rat eat rat, dog eat dog. I'm going to kill them before they kill me.«

Die Mangeltheorie rechtfertigt, die Stärke der Starken noch zu erhöhen, Knappheit und Wettbewerb zu verschärfen, und droht mit dem totalen Existenzverlust dem, der sich weigert, arbeiten zu gehen.[129] Löhne müssen gering sein und Arbeit lang – so ist das Leben! Primitive Natur ist hart und grausam – schaut doch, wie gut ihr es habt! Ja, wir sind hart und egoistisch – das ist schließlich unser biologischer Imperativ, und wir sind halt besser angepasst als die Konkurrenz!

Deshalb hat nicht nur Darwin einen notorischen Ruf, sondern auch Vergleiche zwischen Biologie und Gesellschaft, die vorher durchaus üblich waren,[130] sind überhaupt gefürchtet: Die Natur mag brutal sein, aber wir Menschen sind zum Glück ganz anders, vernünftig und rational, deswegen kann man hier keine Parallelen finden. Vielleicht sollten wir Gesellschaft lieber durch neutrale Mechanismen und unparteiische Mathematik erklären? So hat das Erbe Darwins die Ökonomen nur tiefer in die Mechanik der Maschinenmetaphorik gelockt.

Dabei ist unser Verständnis dessen, wie die Natur funktioniert, immer ein Reservoir an Metaphern dafür, wie Wirtschaft und Gesellschaft funktioniert. So entstehen sich selbst erfüllende Prophezeiungen: Monopole an Geld und Gütern, Sparzwänge, Konzentration von Vermögen schaffen realen Mangel und Knappheit; und die Annahme, dass die Welt von Natur aus karg und mangelhaft ist, erlaubt es, Sparzwang, Monopole, Kartelle, Stärke, Machtgefälle zu erklären, zu rechtfertigen und bestehen zu lassen. Der Wettbewerb um systemisch knappes Geld lässt das Dasein als Kampf erscheinen; und der Glaube, dass allein Wettbewerb der Motor der Evolution ist, erlaubt es, das Elend als bewahrenswert zu erachten.

Aber vielleicht haben wir einfach unsere Geldwirtschaft in die Natur projiziert. Der Mechanismus, den Darwin vorschlug – zufällige Mutation, vertikale Vererbung, Aussortierung durch Wettbewerb – wird nämlich heute von Biologen auf allen drei Stufen als zu simpel kritisiert.

Erstens häufen sich Beweise, dass Mutationen nicht einfach nur graduell und zufällig geschehen. Zufällige Mutationen sind extrem selten; durch ausgetüftelte Korrekturmechanismen hat der DNA-Kopiervorgang eine spektakulär niedrige Fehlerrate von eins zu einer Milliarde.[131]

Erleidet ein Organismus jedoch Stress oder Hunger, wird die Korrektur unterbunden, und ein anderes Protein übernimmt den Kopiervorgang, das Variationen produziert.[132] Manche werten das als Indiz dafür, dass Mutationen nicht rein zufällig entstehen, sondern vom Organismus aktiv herbeigeführt werden, wenn der unzureichend an seine Umgebung angepasst ist.

Der Biologe James Shapiro hat darüber hinaus komplexe Techniken identifiziert, mit denen Zellen aktiv ihre eigene DNA umkonstruieren und so ihre evolutionäre Anpassung gestalten. Bakterien schreiben zum Beispiel ihre DNA um, um neue Resistenzen gegen Antibiotika zu entwickeln.[133] Über diesen Punkt wird zwar gerade gestritten, aber sollte sich der Verdacht erhärten, dann bedeutet das, dass Evolution weniger graduell, zufällig und mechanisch verläuft als gedacht, sondern sprunghaft, zielgerichtet und intelligent ist.

Zweitens – und das ist allgemein anerkannt[134] – wird genetisches Material nicht nur vertikal an Nachfahren vererbt, sondern es verbreitet sich auch horizontal zwischen Artgenossen oder sogar über Spezies hinweg. Das ist die primäre Art, wie Bakterien ihre neu erworbenen Resistenzen mit ihren Artgenossen teilen: Sie werfen DNA-Sequenzen einfach in ihre Umgebung, damit andere sie aufnehmen, oder sie vereinigen sich und tauschen das genetische Material direkt aus.[135] Gene werden nicht egoistisch an die Nachfahren vererbt, um die Konkurrenz auszustechen, sondern mit der Umgebung geteilt, was die gesamte Population stärkt. Das ist kein Einzelfall, sondern allgegenwärtig.[136]

Auch unter größeren Lebewesen findet derlei Austausch statt: Die Seeschnecke Elysia chlorotica zum Beispiel knabbert Algen an, saugt die Zellen leer, filtert bei der Verdauung die Chloroplasten heraus und siedelt sie unter ihrer Hautoberfläche an. Sie bildet danach ihren Mund zurück und lebt von der Photosynthese. Die Chloroplasten benötigen jedoch andere Proteine als die Schnecke, daher helfen Viren dabei, Genomteile der Alge in die Schnecke zu integrieren, damit diese für die Chloroplasten die benötigten Proteine produzieren kann.[137] Das Beispiel finde ich persönlich ziemlich abgefahren, aber auch im menschlichen Erbgut wurden Hunderte DNA-Sequenzen verschiedenster Spezies gefunden, die wohl über Viren verteilt wurden.[138]

Horizontaler Gentransfer ist ein wichtiges Puzzleteil der Evolution, der offenbar entscheidende Impulse bei großen Entwicklungen wie der Entstehung der Photosynthese[139] und der Artbildung des Homo sapiens[140] gegeben hat. Das widerspricht dem klassischen Darwinismus diametral. Wir sind keine Genmaschinen, die mit der Umgebung nur in Wettbewerb treten, sondern wir sind das Ergebnis von Millionen Jahren des Teilens, Schenkens, Tauschens zwischen Artgenossen und Arten. Wenn das Erbgut so fließend zwischen Lebewesen verläuft, ist es schwer zu sagen, wo das eine Individuum aufhört und das andere anfängt!

Und drittens ist Wettbewerb nicht der Antrieb der Evolution – er erklärt schließlich nur, wie Arten ausgesiebt werden und nicht, wie neue entstehen. Diese Entstehung neuer Spezies erklärt sich viel besser durch Kooperation: Zahlreiche Organismen sind aus Symbiosen eigenständiger Organismen hervorgegangen. Prominentestes Beispiel sind wir selbst: Der heute weithin akzeptierten Endosymbiontentheorie[141] zufolge sind alle Eukaryoten, also alle Lebewesen mit Zellen mit Zellkern, das Produkt einer Symbiose: Alle Zellen mit Zellkern sind nämlich ein Zusammenschluss verschiedener Einzeller, die sich in einer großen Wirtszelle zum allgemeinen gegenseitigen Vorteil eingerichtet haben und mit der Zeit voneinander abhängig wurden. Irgendwann gaben sie Teile ihrer DNA an den Zellkern ab. Dadurch wurde die Gemeinschaft zu einer neuen Zelle, dem Grundbaustein unserer Körper. Dennoch kann man sie noch als Symbiose erkennen. Mitochondrien beispielsweise, die »Kraftwerke«, die jede unserer Zellen bewohnen, besitzen immer noch eine eigene Erbsubstanz, sind also gewissermaßen eigenständige Lebewesen, mit denen unsere Körper eine nunmehr 1,5 Milliarden Jahre währende Symbiose führen. Schon auf zellulärer Ebene ist der Hauptantrieb der Entwicklung nicht Wettbewerb, sondern Kooperation.

Und auch unter größeren Organismen finden sich zahlreiche Beispiele für symbiotische Zusammenschlüsse: Viele Korallen leben zum Beispiel von Algen, die sie in ihren Polypen bewirten und nahtlos in ihren Nährstoffhaushalt einbinden. Flechten sind eine Fusion von Grünalgen und Pilzen. Pilze sind überhaupt Meister der Kooperation. Sie gehen Symbiosen mit fast allen Pflanzen vom Gras bis zur Eiche ein,

164   2. Die manifestierte Maschine: Wie wirkt das Geld auf die Welt?

indem sich das Pilzmyzel wie eine Hülle um die Wurzeln der Pflanze legt und sogar in sie hineinwächst. Der Baum füttert den Pilz mit Zucker und Enzymen, und das Pilznetzwerk fungiert als Erweiterung der Baumwurzeln, sammelt und hält Wasser, zersetzt Holz in für die Pflanzen nutzbare Einzelteile und transportiert Zucker, Stickstoff, Mineralien und Informationen über weite Strecken. Mit dieser Symbiose wachsen Bäume um ein Vielfaches besser als ohne.[142]

Noch erstaunlicher ist, dass der Pilz dieses Netzwerk koordinieren kann. Ein Experiment hat zum Beispiel den Fluss an Nährstoffen verglichen, den ein Pilzmyzel zwischen drei Bäumen, einer Douglasie, einer Birke und einer Zeder, umherschiebt. Die Forscher bedeckten die Douglasie, um Schatten zu simulieren, wodurch der Baum weniger Zucker durch Photosynthese erzeugen konnte.[143] Als Reaktion schob der Pilz Zucker von der Birke zu der Douglasie, und zwar in steigender Menge, wenn die Forscher die Beschattung verstärkten. Der Pilz entscheidet also, den beschatteten Baum gewissermaßen zu subventionieren.

Dazu kann ein einzelner Pilz Tausende Jahre alt werden und Hunderte Hektar Wald zu einem riesigen kontinuierlichen zellulären Netzwerk verbinden, das den Fluss von Nährstoffen und Informationen ermöglicht und koordiniert.[144] Er erinnern in seinem Aufbau an ein riesiges unterirdisches Gehirn, oder an das Internet, das viele Pflanzen zu einem symbiotischen Metaorganismus verbindet. Was ist also die passendere Metapher für einen Wald: Eine Wettkampfarena oder ein kooperatives Netzwerk?

Die Beispiele für Kooperation in der Natur sind endlos, weil Kooperation unendliche Möglichkeiten bietet.[145] Das bedeutet nicht, dass es nicht auch Wettbewerb gibt und dieser eine wichtige Rolle spielt, doch ein »Wettrüsten« wie zwischen Gepard und Gazelle scheint eher die Ausnahme als die Regel zu sein. Wettbewerb ist ein wichtiger Schlüssel in der Evolution, aber Kooperation ist noch wichtiger. Der Bestangepasste, der überlebt, ist nicht der Stärkste oder der Rücksichtsloseste, sondern derjenige, der am besten zum Fortbestand seiner Umgebung beiträgt. Wettbewerb im Übermaß schadet dem Individuum und der Population, weil beträchtliche Ressourcen im sinnlosen Wettkampf verbraten werden oder die Diversität zerstört wird, die zur Stabilität beiträgt.[146] Es ist so, wie Lynn Margulis sagt, die bekannteste Vertreterin der Endosymbiontentheorie:

»Das Leben hat die Erde nicht durch Kampf übernommen, sondern durch Netzwerken.«

Vielleicht haben wir, die ewigen Wettbewerber um ein systematisch knappes Geld, gesucht, was wir kannten, und gefunden, wonach wir gesucht haben. Die Welt ist nicht von Natur aus karg und knapp und im ständigen Wettkampf verwickelt, sondern das knappe Geld ist so tief in unseren Geist hineingekrochen, dass wir seine Eigenschaften mit denen der Welt verwechseln.

In Wahrheit führen die meisten Tiere ein recht lockeres Leben mit geringen Arbeitszeiten: Löwen jagen nur drei bis vier Stunden am Tag und sitzen danach gerne zwölf Stunden am Stück herum, um ihre Gazelle anständig verdauen zu können. Faultiere schlafen bis zu zwanzig Stunden am Tag – wie hart kann deren Leben sein?[147] Hierzulande genießen die meisten Pflanzenfresser über mehrere Monate Winterschlaf – beneidenswert, aber kann man kaltes Wetter besser nutzen? Sogar Bienen, unsere Symbole des Fleißes, leben gemütlich. Nur 20 Prozent ihrer gesamten Zeit fließen in Arbeit wie Nektarsammeln oder Wabenbauen, dann sind alle Notwendigkeiten erledigt.[148] Arbeiterinnen machen blau, wenn das Wetter nicht so schön ist, und Drohnen schlafen oft bis mittags.

Das ist ja auch intelligent: Arbeit kostet Energie, daher vermeiden Bienen Vollbeschäftigung und halten lieber eine große Reserve (80 Prozent) an fast arbeitslosen Arbeiterinnen, die insgesamt nur 50 Prozent der Arbeit verrichten und sonst – bei vollen Bezügen! – die Füße hochlegen, aber spontan und ohne Kontrolle aktiv werden, wenn der Schwarm eine neue Futterquelle findet oder Sammlerinnen verschwinden.[149] Überlebenskampf ist anders. Zoologin Joan Herbers: »Faulheit ist fast universal.« Verhaltensforscher Frans de Waal:

»Wenn andere Primaten nicht herumlaufen müssen, um etwas zu essen für den Tag zu finden, dann setzen sie sich hin und relaxen. Es ist typisch menschlich, Vermögen anzusammeln und mehr und mehr zu bekommen.«[150]

Ich finde, das trifft es nicht ganz: Es ist typisch für die Geldgesellschaft, alles zusammenzusammeln, einzuzäunen, knapp zu machen und dann zu sagen, das sei der Lauf der Welt.

Knappheit und Überfluss laden zu Interpretation und Projektion ein. Wenn ich ein Glas halb voll oder halb leer nenne, dann sagt das mehr aus über mich als über das Glas. Dasselbe stimmt für die sich potenziell potenzierende Vermehrungsfähigkeit der Lebewesen: Weil nicht alle Nachkommen auswachsen können, werteten Malthus und Darwin sie als Zeichen für Mangel und Wettbewerb; aber kann man nicht im Baum, der Tausende nährende Nüsse trägt, genauso gut ein Symbol von gönnerischer Fülle sehen?

Wir haben das Bild einer rohen, brutalen, verängstigenden Natur gezeichnet, die uns der Welt misstrauen lässt und uns tiefer ins Räderwerk der Wohlstand und Sicherheit versprechenden Geldmaschine lockt. Was für ein ironischer Irrtum, wenn die Natur auf Gegenseitigkeit und Kooperation basiert und es die Maschine ist, die Knappheit und Wettbewerb fördert! Was bleibt von der Ökonomik, der »Wissenschaft der Knappheit«, wenn im Kern der Welt nicht Mangel, sondern Überfluss herrscht?

Die Maschine wird manifest

Das Geld hat nicht nur Raum, Zeit, Gemeinschaft, Staat und Geist kommerzialisiert, nein, das Wachstum hat kaum einen Bereich unseres Lebens ausgelassen. Ich könnte noch lange mit dieser Schilderung fortfahren. Ich könnte beschreiben, wie Quantität und Qualität versilbert sind und das Letztere für das Erstere aufgegeben wird: Das Geld zählt schließlich den Verkauf, nicht den Sinn einer Sache. Daher lohnt sich geplante Obsoleszenz, also die Produktion von Glühbirnen mit künstlich begrenzter Brenndauer, von Smartphones, deren Akku nicht auswechselbar ist, und von Kleidern, die eine Saison später peinlich sind; denn es ist für einen Produzenten ein Verlust, wenn Produkte besser als nur gut genug sind.[151] Wenn die Dinge wirklich gut wären, würde weniger verkauft, und wir würden alle arbeitslos! So sind wir umgeben von sehr viel sehr billig produziertem Zeug.

Ich könnte auch zeigen, wie das Geld den wenigen Großen die vielen Kleinen verkauft. Weil Geld sich dort sammelt, wo viel ist, entstehen Banken, größer als manche Volkswirtschaften, die glauben machen, geldsystemrelevant zu sein, und so Macht über Steuergelder, Sparmaßnahmen und Sozialgesetzgebung ausüben können. Und es entsteht ein Oligopol riesiger Firmen wie der Big Five – Edeka, Rewe, Lidl, Metro, Aldi –, die sich die Supermärkte aufteilen, oder die wenigen Produzenten Kraft, Nestlé, Unilever, Pepsico, Procter & Gamble, denen ein Großteil der vielen Marken gehört, denen wir ständig begegnen: Axe, Boss, Solero, Duracell, Mars, Mövenpick, Milka, Meister Proper, Pampers, Tempo, Whiskas und viele, viele mehr.

Diese Global Player haben Geld, Arbeitsplätze und Beziehungen; Freihandel lockert ihre Regeln und stutzt den Verbraucherschutz zurecht, während wir Kleinen nicht einmal selbst Häuser bauen, Gärten anlegen oder in den Müllcontainern der Supermärkte wühlen dürfen, ohne Formulare auszufüllen, Geld zu bezahlen oder eine Straftat[152] zu begehen. Und das alles geschieht mit dem Segen einer Wirtschaftslehre, die erklärt, dass große Unternehmen mit ihren Skaleneffekten eben effizienter sein müssen und daher automatisch zum Allgemeinwohl beitragen, obwohl viele wohl einfach nur billiger sind, weil sie ihren Firmensitz auf den Cayman-Inseln haben und keine Steuern zahlen.[153]

Ich könnte auch über die Kommerzialisierung von Moral und Ethik klagen. Darüber, dass Schulen wirtschaftsfördernde Tugenden wie Disziplin, Fleiß und Gehorsam belohnen statt Aufrichtigkeit, Authentizität und Frohsinn. Darüber, dass wir Eigentum wie ein Heiligtum ehren, auf unbedingter Begleichung von Schuld bestehen und manche Ökonomen Wirtschaftsweise nennen. Darüber, dass Großzügigkeit und Gerechtigkeitsempfinden für »Entwicklung«, Greenwashing und Imagekampagnen missbraucht werden und moralische Autoritäten zwar Armut anprangern, aber über Schuld und Wucher schweigen.

2. Die manifestierte Maschine: Wie wirkt das Geld auf die Welt?

Ich habe noch nicht erwähnt, wie Saatgut privatisiert wird, indem eigener Anbau verboten wird, sodass es nur noch von Großkonzernen gekauft werden darf[154] – die Privatisierung der Selbsternährung, das totale Monopol aufs Überleben, vom Staat als Privileg verschenkt. Ich habe nicht erwähnt, wie Großfischereien, auf Thunfisch spezialisiert, mit Schleppnetzen jahrtausendalte lebende Korallenriffe zerstören, um die verbliebenen 25 Prozent der Fischbestände der Meere zu fangen,[155] aber nur Thunfisch wollen und die restlichen 90 Prozent des Fangs vernichten. Ich könnte über den Verkauf des Wissens reden, darüber, dass Universitätslaufbahnen durch Wettbewerbe um möglichst viele häufig zitierte Artikel und Gelder dritter Gönner entschieden werden.

Es gibt noch unzählige Beispiele, wie das Geld die Welt anonym, gleichgültig, ja feindselig macht, sie mit Knappheit, Homogenität und Austauschbarkeit überzieht, wie es uns Menschen den Homines oeconomici angleicht, die unsere Modelle beschreiben: einsame Individuen, losgelöst von aller Gemeinschaft, angetrieben nur von egoistischem Eigeninteresse. Aber wozu all diese Worte? Das Geld ist so tief in unser Leben eingedrungen, dass die Zahl der Beispiele endlos ist. Jeder kann sie sehen.

Noch einmal: Ich will nicht das gesamte Geschehen verdammen, ich behaupte nicht, dass Geld und Güter grundsätzlich etwas Schlechtes sind. Arbeitsteilung, Abstraktion und Spezialisierung haben uns Menschen eine große Macht und viele Möglichkeiten gegeben. Und ist es nicht erstaunlich? Das Geld hat uns zu den Maschinen inspiriert – zur Mathematik, zur Philosophie, zur Wissenschaft, zu Ingenieurwesen und zur Industriellen Revolution. Es hat die festgefahrene gesellschaftliche Struktur des Mittelalters, das Stände- und Lehnsystem zerrissen: Wir dachten einmal wirklich, jemand einer höheren Schicht sei ein heiliges, unberührbares Wesen, von Gott zur Herrschaft berufen, ganz anders als wir normalen Menschen. Das Geld hat diese Unterschiede liquidiert, indem es uns austauschbar macht und uns erkennen lässt: Wir sind alle unterschiedlich, aber doch alle gleich. Ich will mich also über diese Entwicklung des Geldes nicht grundsätzlich beklagen. Die Beispiele sollen vielmehr zeigen, dass es ein Zuviel gibt an Kommerz, dass Wachstum zur Wucherung werden kann, dass Geld im Überschuss arm macht.

Ich möchte versuchen, meine bisherige Argumentation zusammenzufassen: Geld hat uns motiviert, unsere Ingenieurtechniken der Güterproduktion auf gesellschaftliche Institutionen anzuwenden, um eine vernünftigere, nützlichere, effizientere und reichere Gesellschaft zu konstruieren. Die entstandene Wirtschaftstheorie behandelt die Wirtschaft wie eine große Maschine, deren Produktion zu optimieren ist. Dieser Plan ist gelungen. Wir haben nun eine Wirtschaft, die ihre austauschbaren Einzelteile – uns – auf ein Ziel hinbewegt: die größtmögliche Produktion von Geld und Gütern.

Sie arbeitet sogar wie ein Verbrennungsmotor! Der funktioniert so: Er vermischt Treibstoff mit Sauerstoff und entzündet ihn unter Druck. Das bricht den Treibstoff auf, lässt ihn mit dem Sauerstoff reagieren, und die Verbrennung erzeugt Energie, welche die Maschine antreibt und Bewegung produziert. Die Bewegung saugt durch den Mechanismus der Kolben weiter Treibstoff und Sauerstoff in den Motor, setzt sie unter Druck und entzündet sie wieder – und so immer weiter, bis der Treibstoff verbraucht ist oder jemand die Maschine ausschaltet. Der Abfall dieses Vorgangs ist Kohlenstoffdioxid, eine Kohlenstoffverbindung geringerer Komplexität und energetischer Ordnung.[156]

Nach dem gleichen Prinzip funktioniert die Wirtschaftsmaschine: Ein Kredit vermischt Geschäftsmöglichkeiten – Ressourcen wie Öl, Metall und Gas, aber auch Minen, Wälder, Dorfgemeinschaften, Familien, Freizeit, Politik, also komplexe Beziehungen zwischen Menschen und Umwelt – mit Schulden und kommerzialisiert sie unter wirtschaftlichem Druck. Dieser Verkauf bricht die Ressourcen auf, lässt sie mit den Schulden reagieren und erzeugt damit wirtschaftliche Bewegung, die uns Rädchen antreibt, Güter zu produzieren. Die Bewegung saugt durch den Mechanismus der Schuldenrefinanzierung weitere Ressourcen in die Wirtschaft und kommerzialisiert sie – und immer so weiter, bis alle Ressourcen verbraucht sind oder jemand den Mechanismus stoppt.

Der Überrest dieses Vorgangs ist der Müll: gerodete Wälder, vergifteter Boden, gewachsene Wüsten, leere Dörfer, zerrissene Familien, einsame Individuen, überarbeitete Langeweile, überfüllte Müllhalden, klaffende Wunden im Bergbauboden, größer als Großstädte,[157] Fisch- und Vogelbäuche, geborsten durch den gefressenen Plastikschrott,[158]

also Beziehungen zwischen Mensch und Umwelt von geringerer Komplexität und energetischer Ordnung. Diese Verbrennung ist der Antrieb der Maschine, die wir Wirtschaft und Zivilisation nennen.

DER WIRTSCHAFTS-VERBRENNUNGSMOTOR

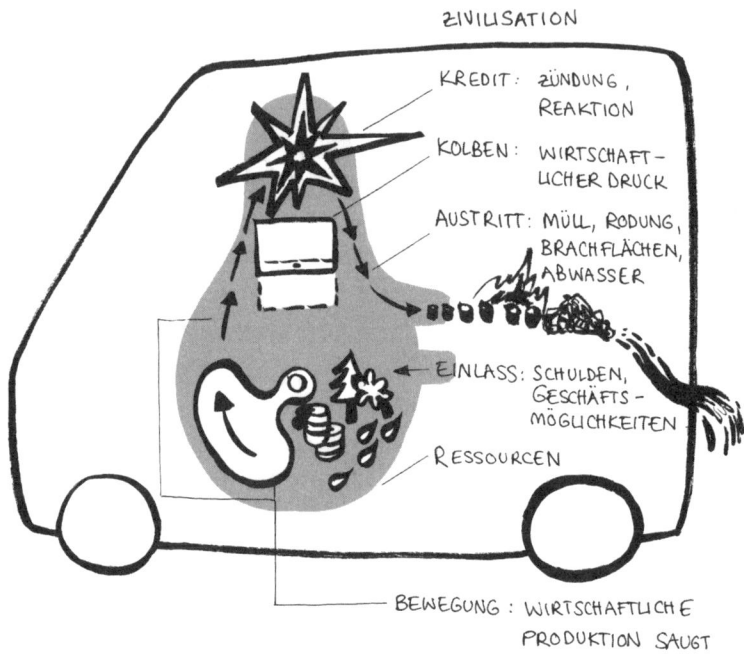

Es ist der Mechanismus von Kredit und Zins, der das Wirtschaftswachstum, die Kommerzialisierung vorantreibt. Es ist ganz einfach: Wenn wir Zins verlangen, verlangen wir mehr Geld zurück, wir fordern systematisch eine Ausnutzung neuer Geschäftsmöglichkeiten, ein Wachstum an Käuflichem. Wenn wir versprechen, Zins zu zahlen, versprechen wir, dieses Wachstum zu gewährleisten. Man kann es auch so sehen: Die Kreditvergabe ist ein Ritus, durch den Geld entsteht, der Talisman, der käufliche Güter verspricht. Ist der Kredit verzinst, programmieren wir in

Die Maschine wird manifest 171

unseren Talisman, dass mehr Dinge käuflich werden sollen, mehr Land umzäunt wird. Und diesem Wunsch leisten wir Befehl, indem wir die Maschine mit wachsenden Stücken unseres Reichtums füttern.

Ich muss an die biblische Geschichte von dem Turm denken, den die Babylonier bis zum Himmel bauten, um sich einen großen Namen zu machen, bis Gott, über die Anmaßung verärgert, ihre Sprache verwirrte, sodass die Völker sich verstreuten und der Bau unvollendet blieb.[159] Gleicht das nicht unseren Geldern, die vor siebenhundertfünfzig Jahren in Bologna[160] und heute in Manhattan um den höchsten Turm buhlen? Gleicht das nicht unserer Zivilisation, die sich in ihrer Arbeitsteilung und technischen Spezialistensprache verliert und deren Aufstieg unter ihrer Komplexität zusammenbricht?

Es ist auch, als hätten die Erfinder der Münzen im antiken Griechenland eine düstere Vorahnung gehabt und uns deswegen die Geschichte von Midas hinterlassen, dem König, der sich Reichtum wünscht und vom Gott Dionysos die Gabe erhält, alles, was er berührt, in Gold zu verwandeln.[161] Nach einer kurzen Phase der Euphorie bemerkt er, dass seine Berührung auch Freunde und Früchte zu leblosem Metall erstarren lässt. Einsam muss er hungern, bis Dionysos ihn anweist, die Hände im Fluss zu waschen, was ihn von seinem Fluch befreit. Gleicht das nicht unserem Wunsch nach Wohlstand, der uns Menschen reich an Geld, aber arm, einsam und hungernd zurücklässt?

Oder denken Sie an Goethes Gedicht vom Zauberlehrling, der Worte, Werk und Brauch seines Meisters nachahmt, um einen Besen zu animieren, Wasser zum Bade herbeizuholen. Als aber der Besen kein Maß und der Lehrling kein bannbrechendes Wort findet und er seinen herbeigerufenen Geist nicht loswird, droht er durch den eigenen Zauber zu ersaufen, bis sein Meister ihn rettet. Gleicht das nicht uns, deren durch Rituale herbeigerufenes Geld unsichtbare Hände bewegt, Geld zu sammeln, das uns zu ertränken droht? Und haben wir nicht das Zauberwort vergessen, werden den Geist des Geldes nicht mehr los und hoffen auf die eingreifende Macht, die uns vorm Ertrinken rettet?

Wir wollten Reichtum, und Reichtum haben wir bekommen. Verzinstes Kreditgeld ist ein Versprechen auf mehr Geld, und so wachsen das Geld und seine Wirtschaft, weil wir es versprochen haben – koste es, was es wolle. Es ist, als hätte ein böser Dämon uns unseren Wunsch nach Reichtum im Munde umgedreht. Darum Vorsicht mit solchen Wünschen: Sie könnten sich erfüllen.

Fazit: die Krise des Vertrauens

Die alten Geschichten enden durch den Eingriff von Göttern und Zauberern, also höherer Mächte, und auch unsere Geschichte kommt nicht ohne aus. Das Geld ist in alle Lebensbereiche hineingekrochen, die Märkte haben Leben und Denken kolonialisiert – aber wenn hinter alldem die Logik von Schuld und Zins steckt, die Knappheit schafft und uns dazu antreibt, immer neue Geschäftsmöglichkeiten zu erschließen, dann wird sich dieses Problem bald von selbst besiegen.

Was nämlich passiert, wenn dem Motor der Maschine keine Wachstumsmöglichkeiten bleiben, wenn alle Ressourcen geplündert sind, alle Kosten gespart wurden? Nun, was geschieht in dem Dorf, wenn alle Allmenden Eigentum geworden, alle Marktlücken geschlossen und alle Nachbardörfer mitverschuldet sind? Dann gehen die Investitionen aus, die Zinsertrag liefern und neue Schulden ermöglichen. Dann gibt es Türme von Schulden und Münzen, die aber keine Investition mehr finden, sich zu vermehren. Dem Bankier – oder jeder Person, die Geld hält – stehen die gleichen vier Optionen zur Verfügung. Aber ihre Wirkung verändert sich.

1. *Konsum:* Der Bankier kann sich immer noch von seiner nunmehr gigantischen Zinsrente Güter kaufen, und er wird es wohl auch tun. Ein teurer Luxusmarkt entwickelt sich, um diese Nachfrage zu befriedigen. Das Geld ist konzentriert, der Reiche hat mehr, als er ausgeben kann, und es gibt mehr Güter denn je, die sein Geld kaufen kann. Die Dörfler sind ärmer denn je: In ihrem kommerzialisierten Dorf braucht man Geld zum Überleben, schon um sich das Vermögen, das sie verkauft haben, zurückzumieten; die Dörfler aber sind verschuldet, müssen die sich auftürmenden Zinsen zahlen, sind dazu

Fazit: die Krise des Vertrauens 173

als Arbeitnehmer austauschbar und verdienen daher wenig. Sie geben stetig weniger Geld aus; kaufen billigere und weniger Güter. Ein Teufelskreis von sinkender Nachfrage und Arbeitslosigkeit entsteht. Mit der Verarmung der breiten Bevölkerung stagnieren Konsum, Zirkulation und Wachstum.

2. *Vermögensankauf*: Wie viel Vermögen kann der Bankier anhäufen? Je mehr Länder, Häuser und Herden ihm bereits gehören, desto unattraktiver wird der weitere Vermögensankauf. Das Dorf könnte ihm noch die Flüsse, Seen und Bäche und irgendwann Vögel, Wolken und Sterne verkaufen, aber die Dinge, mit denen er wirklich Geld machen kann, sind bereits in seiner Hand. Bleibt dem Dorf kein Vermögen, kann man auch keines kaufen.

3. *Schulden eintreiben*, ohne neue Kredite zu vergeben, zieht Geld aus dem Wirtschaftskreislauf des Dorfs, dem nun Geld fehlt, die Kredite zu begleichen. Geschäfte werden Konkurs anmelden, Kredite platzen, Arbeitslosigkeit, Wettbewerb und Polarisierung verstärken sich. Die Krise rückt näher.

4. *Investition*: Wie kann der Bankier noch weiter investieren, wenn bereits alles zu Geld geworden und nichts mehr profitabel ist? Nun ja, dass keine Profite mehr möglich sind, bedeutet nicht, dass man sie nicht versprechen kann. Sie könnten mir zum Beispiel 100 000 Euro leihen, und ich quatsche auf der Straße irgendwelche Leute an, gebe ihnen Kredite mit einer Laufzeit von fünf Jahren, verzinst zu 10 Prozent. Ich ahne zwar, dass diese Leute ihre Kredite nicht begleichen werden, aber egal – die Schuldscheine gebe ich einer Bank als Bürge, um noch mehr Geld zu leihen, das ich wieder willkürlich irgendwem verleihe gegen hochverzinste Schuldscheine. Auf dem Papier sehe ich nun aus wie ein Tausendsassa, der Ihnen fantastische Renditen beschert – aber ich mache mich aus dem Staub, bevor die Rückzahlung fällig ist, die Schulden platzen und das ganze Geld sich in Wohlgefallen auflöst.[162]

Letzteres ist eine etwas flapsige Beschreibung der Selbstkannibalisierung der Wirtschaft, die wir in den letzten Jahren beobachten durften. Als die Kapitalrendite – also das Mehr an Geld, was den Investitionen in die Kommerzialisierung von natürlichem oder sozialem Kapital entspringt – in den siebziger Jahren zu sinken begann, startete das Geld eine verzweifelte Suche nach Wachstumsmöglichkeiten. In einer Welt, der die Geschäftsmöglichkeiten ausgehen, genügt es, wenn ein Papier Wachstum verspricht, um das Geld anzulocken, den Preis nach oben zu treiben und so zeitweise Rendite zu bescheren – bis die ersten ihre Anteile wieder verkaufen, die Preise sinken und der Zauber vergeht. Blase für Blase wuchs und barst – Güter Ende der Siebziger, Immobilien in den Achtzigern, Dotcom-Aktien in den Neunzigern und jüngst die Krise bei Immobilien, Derivaten und Staatsanleihen –, und das Geld bewegte sich in den nächsten Markt und fingierte Wachstum. Durch die Deregulierung der Geldmärkte sehen wir Derivate und Finanzinstrumente, Kredite über Kredite über Kredite, und dadurch ein enormes Wachstum an Geld, das einer schwindenden Menge an Anlagemöglichkeiten hinterherläuft.

Das Resultat ist die gegenwärtige Krise: Um die Wirtschaft anzukurbeln, vergibt die amerikanische Zentralbank günstige Kredite an Banken, die daraufhin umso mehr Kredite an Privatkunden verteilen, die daraufhin Häuser, Aktien oder Anleihen kaufen. Darauf steigen deren Preise, und die Hauseigentümer nehmen neue Kredite auf die Hypothek des Hauses, um die Kredite für den Hauskauf zu refinanzieren. Das funktioniert, solange immer mehr Leute investieren, damit Hauspreis und Hypothekenwert wachsen und ständig neues Geld fließt, um die Raten zu zahlen; aber bricht der Boom ab, verliert die Hypothek an Wert und gewährt nicht genug Geld, den ersten Kredit zu bedienen. Um sich davor zu schützen, schließen die Banken sogenannte »Credit Default Swaps« ab, also Kreditausfallversicherungen. Diese mischen sie mit den Zahlungsversprechen der Hausbesitzer und anderen Anleihen, schnüren sie als Pakete, lassen sie von einer netten Ratingagentur als sichere Anlage besiegeln und verkaufen so die faulen Kredite kraft ihrer Glaubwürdigkeit weltweit an Ahnungslose wie die Landesbanken oder öffentliche Einrichtungen wie die Berliner Verkehrsgesellschaft.[163]

Solange aber kein tatsächliches Wachstum eintritt, wird sich irgendjemand irgendwann weigern, die wachsenden Kredite zu refinanzieren. Dies geschah 2007: Die Immobilienpreise waren auf der Spitze, niemand wollte mehr neue Kredite an Häuserbauer geben, die Immobilienpreise stagnierten und fielen. Folglich gewährte die Hypothek nicht mehr genug Geld für die Refinanzierung, viele Hauskäufer gingen pleite und verloren ihre Häuser an ihre Bank. Die Schuldscheine der Häuserbauer wurden wertlos und rissen Löcher in die Bankbilanzen. Banken meldeten sich bankrott, ihre Zahlungsversprechen wurden wertlos und rissen Löcher in Bilanzen anderer. Staaten retteten sie und rissen Löcher in ihre eigene Bilanz, drohten selbst zu kentern. Massen an Geld verpufften. Die Krise griff um sich.

Das klingt vielleicht alles etwas kompliziert, ist aber im Grunde recht einfach: Verzinste Schulden sind Versprechen auf wachsende Zahlung, und sie beziehen ihren Wert aus unserem Vertrauen in diese Rückzahlung. Da wir jedoch schon so vieles zu Geld gemacht haben, wird mehr Wirtschaftswachstum und damit versprochene größere Zahlung schmerzhaft bis unmöglich. Damit schwindet das Vertrauen in die verzinste Rückzahlung, und weil Geld formalisiertes Vertrauen ist, verschwindet unser Geld. Weil wir unserem Geld durch ein Versprechen auf dieses Wachstum Wert gegeben haben, müssen wir es verlieren. Da kommt er, der Eingriff höherer Mächte: die Krise.

Ein Versprechen, von dem man weiß, dass es unerfüllbar ist, ist eine Lüge. Ergo ist ein verzinster Kredit, der Wachstum verspricht, wo Wachstum erschöpft ist, eine systemische Lüge. Stagniert es, versiegt der Quell des Glaubens, und es ist nur eine Frage der Zeit, bis der Schwindel auffliegt.

Haben Sie einmal gelogen, um eine Lüge zu vertuschen? Sie haben dann eine Lüge produziert, nur um ihre erste Lüge glaubhafter erscheinen zu lassen, und das wird Sie kurzfristig vor der Entlarvung bewahrt haben. Jedoch müssen Sie die zweite Lüge oft durch eine größere dritte Lüge vertuschen und die dritte durch eine größere vierte und so weiter. Mit jeder weiteren Lüge wird es leichter, Ihr Lügennetz zu durchschauen, und mit jeder weiteren Lüge wird das Auffliegen Ihres Betrugs peinlicher für Sie, weil Sie einen wachsenden Teil Ihrer Glaubwürdigkeit und des Vertrauens anderer in die Lüge investiert haben und nun verlieren, und so lügen Sie weiter. Im schlimmsten Falle, wenn Ihr Betrug lange lebt, verheddern Sie sich in einem Gespinst von Geschichten und beginnen selbst, das Wahre mit dem Erfundenen zu verwechseln.

Wir sind wie dieser Lügner: Wir schöpfen verzinste Kredite und versprechen dadurch Wachstum; wenn das Wachstum aber schwindet und das Geld zu vernichten droht, versprechen wir einfach noch mehr Wachstum, schöpfen einfach noch mehr Geld, bis alle glauben, dass es doch bergauf geht. Mit dem Rettungsschirm ESM, dem Versprechen auf Wachstum, gedeckt durch die Haushalte der Staaten Europas, haben wir unser öffentliches Vermögen in diese Lüge investiert. Wir scheinen sie selbst zu glauben.

Die Unmöglichkeit des Versprechens untergräbt das Vertrauen in die Zahlungsversprechen und entwertet so das Geld. Anders gesagt: Das Geld, das so vieles verkauft hat, kommerzialisiert nun seine eigene Glaubwürdigkeit, kannibalisiert sich also selbst.

Diese Krise ist noch nicht beendet: Wir haben sie hingehalten mit Rettungsschirmen, Bürgen, riesigen Zahlungsversprechen für havarierte Banken und Staaten, damit wir deren Geld ein bisschen weiter trauen können. Wir haben das Problem des Geldes also mit mehr Geld bekämpft. Aber was, wenn Geschäftsmöglichkeiten weiter schwinden? Wenn sich unbezahlbare Schulden auftürmen und keine Versprechen ausreichen, um den faulen Schulden Wert zuzusprechen? Wenn Zins ein Mehr verspricht und dieses nicht möglich ist, muss nicht zwangsläufig der Bankrott kommen? Wenn unser System ewiges Wachstum verspricht, muss es dann nicht zwangsläufig scheitern?

Eine gefährliche Situation in einer Welt, die abhängig ist vom Geld.

3. Die Metamorphose des Geldes und die organische Wirtschaft

Zurück zum Dorf: Ich habe, um zu erklären, was bisher geschah, nur die Handlungsmöglichkeiten der Gläubiger beschrieben. Die Dörfler sind jedoch nicht machtlos, und je prekärer ihre Lage wird, desto mehr zeigt sich die Notwendigkeit, etwas zu verändern. Nun treffen sie sich eines Morgengrauens; ein Hauch Revolution liegt in der Luft. Was können sie tun? Auch sie haben vier Optionen:

1. *Weitermachen:* Sie können das tun, was sie bisher getan haben: mitspielen. Mit der steigenden Polarisierung wird das Geld, trotz Überfluss, für sie jedoch nur knapper werden. Sie können auf den Kollaps warten und einfach sehen, was passiert. Es ist eine gefährliche Wahl – was bleibt noch von ihrem gemeinsamen Reichtum, wenn die Maschine ihn einverleibt hat und kollabiert?
2. *Geldvernichtung:* Sie könnten den Banker und alle Gläubiger teeren und federn und ihr Geld verteilen oder, sanfter, Schulden vergeben. Diese Forderung ist vielleicht der gemeinsame Nenner aller großen Aufstände der Geschichte: Erlasst die Schulden und verteilt das Land neu.[1] Es gäbe dann weniger Geld, das Profite sucht und für Polarisierung sorgt, und weniger Schulden, die Menschen in der Tretmühle des Arbeitens und Wachsens halten. Jedoch ist diese Lösung nur kurzfristig und verzögert den Kollaps lediglich: Wenn Geld weiter durch verzinste Kredite entsteht, wird es sich wieder sammeln, wird das Spiel von vorn beginnen, wird es wieder in Arm und Reich mün-

den. Es werden nur die Figuren ausgetauscht, während das Spiel unverändert weitergeht.

3. *Geldlos leben:* Die Dörfler könnten beschließen, das Geld Geld sein zu lassen und wieder zu Selbstversorgung und Schenkungswirtschaft zurückkehren. Ich persönlich glaube, dass das Leben vor dem Geld gar nicht so schlecht war, wie die Fortschrittslitanei gerne erzählt. Wir müssten zwar auf manche Früchte der Arbeitsteilung verzichten, könnten dafür aber unsere Fertigkeiten und Dorfgemeinschaften wiederbeleben. Es wäre eine sehr fundamentale Lösung.

Wer diesen Gedanken für verrückte Spinnerei hält, den wird überraschen, dass eine wachsende Gruppe von Menschen ihn seit einigen Jahren ziemlich erfolgreich realisiert:[2] Heidemarie Schwermer reist viel herum und wohnt und isst bei Leuten, denen sie dafür beruflich oder im Haushalt unter die Arme greift, oder sie hilft bei Hofläden gegen Gemüse. Sie berichtet, dass so viele enge Beziehungen entstanden sind. Mark Boyle wohnt hauptsächlich bei Urlaubern, deren Häuser er hütet. Er pflanzt sein eigenes Gemüse und keltert Wein aus wilden Brombeeren. Raphael Fellmers ernährt sich von Gerettetem – er organisiert die kostenlose Abgabe von Lebensmitteln, die Supermärkte als unverkäuflich aussortiert und weggeworfen haben. Alle berichten einvernehmlich, es zu genießen, vom gegenseitigen Austausch mit Bekannten zu leben, und fühlen sich ohne den Druck des Geldverdienens angstfrei und zufrieden wie nie zuvor.

Ich finde das ausgesprochen bewundernswert. Geldlos leben ist ein machtvoller individueller Schritt gegen die ausufernde Kommerzialisierung, und er schafft paradoxerweise Sicherheit in Zeiten schwindenden Geldes. Aber ich nehme an, dass auf Systemebene ein Verzicht auf das Geld auch einen Verzicht auf seine koordinierende Macht, seine Spezialisierung und Arbeitsteilung bedeutet. Kann man in einem dörflichen Beziehungsnetzwerk einen Kühlschrank bauen? Halt, das ist ein schlechtes Beispiel, tatsächlich gibt es stromlose Lowtech-Kühlschränke aus Lehmtöpfen, Sand und Wasser.[3] Aber was ist mit Computern, Chips und Toastern, lassen die sich lokal produzieren? Ein Designer hat einmal versucht, einen Toaster vom Grund auf selbst zu bauen, mit selbst geschürftem Erz und Bioplastik aus Kartoffelstärke. Die Entwicklung hat Monate gedauert und 1400 Euro gekostet – und das Gerät ist bei der ersten Benutzung geschmolzen.[4] Toaster scheinen mir keine Sackgasse der menschlichen Evolution zu sein; das Geld abzuschaffen würde daher das Kind mit dem Bade ausschütten. Es hieße, dass Technik, Zivilisation, also die letzten fünftausend Jahre im Großen und Ganzen ein dummer historischer Fehler waren – eine traurige Philosophie. Können wir die Entwicklungen des Geldes nicht einem guten Zweck dienen lassen?

4. *Zinsloses Wirtschaften:* Angenommen, die Dorfbewohner kommen zu dem Schluss, dass sich das Wachstumsproblem aus dem Geldsystem speist, genauer aus der unguten Mischung von Zins und Kreditgeld: Der Zins verspricht mehr Zahlung in der Zukunft, und das immaterielle Kreditgeld stellt sicher, dass unbegrenzt Versprechen ausgesprochen werden können. Die gute Nachricht ist, dass es in diesem Fall einfach ist, das Wachstum zu bekämpfen: Man muss einfach den Zins ausschalten. Aber nicht durch Verbot. Es gibt einen besseren Weg.

Freies Geld

»Wenn wir bedenken, was das höchste Ziel des Menschen ist und was die Bedürfnisse und Mittel des Lebens sind, so scheint es, als ob die Menschen absichtlich die gewöhnliche Lebensweise gewählt hätten, weil sie sie jeder anderen bevorzugen würden. Doch tatsächlich glauben sie ehrlich, es gäbe keine andere Wahl.

Aber wachsame und gesunde Naturen erinnern sich, dass die Sonne klar aufging. Es ist niemals zu spät, unsere Vorurteile aufzugeben. Keiner Art des Denkens oder Handelns, egal wie alt, kann vertraut werden ohne Beweis. Was heute ein jeder wiederholt oder im Stillen als wahr behandelt, kann sich morgen als Irrtum herausstellen, als reiner Meinungsrauch, welchen manche eine Wolke zu sein vertrauten, die düngenden Regen auf ihre Felder sprengen würde.

3. Die Metamorphose des Geldes und die organische Wirtschaft

Wenn alte Leute sagen: Das geht nicht, dann probierst du es und stellst fest, dass es geht. Alte Taten für alte Leute, und neue Taten für Neue.« Henry David Thoreau[5]

Sind Sie zufällig Wirtschaftsminister, Kanzlerin oder sonst jemand, der die Gesetzgebung in diesem Land irgendwie beeinflussen kann? Super! Wir haben hier ein Problem, wir haben zu viel Geld, zu viele Schulden, zu viel Knappheit und eine ausufernde Wirtschaft. Ich schlage Ihnen Folgendes vor:

1. *Führen Sie ein Frei- oder Schwundgeld ein, ein Geld, das an Wert verliert.* Gründen Sie zum Beispiel eine Bank mit Konten, deren Guthaben jedes Jahr nicht um den Zinssatz wachsen, sondern schrumpfen (oder, noch einfacher, bitten Sie Ihre Zentralbank, deren Einlagen negativ zu verzinsen). So wie jetzt das Geld auf verzinsten Konten stetig mehr wird, würde Geld auf diesem Konto um, sagen wir, monatlich 1 Prozent weniger werden: Bei diesem Zinssatz würden aus 1000 Euro nach einem Monat 990 Euro, nach zwei Monaten 980,10 Euro, nach einem Jahr 888,38 Euro, nach zwei Jahren 785,68 Euro und so weiter.[6] Auf dieses Geld wird niemand Zinsen bezahlen; Sie werden gleich sehen, wieso. Mit diesem Freigeld bezahlen Sie nun alle Staatsschulden oder retten, wenn denn nötig, kenternde Banken. Und wenn Sie schon dabei sind, erlassen Sie bitte die Auslandsschulden ärmerer Länder.

2. *Zahlen Sie mit dem Freigeld jedem Bürger ein Grundeinkommen.* Das sähe so aus: Jeder Einwohner, der bei der Bank ein Konto eröffnet, erhält darauf eine Einzahlung von, sagen wir, 1000 Euro im Monat, die aber negativverzinst sind. Über diese Summe kann er frei verfügen. Finanzieren Sie auch die Regierungsausgaben aus Freigeld; vielleicht kalkulieren Sie die Hälfte des Grundeinkommens als Staatsbudget pro Bürger, das entspricht ungefähr hiesigen und heutigen Staatsausgaben.

3. *Decken Sie die Währung durch Anrecht auf Ressourcenverbrauch.* Entscheiden Sie, vorzugsweise durch einen demokratischen Prozess, welche und wie viele Ressourcen jedes Jahr der Wirtschaft zur Verfügung stehen

sollen – wie viel Öl verbraucht, wie viel Ackerland umgepflügt, wie viel Wald gerodet, wie viele Gründstücke bebaut, wie viel Beton verbaut, wie viele Fische gefangen, wie viel Plastik produziert, wie viel Schadstoff in die Luft, Müll in die See, Licht in den Abendhimmel geworfen werden darf – und verkaufen Sie die Verbrauchsrechte nur gegen Ihr Freigeld. Beim Verkauf verschwindet das Geld, so wie es heute bei der Rückzahlung eines Kredites verschwindet. Die Währung ist somit effektiv durch Ressourcen gedeckt. Jeder Produzent ist auf sie angewiesen und wird sie daher annehmen. Dies verleiht der Währung das allgemeine Vertrauen in ihren Wert und schützt gleichzeitig vor Ressourcenübernutzung.[7]

Haben Sie dazu Fragen? Hier sind einige Antworten.

Geld soll an Wert verlieren? Was soll denn das?
   Gehen wir von der Hypothese aus, dass das pathologische Wachstum vom Zins kommt. Warum gibt es Zins? Er ist das Ergebnis von Angebot und Nachfrage nach Geld: Geld entsteht, wenn ich einen Kredit nehme, Guthaben erhalte und Schuld verspreche. Welcher Zinssatz auf dem Schuldschein steht, hängt davon ab, wer bereit ist, mir Guthaben auszustellen. Demnach gibt es den Zins, weil eine hohe Nachfrage nach Geld besteht – jeder braucht es. Das Angebot jedoch ist knapp, weil die Geldschöpfung in den Händen einer geringen Zahl an Banken liegt. Außerdem verliert Geld, anders als Güter, nicht an Wert und kann daher gehortet werden – ich stehe nicht unter Druck, muss es nicht verleihen, ich kann es einfach auf der Bank halten, wo es nicht weniger wird.[8]
   Derzeit ist der Geldmarkt daher ein Verkäufermarkt. Wenige haben das Geld und können es hamstern, aber viele brauchen es. Daher können Verkäufer die Preise bestimmen – und damit Zinsen fordern. Mit Grundeinkommen und Freigeld würde sich die Macht verschieben: Viele haben Geld, es verliert an Wert, man wird es gerne los, und daher können die Käufer den Preis bestimmen. Indem wir des Geldes Knappheit beseitigen, können wir den Zins eliminieren und die Dynamik des Geldes verändern.
   Daher das Schwundgeld: Es verliert mit der Zeit an Wert. Es zu hams-

3. Die Metamorphose des Geldes und die organische Wirtschaft

tern kostet Geld; weil es schwindet, möchte man es loswerden. Das schwächt die Verhandlungsposition des Verleihenden, der sich nun freut, das Geld loszuwerden, und keine Macht hat, Zinsen zu erheben.

Und daher das Grundeinkommen: Wenn jeder genügend Geld zum Überleben hat, ist niemand mehr gezwungen, zu schlechten Konditionen Schulden zu machen, um sich zu finanzieren. Und weil alle Existenzen gesichert sind, muss niemand jede Renditechance ergreifen, um sich abzusichern. Geld ist breit verteilt, und viele Menschen können Kredite vergeben. Zinsen zu verlangen wird unmöglich.

Aber wer würde denn dann noch investieren? Wie kämen dann Unternehmer an Kredite?

Genauso wie heute. Was würden wir machen, wenn Sie 10 000 Euro auf dem Konto haben, die Sie gerade nicht brauchen, und ich ein Unternehmen plane und dafür gerne 10 000 Euro hätte? Wenn Sie mir das Geld leihen, verspreche ich Ihnen, in einem Jahr dieselben 10 000 Euro zurückzuzahlen. Sie hätten gute Gründe, mir diesen Kredit zinsfrei zu geben: Es ist die beste Methode, das Geld vor dem Schwund zu bewahren. Sie würden es mir vielleicht auch noch geben, wenn ich Ihnen 9500 Euro verspräche – das ist schließlich mehr als die 9000 Euro, die auf Ihrem Konto übrig bleiben, wenn Sie es dort liegen lassen. Ich würde Ihnen jedoch sicher keinen positiven Zins zahlen, auch wenn Sie einen verlangten – Geld ist schließlich nicht knapp, und jemand anders wird sich über mein Angebot freuen, sofern mein Unternehmen kein übertriebenes Risiko darstellt. Denken Sie an die zehn Brotlaibe, die Sie nicht alleine essen können und deshalb sinnvollerweise verschenken, oder an den Pirahã-Indianer, der seine Jagdbeute im Bauch seines Bruders lagert – was verfällt, teilt sich leicht.

Im letzten Kapitel habe ich argumentiert, dass es kaum noch profitable Geschäftsmöglichkeiten gibt, weshalb wir auf der Suche nach Rendite eher in faule Zahlungsversprechen investieren, als sinnvolle Unternehmungen zu finanzieren. Mit dem Negativzins könnte man auch Kredite aufnehmen, um unrentable, aber sinnvolle Projekte zu finanzieren; der Wertverlust des Geldes gibt einen Anreiz, es langfristig und nachhaltig zu investieren.

Freies Geld   183

Ich will das vorrechnen. Erinnern Sie sich an das Waldbeispiel, in dem der Zins dafür sorgte, dass die Bäume abgeholzt wurden und das Geld auf dem Konto mehr wert war als der intakte Wald? Angenommen, der Wald kostet noch immer 100, ich bekomme einmalig 125 für seine Rodung oder jährlich 5 für seine nachhaltige Nutzung. Nun aber schwindet das Geld jährlich zu 10 Prozent. Wenn ich den Wald abholzen will, borge ich mir 100 zu einem Zins von, sagen wir, minus 5 Prozent, kaufe den Wald, rode ihn für 125, begleiche mit 95 den Kredit, und übrig bleibt ein Geldgewinn von 30. Der schwindet jährlich zu 10 Prozent; nach dreizehneinhalb Jahren bleiben davon nur noch 7,2.[9] Wenn ich den Wald jedoch stehen lasse und jedes Jahr für 5 Holz ernte und in die Tilgung stecke, ist der Kredit nach dreizehneinhalb Jahren abbezahlt,[10] und der Wald garantiert mir von nun an eine ewige Rente von 5 pro Jahr. Weil der Zins negativ ist, ist das Geld auf dem Konto wieder weniger wert als der Wald in Wirklichkeit. Daher zahlt sich das Fällen nicht aus, ist eine langfristige Investition plötzlich eine gute Geschäftsidee, für die ich problemlos Kredite bekomme. Das würde die Dynamik des Geldes auf den Kopf stellen. Kaufen Sie Weiden, pflanzen Sie Wälder, und Sie werden reich!

Heute steht jeder sinnvollen Investition – in Wiederaufforstungsprojekte, Schulen, nachhaltige Energien et cetera – eine Investition gegenüber, die weniger Sinn, aber mehr Geld bringt. Wenn das Geld keinen Profit erwirtschaften muss, heben wir vielleicht den Widerspruch auf zwischen dem, was profitabel, und dem, was tatsächlich sinnvoll ist: Wir haben dann die Möglichkeit, all die Projekte zu finanzieren, die sinnvoll, aber nicht lukrativ sind – weil man sowieso keine Profite machen kann!

Wie würden Geschäftsbanken funktionieren?
Im Wesentlichen genauso wie jetzt: Banken vergeben Kredite, machen aus Glaubwürdigkeit Geld. Dafür stellen sie Bankguthaben aus und nehmen im Gegenzug einen Schuldschein. Banken synchronisieren Zahlungen, indem sie Glaubwürdigkeit verbürgen, und verdienen Geld, weil Schuldscheine höher verzinst sind als Guthaben.

Wenn nun das Geld an Wert verliert, sieht das so aus: Angenommen, ich möchte besagten Wald kaufen, gehe zur Bank und erkläre ihr mein Vorhaben. Die Dame am Schalter sagt mir: »Was für eine schöne Geschäftsidee! Wir geben Ihnen gerne den Kredit von 100 in Freigeld, dessen Wert um 10 Prozent jährlich schwindet – und Sie versprechen uns, den Kredit zu minus 5 Prozent zurückzuzahlen!« Die Bank gibt mir weiter Guthaben gegen Schuldschein und profitiert, weil die Schuld mehr wert ist als das Guthaben: in einem Jahr ist die Schuld 95, das Guthaben nur 90 wert – die Differenz behält die Bank.

Geschäftsbanken könnten also weiterhin Geld schöpfen, aber ihre Rolle würde an Gewicht einbüßen. Während heute 99 Prozent des Geldes (nämlich Zentralbankengeld, Buchgeld et cetera) als Kredit, als Kopplung von Guthaben und Schuldschein entsteht, würde unter dem neuen System ein großer Teil des Geldes als reines Guthaben ohne Schulden entstehen – das Grundeinkommen muss schließlich nicht zurückbezahlt werden, ist bedingungs- und schuldlos. Banken würden nur Geld schöpfen, das darüber hinaus benötigt wird. Das Grundeinkommen würde also die Macht der Geldschöpfung aus den Händen der Banken in die der Allgemeinheit übergeben, würde die Macht über und den Zugang zu Geld demokratisieren. Nicht die Kreditgeber, sondern jeder Einzelne würde durch seinen Geldgebrauch entscheiden, wohin neues Geld fließen soll. Durch das Grundeinkommen wäre jeder Bürger vertreten in einem Parlament des Geldes.

Und warum soll das gegen den Wachstumszwang helfen?

Das Wachstum ist notwendig, weil die Schulden schneller wachsen als das Guthaben, weshalb nicht genug Guthaben vorhanden ist, um die Schulden zu zahlen. Daher müssen neue Schulden gemacht werden, um die alten zu refinanzieren. Diese neuen Schulden sind an die Bedingung geknüpft, neue Geschäftsmöglichkeiten auszuloten. Aus diesem Grund muss die Wirtschaft zwanghaft wachsen, müssen Ressourcenverbrauch und Kommerzialisierung stetig steigen. Grundeinkommen und Schwundgeld würde dem Abhilfe verschaffen: Weil das Grundeinkommen ohne Schulden geschöpft wird, steht nicht mehr jedem Guthaben eine Verschuldung gegenüber, und dank negativem Zins würden Schulden nicht mehr weiter anwachsen, sondern schrumpfen. Daher gibt es nun mehr Guthaben als Schulden, und alle Schuld ist systemisch rückzahlbar. Niemand muss mehr neue Kredite aufnehmen um die alten zu refinanzieren, niemand muss zwanghaft neue Märkte finden, neue Allmenden umzäunen und neue Wälder abholzen, um zu bestehen. So verschwindet das Wachstumsproblem.

Wozu dient die Deckung der Währung durch Anrecht auf Ressourcen?
Dieser Vorschlag stammt von Charles Eisenstein,[11] und ich finde ihn genial. Konkret würde er etwa so aussehen: Wir entscheiden uns, wie viele Ressourcen wir verbrauchen wollen, und verabschieden eine Deklaration, die sagt:

»Unser Geld erhält seinen Wert durch das Recht, dieses Jahr x Tonnen Fische in der Ostsee zu fangen, das Recht, x Liter Wasser aus dem Grundwasser zu pumpen, das Recht, x Tonnen Kohle zu bergen, das Recht, x Millionen Tonnen CO_2 zu emittieren, das Recht, x Hektar Bäume zu fällen, x Hektar Land umzugraben, x Rinder zu schlachten...«

Wenn ich Fische fangen und verkaufen möchte, muss ich nun Fangrechte kaufen. Deren Preis regelt sich durch Angebot und Nachfrage: Je mehr Leute Fische fangen, desto teurer wird er. Die Währung verschwindet beim Kauf, wie heute bei der Tilgung eines Kredits.

Das hat drei Vorteile: Erstens haben durch diese Deckung die Produzenten den Anreiz, das Geld trotz seiner Schwundqualität anzunehmen – schließlich brauchen sie es, um ihre Materialien zu kaufen. Zweitens haben wir so die Möglichkeit, über die Menge an verbrauchten Ressourcen zu entscheiden, anstatt sie, wie jetzt, automatisch auf das Maximum aufzublasen. Drittens müssen so Produzenten für alle verbrauchten Ressourcen bezahlen. Das bedeutet nicht nur, dass man nun nicht mehr allein vom Besitz einer Ressource profitieren kann, sondern auch, dass man einen finanziellen Anreiz hat, Ressourcen zu sparen. Wenn Abgase kosten, würden bessere Filter für Fabriken sich lohnen und ihren Entwickler reich machen. Bäume zu pflanzen, sie zu verköhlern, damit alte Kohleminen zu füllen und so der Atmosphäre CO_2 zu entziehen wäre plötzlich ein einträgliches Geschäftsmodell.[12]

3. Die Metamorphose des Geldes und die organische Wirtschaft

Wenn das Grundeinkommen durch Ressourcen gedeckt wird, ist es im Prinzip ein verbrieftes Anrecht für jeden Menschen auf die Ressourcen der Erde. Ich finde es nur fair, dieses allen zu garantieren. Und wenn das Geld beim Kauf einer Ressource verschwindet, ist so eine Zahlung im Prinzip ein Akt der Anerkennung gegenüber der Natur für die unzähligen Güter, mit denen sie uns beschenkt. Sie ist unser Kapital und verdient eine Repräsentation im Parlament des Geldes.

Wohlgemerkt: Ich schlage nicht vor, das Privateigentum abzuschaffen. Die Idee, dass ein Individuum sich für ein Stück Land verantwortlich fühlt, finde ich durchaus schön. Aber es ist unangebracht, dass sich eine Person am Besitz von Land und Ressourcen bereichern kann.[13] Wenn die Rechte, die Ressourcen zu verkaufen, versteigert werden, schwindet die Möglichkeit, Renten und Spekulationsgewinne zu erzielen. Eigentum anzusammeln wird sich nicht mehr lohnen, sondern es wird verpflichten.

Das Geld soll an Wert verlieren? Aber diesen Wertverlust haben wir doch jetzt bereits; wir nennen ihn Inflation und fürchten ihn!

Auf den ersten Blick sehen Schwundgeld und Inflation ähnlich aus: Wenn ich 1000 Euro besitze, macht es für mich keinen Unterschied, ob das Preisniveau gleich bleibt und vom Geldbetrag jedes Jahr 10 Prozent schwinden oder ob der Betrag gleich bleibt und das Preisniveau jährlich um 10 Prozent steigt – in jedem Falle habe ich in einem Jahr 10 Prozent der Kaufkraft verloren. In gewisser Hinsicht ist aber Inflation das Gegenteil vom Negativzins: Inflation lässt Geld an Wert verlieren, weil es stetig mehr wird, während der Negativzins das Geld verschwinden lässt und so seinen Wert beibehält.

Der Unterschied liegt im Geldfluss: Wessen Geldwert verschwindet, und wo taucht er wieder auf? Bei dem hier vorgestellten Geldsystem verschwindet Geld durch Negativzins – also von dem gesamten Geld ein gleicher Teil – und durch den Kauf von Ressourcen, während neues Geld durch das Grundeinkommen und die Regierungsausgaben entsteht. Es findet eine Umverteilung statt von jenen, die Geld haben und Ressourcen verbrauchen, hin zu allen Bürgern und dem Staat. Bei unserem gegenwärtigen inflationären Geld steigt mit der Geldmenge das

Preisniveau, wodurch alle, die Geld brauchen, noch mehr Geld brauchen, während neues Geld durch Kreditvergabe an die fließt, die glaubhaft versprechen, mehr davon zu machen. Es bringt also eine Umverteilung von denen, die Geld brauchen, zu denen, die das Wachstum antreiben.

Das ist ein wesentlicher Unterschied. Denn wie entsteht Zins? Dadurch, dass wenige Geld haben und es horten können, während viele es brauchen. Das macht es knapp, sodass Kreditnehmer bereit sind, eine höhere Rückzahlung zu versprechen. Durch Inflation verliert Geld zwar an Wert, aber da das zusätzliche Geld dort entsteht, wo bereits viel ist, ändert sich nichts an der Knappheit des Geldes. Daher steigen die Zinsen meist direkt mit der Inflation, werden »inflationsbereinigt«, die erwartete Inflationsrate wird dem sonstigen Zinssatz hinzuaddiert, weil der Geldmarkt ein Verkäufermarkt ist. Das wäre anders mit einem Negativzins, unter dem es unmöglich ist, positive Zinsen zu verlangen.

Das Schwundgeldsystem würde daher die Inflation beenden. Im Moment bewirkt der Zins, dass Geld exponentiell wachsen muss; jede verzinste Schuld bedingt eine neue, größere, und Geld verschwindet nur durch große Blasen, Krisen, Vertrauensverluste. Wenn die Zahl der Güter da nicht mithält, gibt es mehr Geld als Güter und eine Inflation. Mit dem Schwundgeld würde die Geldmenge linear – 1000 Euro pro Kopf und Monat – ansteigen und exponentiell (1 Prozent pro Monat plus das Geld, von dem Ressourcen gekauft werden) schwinden, es würde sich logischerweise bei einem Gleichgewicht von weniger als 100 000 Euro pro Kopf einpendeln.[14] Wenn gleichzeitig die Menge an zur Verfügung gestellten Ressourcen gleich bleibt, entstehen durch Angebot und Nachfrage konstante Preise für Ressourcen und Güter. Inflation wäre obsolet.

Keine Steuern mehr? Wie finanzieren wir dann den Staat?
Der Staat würde für seine Ausgaben ebenfalls Freigeld erhalten. Angenommen, er gibt pro Monat pro Kopf 500 Euro aus (was dem deutschen Staatshaushalt entspricht, ausgenommen Zinszahlungen, Finanzverwaltung, Sozialleistungen, welche dann überflüssig sind), dann pendelt sich die dadurch geschöpfte Geldmenge bei 50 000 Euro

pro Kopf ein.[15] Erhöhte Staatsausgaben bewirken eine größere Geldmenge und spiegeln sich bald in höheren Preisen wider; der Staat erhielt dadurch einen größeren Teil der zum Verbrauch bereitgestellten Ressourcen. Daher braucht es keine Steuern.

Das klingt unerhört, ist aber ein recht simpler ökonomischer Taschenspielertrick: Der Schwund des Freigeldes, sein Verschwinden auf Konten und beim Kauf von Ressourcen sowie sein wundersames Wiederauftauchen in den Händen von Bürgern und Regierung sind vergleichbar mit einer Steuer auf das Halten von Geld und das Verbrauchen von Ressourcen, dessen Ertrag an Bürger und Staat gezahlt wird: Wer Geld hat und Ressourcen verbraucht, bezahlt dafür an die Allgemeinheit.[16] Anstatt Geld wie Gold zu behandeln, das der eine weggeben muss, damit es der andere haben kann, können wir es wie Wasser betrachten, das verdunstet, wo es sich sammelt, und über der Allgemeinheit abregnen kann. Das Praktische: Obwohl es keine Finanzämter braucht, sie einzusammeln, kann niemand, der Geld hält und Ressourcen braucht, diese Steuer umgehen!

Stellen Sie sich das vor – keine Steuern! Und auch die Subventionen würden weniger notwendig, wenn mehr Menschen Zeit und Muße hätten, sinnvolle Dinge zu tun. Durch Grundeinkommen und Freigeld könnten wir alle Jobcenter und Finanzämter schließen, müssten keine Zinsen auf die Staatsschuld zahlen, könnten Subventionen abschaffen – damit wären die größten Posten auf dem Bundeshaushalt, die zusammen zwei Drittel der Steuergelder kosten, eliminiert, und wir könnten uns wieder anständige Schulen, Krankenhäuser, Universitäten leisten!

Den Staat finanzieren, indem man Geld druckt? Hat das nicht schon immer für Inflation gesorgt?

Wer den Gedanken unerträglich findet, dass Staatsausgaben durch Geldschöpfung finanziert werden, der hat die Idee eines Kredits nicht ganz verstanden. Denn wenn heute ein Staat bei einer Bank einen Kredit aufnimmt, entsteht dadurch ebenfalls Geld, aber sogar zweifach: einmal das Guthaben, das Zahlungsversprechen der Gläubigerbank, und einmal die Staatsanleihe, das Zahlungsversprechen des Staates. Das jetzige System führt zu einer doppelten Inflation durch erhöhte

Staatsausgaben, und das auch noch mit der Staatsanleihe, einem Geld, das nicht weniger wird, sondern verzinst ist und sich so weiter vermehrt! *Das sorgt für Inflation.*[17]

Würden nicht einige an diesem Arrangement verlieren?
Finanziell? O ja, natürlich. Wir vernichten hier Geld und Schulden, weil wir zu viel davon haben. Wir kehren den Mechanismus um, der Geld polarisiert und es dort sammelt, wo bereits viel ist. Stattdessen programmieren wir es, dort zu verdunsten, wo viel ist, und dorthin zu fließen, wo es benötigt wird. Ja, natürlich müssen dadurch diejenigen Geld verlieren, die jetzt den Großteil besitzen. Ohne Zins wird niemand mehr »sein Geld für sich arbeiten lassen« können, die großen Vermögen werden aufhören zu wachsen, die großen Silbertürme werden Banken weichen, die ihre eigentliche Funktion erfüllen: Kreditnehmer und -geber zueinander zu führen.

Haben Sie jetzt Angst um Ihre Ersparnisse, Ihre Altersvorsorge? Das ist unnötig. Erstens können Sie nach wie vor Geld verleihen, um es vor dem Schwund zu bewahren – es wird ohne Zins nur eben einfach nicht wachsen. Zweitens ist für Ihre Rente gesorgt: Sie bekommen schließlich ein Grundeinkommen, hoch genug, um vernünftig zu leben. Sie brauchen die Renditerente nicht mehr!

Wenn Sie viel Geld und Angst darum haben, sehen Sie es so: Alle Aufstände der Weltgeschichte hatten ein Ziel gemeinsam – die Schulden zu erlassen und das Land neu zu verteilen. Dieser hier ist keine Ausnahme, aber anders als die Vorgänger braucht er keine Mistgabeln, Barrikaden, Guillotinen und Zwangsenteignungen. Stattdessen werden Ihnen Ihre Anleihen und Schuldscheine mit großzügigen Freigeldzahlungen abgekauft. Ihr Vermögen ist immer noch da, nur kann es nun stagnieren oder langsam abschmelzen, anstatt wild zu wuchern. Ist das nicht die angenehmste Variante des Unvermeidlichen?

Verliert wirklich jemand, wenn perverse Geldvermögen schwinden, aber dafür die Verheerung, die das Geld angerichtet hat, beendet und die Mauern, die das Geld gebaut hat, niedergerissen werden? Vielleicht bin ich naiv, aber ich glaube, mit der neuen Geldordnung würden alle gewinnen, ob arm, ob reich.

Arbeitsloses Einkommen? Würde denn dann noch irgendjemand arbeiten?

Hinter dieser Frage stehen die Annahmen, dass Menschen Nutzenmaximierer sind, die das meiste für sich selbst herausholen und sich nicht ums Gemeinwohl scheren, und dass Arbeit immer unangenehm ist. Beide Annahmen sind Artefakte des Geldsystems: Der systematische Mangel bedroht uns, stachelt Wettbewerb und Gier an, ermutigt uns, zuerst an uns selbst zu denken. Und er zwingt uns, um Arbeit zu konkurrieren. Das macht sie unangenehm (Arbeitgeber haben keinen Anreiz, sie angenehm zu gestalten, weil es ja ausreichend Bewerber gibt) und sinnentleert (viele Arbeitsplätze werden nur geschaffen, damit jemand Geld verdienen kann). Hingegen bleiben wichtige Arbeiten unerledigt, die aber kein Geld bringen und die zu verrichten sich daher niemand leisten kann: Zeit mit Alten verbringen, Kindern bei den Hausaufgaben helfen, Vereine gründen oder die ökologischen Folgen des Wachstums aufräumen.

Aber das müsste nicht so sein. Ich möchte den Gedanken mal umdrehen: Was, wenn wir Menschen eigentlich gerne Gutes und Sinnvolles tun, aber Geld und Arbeit uns davon abhalten? Dann würde das Grundeinkommen den Leuten ermöglichen, ihre Zeit für Dinge aufzuwenden, die sie selbst für gut und sinnvoll erachten. Ist es nicht wahrscheinlich, dass wir Menschen selbst besser wissen als das Geld, was schöne und sinnvolle Zwecke unserer Mühen sind? Und selbst wenn wir dann beginnen, etwas häufiger die Füße hochzulegen – haben wir nicht heute eine Unzahl stressiger und sinnloser Jobs, die niemand vermissen wird? Würde es uns nicht guttun, die tatsächlichen Früchte der Zeitersparnis des technischen Fortschritts auch in Muße und Untätigkeit umzusetzen?

Die Empirie scheint in dieser Frage auf meiner Seite zu stehen: Studien zeigen, dass viele Arbeitslose psychisch stark unter ihrer gefühlten Nutzlosigkeit leiden.[18] Und Menschen mit einem Grundeinkommen erholen sich anfangs mit ein paar Wochen der Untätigkeit, beginnen sich aber bald zu langweilen und freiwillig Arbeit zu erledigen.[19] Zudem möchten viele mehr als das Minimum an Geld verdienen oder arbeiten einfach gerne. Sie können immer noch Unternehmer sein, Produkte entwickeln, Firmen gründen; Sie können weiterhin durch harte Arbeit und

Scharfsinn viel Geld verdienen und lächerlich reich werden – aber Sie müssten es nicht mehr. Vielleicht wird uns Geld, das wir ansammeln, eines Tages weniger interessieren als die Anerkennung, die wir für unsere Arbeit erhalten. Vielleicht rührt Status dann wie bei den Geldlosen wieder daher, wie viel jemand gibt, nicht, wie viel jemand hat.

Außerdem böte ein Grundeinkommen einen deutlich höheren Anreiz für Gelegenheitsjobs als das jetzige System der Arbeitslosenunterstützung. Angenommen, Sie bekommen jetzt monatlich 650 Euro Hartz IV, 350 Euro plus 300 Euro Miete. Wenn Sie jetzt einen Job annehmen, bei dem Ihnen 650 Euro gezahlt werden, arbeiten Sie, ohne auch nur einen Cent mehr zu verdienen – weil das wenig motivierend ist, muss das Jobcenter mit fiesen Sanktionen Ihre Arbeit erzwingen. Mit dem Grundeinkommen jedoch erhalten Sie für jede Minute, die Sie bezahlt arbeiten, Geld, also mehr Geld, als wenn Sie nicht arbeiten. Ich möchte fast sagen: Arbeit würde sich wieder lohnen.

Ja, es wird weiterhin unangenehme Arbeit geben – Klos putzen, E-Mails beantworten, Schuhe in Regale einsortieren. Wir »lösen« heute das Problem, indem wir Menschen dazu zwingen, sie zu billigen Löhnen zu erledigen. Wenn wir damit aufhören, muss ein Unternehmen versuchen, diese Arbeit angenehmer zu gestalten, besser zu entlohnen, sodass sie jemand annimmt. Das schafft den Anreiz, diese Arbeit gar nicht erst entstehen zu lassen oder an die Maschinen zu übergeben. Der Interessenkonflikt zwischen technischer Entwicklung, die Arbeit überflüssig macht, und den Arbeitern und ihren Vertretern, die für die Erhaltung von Arbeitsplätzen kämpfen, würde verschwinden. Wir müssten bei der Entscheidung über Techniken nicht mehr fragen, was effizienter und billiger ist, sondern welche Arbeit wir gerne selbst tun und welche wir den Maschinen überlassen möchten.

Könnte es nicht sein, dass mit einem Grundeinkommen mehr Menschen ihren Musen und Herzen folgen und mit ihrem Leben das anstellen, was sie wirklich wollen? Und könnte es nicht sein, dass diese Selbstbestimmung nicht nur persönlich, sondern auch gesellschaftlich ein großer Gewinn wäre? Wie wäre es, wenn wir mehr malen, lesen, Musik machen, Ball spielen, Geschichten erzählen, Erfindungen basteln,

Gärten anlegen, Bäume pflanzen, Baumhäuser bauen, Länder bereisen, Verwandte besuchen, Kleingeschäfte eröffnen, Bücher schreiben, Lieder singen, das Leben genießen? Vielleicht wissen die Einzelnen ziemlich genau, was besser für die Gesellschaft ist als das Geld; vielleicht würde ein solches Grundeinkommen eine neue Renaissance anbrechen lassen! Wie können wir das wissen, ohne es je ausprobiert zu haben?

Würde durch ein Grundeinkommen die Arbeit nicht viel teurer werden?

Das ist schwer zu sagen. Auf der einen Seite ja, weil niemand gezwungen wird, zu einem lächerlichen Lohn zu arbeiten. Auf der anderen Seite nein, weil kein Geld in Nebenkosten und Steuern fließen muss und niemand auf seinen Lohn angewiesen ist. Ich würde daher vermuten, dass unangenehme Arbeit, die keiner tun will, teurer wird, während schöne, sinnvolle Arbeit, die jeder gerne verrichtet, günstiger wird – was keine schlechte Entwicklung wäre.

Überhaupt würden zwar ressourcenintensive Güter teurer, aber viele andere Güter wohl günstiger werden ohne Zins. Schließlich zahlen Sie heute Miete – kurz für Mietzinsdienst – für Ihre Wohnung. Klar, schließlich gab es mal einen Kredit, mit dem das Grundstück gekauft und Haus gebaut wurde, dessen Zins die Mieter bedienen.[20] Gleiches gilt für Industriegüter wie Kühlschränke und Computer – wo sollten sich die Investitionskreditzinsen und Dividenden niederschlagen, wenn nicht im Preis? Wenn Zinsen, Steuern und andere Wucherungen des Wachstums wegfallen, würden viele Dinge wahrscheinlich sogar günstiger.

Würde dabei nicht die Wirtschaft schrumpfen?

Ja, genau das ist doch der Punkt – aber keine Angst, denn eine schrumpfende Wirtschaft ist nur dann ein kategorisches Übel, wenn eine wachsende ein kategorisches Wohl ist. Ich habe Beispiele leidvoller Kommerzialisierung gegeben, um zu zeigen, dass dies nicht so ist. Die Postwachstumswirtschaft negativen Zinses müsste nicht mehr zwanghaft größer werden; aber das heißt nicht, dass sie nicht besser werden kann. Haben Sie eine gute Idee für Produkte und Aktionen, mit denen das Leben auf der Welt besser wird, und brauchen Geld? Nehmen Sie meines, es verliert doch nur an Wert!

Warum ist es heute überhaupt so wichtig zu messen, wie groß die Wirtschaft ist, wie viele Transaktionen für Geld getätigt werden? Nicht etwa, weil das BIP Rückschlüsse auf das allgemeine Wohlergehen erlauben könnte – das kann es nicht –, sondern weil es ein Indikator dafür ist, ob verzinste Kredite bedient werden können oder nicht. Wenn das BIP weniger wächst als die Schulden, heißt das, dass nicht genügend Profite gefunden wurden, um Gläubigern mehr Geld zurückzuzahlen.[21] Es folgen geplatzte Kredite und Pleiten – darum brauchen und loben wir eine wachsende Wirtschaft.

Wenn Kredite nicht verzinst sind und daher kein Wachstum versprechen, bestimmt das Wachstum des BIP nicht mehr darüber, ob Kredite platzen. Vielleicht wird dieser Zahlenwert plötzlich so irrelevant werden, wie er es bis vor seiner Erfindung vor achtzig Jahren immer gewesen ist.

Aber müssten wir mit einer kleineren Wirtschaft nicht auf vieles verzichten?

Diese Frage geht davon aus, dass Wachstum Wohlstand bedeutet und dass das BIP das Gute ist und sein Schrumpfen Verzicht. Sie übersieht, wie viel wir heute dem Geld opfern. Denken Sie an Autos: Sie tragen enorm zum BIP bei, aber mit ihrer Ausbreitung verlieren wir Ruhe, saubere Luft, ein stabiles Klima, Platz auf der Straße und die Menschen und Tiere, die wir dieser Fortbewegung opfern. Ich will Autos nicht verbieten, aber wenn ihr Preis ihren Kosten entsprechend steigt und wir dafür richtig gute und günstige öffentliche Verkehrsmittel haben, müssen wir weniger Verzicht leisten.

Wir könnten zum Beispiel einen Teil des Staatsbudgets an den öffentlichen Nahverkehr zahlen, damit dieser die Grundversorgung an Mobilität gewährleistet (gerne unter der Auflage, dass erneuerbare Energien genutzt werden). Praktisch würde damit ein Teil des Grundeinkommens als Dienstleistung direkt ausgezahlt. Da Busse und Bahnen einfach energieeffizienter sind als Autos, wäre das wirklich prima. Tickets, Kontrolleure und deren Verwaltung würden wegfallen, dafür könnten die Busfahrer und Lokführer vernünftig entlohnt werden. Erfahrungsgemäß nutzen viele Leute gerne die öffentlichen Verkehrsmittel, wenn diese häufig, regelmäßig und lückenlos fahren, daher ein gutes Nahverkehrssystem pro Kopf gerechnet günstiger ist als ein schlechtes.[22] Diese Flatrate ist nicht zwingend notwendig für das Gelingen des neuen Geldes, da das Grundeinkommen die Kosten für Lebensnotwendigkeiten abdecken sollte, sie würde aber öffentliche Verkehrsmittel auf elegante Weise unterstützen.

Noch ein Beispiel? Nehmen wir Plastik. Stellen Sie sich eine Welt mit weniger Plastiktüten, Plastikverpackungen, Plastikmüll vor. Wenn wir den Plastikverbrauch begrenzen, würde sich Recycling lohnen, und es würde auch mehr kosten, Plastikgeräte zu produzieren, deren Haltbarkeitsdatum künstlich beschränkt ist. Wenn unbeliebte industrielle Lohnarbeit teurer würde und selbstbestimmte freiwillige Arbeit günstiger, würden zudem lieblos gefertigte Plastikmöbel teurer, und selbst entworfene, von Liebhabern handgebastelte Holzmöbel erschwinglicher werden. Es gäbe weniger, dafür bessere und ökologisch sinnvollere Gebrauchsgüter. Wäre das etwa ein Verzicht?

Manche Umweltschützer haben in bester Absicht Entsagung und Verzicht auf ihr Banner geschrieben und verkünden mit saurer Miene, dass die fetten Jahre vorbei und die Gürtel enger zu schnallen sind. Steckt dahinter nicht die Knappheitsphilosophie des Geldes? Und wen soll die Entsagungspredigt begeistern? In der besseren Wirtschaft, die mir vorschwebt, wird hoffentlich das bessere Geld die Mängel beseitigen und manchen Verzicht obsolet machen: den Mangel an Zeit und die fehlende Gelegenheit, laue Sommerabende in der Hängematte zu genießen; den Mangel an angenehmer Arbeit und die Unmöglichkeit, Tage mit sinnstiftender Tätigkeit zu füllen; den Mangel an Gemeinschaft und dem Gefühl, gebraucht zu werden. Wir können das besser, wir sollten auf diesen Verzicht verzichten!

Und was ist mit Scheinen und Münzen? Müssten die auch an Wert verlieren?
Diese Frage hat mir lange Kopfzerbrechen bereitet. Wenn die Scheine und Münzen nicht an Wert verlieren, sind sie noch immer ein guter Wertspeicher. Um mein Geld vor Schwund zu bewahren, muss ich es dann nicht verleihen, sondern könnte es einfach vergraben oder unterm

Kopfkissen lagern. Wenn ich auf diese Weise dem Kreislauf viel Geld entziehe, wird es dann nicht so knapp, dass man wieder Zinsen verlangen kann?

Als das Freigeld 1916 von Silvio Gesell entworfen wurde, lag noch ein größerer Teil der Währung in Scheinen vor. Er schlug daher vor, Marken zu verkaufen, die man monatlich auf die Scheine kleben musste, damit diese gültig blieben. Bei einer Schwundrate von 10 Prozent pro Jahr musste man Marken im Wert von 10 Mark kaufen, um einen 100-Mark-Schein bei Wert zu halten – ein etwas umständliches Unterfangen.

Es gibt noch andere Lösungsvorschläge. Man könnte zum Beispiel jedes Jahr neues Bargeld ausgeben und das alte nur gegen eine Gebühr umtauschen – ein bisschen wie der Schlagsatz im Mittelalter. Oder man könnte in die Scheine einen Chip setzen, der den aktuellen Wert speichert und ihn regelmäßig reduziert. Das hätte allerdings den Nachteil, dass man ohne Lesegerät nicht mehr wüsste, wie viel genau ein Schein wert ist, was auch etwas umständlich ist. Oder man schafft kurzerhand das Bargeld ab, was natürlich den Nachteil hätte, dass jede Transaktion überwacht werden könnte – auch keine richtig perfekte Lösung.

Vielleicht wäre das alles bei dem hier vorgestellten Geldsystem auch gar nicht nötig. Das Grundeinkommen würde schließlich als Bankguthaben ausgezahlt, dessen Schwund leicht zu arrangieren ist. Solange die Leute damit bezahlen, müsste es immer jemanden geben, auf dessen Konto sich überschüssiges Freigeld sammelt, das er verleihen möchte. Solange ständig in den Händen aller neues Geld entsteht, kann es nicht wirklich knapp werden. Somit sollte ein positiver Zins weiter unmöglich sein, und das ist schließlich der Zweck der Übung.[23]

Das Horten von Bargeld kann man dann vergleichen mit der Vergabe eines Kredits zu 0 Prozent – man gibt einen Betrag auf und erhält ihn unverändert wieder. Geld zu verbuddeln hat aber zwei Nachteile für den Besitzer: Erstens hat niemand etwas von dem Geld, wenn ich es horte – ich verzichte damit auf meine Einflussmöglichkeit auf Unternehmen und Projekte, die ich mit einem Kredit hätte unterstützen können. Und zweitens kann Bargeld leichter gestohlen werden als Guthaben auf der Bank. Beim Verbuddeln zahlt man also eine Risikoprämie. Vielleicht ist es in Anbetracht dessen attraktiver, das Geld zu verleihen, als es zu horten.

Wenn Wirtschaften keine Gewinne mehr verspricht, würden dann nicht die Unternehmer alle ins Ausland abwandern und das Kapital abfließen?
Nun, mit dem Schwundgeld können sie wandern, wohin sie wollen; schwinden wird es trotzdem. Um wirklich mit dem Vermögen zu verschwinden, müssten sie das Schwundgeld gegen eine andere, nicht schwindende Währung verkaufen. Wer bereit ist, sein zinstragendes Geld gegen ein schwindendes Geld zu verkaufen, wird dafür einen höheren Kurs verlangen. Das Geld würde nicht abfließen, letztlich käme die Einführung einer Schwundwährung also einer Abwertung der Währung gleich – nichts prinzipiell Schlechtes.

Würden Unternehmen abwandern? Warum sollte sich ein Unternehmen einen zahlungsfreudigen Markt und seine Einnahmen entgehen lassen, nur weil dessen Geld nicht ewig lagerbar ist? Es könnte es schließlich weiter ausgeben und investieren, und keine Steuern zahlen zu müssen, stelle ich mir für Unternehmen durchaus attraktiv vor. Nur Unternehmen, deren einziger Sinn darin besteht, Geld und Eigentum zu horten, würden wahrscheinlich verschwinden, was ich mir kaum als Verlust vorstellen kann. Und warum sollte physisches Kapital abfließen? Sein Nutzwert ändert sich nicht, seine Abschreibung bleibt gleich; es wird im Verhältnis zum Geld mehr wert, was Grund genug ist, in Kapital zu investieren. Wahrscheinlich würde Kapital nicht abfließen, sondern aufgewertet, mehr werden, herbeifließen!

Und wenn nun die ganzen Leute aus den armen Ländern der Welt hierherkommen, weil es Geld umsonst gibt?
Nun, zwar kann das Grundeinkommen nur so viel Wohlstand verteilen, wie in einem Land produziert werden kann; dennoch können Deutschland und Europa noch einige andere Menschen versorgen, egal ob diese nun dauerhaft hier wohnen oder nur zu Besuch sind. Ob wir das tun wollen, ist natürlich eine Frage von politischer Ästhetik, keine ökonomische.

Ich persönlich befürchte nicht, dass ein allgemeines Grundeinkommen zu einer totalen Einwanderungswelle führt, denn ich glaube, dass die meisten Immigranten nicht zu uns kommen, weil wir so toll reich sind, sondern weil wir mit unserer Maschinerie aus Krediten, Land-Grabbing, Waffenexporten und Kriegen das Leben in ihren Heimatländern zerstören. Sollte also irgendjemand weniger Flüchtlinge und Migranten wollen, dann sollte er nicht dafür sorgen, dass es ihnen bei uns schlecht geht, sondern, dass es ihnen bei sich zu Hause weniger schlecht geht. Mein Vorschlag wäre, Waffenlieferungen einzustellen, den Import von Rohstoffen zu besteuern und eine Wirtschaft zu errichten, die nicht auf wachsende Extraktion von Ressourcen angewiesen ist – das würde den Grund für unfreiwillige Migration beseitigen. Dann kann man auch allen Besuchern ein Grundeinkommen zahlen. In jedem Fall steht und fällt der hier präsentierte Vorschlag nicht mit der Migration.

Das mag alles auf dem Papier ganz gut aussehen, aber wer weiß, ob das alles so funktioniert?

Nun ja, ich habe mir das alles glücklicherweise nicht selbst ausgedacht, daher kann ich auf einige Experimente verweisen. Das Grundeinkommen wurde bereits mehrere Male versuchsweise eingeführt, unter verschiedensten Bedingungen. In Manitoba, Kanada, erhielten zwischen 1975 und 1979 1300 Familien ein staatlich garantiertes Mindesteinkommen – eine vierköpfige Familie, die weniger als 13 000 kanadische Dollar jährlich zur Verfügung hatte, konnte bis zu 5800 Dollar vom Staat bekommen. Das Ergebnis: Es kam nicht zur befürchteten großen Faulheit. Die *Taz* berichtet:

»›Die Männer reduzierten ihre jährliche Arbeitszeit um 1 Prozent, ihre Frauen um 3 Prozent‹, sagt Derek Hum, Ökonomieprofessor der Universität Winnipeg, der das Manitoba-Experiment in den 1970er-Jahren wissenschaftlich begleitete. Unverheiratete Frauen arbeiteten 5 Prozent weniger. Hum: ›Die Resultate waren ermutigend für die diejenigen, die das garantierte Mindesteinkommen befürworteten.‹ Aus zwei Gründen: Die verbreitete Kritik am Grundeinkommen, es würde große Bevölkerungsgruppen zum Ausstieg aus dem Arbeits-

3. Die Metamorphose des Geldes und die organische Wirtschaft

markt animieren, das Wachstum reduzieren und die Alimentierung für den Staat unerschwinglich teuer machen, traf offenbar nicht zu. Außerdem profitierten arme Beschäftigte dank des staatlichen Zuschusses von einem deutlich höheren Lebensstandard.«[24]

Das Experiment blieb leider trotz seines Erfolgs folgenlos, weil eine Krise ein durch Steuergelder finanziertes Grundeinkommen unmöglich machte. Ein anderes Beispiel in gänzlich anderem Umfeld findet sich in Otjivero, 70 Kilometer östlich von Windhoek, Namibia. Das Magazin Brand eins berichtet:

»Mit der Einführung eines ›Basic Income Grant‹ (BIG) in dem Tausend-Seelen-Nest wollte die BIG-Koalition beweisen, das dies der beste und einfachste Weg ist, Armut, Hunger und Krankheiten zu besiegen. Die Allianz sammelte überall auf der Welt Spenden ein und zahlte ab Anfang 2008 100 Namibia-Dollar (rund 9 Euro) pro Kopf und Monat aus. (...) Anderthalb Jahre nach der Einführung legte die BIG-Koalition eine hoffnungsvolle Studie über die Wirkungen des Grundeinkommens vor. Noch wenig überraschend: Die Armutsrate in Otjivero war drastisch gesunken. Schon erstaunlicher: Verschiedene Dorfbewohner hatten das Grundeinkommen als Startkapital genutzt, um beispielsweise Brot zu backen, Kleider zu nähen oder Ziegel herzustellen. Das Untergewicht bei Kindern reduzierte sich von 42 auf 10 Prozent innerhalb eines Jahres, die Abbrecherquote in der kleinen Dorfschule fiel innerhalb desselben Zeitraums von rund 40 auf beispielhafte 0 Prozent. Fast alle Eltern zahlten plötzlich das Schulgeld, und auch die 4 Namibia-Dollar für die Krankenstation konnte sich jetzt jeder leisten. Die örtliche Polizeistation registrierte einen Rückgang der Kriminalität um über 40 Prozent, wovon auch die dem Feldversuch kritisch gegenüberstehenden weißen Farmer profitierten: Viehdiebstähle nahmen um knapp die Hälfte ab.«[25]

Auch dieses Experiment war zwar ein Erfolg, aber die landesweite Einführung scheiterte am Desinteresse der Regierung:

»Der Präsident Namibias, Hifikepunye Pohamba, äußerte sich erstmals zweieinhalb Jahre nach Projektbeginn in Otjivero, offenbar ohne näher informiert zu sein: Das Grundeinkommen animiere die Menschen zum Nichtstun, monierte er.«

Ah, das alte Menschenbild – die Philosophie des Geldes sitzt tief.

Es gibt noch weitere Umsetzungsbeispiele weltweit, in Brasilien, Indien, der Mongolei und anderswo, die Sie im Internet[26] finden können. Sie alle fanden bisher nur im kleinen Stil mit wenigen tausend Teilnehmern statt, aber das könnte sich bald ändern: In der Schweiz hat im Oktober 2013 eine Petition mit über 125 000 Unterschriften für 2016 eine Volksabstimmung über ein landesweites Grundeinkommen von 2500 Franken (also grob 2300 Euro) monatlich bewirkt. Ein Vorstoß geschieht auch gerade in Finnland. Wenn es gelingt, werden wir dieses Sozialexperiment aus nächster Nähe verfolgen können.

All diese Beispiele haben jedoch eines gemeinsam: Sie tappen in die Falle der Finanzierung. Sie sind umlagenfinanziert – jeder Schein, der als Grundeinkommen ausgezahlt wird, wurde von jemand anderem als Steuer oder Spende bezahlt, was bei einem Einkommen, das die Existenz garantieren soll, einen erheblichen Druck auf Steuereinkommen oder Philanthropie bedeutet.[27] Das Problem ergäbe sich nicht, wenn das Grundeinkommen durch Freigeld finanziert würde; diese Kombination habe ich bisher nur online bei Dirk Schumachers BGE-Kreis gefunden, einem Tauschnetzwerk, das mit einer Mischung aus Schwundgeld und Grundeinkommen arbeitet.[28]

Das Freigeld selbst ist schon krisenerprobt, und die Versuche sind gut dokumentiert: Nach dem Wirtschaftseinbruch 1929 druckten zahlreiche Dörfer und Städte eigene Freigelder, die die Leute als Zahlungsmittel annahmen, weil es besser war als gar kein Geld. 1929 gründete sich in Erfurt das erste Freigeld, der Wära – eine Mischung der Worte »Währung«, »Ware«, »Wert« und »währen« –, das monatlich 1 Prozent seines Wertes einbüßte.

Das Experiment kam in Fahrt, als 1931 der Bergingenieur Max Hebecker das Braunkohlebergwerk im ostbayrischen Schwanenkirchen wiedereröffnen wollte, das zwei Jahre zuvor geschlossen worden, je-

3. Die Metamorphose des Geldes und die organische Wirtschaft

doch der größte Arbeitgeber des Orts gewesen war. Hebecker plante, es zu kaufen, aber er bekam wegen der Krise keinen Bankkredit dafür. Er wendete sich an die Wära-Tauschgesellschaft, die ihm einen Kredit von 50 000 Wära gab. Damit eröffnete Hebecker das Bergwerk neu und stellte Bergleute ein, die er zu 10 Prozent in Reichsmark und zu 90 Prozent in Wära bezahlte.

Anfangs zögerten die Schwanenkirchener, das Geld anzunehmen; Hebecker jedoch sorgte für Anreize, indem er denjenigen, die Kohle mit Wära bezahlten, einen Rabatt von 5 Prozent gab und von anderen Mitgliedern der Tauschgesellschaft gegen Wära Lebensmittel kaufte, die er ebenfalls gegen Wära in seiner Kantine verkaufte. Dadurch dämmerte es den örtlichen Geschäftsleuten, was für ein Geschäft sie sich entgehen ließen. Innerhalb eines Jahres nahmen über tausend Geschäfte in ganz Deutschland den Wära an.

Nun war wieder Geld vorhanden, die Krise verpuffte, und Schwanenkirchen erlebte einen starken wirtschaftlichen Aufschwung, der die umliegende Region erfasste, während der Rest des Landes immer tiefer in die wirtschaftliche Flaute fiel. Der Erfolg des Experiments erregte große Aufmerksamkeit; über fünfzig in- wie ausländische Zeitungen berichteten über das »Wära-Wunder«. Die Regierung in Berlin sah jedoch ihre Macht durch die Währung bedroht: Die Reichsbank wurde auf den Wära aufmerksam und zeigte die Herausgeber wegen Banknotenfälschung an. Das Amtsgericht wies die Klage ab – schließlich hatte niemand eine Währung gefälscht, denn der Wära war kein gesetzliches Zahlungsmittel. Also verbot das Reichsfinanzministerium den Wära kurzerhand per Notverordnung. Hebecker musste das Bergwerk wieder schließen, und Schwanenkirchen und Umgebung stürzten bald wieder in die Krise von Arbeitslosigkeit, mangelnden Investitionen, fehlenden Krediten und so weiter.[29]

Das Freigeld von Erfurt und Schwanenkirchen war trotz des Erfolgs gescheitert, aber seine Idee wurde nun populär. Im nächsten Jahr führte Wörgl, ein Dörfchen in Österreich mit leerer Gemeindekasse und einem mutigen Bürgermeister, eine Negativzinswährung ein. Diese selbst gedruckten Papiere, bei Wert gehalten durch Klebemärkchen und gedeckt durch Schillinge, wurden den Angestellten der Gemeinde als

Lohn bezahlt. Das Experiment war erfolgreich wie der Wära: Die Arbeitslosigkeit sank, es entstanden Straßen, Brücken, eine Bahnhofsbeleuchtung und eine Skischanze, und rückständige Steuern wurden bezahlt – ja, die Steuern wurden sogar plötzlich im Voraus entrichtet.[30] Die Gemeinde erhöhte ihre Einnahmen um 34 Prozent, ihre Investitionen stiegen um 220 Prozent, und in den 14 Monaten des Experiments sank die Arbeitslosenquote von 21 auf 15 Prozent, entgegen dem Trend im Rest des Landes. Trotz der Krise, die auch ganz Österreich erfasst hatte, brummte die Wirtschaft in Wörgl, sodass in der ganzen Welt Zeitungen über das »Wunder von Wörgl« berichteten, der französische Finanzminister zur Erkundigung anreiste und Linz, Speyr und Spittal ebenfalls das Schwundgeld einführen wollten.

In den USA entstanden zahlreiche Nachahmungen. Bis 1933 druckten Bürger und Kommunen von über hundert Städten sogenannte »Notfallwährungen«,[31] welche durch Bankenbankrotte verschwundene Gelder ersetzten. Der Geldtheoretiker Irving Fisher schlug der amerikanischen Regierung dasselbe Mittel zur landesweiten Überwindung der Krise vor, um »die Depression zu brechen und das Geldhamstern zu beenden«. Ein Entwurf wurde von Abgeordnetenhaus und Senat diskutiert, bis Präsident Roosevelt lieber auf die zentrale Regierung setzte und mit dem New Deal alle Notfall- und Zweitwährungen verbot.[32] John Maynard Keynes wurde »von Anhängern (Gesells) bombardiert mit Ausgaben seiner Werke« und widmete ihm einen langen Abschnitt der *Allgemeinen Theorie*, in der er Gesell einen »zutiefst originellen, zu Unrecht ignorierten Propheten« nannte.[33] Freigeld wurde bekannt.

Wie in Schwanenkirchen läutete jedoch die Aufmerksamkeit das Ende des Experiments ein, als die Österreichische Nationalbank ihr Währungsmonopol gefährdet sah und das Experiment unter Androhung eines Armeeeinsatzes beenden ließ. Danach wurde es stiller um Freigeld und die selbst gemachten Währungen. Zwar versuchten immer wieder Aktivisten, Regionalwährungen zu starten, und Hunderte schafften den Durchbruch und wurden akzeptiert, wie etwa der Urstromtaler und der Chiemgauer. Es gab auch Varianten wie die zinsfreie Schweizer WIR-Genossenschaft oder die Freicoin, eine mit minus 5 Prozent

3. Die Metamorphose des Geldes und die organische Wirtschaft

verzinste Internetwährung, dem Bitcoin ähnlich. Leider nahmen viele dieselbe Wendung: Solange Idealisten sie vertrieben und Sympathisanten sie annahmen, bestanden sie; doch sobald der Enthusiasmus verpuffte, sammelte sich das Geld bei Wohlmeinenden, die keine Abnehmer fanden.

Eigentlich ist das verständlich: Unser verzinstes Geld ist eine Währung des Wachstums, und solange die Wirtschaft wächst und genug Gelder fließen, gibt es keinen guten Grund, statt normalem Geld das Freigeld anzunehmen, das an Wert verliert. Und solange keine Regierung die Währung unterstützt, kann man mit dem Freigeld keine Steuern zahlen, ist es kein legales Zahlungsmittel, ist es nicht gedeckt außer durch den flüchtigen guten Willen der Nutzer, und man ist doch auf das große, verzinste Geld angewiesen, auch wenn man es meiden möchte.

Zu Krisenzeiten jedoch, wenn das im Zins implizierte Versprechen auf Wachstum unerfüllbar wird und das Geld verschwindet, nimmt man lieber Freigeld an als gar keines, nehmen Regierungen lieber Schwundgeldsteuern an als keine, bezahlen Kommunen ihre Mitarbeiter lieber mit Freigeld als gar nicht – und so warten Negativzins und Regionalgeld seit hundert Jahren im Dornröschenschlaf, bis es durch Krisen groß rauskommt.

Die argentinische Finanzkrise 2001 ist ein gutes Beispiel hierfür: Als Kommunen kein Geld mehr hatten, um ihre Angestellten zu bezahlen, druckten sie stattdessen Anleihen von wenigen Pesos, also Versprechen auf »normales« Geld, einlösbar dann, wenn es eines Tags wiederkäme. Auch wenn während der Krise vielleicht niemand glaubte, dass die *Patacones* und *Créditos* jemals eintauschbar sein würden, konnte man damit Steuern bezahlen.[34] Nun hatten alle Geschäfte einen guten Grund, diese Anleihen anzunehmen und weiter zu produzieren – ein machtvolles Instrument gegen Geldknappheit.

Der Zins geht, wenn die Krise kommt. Bei uns spielt sich dasselbe ab: Wir haben Unmengen verzinster Schuld, und weil Profitmöglichkeiten ausgehen, platzt, verschwindet, gerinnt sie. In Schweden, der Schweiz und Dänemark flirten die Zentralbanken bereits seit Jahren zart mit dem Negativzins (bisher von nur minus 0,5 Prozent jährlich, aber immerhin), sogar die EZB hat die Schwelle überquert. Selbst Main-

Freies Geld 203

stream-Ökonomen wie der Harvard-Neoklassiker Gregory Mankiw, Autoren des *Economist* und andere, die selten offene Ohren für Zins- und Wachstumskritik hatten, fordern negative Leitzinsen, um das Geld wieder zum Fließen zu bewegen.[35] Vielleicht löst sich das Problem ganz organisch von selbst, und wir müssen nicht lange auf das Ende des Zinses warten. Aber es scheint, im Privaten sowie bei Institutionen wie dem Geld kommen echte Veränderungen selten ohne eine Krise, die aus dem Undenkbaren etwas Naheliegendes macht.

Haben Sie noch Fragen? Über Details kann man lange reden, und ich möchte auch nicht so tun, als wäre dies der einzige Vorschlag. Mein Ziel war es, Ihnen zu zeigen, dass ein fundamental anderes Geld möglich ist; nicht, dass dieser Entwurf der Einzige oder der Beste ist.[36]

Das hast du dir ja schön ausgedacht, aber du hast deine Rechnung ohne die Politik gemacht. Es bräuchte einen Quantensprung in der politischen Großwetterlage, damit so ein Vorschlag auch nur diskutabel wäre. Wen sollte man wählen, wenn man nur die Wahl hat zwischen Parteien, die Wachstum und Arbeitsplätze versprechen, aber beim gleichen Geld bleiben? Dein Negativzinsgeld und dein Überfluss werden also niemals kommen. Im Gegenteil, das System rast auf einen Abgrund zu, und Leute wie du und ich können keinen Deut daran ändern.

Tja, das ist das große Drama. Das Geldsystem ist vielleicht die wichtigste politische Frage, die wir uns stellen können. Sparmaßnahmen, Sozialpolitik, Eurorettung, Klimaschutz, Entwicklungsziele sind nur Symptombekämpfung, wenn das Geld die Ursache ist. Doch keine Partei, keine Lobby, kein Unternehmen, so scheint es, will sich dem Wachstum des Geldes entgegenstellen. Die Maschine, so glauben sie, müssen sie alle füttern, wenn sie bestehen wollen. Das Getriebe rast auf Hochtouren auf den Abgrund zu, und wir tauschen alle vier Jahre das Zugpersonal aus, anstatt die Weichen neu zu stellen oder die Notbremse zu ziehen.

Wie sollte das auch gehen? Was können Leute wie Sie und ich schon daran ändern? Wie könnte denn ich, einer von Milliarden, unsere systematische Selbstzerstörung vereiteln? Ist sie nicht der Lauf der Welt? Folgen nicht alle Zivilisationen diesem Muster: Aufstieg und Blütezeit, dann Fall und Untergang? Dieser Gedankengang mündet in Gefühle der Ohnmacht, in Gleichgültigkeit, Resignation und Zynismus, denn wenn wir ohnehin nichts ändern können, ist es ja auch egal, was wir tun, sagen, denken. Wenn wir sowieso auf den Kollaps warten, können wir bedenkenlos die letzten Ressourcen verprassen und auf dem Deck der Titanic weiterfeiern, bis das Wasser uns zum Halse steigt und die Party keinen Spaß mehr macht. Wir können ja eh nichts tun, weil wir nur Zahnräder im Getriebe sind...

Die Organische Wirtschaft

Zahnräder – mein Stichwort! Das Bild des Untergangs gehört nämlich zur Maschine. Denn wie kann die Geschichte einer Maschine enden? Ein Motor kann justiert, gewartet, vielleicht neu zusammengesetzt werden, aber irgendwann ist das Getriebe verschlissen, geht Mechanik kaputt, werden Schrauben zu Schrott. Die Endstation einer Maschine kann daher nur die Müllhalde sein.

Wenn also die Wirtschaft eine Maschine ist, können wir höchstens versuchen, sie hier und da zu reparieren und zu reformieren, damit sie noch ein bisschen länger läuft; im besten Falle können wir hoffen, sie durch einen großen Aufstand zu zerschlagen und aus den Resten ein besser ausgetüfteltes System zu basteln. Aber irgendwann sind die Rohstoffe verbraucht, das System stößt an seine Grenzen, und uns erwartet nur noch die Müllkippe der Geschichte. Die Maschine sagt also: Fürchtet die Veränderung. Noch sind wir auf dem Höhepunkt – ab jetzt geht's nur noch bergab, und unten erwarten uns Vernichtung und Verzweiflung.

Was kann ein Zahnrädchen an der kommenden Katastrophe ändern? Es ist macht- und willenlos, ein Diener der Herren, Ingenieure, Besitzer und Benutzer, die ihre Regler und Knöpfe bedienen und die Entscheidungen treffen. Wenn Sie, lieber Leser, in diesem Bild die Welt verschönern möchten, müssen Sie um Noten, Empfehlungen, Namen auf dem Lebenslauf, Posten, Macht und natürlich Geld konkurrieren, um wichtig, mächtig, reich zu werden. Nur wenn Sie exzellent Ihre Rolle spielen, können Sie überhaupt auf eine Position hoffen, in der Sie Reformen anstoßen, Entwicklungshilfe leisten, Gelder sinnvoll investieren, also die Hebel besser bedienen, die Weichen gescheiter legen, die Regler gekonnter justieren. Wem diese Möglichkeiten verschlossen sind oder wer am Wettbewerb scheitert, dem bleiben nur unbedeutende Stellen im Räderwerk. In der Maschinengeschichte, die wir hier aufführen, können wenige Individuen eine machtvolle Rolle spielen, wenn überhaupt.

Wie Sie sehen, entspringen Ohnmacht, Apathie, Ausweglosigkeit und Angst vor Veränderung der deterministischen Mechanik des Maschinenbildes. Sie sind ein weiterer raffinierter Kontrollmechanismus der Geldmaschine, die uns im Räderwerk gefangen hält. Ich glaube, es wird wirklich Zeit, diese Maschine im Geist loszuwerden, bevor sie richtig gefährlich wird. In den biologischen Bildern, die ich Ihnen präsentieren werde, ist es nämlich der Widerstand gegenüber Krise und Veränderung, der zu Kollaps und Zusammenbruch führt, während Anpassungsbereitschaft und die Lust, Neues zu schaffen, eine Metamorphose in eine komplexe Neuorganisation versprechen.

Das Ökosystem

»Je deutlicher wir unsere Aufmerksamkeit auf die Wunder und Wirklichkeiten des Universums um uns richten, desto weniger wird uns unsere Zerstörung schmecken.«   Rachel Carson[37]

Wenn in der Natur ein wachsendes System an seine Grenzen stößt, mündet das nicht unbedingt in eine Katastrophe. Stattdessen ändert es seine Dynamik und beendet sein schnelles Wachstum zugunsten der qualitativen Entwicklung. Im Ökosystem nennt man diesen Vorgang »Sukzession«, und er funktioniert so:

Auf einem gerodeten Waldstück wachsen nicht plötzlich Buchen und Eichen. Sie brauchen nährstoffreichen Humus und in jungen Jahren Schutz vor Trockenheit, Wind und der Kälte des offenen Feldes. Zum Glück gibt es Pionierarten wie Gräser, Disteln, Ackerwinde,

Brombeeren und Ginster, die auch unter schwierigen Bedingungen rasant wachsen. Sie bilden schnell lange Wurzeln, mit denen sie Nahrung aus dem tiefen Unterboden ziehen und aggressiv um Wasser konkurrieren. Sie vermehren sich schnell und reichlich und sind daher gut geeignet, um unbewachsene Gebiete zu besiedeln. Sie sind die ideale Vorbereitung für spätere Pflanzen, weil sie schnell den Boden bedecken, ihn vor Witterung schützen, Humus bilden, Wasser speichern, Nährstoffe an die Oberfläche bringen und so den Standort verändern, den Wasser- und Nährstoffhaushalt, sogar das lokale Klima.

Ihr Nachteil: Sie nutzen ihre Ressourcen kurzfristig und ineffizient. Sie bilden lieber lange Wurzeln und große Blätter, die jetzt Nahrung und Licht für viele Samen sammeln, anstatt Holz zu bilden, mit denen sie Trockenheit und Winter überstehen können. Sie produzieren lieber viele Nachkommen, als langfristige Strukturen zu bilden. Aus diesem Grund endet irgendwann das schnelle Wachsen: Sobald der Humus angereichert ist, können die anspruchsvolleren Folgebesiedler wachsen, das sind Sträucher und Bäume wie Eschen, Weiden und Birken.

Diese Arten wachsen zwar langsamer, doch dafür bilden sie Holz und Wurzeln, die den Winter überstehen, und werden daher mehrere Jahre alt. Außerdem kooperieren diese Arten mehr miteinander, denn da kaum noch ungenutzte Ressourcen zur Verfügung stehen, ist jeder Organismus für seine Nahrung auf den recycelten Abfall der anderen angewiesen. Daher spielen Kreisläufe, Kooperation, Vielfalt und Ressourceneffizienz eine größere Rolle als im Pioniersystem, weshalb das Folgesystem mit weniger Ressourcen eine größere Menge an Biomasse produzieren kann. So verdrängt es die Pioniere, die ihm den Weg geebnet haben.

Ein Ökosystem kollabiert also nicht, wenn ungenutzte Ressourcen zur Neige gehen und das schnelle Wachstum erschöpft ist. Stattdessen schließen sich die Nischen der Spezies, die auf die Kolonialisierung neuer Gebiete spezialisiert sind, und es öffnen sich Nischen für langlebigere und stabilere Arten. So verschwinden die Pioniere zugunsten eines stabileren Ökosystems, das Nährstoffe recycelt und bewahrt.

Das Wachstum des Ökosystems reguliert sich selbst: Die Pioniere schaffen selbst die Nischen, die den Folgebesiedlern zu wachsen und sie abzulösen ermöglichen. Sie verändern ihr Umfeld und machen sich damit selbst obsolet. Das Spiel wiederholt sich, denn die Folgebesiedler brauchen viel Licht und sterben, wenn Gleichgewichtsarten wie Eichen und Buchen langsam in ihrem Schatten wachsen und sie irgendwann überragen.[38] Auf diese Weise wächst das System schließlich nicht mehr in der Masse, dafür in der Vielfalt, Komplexität und Kooperation. Im alten Wald gipfelt seine Fähigkeit, Ressourcen zu bewahren und effizient und effektiv zu nutzen.

Die Analogie zur Wirtschaft liegt auf der Hand.[39] Zu Beginn der Industriellen Revolution war auf der Erde eine schier unendliche Menge ungenutzter Ressourcen verteilt. Wir bauten ein Netzwerk rasant wachsender, sich schnell vermehrender und weit verbreiteter Unternehmen, die aggressiv um Geld konkurrierten und auf dem ganzen Globus Ableger bildeten, um schnell viele Ressourcen aus dem Unterboden von Natur und Gesellschaft zu ziehen. Dieses Pioniersystem brachte massives Wachstum, bildete schnell Güter, Geld und Maschinenkapital und veränderte dadurch das Gesicht der Erde, den Geld- und Ressourcenhaushalt, das Klima.

Der Nachteil der Pioniere: Sie nutzen diese Ressourcen kurzfristig und ineffizient. Sie expandieren lieber rasant und schaffen Bilanzen, die jetzt Investorengelder anziehen, anstatt langfristig zu investieren und nachhaltige Geschäftsmodelle zu bilden, die Krisen überstehen können. Aus diesem Grunde endet irgendwann das schnelle Wachstum: Sobald die Wirtschaft ausgewachsen ist, Profite sinken und ungenutzte Ressourcen zur Neige gehen, steigen deren Preise, und Unternehmen, die schnell wachsen und steigende Materialmengen brauchen, stoßen an ihre Grenzen.

Das verschafft der anspruchsvolleren Folgewirtschaft einen Vorteil, deren Unternehmen langsamer wachsen, dafür aber langfristige Strukturen bilden und vorausschauender wirtschaften. Außerdem kooperieren diese neuen Arten enger miteinander, denn da kaum ungenutzte Ressourcen zur Verfügung stehen, ist jedes Unternehmen für seine Rohstoffe auf den recycelten Abfall der anderen angewiesen. Wo die Pioniere ungenutzte Rohstoffe freigesetzt haben, brauchen diese Unter-

3. Die Metamorphose des Geldes und die organische Wirtschaft

nehmen ihre Nachbarn, um deren Müll zu Ressourcen zu recyceln. Kreisläufe, Kooperation, Vielfalt und Ressourceneffizienz spielen eine größere Rolle als im Pioniersystem. So kann das Folgesystem mit weniger Ressourcen eine größere Menge an Bedürfnissen befriedigen, und es verdrängt die Pioniere, die ihm den Weg geebnet haben.

Das ist die Prognose, die dieses Bild nahelegt: Die Wirtschaft kollabiert nicht, wenn ungenutzte Ressourcen und Geschäftsmöglichkeiten zur Neige gehen und das schnelle Wachstum erschöpft ist. Stattdessen schließen sich die Nischen der Unternehmen, die auf die Kolonialisierung neuer Märkte spezialisiert sind, und es öffnen sich Nischen für langlebigere und stabilere Geschäftsmodelle. So weichen die Pioniere zugunsten einer stabileren Wirtschaft, die Wertstoffe recycelt und bewahrt.

Das Wachstum der Wirtschaft reguliert sich selbst: Die Pioniere schaffen die Nischen, die es Geschäften zu wachsen ermöglichen, welche die Pioniere ablösen. Die Pioniere verändern ihr Umfeld und machen sich so selbst obsolet. Das Spiel wiederholt sich, denn im Schatten der Folgebesiedler wachsen noch nachhaltigere Arten, die ihre Vorgänger irgendwann überragen. Auf diese Weise wächst das System irgendwann nicht mehr in der Masse, dafür in der Vielfalt, Komplexität und Kooperation. Daher wird in dieser Kreislaufwirtschaft ihre Fähigkeit gipfeln, Ressourcen zu bewahren und effizient und effektiv zu nutzen.

Klingt zu gut, um wahr zu sein? Wir sind gar nicht weit davon entfernt, denn die Keimlinge dieser neuen Wirtschaft sprießen bereits heute. Im dänischen Kalundborg gibt es zum Beispiel einen Ökoindustriepark, dessen Unternehmen kooperieren und Synergien bilden. Abwärme und überschüssiger Dampf des Kraftwerks fließen an umliegende Raffinerien, Fischfarmen und Haushalte, und Nebenprodukte des Kraftwerks wie Flugasche oder Gips landen nicht im Müll, sondern gehen an Fabriken, die daraus Zement und Gipsplatten herstellen. Kühlwasser der Raffinerie wird zur Reinigung des Kraftwerks benutzt, Schlacke der Fischteiche geht an Bauern als Dünger und so weiter. Auf diese Weise sparen die Unternehmen jährlich die Entsorgung von 200 000 Tonnen

Flugasche, die Beschaffung von um die 4 Millionen Kubikmeter Wasser, 170 000 Tonnen Gips und 15 Millionen Dollar. Und das scheint erst der Anfang zu sein: Ein ganz neuer Forschungszweig, die *Industrial Ecology*,[40] floriert seit Jahren in seiner Bemühung, diese Kreisläufe und Symbiosen besser zu verstehen und zu verbreiten.

Die Prototypen der Nachhaltigkeit funktionieren, und weitergehende Pläne einer Kreislaufwirtschaft liegen bereits in der Schublade. Wahrscheinlich wird sich in den nächsten Jahren das Modell des Konsums verändern: Wir werden weniger Güter kaufen und mehr Dienstleistungen mieten, denn je teurer die Rohstoffe werden, desto weniger sind Produzenten gewillt, sie zu verkaufen.[41] Das Produkt wäre eine Leasing Economy, die Ressourceneffizienz belohnt.

Noch freut sich der Hersteller, wenn meine Waschmaschine schnell kaputt ist und ich eine neue kaufe, und es kann ihm egal sein, was mit dem Material geschieht – ich muss die Maschine schließlich selbst entsorgen. Würde ich sie stattdessen mieten, gäbe ich sie an den Hersteller zurück, wenn sie defekt ist oder der Vertrag ausläuft, und er muss sich darum kümmern. Das ist praktisch für den Kunden, aber vor allem gibt es dem Hersteller den Anreiz, langlebige Produkte herzustellen. Zudem ist nun das Restprodukt in den Händen des Herstellers, weswegen es sich für ihn lohnt, Produkte zu entwerfen, die er zu neuen Produkten recyceln kann, was den Kreislauf zwischen Müll und Rohstoff schließt.

Bereits heute gibt es Pilotprojekte mit Reifen, Handys und Teppichen, die entweder komplett kompostierbar sind oder als Input für neue Produkte recycelt werden können.[42] Aber richtig lohnend würde dieses Prinzip erst, wenn Preise die wirklichen ökologischen Kosten widerspiegeln, wenn also zum einen Rohstoffe teurer werden (weil sie entweder knapp werden oder wir aufhören, sie fast umsonst an Großkonzerne zu verschleudern) und zum andern dauerhafte Lagerkosten für nicht abbaubaren und nicht wiederverwerteten Müll erhoben würden.[43] Wer dann dauerhaften Müll produziert, der niemandem nützt, trägt die dafür anfallenden ökologischen Kosten. Dann wird es finanziell attraktiv, ihn zu vermeiden.

Die Konsequenzen dieser Veränderung sind kaum abzusehen. Unsere bisherigen Techniken sind darauf ausgerichtet, hohe Erträge mit wenig Arbeit zu liefern, aber sie kümmern sich kaum um Ressourceneffizienz und Wiederverwertbarkeit, weil die Rohstoffe eben so billig sind. Das Ende ungenutzter Ressourcen ändert die Regeln des Spiels. Es öffnet Nischen für ganz neue Techniken und trägt daher das Potenzial in sich, unsere gesamte Produktion umzukrempeln und eine neue industrielle Revolution zu entfachen: Einige Visionäre haben bereits kompostierbare Polstermöbel und Fahrräder aus Bambus entworfen, andere sprechen von ultraleichten Autos, die mit Sonnenenergie und Wasserstoff fahren,[44] von Plankton als Energielieferant,[45] von fermentierenden Hochöfen, die statt Abgasen Biokraftstoffe produzieren,[46] von 3-D-Druckern, die Transportwege nichtig machen,[47] von dezentraler Energieversorgung durch ehemalige Mühlen, Solaranlagen und Kleinwasserkraftwerken,[48] von Produkten, die sich wie Schalentiere selbst zusammensetzen, von Plastik, das allein aus CO_2 besteht.[49]

Mir scheint, als stünden wir auch hier erst am Anfang dessen, was möglich ist, wenn wir Zeit und Geld in Ressourceneffizienz investieren. Wer weiß, was passiert, wenn wir zum Beispiel die 10 Millionen Dollar Subventionen, die minütlich in fossile Brennstoffe gesteckt werden,[50] in die Verbesserung von nachhaltigen Energiesystemen, Fahrrädern, Aquaponics, Transportsegelschiffen,[51] Textilfasern, Bambus- und Lehmbauten, Earthships aus recyceltem Material[52] und Handwerkzeugen investieren? Alles, was fehlt, ist der Wille, das Geld und der Anreiz dazu, der aber ganz natürlich aus Einsicht und Notwendigkeit entspringt, dass Ressourcen und Müll nicht umsonst sind, sondern Produkte der Biosphäre, die dorthin wieder zurückfließen müssen.[53]

Auch wenn diese neuen ökologischen Techniken in meinen Ohren ziemlich großartig klingen, möchte ich nicht den Eindruck erwecken, dass nur Hightech die Probleme löst – diese Hoffnung passt allzu leicht in das Maschinennarrativ, das mehr Wachstum von Gütern und Technik fordert. Wenn man aber Wirtschaft als Teil des Ökosystems begreift, bemerkt man, wie viel Reichtum bereits vorhanden ist und ungenutzt brachliegt. Viele der Produkte, die herzustellen wir so stolz sind, sind tatsächlich Naturprodukte wie beispielsweise der Gipfel wissenschaftlicher Errungenschaften, unsere Medikamente. Ein Großteil ihrer

Die Organische Wirtschaft 211

Wirkstoffe sind Derivate von Pflanzen: Die Rinde der Weide enthält Aspirin, Penicilliumschimmel bildet Penicillin, Mohn Morphin, Eibe Paclitaxel, Herbstzeitlose Colchicin, Zauberkegel Ziconitid. Die Liste ist schier endlos: 70 Prozent aller neuen Medikamente der letzten Jahrzehnte sind Dienstleistungen des Ökosystems und deren Imitate.[54] Wir mussten sie nur finden und einsetzen.
Vielleicht sind die meisten Bausteine einer nachhaltigen Wirtschaft ebenfalls bereits vorhanden? Einige der genialsten Biotechnologien sind direkt und ohne Bearbeitung von der Natur übernommen. Paul Stamets ist ein Pilzexperte und -liebhaber, den man einfach bewundern muss: Er hat zum Beispiel einen Austernpilz gefunden, der sich von Altöl ernähren kann. Der Pilz befreit verseuchten Boden besser von Altöl als jede chemische Behandlung. Nebenbei produziert er Sporen und Fruchtkörper, die Insekten und Vögel ernähren, die wiederum Samen weitertragen und so die Sukzession und Regeneration in Gang bringen.[55] Stamets hat auch Pilze gefunden, die Wasser filtern, Viren töten und Insekten vertilgen, ohne dabei giftig für das Ökosystem zu sein. Keinen dieser Pilze musste er irgendwie züchten und bearbeiten. Die Biodiversität der Wälder ist ein kaum genutztes, aber unersetzbares Kapitel. Wir benutzen sie als verheizbare Ressource, aber sie versprechen ungeahnten Reichtum, wenn wir sie als Quelle von Innovationen anerkennen.

Wir haben in über fünftausend Jahren Zivilisation unser Naturkapital so sehr heruntergewirtschaftet, dass sich unser wirtschaftliches Pioniersystem sogar in unseren Essgewohnheiten widerspiegelt. Unsere Ernährung ist an gestörte Ökosysteme angepasst und basiert hauptsächlich auf einjährigen Pflanzen – Getreide, Reis, Kartoffeln, Mais, Tomaten et cetera –, die gezüchtete Nachfahren von Pionierarten sind. Das heißt, sie liefern zwar schnelle Erträge, müssen aber jedes Jahr neu gepflanzt werden. Sie wachsen nur auf gestörtem, also gerodetem und gepflügtem Boden, weshalb dieser ständig umgegraben, also in den Pionierzustand zurückversetzt werden muss. Das verdammt uns zum ständigen Ackern auf endlosen Feldern und zerstört außerdem den Boden, unser wertvollstes Kapital. Mindestens 50 Prozent des Mutterbodens sind in den letzten hundertfünfzig Jahren verloren gegangen,[56] also 50 Prozent der Fruchtbarkeit[57] und der Möglichkeit, uns zu ernähren.[58] Weil der abgebaute Humus vor allem aus Kohlenstoff besteht, ist die industrielle Landwirtschaft einer der stärksten Treiber der Erderwärmung.[59]

Wie sähe ein dauerhaft überlebensfähiges Ernährungskonzept aus? Wahrscheinlich hätte es eine Landwirtschaft, die – genau wie die Gesellschaft, die sie ernährt – in der Sukzession fortschreitet. Wir müssten nämlich weniger ackern, wenn wir einfach mehr von den langlebigen Folgebesiedlern anpflanzten. Das ist auch viel praktischer, weil man mehrjährige Pflanzen wie Spargel, Rhabarber, Artischocken, Hopfen, Bambus, Fenchel, Bärlauch und viele andere[60] nur einmal pflanzt und dann Jahre oder Jahrzehnte ohne viel Pflege ernten kann. Sie wachsen schon im Frühjahr, wenn die Einjährigen noch keimen, und produzieren bis in den Winter hinein Nahrung. Einige gehen langfristige Symbiosen mit Mikroorganismen ein, die freien Stickstoff aus der Luft zu mineralischem Dünger binden. Wenn die Pflanzen sich zu einem vielfältigen System verbinden, bieten sie zudem Nischen für Spinnen, Mäuse, Schwebefliegen, Fledermäuse und andere Jäger. Die wachsenden Bodenorganismen speichern mehr Wasser als beackerter Boden. Durch diese Vielfalt braucht das System daher keinen Kunstdünger, keine Pestizide und weniger Wasser und liefert bei weniger Arbeit höhere Erträge.[61]

Noch effektiver sind, nach der Logik der Sukzession, natürlich Bäume wie Walnuss, Pekannuss, Haselnuss, Johannisbrotbaum, Eichen und Maronen. Mit ihren riesigen Wurzeln und Massen an Blättern sind sie extrem effizient darin, Energie in Nahrung zu verwandeln und pro Pflanze Hunderte Kilogramm proteinreicher Früchte zu produzieren.[62] Auf Korsika, deren Bewohner traditionell nicht kurzlebiges Getreide, sondern Esskastanien zu Mehl und Tierfutter verarbeiten, funktioniert das heute noch.[63] Bäume wachsen auch an Hängen und trockenen Gebieten, auf denen konventionelle Landwirtschaft unmöglich ist – ihr Nutzen verspricht daher, die weltweite Nahrungsproduktion dramatisch zu steigern.[64] Und das Beste: Sie erreichen das, ohne das ökologische Gleichgewicht noch mehr zu stören.

Die Organische Wirtschaft 213

Wenn wir die Landwirtschaft nutzten, um das Ökosystem zu regenerieren, sprich: wenn wir wieder so richtig viele Bäume hätten, bräuchten wir uns keine Sorgen mehr um Hunger und Klima zu machen. Bäume binden durch die Photosynthese Energie und Kohlenstoff und wirken daher massiv der Erderwärmung entgegen – was viele Klimamodelle kurioserweise vernachlässigen.[65] Wälder sind vielleicht die mächtigste Maßnahme gegen den Klimawandel: Bis zu 2,5 Tonnen Kohlenstoff kann ein ungepflügter Boden pro Hektar binden.[66] Das bedeutet, wir könnten durch eine simple Änderung von Ernährung und Anbautechnik nicht nur eine Menge Energie und Arbeit sparen, sondern nebenbei unsere CO_2-Emissionen um ganze 100 Prozent reduzieren![67] Wäre das nicht eine erschütternd einfache Lösung der Probleme? Mehr Bäume pflanzen, mehr Land als Allmende freigeben und hurra: Hunger beseitigt, Klimaproblem gelöst, keine Sorgen mehr!

Wie sähe die Welt aus, wenn wir in das natürliche Kapital investierten? Stellen Sie sich vor, wir würden die Sahara mit Zuckerpalmen, Datteln und Nussbäumen wieder begrünen! Das ist keine Science-Fiction, sondern passiert gerade und nennt sich *Sahara Forest Project* und *Great Green Wall*. Noch beeindruckender aber finde ich aber die Arbeit von Jia Haixia und Jia Wenqi. Der eine ist blind, der andere hat keine Arme, doch die beiden haben in zehn Jahren zehntausend Bäume gepflanzt. In Indien hat Jadav Payeng einen Wald von 550 Hektar angelegt, der nun Tiger, Rhinozerosse, Elefanten und viele andere Spezies beherbergt. Genial ist auch das *Samboja Lestari* in Ostkalimantan, Indonesien: Hier war zuvor der Regenwald für den Export von Ölpalmen für »Biokraftstoffe« gerodet worden. Um Orang-Utans vor der Vernichtung ihres Lebensraums zu schützen, sammelte Willie Smits über eine Stiftung Geld, kaufte mehr als 2000 Hektar der Brache und forstete sie zusammen mit den Anwohnern auf. Sie pflanzten Baum für Baum, über tausendzweihundert verschiedene Arten, mit einem Wildreservat in der Mitte und einem äußeren Wall aus Zuckerpalmen, die schlecht entzündbar sind und daher einen Schutz vor Waldbrand bieten. *Das ist nachhaltige Entwicklung* – vorher war die Region arm, mit vielen Dürren, hoher Arbeitslosigkeit und Kriminalrate, 22 Prozent des Einkommens gingen in den Kauf von Trinkwasser. Jetzt regnet es 30 Prozent mehr als zuvor, es gibt Land für zweitausend Anwohner zur Selbstversorgung, und die Zuckerpalmen produzieren pro Stück und Jahr bis zu 1800 Liter Zuckersaft für Ethanol und Zucker (das ist pro Flächeneinheit das Fünffache an dem, was Zuckerrübe und Zuckerrohr hervorbringen). Sie bieten für sechshundertfünfzig Familien eine Einkommensquelle, die profitabler ist als Rodung, weshalb die anwohnenden Gemeinschaften direkt vom Wohlergehen des Regenwaldes profitieren und einen Anreiz haben, ihn zu behüten.[68]

Ist das nicht ein cooles Projekt? Wir könnten so was auch hier tun, Landstriche wieder zu Allmenden machen und hektargroße Waldgärten anlegen, welche die Anwohner mit allem versorgen, was sie brauchen. Bäume sind so vielseitig:[69] Einmal gepflanzt, liefern sie jahrzehntelang Erosionsschutz, Schatten, Kühlung, Honig, Holz, Blüten für Tees, Blätter für Salate und Sprossen fürs Gemüse, Nüsse, die man zu Mehl verarbeiten oder an Tiere verfüttern kann, und natürlich Früchte, die für Snacks, Säfte, Marmeladen, Medizin, Fruchtkäse, Wein, Schnaps und vieles mehr verwendet werden können, die man trocknen, einlegen, gären oder noch grün ernten und als Gemüse scharf anbraten kann. Bäume speichern Wasser, spenden Schatten, reinigen Luft und stabilisieren das Wetter, erhöhen den Wert anliegender Grundstücke und wirken beruhigend auf Anwohner.[70] Dazu sind sie ein übertragbares Vermögen, von dem noch Kindeskinder profitieren können. Manche werden mit der Zeit richtig groß und ihr Holz wertvoll – die papierfreie Versicherung, der ideale Wertspeicher, bei dem Wachstum sogar etwas Gutes ist!

Es ist gar nicht so kompliziert: Wenn der menschliche Wohlstand das Ergebnis des ökologischen Reichtums ist, dann müssen wir nicht länger auf den Reichtum warten. Er regeneriert sich sogar von selbst, wenn wir nur aufhören, ihn zu vernichten. Alles, was wir für den Wiederaufbau benötigen, ist zur Genüge vorhanden. Wir müssen uns nur um unser natürliches Kapital kümmern, anstatt es zu versilbern, und wir werden eine Wirtschaft erschaffen, die aus wenigen Ressourcen das Maximum an Wohlergehen schafft. Sehen Sie die Großartigkeit der unerschlossenen Möglichkeiten?

Die Organische Wirtschaft 215

Vielleicht wird aus dem Verständnis einer Gesellschaft, die ihre Symbiose mit der Natur nicht zu leugnen, sondern zu erfüllen sucht, ganz natürlich ein Geldsystem sprießen, das nach den Prinzipien der Ökologie funktioniert. Wie sähe das aus? Im Moniac wurde Geld durch Wasser verkörpert; ebenso liefert der Wasserfluss im Ökosystem eine gute Vorlage. Wasser fließt im Kreislauf: Es sammelt sich in Bächen, Flüssen, Meeren, verdunstet zu Wolken aus Wasserdampf und verteilt sich über dem Land. Dort regnet das Wasser ab, vor allem über Wäldern, denn diese kühlen dank der Photosynthese die Luft und mindern deren

Kapazität, Wasser zu tragen, weshalb es dort kondensiert.[71] Das Wasser fließt durch den Stoffwechsel von Pflanze zu Pflanze, löst und verbreitet Nährstoffe und Mineralien, verdunstet im Stoffwechsel der Bäume,[72] regnet erneut ab und sammelt sich irgendwann in Bächen, Flüssen, Meeren, und das Spiel beginnt erneut. Durch die Verdunstung wird Wasser zu Dampf und verteilt sich, durch den Regen tränkt es alle Wesen gleichermaßen. Es ist ein großzügiges System, das umso besser funktioniert, je intakter die Wälder sind.

Bei uns funktioniert das zurzeit leider anders. Geld sammelt sich an wenigen Orten, wird dort immer mehr statt weniger – wie ein Meer, dessen Wasser nicht verdunstet. Daher verteilt sich das Geld auch nicht, und im Landesinneren, fern vom Geld, trocknen finanziell die Dörfer aus. Statt es durch negativen Zins verdunsten[73] und als Grundeinkommen über der Allgemeinheit abregnen zu lassen, schöpfen wir das Geld nur über gezielte Kredite an jene, die versprechen, schnelle Profite zu liefern. Es ist wie ein künstliches Bewässerungssystem, das nur die Gewächse gießt, die schnelle Erträge versprechen – eine auffällige Parallele zu unserer Monokultur-Landwirtschaft. Um der resultierenden allgemeinen Dürre entgegenzusteuern, haben wir Steuern, ein ausgefeiltes Umleitungssystem zur gezielten Bewässerung. Kann es sein, dass es viel aufwändiger und teurer ist, jeden Geldstrahl einzeln zu lenken, als einfach über allen Geld regnen zu lassen?

Die Verwaltungen vieler Städte in den USA haben zum Beispiel begonnen, Obdachlosen einfach Häuser zur Verfügung zu stellen. Das kostet durchschnittlich 17 000 Dollar pro Jahr, während die Obdachlosigkeit zusätzliche Notaufnahmen, Krankenwagen, Notunterkünfte, Polizei, Sozialarbeiter und so weiter hervorrief, welche die Stadt jährlich zirka 43 000 Dollar kosten. Seitdem bekommt jeder Obdachlose ein Dach über den Kopf, eine indirekte Form des Grundeinkommens, und die Stadt spart sogar Geld.[74] Jeder profitiert.

Oder nehmen Sie als anderes Beispiel das Urheberrecht. Damit Künstler ein Auskommen haben, schaffen wir umfangreiche Gesetze, die ihnen ein künstliches Monopol gewähren. Wir machen Gedanken, die eigentlich gratis reproduzierbar sind, künstlich knapp. Nun ist es wichtig, dass Kreative Geld bekommen, aber zum einen landet das meiste Geld nicht bei den Autoren, sondern versickert bei Verwertungsgesellschaften, und zum anderen ist es wahnsinnig kostspielig, die künstliche Knappheit durch Gesetze, Abmahnungen und Gerichtsprozesse aufrechtzuerhalten. Wäre es nicht eleganter und günstiger, stattdessen allen ein Grundeinkommen zu zahlen?[75]

Vielleicht spricht es sich ja bald herum, dass Großzügigkeit sich lohnt? Ein kluger Mensch sagte einmal: »Der Herr lässt es regnen über Gerechte und Ungerechte.«[76] Wäre es nicht schöner und günstiger, wenn auch wir es über allen regnen ließen, ob profitabel oder unprofitabel?

Ich weiß nicht, ob Sie, lieber Leser, meiner Ökoutopie etwas abgewinnen können, und es ist auch nicht mein Ziel, hier Prognosen abzugeben, wie genau die Dinge kommen werden. Wer weiß schon, wie sich die Welt entwickelt, wenn die Wirtschaft keine determinierte Maschine ist? Vielmehr ist es meine Absicht, Ihnen die Angst zu nehmen. Wir befinden uns auf dem Höhepunkt des Wachstumssystems, das seine Grundlagen erschöpft hat und sich verändern muss, und diese Erschütterung kann beängstigend sein. Meine Ausführungen sollen Ihnen zeigen, dass die Krise nicht das Ende des Wohlstandes bedeutet. Ganz im Gegenteil: Sie ist eine Einladung zur Veränderung. Die Lösungen sind bereits vorhanden, sie warten versteckt im Schatten der Wachstumswirtschaft auf ihre Zeit.

Denken Sie an das zinslose Freigeld: Entworfen als Gegenmittel zur Polarisierung, schläft es seit hundert Jahren, bereit für den Tag, an dem das wuchernde Wachstumsgeld fällt und seine Nischen öffnet. Heute, wo Geschäftsmöglichkeiten schwinden, keine Kredite vergeben werden und Insolvenzen drohen, unterschreitet die Zentralbank wie von allein die 0-Prozent-Schwelle, um Banken zur neuen Kreditvergabe zu ermuntern. Ebenso die lokalen Währungen, die Aktivisten seit hundert Jahren einzuführen versuchen, um die Wirtschaft lokaler und unabhängiger zu gestalten: Obwohl einige[77] von ihnen durchaus groß geworden sind, ist ihnen generell nicht der erhoffte Erfolg beschieden. Aber wenn in Krisen – Europa und Amerika der dreißiger Jahre, Argentinien 2001 und heute in Griechenland – das Geld kollabiert, rufen die Leute eigene Währungen ins Leben, um einander bezahlen zu können. Bald sehen lokale Regierungen ein, dass es besser ist, Gebühren und Steuern in lokaler

Notwährung zu erhalten als gar nicht, und die neue Art kommt ans Licht und ein diverseres, stabileres Geldsystem kann gedeihen.[78] Das Phänomen geht über Geld hinaus: Plötzlich entsteht als Reaktion auf die Krise oft eine kleinteilige, unabhängigere, widerstandsfähigere Wirtschaft. Kuba ist ein gutes Beispiel: Das Land hatte vor 1990 eine stark zentralisierte Nahrungsmittelproduktion. Der Staat bearbeitete 85 Prozent des Bodens und war bei industrieller ölbasierter Monolandwirtschaft ganz vorne dabei. 1990 brach über Nacht der Ölzustrom ab – ein Testlabor für das, was allen Ländern bevorsteht. Ernten fielen aus, das Land ging durch eine Hungerphase, bis der Staat 58 Prozent seiner Fläche an kleine Höfe abgab.[79]

Heute gibt es in den Städten fast vierhunderttausend kleine Gemeinschaftsgärten und Stadthöfe mit einer Gesamtfläche von 50 000 Hektar, also einer durchschnittlichen Größe von gerade mal 1300 Quadratmetern. Diese *Organipónicos* erreichen hohe Erträge pro Kopf und Land, in Havanna versorgen sie die Hauptstädter mit 70 Prozent des Gemüses. 85 Prozent der Lebensmittel Kubas sind daher ökologisch angebaut, lokal erzeugt, vermarktet und konsumiert – das ist nachhaltig! Durch die gemeinsame Arbeit entsteht außerdem Gemeinschaft, weswegen dort, wo die Leute vorher anonym nebeneinanderlebten, nun ein informelles Sozialsystem aus nachbarschaftlichem Zusammenhalt besteht.

Sicher, es gibt auch in Kuba Raum für Verbesserung, dennoch gelingt dem Land das seltene Kunststück, die UN-Maßstäbe für ein »hohes menschliches Entwicklungsniveau« zu treffen und zugleich einen geringen ökologischen Fußabdruck zu haben. So sagt der WWF: »Trotz der sozialen und politischen Spannungen scheint Kuba das einzige Land weltweit zu sein, das nachhaltige Entwicklungskriterien erfüllt.«[80] Wenn das Pioniersystem ausgewachsen ist, entsteht der Boden für eine Wirtschaft, die mit weniger mehr erreicht. Das Einzige, was wirklich gefährlich werden kann, ist die untätige Hoffnung, dass alles wieder normal wird.

Ich möchte nicht sagen, dass das alles automatisch geschieht – wir müssen den Wandel schon selbst gestalten. Aber mit der Veränderung schwinden die Nischen des schnellen Geldes, und die kleinen dezentralen nachhaltigen Lösungen werden in Zukunft im Vorteil sein. Ich glaube daher, dass wir auf die Krise zugehen sollten. Vielleicht bräuchten wir gar keine Angst zu haben, wenn wir uns ihr nicht widersetzten, denn das Leid, das die Krise bringt, kommt von unserer Abhängigkeit von Öl, Banken, globalen Konzernen und anderen kollabierenden Systemen. Sich davon freizumachen muss nicht dramatisch verlaufen, sondern kann eine Bereicherung sein, wenn wir uns freiwillig bemühen, unabhängiger und lokaler zu werden.

Daraus folgt, dass es wichtiger ist, lokale Märkte, regionale Nahrungsversorgung, parallele Geld- und Wirtschaftskreisläufe zu bewahren und zu entwickeln, als den Motor der globalen Wirtschaft am Laufen zu halten. Ein vielfältiges, dezentrales Ökosystem mit kurzen Kreisläufen ist am stabilsten; weshalb das Kleine, Lokale, Unabhängige, Selbstgemachte Trumpf ist. Ein Dorf, dessen Bewohner Gärten, Obstwiesen, Teiche, Wälder, Höfe und Nutztiere pflegen, Lebensnotwendiges selbst herstellen können, über die Schenkungswirtschaft oder eine eigene Währung miteinander teilen, ist dezentral organisiert. Es ist viel widerstandsfähiger gegenüber Schocks als eine Stadt, die an Feldern, Öl, Fabrikarbeit, Absatzmärkten, großen Geldern hängt.

Das heißt nicht, dass die Kleinen allen Austausch mit dem Großen aufgeben sollen – sondern dass die Selbstgenügsamen auf diesen Austausch für ihr Überleben nicht mehr angewiesen sind, dass sie ihn frei wählen können und nicht mit der ganzen Welt konkurrieren müssen. Bestimmt werden wir auch künftig spezialisierte Mikrochips herstellen und weltweit damit handeln, aber wir werden Obst, Gemüse, Fisch, Farbe, Möbel, Brot, Seife, Wolle, Bier, Besen, Kleidung, Häuser, Papier und manche Medizin lokal und selbst herstellen wollen. Wer weiß, vielleicht kriegen wir das mit weniger Verschwendung und in höherer Qualität hin?

Die Schößlinge des Wandels treiben bereits überall.[81] Vielleicht liegt das an mir, aber ich lerne ständig Leute kennen, die sich dafür begeistern, Solarenergie zu organisieren, die sich für Gartenbau interessieren oder aufs Land ziehen. Ihre Vorarbeit wird von unschätzbarem Wert sein, wenn wir kollektiv ins Unbekannte stolpern; aber noch wichtiger ist vielleicht, dass sie einen Eindruck davon erwecken, wie unerwartet bereichernd ein Abspringen von der Maschine in mancher Hinsicht sein wird.

Ich war zum Beispiel im Zuge von Recherchen in Totnes, einem Städtchen in England von fünftausend Einwohnern, wo sich ein Verein namens *Transition Town* seit zehn Jahren bemüht, den Ort von der Abhängigkeit vom Öl zu befreien und resilienter und lokaler zu machen. Zunächst war ich skeptisch, denn eigentlich fand ich Dörfer und Kleinstädte immer sterbensöde. Aber Totnes war in Bewegung und voller Leben: Überall sind Leute auf der Straße, überall macht jemand Musik, statt großer Ketten gibt es viele kleine Läden, Pubs und Cafés, die lokale Wirtschaft brummt, und auf allen freien Flächen wächst Salat, Früchte und Gemüse, sodass man sich gediegen durch die Parks snacken kann. Ich habe selten einen so lebendigen Ort gesehen. Könnte ein Leben nach der Krise auf diese Weise nicht eine Verbesserung sein?

Es scheint, als hätten wir hier die Wahl: Führen wir die Entwicklung bewusst herbei, oder warten wir, bis die Notwendigkeit uns schmerzhaft schubst? Hadern wir, bis das große Geld platzt und die Maschine zerfällt, oder fangen wir heute an, die lokale, selbstbestimmte, widerstandsfähige, schönere Wirtschaft aufzubauen? Geschieht die Sukzession der Wirtschaft *by design or by desaster?*

Zelle und Organismus

»Eigenes Essen zu ziehen ist wie eigenes Geld zu drucken.«

Ron Finley

Was konkret kann man also tun, um das Wachstum des Geldes zu beenden und den Übergang in eine Folgewirtschaft zu beflügeln? Für diese Frage kommt die Ökologiemetapher an ihre Grenzen, denn sie bietet keinen Platz für das zinsbasierte Wachstum – zumindest fällt mir kein guter Vergleich ein. Aber es gibt ein anderes biologisches Bild für die Gesellschaft, in der es Raum für Geld gibt: einen Organismus wie der menschliche Körper.

Es ist eine alte, etwas vernachlässigte Metapher für die Wirtschaft, aber sie ist passend, denn es gibt eine Menge Ähnlichkeiten. Ein menschlicher Körper besteht aus Gruppierungen spezialisierter Zellen, die zwar recht autonom sind, aber sich zu einem symbiotischen Ganzen zusammengeschlossen haben, von dem die Teile abhängen – ähnlich wie Menschen einer Gesellschaft. Der Organismus betreibt Stoffwechsel, wächst und erneuert sich und bildet Organe, die spezifische Funktionen erfüllen, so wie wir Menschen der Natur Stoffe entnehmen und geben, uns spezialisieren, Organisationen bilden und verschiedenen Aufgaben nachgehen. Füße und Hände bewegen den Körper und bearbeiten seine Umwelt, so wie Handwerker und Bauern die Wirtschaft bewegen und die Erde bearbeiten. Der Kopf denkt über dies und das nach und gibt Anweisungen, so wie die Gelehrten debattieren und Regierungen befehlen. Der Magen verdaut die Nahrung, so wie die Haushalte ihr Einkommen konsumieren. Die Zellen des Immunsystems schützen den Organismus vor aggressiven Bakterien, so wie Initiativen, Vereine und Nichtregierungsorganisationen sich bemühen, die Gesellschaft vor den aggressivsten Unternehmensstrategien zu bewahren.[82] Und das Nervensystem vermittelt Informationen durch den Körper, erfüllt also dieselbe Funktion wie Brief und Internet.

In dieser Metapher drängt sich eine Analogie zum Geld geradezu auf: das Blut. Blut trägt Nährstoffe durch den Körper, ohne dabei selbst verstoffwechselt zu werden, Geld befördert Güter durch die Gesellschaft, ohne dabei selbst konsumiert zu werden. Blut zirkuliert im Kreis: Die gesamten 5 Liter Blut, die ein Mensch durchschnittlich besitzt, werden jede Minute einmal komplett durch den Kreislauf gepumpt. Die Zirkulation der 10 Billionen Euro innerhalb Europas jährlich ermöglicht den Verkauf von Waren im Wert von 10 Billionen Euro, also wird die gesamte Menge Geld im Durchschnitt einmal pro Jahr komplett durch den Kreislauf gepumpt.[83] Blut ermöglicht erst größere bewegliche Organismen, Geld ermöglicht erst größere koordinierte Stadtgesellschaften. Zuletzt erinnern rote Blutkörperchen, die *Erythrozyten*, sogar äußerlich an Münzen und formieren sich manchmal spontan zu kleinen Stapeln, ein Phänomen, das Mediziner als »Geldrollenbildung« bezeichnen.

3. Die Metamorphose des Geldes und die organische Wirtschaft

Das Wichtigste kommt aber erst noch. Blut ist, wie Geld, zum Teil fest, zum Teil flüssig. Blut besteht zu etwa 55 Prozent aus flüssigem Plasma, einer Lösung aus Wasser und körpereigenen Proteinen.[84] Es schwemmt Nahrung, Zucker, Fett, Stoffwechselprodukte, Hormone, Enzyme, Sauerstoff und CO_2 durch den Organismus. Die anderen 45 Prozent des Bluts bestehen aus festen zellulären Bestandteilen, vor allem den Erythrozyten.[85] Sie binden losgelösten Sauerstoff und leiten dieses Energiepaket gezielt an Zellen und Organe weiter.

Geld ist, ganz ähnlich, zur Hälfte flüssiges Zahlungsmittel, also Bargeld und Guthaben, einer Lösung aus Versprechen und menschlichen Artefakten wie Münzen, Büchern, Computern. Es schwemmt Nahrung, Rohstoffe, Güter, Müll, Informationen durch die Gesellschaft. Die andere Hälfte des Geldes besteht aus Festgeldern, das sind festverzinste Spareinlagen, Schuldscheine, Anleihen und andere Wertpapiere. Sie tragen Kredite, losgelöste Versprechen, über weite Strecken und vergeben Guthaben gezielt an Individuen und Organisationen. Diese weiträumige, gezielte Verteilung wirtschaftlicher Energie erlaubt den Aufbau einer ausgedehnten Zivilisation.

Mir gefällt der Vergleich. Er hinkt leider an einer entscheidenden Stelle: Das Blutplasma verteilt Sauerstoff und Zucker an alle Zellen ohne Unterscheidung und ohne eine Gegenleistung zu verlangen. Zwar kann der Körper durch die Erythrozyten einen Teil des Sauerstoffs dahin steuern, wo er gerade besonders benötigt wird, aber der Fluss an Plasma versorgt die Zellen mit allem, was sie brauchen, ohne ständig zu kontrollieren, ob sie ihre Aufgaben erfüllen. Das ist bemerkenswert. Er könnte ja auch Bedingungen stellen: »Ihr bekommt nur Sauerstoff, wenn ihr eure Arbeit macht. Sauerstoff ist nämlich knapp, und wir müssen alle sparen.« Stattdessen beschenkt er alle Zellen mit Nahrung und vertraut bedingungslos auf ihre Funktionalität.

Das ist ja auch vernünftig; schließlich brauchen die Zellen Zucker und Sauerstoff, um Energie zu gewinnen und ihre Funktion zu erfüllen; wenn ihnen die Nahrung fehlt, können sie nicht arbeiten. Ihre Mitarbeit ist nicht die Bedingung ihres Überlebens, vielmehr ist ihr Überleben Bedingung ihrer Mitarbeit. Der Organismus ist eine Einheit, daher würde er sich selbst schaden, wenn er seine Zellen nicht versorgte. Außerdem macht das Vertrauen in die Freigebigkeit die Verteilung viel effizienter, weil die Zellen keinen Sauerstoff für schlechte Zeiten horten müssen, sondern nur die Menge halten, die sie für wenige Sekunden brauchen. Wenn sie immer damit rechnen müssten, dass ihr Einkommen unterbrochen wird, müssten sie Sauerstoff horten; dieser würde im Kreislauf fehlen, Mangel und Wettbewerb würden entstehen und einige Zellen ersticken – das Ergebnis wäre eine größere Verschwendung als die verschwenderische Freigebigkeit. Das System funktioniert gerade so gut, *weil* die Zellen in die bedingungslose Großzügigkeit des Organismus vertrauen können.

Wie Sie wissen, funktioniert das in unserem gesellschaftlichen Metaorganismus leider noch anders. Wir Individuen erhalten Guthaben und Güter nur im Austausch, also unter der Bedingung einer Gegenleistung. Unsere Wirtschaft vertraut nicht darauf, dass wir Individuen auch selbstbestimmt sinnvolle Tätigkeiten verrichten; unsere Gesellschaft verlangt die Funktionalität all ihrer Teilnehmer zu kontrollieren. Ich glaube, das ist unvernünftig, schließlich brauchen die Leute Kredit und Güter, um ihre Aufgaben zu verrichten. Wenn ihnen die Lebensmittel fehlen, können sie erst recht nicht arbeiten. Unser sozialer Organismus scheint sich zu weigern, sich als Einheit anzuerkennen, die sich selbst schadet, wenn sie ihre Teile nicht so versorgt, dass diese selbstständig ihre Aufgaben erfüllen können.

Der Mangel an Vertrauen macht die Verteilung daher viel ineffizienter, weil die Individuen Geld für schlechte Zeiten horten müssen, statt nur die Menge anzusammeln, die sie für laufende Ausgaben brauchen. Das gehortete Geld fehlt im Geldkreislauf, Mangel und Wettbewerb entstehen, und Individuen gehen pleite – das Ergebnis ist eine größere Verschwendung als die verschwenderische Freigebigkeit. Das Bild legt nahe, dass das System besser funktionieren würde, wenn alle bedingungslos in die kollektive Großzügigkeit vertrauen könnten.

Wie passt nun das Wachstum der Wirtschaft in das Bild? Zins reguliert die Menge vergebener Kredite, aber wie reguliert der Körper die Menge des Bluts? Er produziert das Hormon *Erythropoetin* (EPO), ein Signalmolekül, welches das Knochenmark dazu veranlasst, neue Erythrozyten zu bilden. Die Ausschüttung von EPO richtet sich nach der Sauerstoffmenge im Blut: Sie steigt, wenn der Sauerstoff knapp ist. Das ist clever, denn in Wachstumsphasen oder nach Verletzungen mit Blutverlust fehlen dem Körper die Sauerstoff bindenden Erythrozyten, daher sinkt der Sauerstoffgehalt des Bluts. Das veranlasst den Körper, zusätzliches EPO auszuschütten, das Knochenmark produziert mehr Erythrozyten und die Blutmenge steigt. Wenn dann genügend Erythrozyten vorhanden sind, erhöhen deren Arbeit den Sauerstoffgehalt des Bluts. Dadurch sinkt der EPO-Spiegel und die Produktion der Erythrozyten, sodass deren Zahl nun konstant bleibt. Das System reguliert sich selbst, und das Wachstum endet, ohne dass Gegenmaßnahmen ergriffen werden müssen.

Die Wirtschaft reguliert die Menge des Geldes, indem sie Zins produziert, eine Art Signalmolekül, das Banken dazu veranlasst, mehr Kredite zu vergeben. Die Höhe des Zinses richtet sich nach der Guthabenmenge in der Wirtschaft: Sie steigt, wenn Guthaben knapp ist. In Wachstumsphasen oder nach einem Crash mit Geldverlust mangelt es an Guthaben, daher steigt die Nachfrage nach Krediten. Das veranlasst Banken, höhere Zinsen zu fordern, sie vergeben mehr Kredite und die Geldmenge steigt. Wenn dann die Wirtschaft ausgewachsen ist und genügend Guthaben vorhanden ist, sinkt die Nachfrage nach Krediten. Dadurch sinkt der Zins, und die Banken reduzieren die Vergabe der Kredite, sodass deren Zahl nun konstant bleibt. Auch dieses System reguliert sich also prinzipiell selbst.

Das heißt, genau wie das Wachstumshormon EPO ist der Zins an sich nicht schlecht: Er ist Antrieb für das Wachstum des Geldes, er hat uns Menschen dazu angefacht, zu dem weltumspannenden Metaorganismus zu werden, der wir nun sind. Der Zins kann allerdings zum Problem werden, wenn der Organismus ausgewachsen ist, aber wegen irgendeiner Fehlfunktion weiter wuchert und seinen Wirt gefährdet.

HORMONELLE REGELUNG DER BLUT- UND GELDPRODUKTION

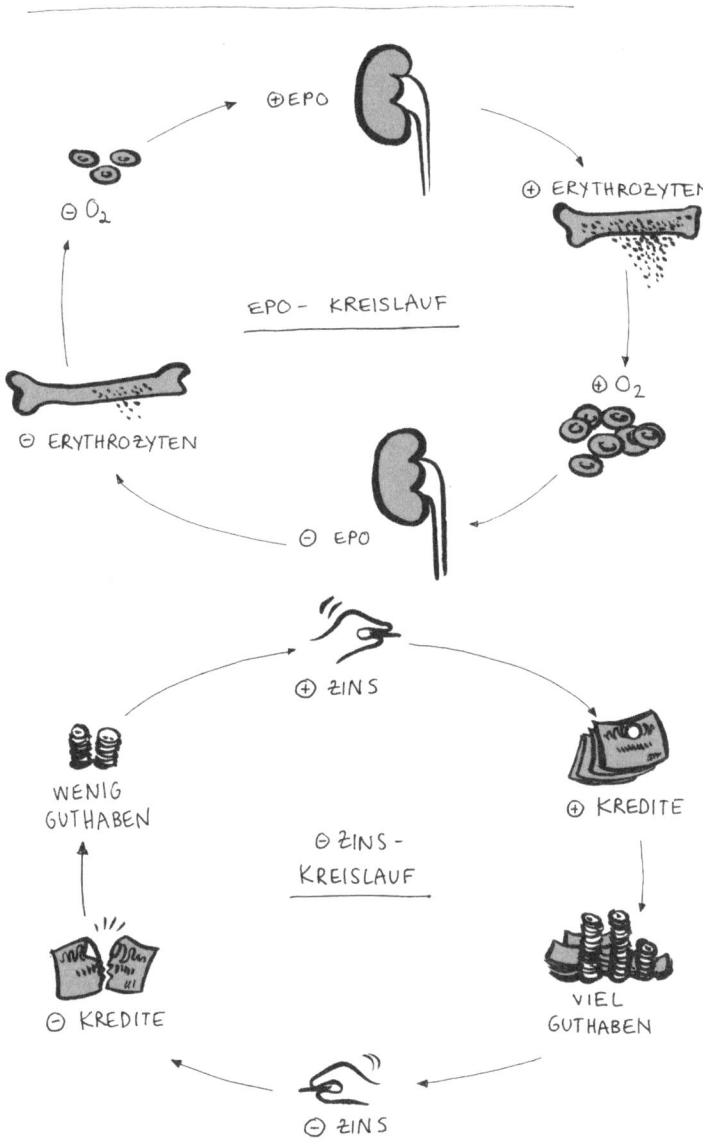

Das kann beim Blut durchaus passieren, und es ist gefährlich: Wenn der Körper ausgewachsen ist und der EPO-Spiegel erhöht bleibt, bildet der Körper mehr Erythrozyten als ihm guttun. Der Anteil der festen Blutkörperchen steigt, der Anteil des flüssigen Blutplasmas sinkt; das Blut wird dicker, fließt zäher. Diese *Polyglobulie* kann lange unbemerkt bleiben, aber irgendwann kommt es zu Störungen der Durchblutung: In einige Zellen, zuerst Händen und Füßen, die weit vom Zentrum des Kreislaufs entfernt sind, gelangt das zähe Blut nicht mehr. Dort fehlt Sauerstoff; sie schmerzen, werden violett und blau. Bald wird der Rest des Körpers gestört, der Patient leidet unter Kopfschmerz, Tinnitus, Sehstörungen, Schwindel, Taubheitsgefühlen, Bluthochdruck, Müdigkeit und Depression. Hier gibt es zuwenig Blut, dort zuviel: Irgendwo gerinnt es, klebt aneinander, konzentriert sich, verstopft den Kreislauf. Wenn das Wachstum der Erythrozyten nicht abbricht, endet die Krankheit im Schlaganfall oder Herzinfarkt.

Ebenso in der Wirtschaft: Wenn der Zins überproduziert wird, vergeben Banken mehr Kredite, als die Wirtschaft braucht und ihr guttun. Die Schulden wachsen, der Anteil der Festgelder steigt, der Anteil des flüssigen Geldes sinkt, das Geld fließt zäher. Dies kann lange unbemerkt bleiben, aber irgendwann kommt es zu Störungen im Kreislauf: Zu einigen Menschen, zuerst Bauern und Handwerkern, die weit von den Handelszentren entfernt sind, gelangt das zähe Geld nicht mehr. Dort fehlen Guthaben und Güter, sie werden arm und elend. Bald stört die Krankheit den Rest der Gesellschaft – und ich finde »Kopfschmerz, Tinnitus, Sehstörungen, Schwindel, Taubheitsgefühle, Bluthochdruck, Müdigkeit und Depression« keine schlechte Beschreibung für das, was wir gerade kollektiv erfahren. Hier gibt es zu wenig Geld, dort zu viel: Irgendwo gerinnt es, die Vermögen konzentrieren sich an wenigen Stellen und verklumpen, sorgen für finanzielle Thrombosen, Kreditklemmen und Insolvenzen, die den Geldfluss behindern – »Insolvenz« bedeutet übrigens »nicht lösen«, also »verkleben«, »verklumpen«. Wenn das Schuldenwachstum nicht abbricht, endet die Krankheit in Krise und Kollaps.

Wenn im Organismus die Selbstregulierung scheitert, können zum Glück Ärzte helfen. Um einer akuten Blutverklebung vorzubeugen, verschreiben sie Antiklebemittel wie Aspirin. Das verhindert, dass das Blut gerinnt und Klumpen bildet, und schützt den Patienten vor dem unmittelbaren Infarkt. Sie ändern aber nichts an der Zusammensetzung des Bluts, helfen daher nur kurzfristig. Noch wichtiger ist daher, dass der Patient viel Wasser trinkt, damit sich das Blut verdünnt und es wieder zirkulieren kann. So kann mancher unmittelbare Infarkt abgewendet werden, und der Patient kann sich erstmal erholen. Manchmal heilt dadurch die Krankheit von selbst, weil sich in der Ruhezeit der Hormonhaushalt des Körpers stabilisiert.

Wenn es dann immer noch zu viele Erythrozyten gibt, können die Ärzte diese direkt entfernen. Dafür verschreibt man einen Aderlass. Das entfernt überschüssige Erythrozyten und bannt auf absehbare Zeit die Gefahr ihrer Gerinnung. Wenn man das regelmäßig tut, kann diese Therapie auch bei dauerhaft erhöhtem EPO-Spiegel die Symptome bekämpfen und das Patientenleben verlängern.

Wenn das nicht genügt, um eine langfristige Heilung zu ermöglichen, können die Ärzte in die Tiefe gehen und den erhöhten EPO-Spiegel als Ursache der Überproduktion der Erythrozyten behandeln. Warum ist er so hoch? Vielleicht ist er bewusst nach oben manipuliert? Sportler nehmen bisweilen EPO, um den Sauerstoffgehalt des Bluts und ihre Leistungsfähigkeit zu steigern. Dann erklären ihm die Ärzte, dass er dringend mit dem Doping aufhören muss, weil er sein Leben damit aufs Spiel setzt. Vielleicht liegt auch ein Gendefekt vor, dass das Hormon überproduziert wird? Oder leidet der Patient an chronischem Sauerstoffmangel? Vielleicht lebt er in schwindelnder Höhe, wo zu wenig Sauerstoff in der Luft liegt? Wenn es den Ärzten gelingt die Ursache zu finden und den EPO-Spiegel zu senken, kann der Patient dauerhaft genesen.

Für die Geldflussstörung unseres Metaorganismus stehen analoge Behandlungen zur Verfügung. Um akuten Insolvenzen vorzubeugen, verschreibt man rechtliche Mittel wie eine Einlagenversicherung, die garantiert, dass Banken ihren Kunden Guthaben auszahlen können. Das verhindert, dass sich die Insolvenz einer Bank auf deren Kunden ausbreitet, und schützen daher die Wirtschaft vor dem unmittelbaren Finanzinfarkt. Sie ändern aber nichts an der Zusammensetzung des

Geldes, helfen daher nur kurzfristig. Noch wichtiger ist daher, dass flüssiges Geld, also Guthaben ohne neue Schulden, in die Wirtschaft fließt, damit sich das Geld verdünnt und es wieder zirkulieren kann. So kann mancher unmittelbare Infarkt abgewendet werden und die Gesellschaft kann sich erstmal erholen. Vielleicht hilft das zusätzliche Guthaben schon, dass die Nachfrage nach Geld sinkt und der Zinshaushalt sich stabilisieren kann.

Wenn es dann immer noch zu viele Schulden gibt, können wir diese direkt entfernen, indem wir festes Geld aus dem Verkehr zu ziehen. Das bedeutet, Schulden zu erlassen. Das entfernt überschüssige Schulden und bannt auf absehbare Zeit die Gefahr von Insolvenzen. Wird der Schuldenschnitt regelmäßig umgesetzt, kann diese Therapie auch bei dauerhaft erhöhtem Zins die Symptome bekämpfen und das Wirtschaftsleben verlängern.[86]

Wenn das nicht genügt um eine langfristige Heilung der Wachstumskrankheit zu ermöglichen, können wir in die Tiefe gehen und den erhöhten Zinsspiegel als Ursache für die Überproduktion der Schulden behandeln. Warum ist er so hoch? Ist er vielleicht bewusst nach oben manipuliert? Bankenkartelle verfälschen manchmal den Referenzzins, um ihr Vermögen zu dopen[87] – die Macht der Geldschöpfung ist ein Monopol in den Händen weniger, die von hohen Zinsen profitieren. Man könnte daher den Zins mindern, wenn es mehr kleinere Banken, lokale Währungen und dezentrale Geldschöpfung gäbe. Und warum zögert die Zentralbank, den Leitzins deutlich unter null zu senken? Liegt da vielleicht ein Defekt im Statut vor? Und warum ist Guthaben überhaupt chronisch knapp? Das wäre doch durch ein Grundeinkommen problemlos zu behandeln. Warum zögert unser Gesellschaftskörper, es einzuführen? Liegt etwa in den schwindelnden Höhen unserer wirtschaftlichen Entwicklung zu wenig Vertrauen in der Luft? Wenn wir die Ursache diagnostizieren und behandeln, können wir dauerhaft genesen. Das sind alles gute Nachrichten, es besteht also Hoffnung! Durch die Mischung aus Grundeinkommen und Negativzins wäre es ein Leichtes, die Knappheit des Geldes zu beseitigen, den Zins zu eliminieren und das pathologische Wachstum einzudämmen.

Aber wie? Änderungswünsche an das Geld sind immer grundsätzlicher Natur, weil Geld ein soziales Objekt ist. Folglich kann niemand als Einzelner das Geld verändern, sondern nur durch andere. Bedeutet das, dass wir auf Regierungen, Gesetze und Reformen warten müssen? Wie funktioniert das im Organismus, geschieht das hierarchisch und mechanisch oder dezentral und lebendig?

Im Zeitalter der Mechanik dachte man, menschliche Körper wären wie Automaten und jede Zelle würde durch das Hirn, das zentrale Nervensystem oder die Gene hierarchisch kontrolliert. Die Kontrollzentren entscheiden, was der Rest tut. Daher lief die Analogie von Gesellschaft und Organismus auf einen totalitären Staat hinaus, der zentral gesteuert wird, was ihre Popularität nicht gerade beflügelte.

Aber auch diese Maschine ist Projektion: Der Verstand kann nur die Bewegung von Kopf, Armen und Beinen, nicht aber die wesentlichen Funktionen wie Herzschlag, Verdauung und Blutkreislauf steuern. Unsere Zellen und Organe sind Zusammenschlüsse von ursprünglich eigenständigen Bakterien und Zellen, und selbst wenn sie Absichten des Verstandes und Impulse des zentralen Nervensystems umsetzen können, steuern sie sich über weite Teile selbst. Auch die DNA scheint kein Kontrollzentrum zu sein, sondern ähnelt eher einem Ordner mit Bauplänen, auf den der Körper nach Belieben zugreift. Der Körper ist kein zentrales System, sondern ein sich selbst organisierendes, vielschichtiges Netzwerk aus DNA, Organellen, Zellen, Gewebe und Organen mit komplexen Interaktionen, Flüssen und Rückkopplungen, das wir gerade zu verstehen beginnen.

In der Analogie gibt es keinen Grund, darauf zu warten, dass Regierungen, Banken oder große Unternehmen ihren Kurs korrigieren. Anders als der Staat wird der soziale Organismus nicht von oben kontrolliert, sondern von der Summe an lokalen Kreisläufen getragen. Diese wiederum kann man direkt und wirkungsmächtig beeinflussen; lokal stehen uns Bürgern alle Behandlungsmöglichkeiten konkret zur Verfügung. Was können wir also tun, um dem Geldinfarkt zu begegnen?

Der erste Schritt ist es, lokale Liquidität zu fördern, also den Geldfluss und die Versorgung vor Ort am Laufen zu halten. Die offensichtlichste Möglichkeit ist es natürlich, Geld lokal auszugeben. Weil Geld

230 3. Die Metamorphose des Geldes und die organische Wirtschaft

fließt, multipliziert sich dieser Effekt: Wenn ich zum Beispiel 100 Euro im Supermarkt ausgebe, fließen von diesem Geld zirka 70 Euro zum Großhandel. Von dort fließt der kleinere Teil an Erzeuger anderswo, und der größere Teil als Profite in die Städte, wo die Firmenzentrale und deren Aktionäre sitzen. Nur 30 Euro bleiben in Form von Gehältern vor Ort. Wenn nun die Angestellten ihren Lohn wieder im Supermarkt ausgeben, fließen davon wiederum 21 Euro ab, und 9 Euro gehen an lokale Angestellte. Nach nur drei Transaktionen bleiben keine 3 Euro vor Ort, und ein Großteil versackt im zentralen System.[88]

Kaufe ich von meinen 100 Euro hingegen lokales Gemüse auf dem Markt, fließen von diesem Geld nur zirka 20 Euro in Form von Steuern, Energiekosten oder Gebühren aus dem Ort heraus; die restlichen 80 Euro bleiben im lokalen Kreislauf. Wenn nun die Gemüsehändlerin ihre 80 Euro wieder vor Ort ausgibt, vielleicht Butter beim Milchbauern kauft und der wieder 80 Prozent lokal ausgibt und so weiter, bleiben nach drei Transaktionen noch über 50 Euro vor Ort. Das summiert sich: Nach zehn Transaktionen im Supermarkt haben meine 100 Euro den Kauf von Gütern im Wert von 113 Euro ermöglicht; nach zehn Transaktionen auf dem Markt sind Güter im Wert von 366 Euro geflossen. Vereinfacht gesagt: Wenn Geld vor Ort ausgegeben wird, ist es mehr wert; und je mehr Möglichkeiten es gibt, lokal voneinander zu kaufen, desto stabiler ist das lokale Angebot, desto mehr Geld haben alle vor Ort.

Indirekt, aber fundamentaler sind Maßnahmen, die festes Geld, also Schulden vernichten. Verzinste Schulden führen zu Knappheit und weiteren Schulden; jeder Euro, den Sie unverzinst verleihen, und jede Schuld, die Sie vergeben, reduziert daher den Wachstumsdruck. Anstatt ausgedachte Fonds und Anleihen zu halten, die Wachstum versprechen und plötzlich platzen, ist es besser, sie in lokale, reale, nützliche Werte zu investieren. Wenn Sie also Ihre Wertpapiere verkaufen und eine lokale Mühle, Bäckerei oder Solaranlage finanzieren, haben Sie Ihren Reichtum doppelt geschützt: Ihr Geld ist vor der Krise geschützt, und Ihre lokale Versorgung ist vor dem Geld geschützt.

Wenn Sie Ihr Geld aus Fonds und Rentenversicherungen entfernen, die es in Kohle und Rüstung investieren, um es bei einer nachhaltigen Bank[89] einzuzahlen oder in erneuerbare Energien zu investieren, hört

Ihr Geld auf, Schaden anzurichten, und beginnt, Nutzen zu produzieren. Außerdem haben Sie Ihr Geld auch davor geschützt, an dem Tag wertlos zu werden, an dem wir schlau genug sind, mit dem Kohleabbau aufzuhören. Diese Divestitionen funktionieren am besten, wenn Sie darauf verzichten, mit dem Geld mehr Geld verdienen zu wollen: Keinen Zins zu verdienen ist ein wichtiger Hinweis dafür, dass das Geld nicht hinter Ihrem Rücken die Kommerzialisierung fortführt!

Und es gibt noch so viele schöne Weisen, Schulden zu vernichten! Eines der kreativsten Beispiele liefert gerade das *Rolling-Jubilee*-Projekt, ein Ableger von Occupy Wall Street: Die Aktivisten sammeln Spenden, kaufen dafür wuchernd aufgetürmte Schulden Hochverschuldeter, die wegen ihrer geringen Bonität billig gehandelt werden, und erlassen sie ihnen.[90] Auf diese Weise kaufen sie Schuldendollar für Pennys und haben mit nur 700 000 Dollar Spenden 30 Millionen vergeben, und zwar gerade denen, die nichts haben außer Schulden. Was für eine Ertragsmarge! Für jeden Dollar haben sie 42 Dollar Schulden vernichtet, die sonst sinnlos Mangel schaffen würden, und haben die Ärmsten der Welt, die Verschuldeten, unendlich bereichert! Das ist die Macht der Geldvernichtung: Die Maschine wächst durch unser rituelles Versprechen, mehr zu bezahlen. Daher müssen wir schließlich die Welt versilbern. Jede erlassene Schuld bedeutet daher einen armen Teufel weniger!

Am tiefsten behandeln wir die Wachstumskrankheit, indem wir den Zins senken, und dafür muss man nicht Chef einer großen Bank sein. Der Preis des Geldes ist nämlich das Ergebnis von Angebot und Nachfrage: Er ist gering, wenn viel flüssiges Geld vorhanden ist und wenig gebraucht wird. Daher hilft eigentlich alles, was die Knappheit des Geldes verringert und die Abhängigkeit davon lindert. Eine gute Möglichkeit, um das Geldangebot zu steigern und eine Region flüssig zu halten, sind natürlich lokale Währungen. Sie verstärken den Effekt des lokalen Geldausgebens, weil sie bedingen, dass der Wirtschaftskreislauf vor Ort geschlossen ist – sonst sammelt sich alles Geld bei dem an, der sonst seine Güter von außen kaufen würde.[91] Das heißt wiederum, sie schaffen lokale Geschäftsmöglichkeiten für den, der den Zirkel schließt, und eröffnen ganz neue Nischen für regionale Unternehmen.

3. Die Metamorphose des Geldes und die organische Wirtschaft

Je mehr Geld sich bei den zentralen Systemen verklumpt und lokale Systeme austrocknet, desto nützlicher werden daher Regiogelder oder Tauschringe[92] werden, um den lokalen Güterfluss aufrechtzuerhalten. Auch jetzt schon ist ein funktionierendes Regiogeld ein machtvolles Mittel gegen die Kommerzialisierung, weil dadurch mehr Geld vorhanden ist und weniger Kredite genommen werden müssen. Ebenso umgehen Crowdfunding, Peer-to-Peer-Kredite und andere banklose Banking-Plattformen das Geldmonopol der Banken.[93] All das dezentralisiert die Geldschöpfung und reduziert so die Möglichkeit, Zinsen zu nehmen.

Genauso hilft es, die Nachfrage nach Geld zu verringern – schließlich müssen wir nur wachsen und Zinsen zahlen, weil wir vom Geld abhängig sind. Wir brauchen immer mehr Geld, weil die Kommerzialisierung so weit vorangeschritten ist und uns kollektiv enteignet hat, und die Kommerzialisierung schreitet immer weiter voran, weil wir immer mehr Geld brauchen. Aus dem Kreislauf können wir ausbrechen: Wenn Sie also Gemüse pflanzen, Hühner halten, ein eigenes Haus bauen und mit Leuten zusammenleben, mit denen Sie Geräte teilen können und die nützliche Fertigkeiten besitzen, sind Sie unabhängig vom Finanziellen. Das schützt Sie nicht nur vor Krisen, in denen Maschinen stillstehen, sondern Sie reduzieren auch die Nachfrage nach Geld und Zins und tragen zur Entwicklung eines vernünftigen Lebensstils bei.

Gleiches gilt für die alten Versorgungssysteme, die Allmenden und Dorfgemeinschaften. Wir brauchen nur so viel Geld, weil die Allmenden zerstört, die Gemeinschaften zerteilt, die gegenseitigen Abhängigkeiten aufgekündigt sind und verkauft ist, was umsonst war. Diese Zerstörung hat die Kommerzialisierung ermöglicht, ihr Wiederaufbau ist daher ein Mittel des Widerstands: Wenn Sie mit Ihrem Geld, Ihrer Lebensweise oder Ihrem Einsatz natürlichen oder sozialen Reichtum vor dem Verkauf schützen, machen Sie Geld obsolet. Das bedeutet den Verlust von Geschäftsmöglichkeiten, mindert Profitabilität und Zins und verkürzt daher die Wachstumsphase des Geldes. Gleichzeitig bewahrt uns dieser vor Kommerz beschützte Wohlstand vor dem Mangel an Geld und Käuflichem, den steigende Polarisierung und Krisen mit sich bringen.

Dasselbe gilt für regenerative Energiesysteme, restaurative Landwirtschaft, dezentrale Handelskreisläufe und andere Pioniere der Nachhaltigkeit: Sie bieten weniger Profite, weniger Geschäfts- und Wachstumsmöglichkeiten, brechen daher die Logik der Extraktion und befeuern so die Krise des Kapitals; gleichzeitig schaffen sie wirkliche Werte, reales Kapital, das uns in der beginnenden Übergangszeit eine unverzichtbare Ressource sein wird. Ich glaube, diesen Punkt kann man verallgemeinern:

»Alles, was wir tun, um uns oder natürlichen oder sozialen Reichtum vor der Kommerzialisierung zu schützen, wird den Kollaps beschleunigen und seine Härte mildern.«[94]

Die fundamentalste Strategie gegen die Kommerzialisierung ist daher, unabhängiger vom Geld zu werden und Gemeinschaft, Allmenden und Freigebigkeit zu kultivieren.

Wenn ich beispielsweise mein Guthaben abhebe, eine Wiese kaufe, einen Gemeinschaftsgarten eröffne und mit den Nachbarn Obstbäume pflanze, habe ich vielfach den Druck des Geldes gesenkt: Ich habe Geld, das sonst nur sinnlos auf dem Konto gewachsen wäre, von seinem Wachstumsdruck befreit. Ich habe seinen Wert vor einem kommenden Verlust bewahrt. Ich habe ein Grundstück, auf dem vielleicht ein weiteres Einkaufszentrum entstanden wäre, einem langfristig sinnvollen Zweck zugeführt. Ich habe meine Nachbarn und mich unabhängiger von der Nahrungsmittelindustrie gemacht, wodurch wir alle weniger Geld brauchen. Ich habe einen Ort gegründet, an dem Leute einander helfen und Fertigkeiten beibringen können und wo Gemeinschaft entstehen kann. Und ich tue meinen Nachbarn einen Gefallen, wodurch ich bei ihnen etwas gut habe – das ursprüngliche Geld, die beste Versicherung gegen eine Krise, die man haben kann. Ich habe gehandelt, wie es unter Negativzins wirtschaftlich sinnvoll wäre; ich habe Geld, das bald ohnehin wertlos ist, genutzt, um etwas Schönes zu machen.

Da die Kommerzialisierung überall in unser Leben eingedrungen ist, muss man nicht lange suchen, um ihr Widerstand zu leisten. Jeder Garten, den Sie anlegen, jeder kleine Laden, den Sie eröffnen oder unterstützen, jedes Stück Land, das Sie vor Mähdreschern, Beton oder Parkhäusern bewahren, jede Food-Kooperative,[95] die Sie gründen oder unterstützen, jeder Protestbrief, den Sie an eine fiese Firma oder Ihren Abgeordneten senden, jeder Bohrer, den Sie mit Ihrer Nachbarin teilen und den sie sich nicht selbst kaufen muss, jeder Bagger, den Sie am Fracking hindern, jede Stunde, in der Sie Ihrer Großmutter ihren PC erklären, anstatt sie einen Experten rufen zu lassen, jeder Schuldenerlass, den Sie bewirken, jede Minute, die Sie weniger unnötig für Geld und mehr geschenkt arbeiten,[96] jeder Artikel, den Sie unentgeltlich online publizieren, jede Kampagne gegen Privatisierung von Wasser, für Netzneutralität oder Freigabe von Allmenden, die Sie unterstützen, jeder Verein für Geldreform,[97] urbane Subsistenz[98] oder alle sonstigen guten Dinge, die Sie unterstützen, jedes Lied, das Sie umsonst auf der Straße oder im Internet singen, jeder Anhalter, den Sie mitnehmen, jedes Lebensmittel, das Sie vor Müllcontainern retten,[99] jedes Fahrrad, das Sie reparieren, jedes Dorf, das Sie reanimieren, jede Gurke, die Sie lokal kaufen, jeder Mensch (Sie selbst eingeschlossen!), dem Sie beibringen zu gärtnern, Pilze und Wildgemüse zu sammeln, Bäume und Wälder zu pflanzen, Brot zu backen, Bier zu brauen, Sauerkraut zu fermentieren, Essen zu kochen, Käse zu machen, Kleider zu nähen, sich selbst zu heilen, Möbel zu zimmern, Häuser zu bauen, Dinge aus Schrott zu basteln, eigene Geschichten zu erzählen, Lieder zu schreiben, genügsam und mit sich selbst zufrieden zu sein, sich selbst zu unterhalten, zur Ruhe zu kommen, zu entspannen, Gemeinschaft statt Geld zu brauchen – all diese Taten nehmen dem Geld die Geschäfte, die es zum Wachsen braucht. Sie rufen dadurch die Krise herbei; aber gleichzeitig schützen Sie sich und die Ihren vor dem Moment, an dem das Geld schwindet, denn der versiegende Geldfluss gefährdet vor allem den, der von ihm abhängt.

Wir alle, die wir Geld leihen und Zinsen nehmen und Profite fordern, arbeiten gemeinsam daran, die Wirtschaft zum Wachsen zu bewegen und die Kommerzialisierung voranzutreiben. Wir tun dies auf tausend Arten: Indem wir unser Leben damit verbringen, reich zu werden und Geld auszugeben, indem wir eine Karriere wollen und hart dafür arbeiten, indem wir viele Sachen kaufen und wenig selbst machen. Wir selbst, unsere Lebensentwürfe, Vorstellungen, Erwartungen, Versprechen und Gewohnheiten bieten und nutzen die immer neuen Geschäftsmöglichkeiten, die die weltenverschlingende Wucherung ermöglichen. Je mehr wir von und für Geld leben, desto mehr sind wir profitables Geschäft und Investitionsobjekt. Umgekehrt hat dadurch jede Handlung die Macht, dem Geld Einhalt zu gebieten – wenn wir wenig Geld brauchen, machen wir sein Wachstum obsolet.

Am fundamentalsten begegnen wir der Maschine also, wenn wir ein bisschen philosophisch werden und uns fragen, was wir hier eigentlich wollen. Warum sind wir hier, Sie und ich? Was wollen wir hier anstellen mit unseren Jahren? Wollen wir sie hingeben für ein normales Leben mit Rentenversicherungen und Unkostenvergütung, das auf dem bröckelnden Fundament von Geld und seinem Wachstum aufbaut? Oder lässt die Größenordnung dieser Krise unsere Jobs und Karrieren nichtig erscheinen? Ich glaube, wir können das besser, wir sind hier, um Schöneres, Wichtigeres, Größeres zu tun. Ist das nicht eine wunderbare Gelegenheit, hier und jetzt und sofort die schönere, reichere, bessere Welt zu bauen, die wir eigentlich gesucht haben? Alles dafür steht bereit.

Wir stehen vor einer fantastischen Herausforderung: Wir haben eine jahrtausendelange Tradition, Dinge, die umsonst sind, zu kommerzialisieren. Die Zeit ist gekommen, diese Tradition umzudrehen.

Der Schwarm

»Neues schaffen heißt Widerstand leisten. Widerstand leisten heißt Neues schaffen.«
Stéphane Hessel[100]

Wir haben einen Ausflug in die Wildnis gemacht, um anhand von Vergleichen aufzuzeigen, wie eine lebendige Wirtschaft aussehen könnte, wie wir sie erreichen und was die Rolle des Geldes im Übergang ist. Aber die ursprüngliche Frage war, wie wir uns das Individuum und die Auswirkungen seines Handelns vorstellen können, wenn wir keine ohnmächtigen Zahnräder sind. Welches Bild bietet sich da an?

Ein Schwarm ist eine Gruppe von Tieren wie Vögel oder Fische, die sich zusammen bewegen. Wer sie beobachtet, sieht, dass sie ein komplexes systematisches Verhalten aufweisen: Sie bewegen sich in geordneten, oft geometrischen Formationen und reagieren kollektiv und intelligent auf Hindernisse, Beute oder Jäger, ohne sich abzusprechen. Sie sehen: wieder ein komplexes System, in dem sich Akteure gegenseitig beeinflussen.

Ein Fischschwarm lässt sich modellieren, indem man einzelnen Fischen folgende einfache Grundmuster vorgibt:[101]

1. Bewege dich etwa in dieselbe Richtung wie deine Nachbarn.
2. Bewege dich in Richtung des Mittelpunkts deiner Gruppe.
3. Bewege dich weg, sobald dir jemand zu nahe kommt.

Dieses System hält die Fische im Schwarm beisammen, regelt Ziel, Richtung und Ausweichmanöver. Jedoch weiß man nie ganz genau, was wann wie passiert. Wenn ich einen Schwarm beobachte, der sich auf ein Riff zubewegt, kann ich vielleicht mit Bestimmtheit sagen, dass der Schwarm seine Richtung ändern wird, aber nicht, wann und wie. Das Verhalten hängt nämlich von Myriaden von Faktoren ab – wie nahe die Fische stehen, wie schnell sie schwimmen, was noch im Wasser schwimmt, wie die Strömungen verlaufen, wie groß der Schwarm ist und was die einzelnen Fische tun – und dazu von deren Wechselwirkung: Vielleicht umschifft der Schwarm das Riff im großen Kreise, vielleicht bewegt sich der Schwarm lange auf das Riff zu, um erst im letzten Moment auseinanderzuspringen. Die Bewegung ist also verständlich, aber nicht vorhersehbar und schon gar nicht berechen- und kontrollierbar.

Das menschliche Geld- und Konsumverhalten ist oft durch den Herdentrieb charakterisiert worden. Das ergibt ja auch Sinn: Wir sind schließlich Säugetiere, hängen von anderen Menschen ab, beeinflussen einander und orientieren uns aneinander. Und an Märkten ist das noch ausgeprägter, denn sie ermuntern uns zu Schwarmverhalten: Schließlich stecken viele Anleger ihr Geld in Anlagen, die wertvoll sind, *weil* viele Anleger ihr Geld in diese Anlagen stecken.[102] Der Trick an der

Börse besteht daher darin, eine Aktie zu verkaufen, nachdem alle anderen sie gekauft haben und bevor alle anderen sie verkaufen. Wenn Sie mit Geld Geld verdienen wollen, tun Sie also Folgendes:

1. Bewegen Sie Ihr Geld in dieselbe Richtung wie die anderen.
2. Bewegen Sie es in Richtung des Mittelpunkts der Gruppe.
3. Bewegen Sie es weg, sobald Ihnen die Gruppe nahe kommt.

Der Markt programmiert Anleger wie Fische, hält sie zu einem Schwarm zusammen, regelt Ziel, Richtung, Ausweichmanöver. Wen überrascht es, dass wir handeln wie ein Schwarm? Man kann daher nie genau vorhersagen, was wann wie passiert. Wenn ich einen Geldschwarm beobachte, der sich auf eine Blase zubewegt, kann ich vielleicht mit Bestimmtheit sagen, dass der Schwarm seine Richtung ändern wird, aber nicht, wann und wie. Dieses Verhalten hängt von unzähligen Faktoren ab – wie sehr die Portfolios einander ähnlich, wie schnell sie gehandelt werden, wer alles in diesen Markt eingestiegen ist, wie sich die gesamtwirtschaftliche Großwetterlage bewegt, wie kapitalintensiv der Markt ist, was die Anleger so tun – und von deren Wechselwirkung.

Vielleicht verkaufen die Anleger früh und umschiffen so die Blase im großen Bogen, vielleicht bewegen sie sich auf die Blase zu, bis sie platzt und der Anlegerschwarm auseinanderstiebt. Der genaue Zeitpunkt und Verlauf einer Krise sind jedoch strukturell nicht vorherbestimmbar, denn sobald es jemand wüsste, würden er und andere sich danach richten und vorher die Bewegungsrichtung ändern, und das würde wiederum das Schwarmverhalten ändern. Diese Blase ist also verständlich, aber nicht vorhersehbar, berechenbar oder kontrollierbar.

Der Schwarm ist ein Beispiel von Selbstorganisation. Anders als in einer Hierarchie hat niemand die Kontrolle inne und erteilt Befehle, und anders als in der Republik finden keine Abstimmungen statt. Stattdessen beeinflussen sich die Individuen gegenseitig, die Interaktionen bilden ein Gruppenverhalten, in dem der tatsächliche Kurs durch die Handlung aller Beteiligten bestimmt wird.

Ein einzelner Fisch mag sich seines Einflusses nicht bewusst sein, während er mit dem mächtigen Strom schwimmt. Doch er kann den großen Kurs verändern, indem er seinen ändert: Wenn er einen Räuber entdeckt und in den Schwarm hineinschwimmt, um auszuweichen, stößt er andere, die ebenfalls ausweichen, und der Schwarm stiebt auseinander, flieht in alle Richtungen. Oder wenn der Fisch einen Leckerbissen sichtet und sich darauf zubewegt, werden dies seine Nachbarn bemerken, ebenfalls die Beute erspähen und hinterherschwimmen. Die Nachbarn der Nachbarn tun dasselbe, und so kann ein einzelner Fisch den ganzen Schwarm zum Futter führen. Die Fische beeinflussen einander, daher ist das Schwarmverhalten emergentes Resultat des Verhaltens Einzelner, der Schwarm stimmt mit den Flossen ab. Jeder Einzelne lenkt durch sein Tun die gesamte Schwarmschwimmrichtung mit.

Menschen, die im Strom der Wirtschaft mitschwimmen, bemerken selten ihren potenziellen Einfluss. Jedoch können sie den gesamten Kurs verändern, indem sie ihren ändern: Wenn Sie eine Blase entdecken, in der wir kleinen Fische am Ende die leere Tüte in der Hand halten werden, während sich Finanzhaie mit der Beute davonmachen, haben Sie gute Gründe, festes Geld, Aktien, Anleihen und Finanzpapiere zu liquidieren. Sie haben dann sinnlos wachsendes Geld aus einem destruktiven, zentralen System befreit und die Kommerzialisierung ein gutes Stück aufgehalten. Stellen Sie sich vor, das würden nur 5 Prozent der durchschnittlichen Anleger tun – das würde den Preis der Papiere um 5 Prozent senken und damit deren knapp kalkulierten Profit, wodurch sie uninteressanter für andere Investoren werden. Und viele warten in den überbewerteten Finanzmärkten nur auf den rechten Moment, um vor der Talfahrt abzuspringen – wie viel sinnlos wachsendes und konsumierendes Kapital könnte man aufhalten! Je mehr Leute verkaufen, desto mehr weitere verkaufen und stieben auseinander, um andere Orte für ihre Reichtümer zu suchen.

Oder Sie erspähen eine schönere Investition als die alten Aktien, Banken und Fonds oder eine schönere Zeitinvestition als eine Finanzkarriere – vielleicht eine nachhaltige Bank, ein lokales Unternehmen, einen Buchladen, eine Bäckerei[103] oder einen Bauernhof, ein benachbartes Wiesengrundstück, Haus und Garten oder einfach die Leute, die Sie kennen – und lassen dorthin Geld und Zeit fließen. Dann haben Sie etwas Schönes, Bleibendes, Wertvolles unterstützt, ihm vielleicht zur Blüte verholfen, die andere anlockt. Erzählen Sie Ihren Nachbarn davon, gründen Sie eine Initiative, stellen Sie Solaranlagen auf, und Sie haben fiduziäres, ausgedachtes, zerstörerisches Kapital eingetauscht gegen etwas Schönes, Nützliches, Wirkliches. In Zeiten verpuffenden Geldes ist eine reale lokale Investition ein lohnender Leckerbissen! Gleiches gilt für Konsum – geben wir unser Geld den fiesen Firmen oder dem Dorf? Machen wir eine Geldkarriere oder etwas Richtiges? Glauben Sie nicht, das sei unwichtig. Die Wirtschaft ist emergentes Resultat des Verhaltens Einzelner, die mit Geld und Füßen abstimmen; jeder Einzelne kann die anderen durch sein Tun zum Futter führen.

Selbst wenn Sie kein Geld haben, sorgen Sie sich nicht: Geld ist hierbei gar nicht so wichtig. Um wirkliches Kapital aufzubauen, braucht es nicht so sehr Geld, sondern das, wofür Geld steht, nämlich Ihre Zeit, Fertigkeiten, Beziehungen, Energie, Hingabe (genau, wir sind alle reich!).[104] Wenn Sie also weniger arbeiten, kaufen, Schulden machen, müssen Sie der Maschine weniger Zeit schenken und haben die Möglichkeit, unabhängig vom Finanziellen wirkliche Reichtümer aufzubauen. Es wird sich lohnen, und andere werden sich anschließen.

Vielleicht erscheint Ihnen das alles idealistisch, naiv, unrealistisch, verträumt. Zugegebenermaßen ist die Masse, die nötig ist, um die Schwarmbewegungen von Märkten vieler Millionen Menschen zu ändern, größer als die, die es braucht, um einen Schwarm aus hundert Fischchen umzutreiben. Aber umgekehrt ist ein Schwarm von Millionen Menschen viel träger, weshalb die tatsächliche Änderung des Einzelnen viel kritischer ist für die Masse. Wie die Fische schwimmen wir im Strom des Geldes und haben so wenige Alternativen im Blick, dass viele denken, es gäbe sie gar nicht. Wer wollte erwarten, dass Staaten, Unternehmen und Banken ihren Wachstumsfetisch beenden, wenn keine getesteten, funktionierenden Alternativmodelle in Reichweite sind? Wer wollte hoffen, dass Leute mehr Gemüse anbauen, wenn diese nicht glauben, dass das funktioniert, entspannt ist und Spaß macht? Wie soll ich mich nicht für verrückt halten, finanzielle Werte abzulehnen, wenn ich nicht Leute treffe, die dasselbe tun? Gerade weil unser Schwarm so groß und träge ist, sind die täglichen, kleinen, vielen Handlungen von enormer Bedeutung. Wie sonst könnte ein Umlenken entstehen als dadurch, dass einige damit beginnen?

Und wir müssen es auch nicht beginnen, denn es ist schon unterwegs, wir sind mittendrin: Seit Jahrzehnten fragen sich viele, wie ein Leben ohne große Geldmaschine aussehen kann. Ein schönes der vielen Ergebnisse dezentraler Schwarmintelligenz ist die Permakultur, ein fantastisches Design eines extrem effizienten und nachhaltigen Lebensstils – mit einem besonderen Fokus auf Gartenbau –, in dem schon heute viele Tausende ausgebildet wurden.[105] Die Transition-Town-Bewegung, die Städte und Dörfer auf die lokale Unabhängigkeit von fossilen Brennstoffen und Geld vorbereitet, ist keine zehn Jahre alt und hat bereits über tausend Ableger in dreiundvierzig Ländern.[106] In Afrika sind Ökodörfer gerade groß im Kommen.[107] In Spanien ziehen junge Leute ohne Arbeit aufs Land und reanimieren leer stehende Dörfer.[108] Diese Formen der Selbstorganisation werden interessanter, je weiter die Krise voranschreitet.

Die Wirtschaft ruft uns in allen Formen zu, uns zu ändern, daher ändern wir uns auch alle. Auch Sie haben bestimmt schon dazu beigetragen, die Maschine aufzuhalten, wenn Sie gegen Fracking protestiert, Bio gekauft oder einen blöden Job geschmissen haben. Sie haben dadurch ein Stück unseres Reichtums bewahrt – danke dafür, und nur Mut! Sehen Sie, so sieht eine kollektive Richtungsänderung aus: eine Bewegung ohne Führer, ohne Plan und Hierarchie, die niemand kommen sah und die alles bewegt.[109] All das geschieht bereits.

Wenn Sie das immer noch für naiv halten, lieber Leser, weil Sie sich und mich für machtlos halten, dann unterschätzen Sie uns. Wir Kleinen sind der Schwarm, der die Maschine bildet. So wie jeder Fisch im Ozean letztlich vom Plankton abhängt, das die kleinen Fische fressen, die die großen Fische fressen, sind die Kleinanleger die Geldquelle der Märkte,[110] hängen an unserer Arbeit, unserem Konsum jede Bank, jedes Unternehmen, alles Geld der Welt. Weil wir so viele sind, sind wir so mächtig. Überdenken Sie Ihre Wege, und ändern Sie sie, wenn nötig und möglich. Schöpfen Sie einen sinnvollen Lebensstil,

Die Organische Wirtschaft 241

tun Sie etwas Schönes, Bereicherndes, Wirkliches, und die Welt wird Ihnen folgen.

Sie wollen es noch konkreter? Okay, ich erzähle Ihnen meinen persönlichen Plan. Vor dem Schreiben dieses Buches hatte ich gedacht, ich würde mal Karriere in der Politik, bei internationalen Organisationen oder an der Uni machen. Aber zum einen ging mir das permanente Konkurrieren auf die Nerven, zum anderen kamen mir Zweifel, wie viel Sinn ich dort stiften kann: Sind neue Gesetze und Fachartikel wirklich das, was die Welt gerade am dringendsten braucht? Ich habe in der Uni Professoren kennengelernt, deren Zeitbudget fast vollständig in die Verwaltung fließt – will ich Jahre meines Lebens in Papierkram investieren? Hätte ich im Räderwerk von Ministerien überhaupt die Zeit, mich genügend zu informieren, um gewichtige Entscheidungen zu treffen? Sind große internationale Organisationen, die vielleicht mit guter Absicht gegründet wurden, aber praktisch mächtige Interessen vertreten, überhaupt von innen reformierbar? Könnte ich ihre Form formulieren oder würde ihre Form dann mich formulieren?[111] Könnte ich überhaupt mein Leben genießen, wenn ich keine weißen Flecken in meinem Lebenslauf haben darf?

Nun ja, ich wage nicht, hier endgültige Schlüsse zu ziehen, und vielleicht betrete ich einen dieser Wege eines Tages doch noch. Vorerst habe ich aber diese Pläne in den Wind geschlagen, schon weil mir die Vorstellung unerträglich geworden ist, weiterhin Teil der vernichtenden Geldmaschine zu sein und von ihrem Wachstum abzuhängen. Es schien mir wichtiger zu sein, ein Lebensmodell zu finden, mit dem ich frei und unabhängig bin, um die Projekte anzugehen, die ich gut und richtig finde.

Ich habe daher vor einem halben Jahr mit meinem Bruder zusammen ein Haus auf dem Land gekauft, ein altes Gasthaus am Rand eines kleinen Städtchens mit Fremdenzimmern, alter Gastroküche, Kneipe, großem Garten und Wohnraum für mindestens zehn Personen. Kuhweiden und Wälder säumen die Hügel des nordhessischen Berglandes – so eine Umgebung ist Balsam für die Städterseele und echte Lebensqualität.

Weil das Haus auf dem Land steht und nicht taufrisch renoviert ist, haben wir für viel Platz wenig Geld bezahlt. Unsere Mitbewohner brauchen daher kein Kapital, um in das Projekt einzusteigen. Bei einer Bewohnerzahl von acht Personen müssen wir pro Kopf nur 230 Euro Warmmiete pro Monat zahlen. Dafür steht jedem ein riesiges Haus zur Verfügung mit Kühl- und Räucherkammer, Bibliothek, großen Gemeinschaftsräumen, einer Bar für Partys, einem Konzertraum, Räumen für Gäste, Sauna im Keller, eigenem Hausschnaps, Hunderten Einmachgläsern im Keller und einem Garten mit (noch leerem) Hühnerstall und eigener Quelle.

Schon jetzt brauchen wir viel weniger Geld. Mein Bruder – er ist Komponist und Klavierlehrer – unterrichtet nur montags und dienstags; dann hat er genug verdient, um sein Leben zu bestreiten – wenn er nach seiner Zwei-Tage-Woche heimkehrt, witzelt er gerne, er sei gerade wieder kurz vor dem Burnout. Den Rest der Woche verbringt er damit, das Haus zu renovieren, Dielen abzuschleifen, die Wände neu zu bemalen, Zimmer einzurichten, eine Terrasse zu bauen. Wir lernen extrem viel und probieren einige coole Aussteigertechniken aus: Wir haben schon Frischkäse aus Rohmilch und Gartenkräutern hergestellt, Pilze gezüchtet und sind schon marmeladeautark. Der jüngste Coup war die Herstellung von Wandfarbe aus Quark, Kalk und Kreide.[112] Die Herstellung von Bier, Most, Sauerkraut, Butter, Käse, Kimchi und Tempeh[113] und viel mehr steht noch auf unserer Wunschliste.

Darüber hinaus bietet das Gasthaus eine Menge Geschäftsmöglichkeiten: Wir wollen zum Beispiel Musiker und Künstler anlocken, die bei uns proben, arbeiten, Konzerte geben oder Musik aufnehmen können. Vielleicht machen wir auch ein Restaurant auf, in dem wir die Gäste mit unbekanntem Wild- und Waldgartengemüse verköstigen. Vielleicht machen wir auch mal ein kleines Festival – mal sehen, auf welche Projekte das Haus noch Lust macht, und mal sehen, worauf die Leute Lust haben, die sich uns anschließen werden.

Unser Semiaussteigertum macht uns jetzt schon große Freude. Es ist schön, viele verschiedene Aufgaben zu haben. Es wird nie langweilig, weil es so viele Projekte gibt, die man angehen kann, dass man eigentlich immer das machen kann, worauf man gerade Lust hat. Aber das

Allerbeste ist, dass schon jetzt zwischen den bisher sieben Mitbewohnern Synergien, Gegenseitigkeit und Gemeinschaft entsteht. Nicht nur dass es einfach schön ist, es ist sogar wirtschaftlich: Es ist viel einfacher, einmal für sieben zu kochen, als siebenmal für sich alleine. Und obwohl ich damit gerechnet hatte, bin ich jetzt schon überrascht, wie weniger Dinge mehr wert sind, wenn man zusammen wohnt: Wir haben eine gemütliche Bibliothek eingerichtet, wo die Bücher aller Bewohner eine großartige Vielfalt bilden. Ich habe nie Filme gesammelt, und trotzdem steht nun eine riesige Sammlung im Wohnzimmer. Allein rein materiell ist es der totale Überfluss: Wir haben Küchengeräte, von denen ich noch nicht mal geträumt hatte und die ich dennoch nützlich finde. Und wir haben von der Gaststätte mehr Besteck, Werkzeuge und Kartenspiele, als wir jemals brauchen werden.

Aber der eigentliche Grund, der mich persönlich zu dieser Aktion inspiriert hat, ist der Garten. Wir haben einen dreiviertel Hektar Land am Haus, wo jetzt Gräser, Himbeeren, Holunder, Bärenklau, Brennnessel, Haselnüsse und ein paar Eichen wachsen. Hier wird – Sie ahnen es – ein Wald wachsen. Nicht dicht und dunkel, sondern offen und hell, sodass Büsche und Stauden auf den Lichtungen dieses Waldgartens Sonne finden. Wir pflanzen bekannte Arten wie Birnen, Pflaumen, Kirschen, Sanddorn, Walnüsse und Esskastanien; aber ich habe vor allem Lust auf die Früchte und Gemüse, die ich noch nicht kenne: Mispeln, Felsenbirnen, Dattelpflaumen, Pfirsichkirschen, Erdbeerbäume, Herbstölweiden, Blaugurken, Schneeballbäume, Pawpaw, Sechuanpfeffer. Vielleicht finden wir auch einige sonnige Ecken für Kaki, Pfirsich, Mandeln, Kiwis, Wein, Pekannüsse, Japanische Walnuss, Pinien und Araukanien.

Der Trick dieses Waldgartens besteht darin, ein reiferes Ökosystem nachzuahmen, das sich effizient selbst füttert und organisiert und nicht auf unsere Dünger angewiesen ist.[114] Wir pflanzen daher eine große Vielfalt an Pflanzen, was nicht nur den Vorteil hat, dass man zu jeder Jahreszeit etwas ernten kann, sondern diese Pflanzen einander unterstützen. Und da die Bäume weit gepflanzt sind, kommt dazwischen genügend Sonne für mehrjähriges Gemüse aller Art: Topinambur, Meerkohl, Wildrüben, türkischen Rhabarber, Guten Heinrich, Pferdeeppich, Zuckerwurz, Malven, Süßdolde, Hopfen, Mitsuba, Bambus,

Luftkartoffeln, Kapuzinerknolle, Elefantenknoblauch und viele andere. Und Beeren, Johannes-, Josta-, Stachel-, Him-, Erd-, Logan-, Heidel-, Schein-, Blau-, Wein-, Apfel-, Maul-, Brom- und Felsenbeeren – alles was man braucht. Ist das nicht ein diversifiziertes Portfolio?

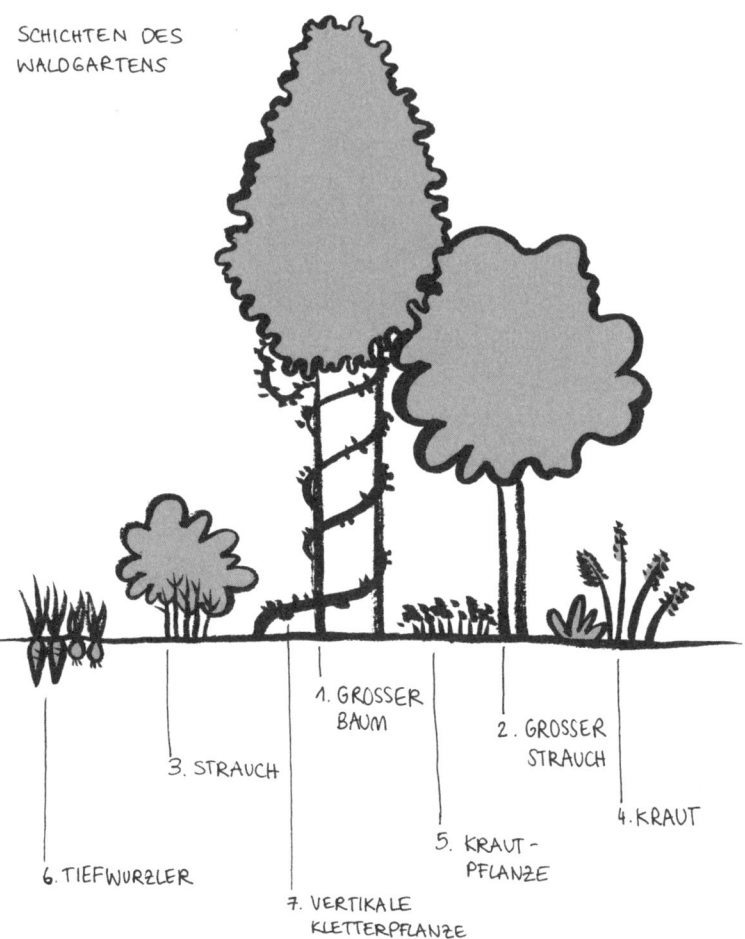

Da fast alles essbar ist, wartet man den Garten, indem man erntet: Von dem Waldgarten, den ich gesehen habe, berichtet sein Hüter Martin Crawford, einmal im Monat zu jäten und drei oder vier Wochenstunden dies und jenes zu tun. Dann gibt der Wald, einfach so, das ganze Jahr hindurch, ein Grundeinkommen an allem Notwendigen, für Generationen, in höchster Effizienz. Und ich habe noch nicht einmal Fischteiche, Salat, Gewürze, Medizin, Waschnüsse, Pilze, Farbe, Wachs, Honig, Bauholz, Bambus, Hühner, Laufenten erwähnt, die so ein Waldgarten hervorbringen kann und mit deren Aufzählung ich locker Seiten füllen könnte. Und ich habe noch nichts gesagt über den lokalen, sozialen, ökologischen und ästhetischen Gewinn, den ein solcher Waldgarten bringt.

Etwas hat sich verändert. Noch vor drei Jahren hielt ich Pflanzen für langweiliges Grünzeug und wusste von ihnen nicht die Bohne; heute beginne ich zu begreifen, was für komplexe, clevere Wesen das sind.[115] Mit meinem wachsenden Verständnis beginnt sich meine Wahrnehmung zu differenzieren und das ehemals homogene Grünzeug verwandelt sich zu einer lebendigen Vielfalt.

Und das Beste: Wenn Natur unser Kapital ist, dann können wir dieses Kapital sogar noch ausbauen. Weil die Menschen seit Beginn ihrer Pionier- und Wachstumszeit hauptsächlich einjährige Pflanzen essen – also Pionierpflanzen wie Gräser, die wir zu Hirse, Gerste, Weizen, Reis gezogen haben –, haben wir seit Beginn der Zivilisation fast unsere gesamte Anstrengung in Anbau, Hege und Forschung auf Pioniere gelegt. Die meisten Bäume, die wir nutzen, sind hingegen gepfropfte Obstbäume, jeder Kultivar Klon eines einzelnen, zufällig wohlschmeckenden Individuums, der anfällig für Krankheiten ist und sich nicht vermehrt – verglichen mit den stabilen Früchten aus der neuen Welt, die geniale Indiogärtner gezüchtet haben, kann man das nur als primitiv bezeichnen.

Wie wäre es, daraus stabile Arten zu machen, die ihre Verbesserung weitertragen können? Achten Sie mal beim Sommerspaziergang darauf, wie viele wilde Früchte und Beeren, meist zu klein und bitter zum Essen, überall wachsen. Die meisten Bäume der Welt haben wir noch nicht einmal versucht, nutzbar zu machen. Das Potenzial hierfür ist schier unendlich – die einzigen Sträucher, deren Kultivierung wir heute Aufmerksamkeit schenken, sind Gummi, Tee und Kaffee, jeweils mit spektakulären Erfolgen.[116] Getreide und Reis sind zu genetischen Reichtümern geworden, aber was Bäume angeht, sind wir noch in der

Steinzeit, sind wir wie die ersten Bauern, die begannen, wilde Gräser zu Hirse, Mais und Reis zu domestizieren. Stellen Sie sich vor, wie die Welt aussähe, wenn wir dieses Kapital pflegten! Klar, so etwas zu tun ist eine Lebensaufgabe, nein, es geht über einzelne Menschenleben hinaus – aber kann man sich schöner verewigen? Kann man etwas Größeres schaffen, kann man seine Zeit gewinnender nutzen als dafür, der Welt eine Gabe zu schenken, die *unsterblich* ist?

Epilog

Wir erzählen einander Geschichten über Welt und Wirtschaft, wie sie sind, wie sie sein sollten und was zu tun darum gut und vernünftig ist. Aus Geschichten werden Theorien, aus Theorien werden Philosophien. Sie werden Handlungen, Institutionen, Politik. Wir führen sie auf, wir machen sie wahr, wir erträumen so wirtschaftliche Wirklichkeit.

Dafür ist Geld, der Ding gewordene Gedanke, das mächtigste Vehikel. Im Geld drückt sich unsere tiefste Philosophie aus. Und es war bisher eine Geschichte des Mangels.

Geld ist knapp. Man braucht es, doch erhält es nur verkaufend. Aber käuflich ist nur, was nicht umsonst ist, und so knüpfen wir Reichtum an Mangel.

Vertrauen ist Zahl. Doch die Zahl ist begrenzt, könnte größer sein, und so fordern wir ihr Wachstum. Doch je reicher wir sind, desto mehr wird verkauft, und desto ärmer sind wir.

Kredit ist Schuld. Je reicher ich bin, desto ärmer sind andre, und so wählen wir ständig zwischen Armut und Eigennutz.

Und so greift der Mangel um sich, und die Welt und wir selbst scheinen mangelhaft und schlecht.

Ökonomik ist des Mangels Gipfel, die Lehre der knappen Ressourcen, die Rechtfertigung des Geldes. Sie lehrt, dass das Schöne in der Welt und das Gute im Menschen knapp sind. Geld lässt den Mangel wahr erscheinen, den unser Handeln erst verwirklicht. Und wir bekämpfen Knappheit durch das Geld, welches sie doch erst erschuf, wie der Irre, der sein brennendes Haus mit Löschpapier zu löschen sucht.

Die Maschine gründet auf einer Geschichte, einem Ritus, einem Zauber. Wie bekämpft man einen Zauber? Nicht, indem man seine Formeln beharrlich wiederholt. Es kann nur gelingen, wenn man den Ritus unterbricht, den Bann spricht und eine andere, neue, alte Geschichte erzählt, aufführt und verwirklicht.

Es ist nicht so, als bestünde Reichtum aus der Armut anderer – nur was wir schenken, gibt es im Überfluss.

Es ist nicht so, als wäre die Erde zu arm, um uns alle reich zu versorgen – wir müssen sie nur allen geben.

Es ist nicht so, als hätten wir nicht genug Geld, um die Welt damit zu begießen – *Abrakadabra!* Wir können das Geld befreien und zur Genüge hervorzaubern.

Der Mangel ist nicht von uns unabhängig, und ist damit nicht wirklich. Durch die Geschichte der Knappheit ist die Maschine entstanden, durch Überfluss wird sie lebendig werden und blühen.

Danksagung

Ich hatte manches Mal das Gefühl, dass diese Geschichte schon existierte, bevor ich sie aufgeschrieben habe. Daher möchte ich zuallererst der Quelle danken, aus der dieses Buch geflossen ist.

Dann danke ich, stellvertretend für andere Menschen an der Universität, Dr. René Gabriëls und Dr. Joke Spruyt, die mich stets ermuntert haben, zu zweifeln und eine eigene Sicht der Dinge zu formulieren.

Dann danke ich meinen Betreuern an der Universität, Prof. Holm Tetens und Prof. Niko Paech, die das etwas wahnwitzige Projekt, aus dem dieses Buch hervorgegangen ist, mutig akademisch beschützt haben.

Dann danke ich Dr. Hanna Leitgeb, Michael Schickerling, Christian Koth und der Truppe des Hanser-Verlags für ihre sympathische und hilfreiche Unterstützung, Geduld und Ermutigung. Ebenso danke ich Lisa Frühbeis für die schönen Illustrationen.

Dann danke ich den vielen Freunden, die Versionen des Manuskripts gelesen oder die mir in ihrer Diskussionsfreude die Gelegenheit gegeben haben, meine Gedanken zu reflektieren. Stellvertretend für viele, viele tolle Leute möchte ich Frederike Kaltheuner, Sebastian Brunnlechner, Nicolas-Michèl Müller, Tobias Reisch, Tobias Haase, Patrick Spät, Lydia Kores, und Egon W. Kreutzer danken.

Dann danke ich meinen Mitstreitern auf dem Lande, allen voran meinem Bruder Malte, die mir beim Schreiben großzügig den Rücken freigehalten und die Zeit unendlich bereichert haben.

Dann danke ich meinen Eltern, die meine Entscheidungen, die zu diesem Buch geführt haben, nicht nur respektiert, sondern so tatkräftig und in jeder Hinsicht fürsorglich unterstützt haben, wie es eben nur Eltern können.

Zuletzt möchte ich meinem lieben Paul danken, der mir oft gut zugeredet, meinen halbfertigen Gedanken zugehört und mir so liebevoll beigestanden hat, wie ich es mir nur hätte wünschen können.

Anmerkungen

Prolog
1   1. Mose 41. Siehe Sedláček (2012), *Die Ökonomie von Gut und Böse*, Kapitel 2, für eine ökonomische Erläuterung dieser Geschichte.

Teil 1: Die Geschichte der Großen Maschine: eine Biografie
1   Studierte Ökonomen und Wirtschaftsnerds kennen diesen Namen von der Philipps-Kurve, welche die Veränderungen der Inflation in Beziehung zur Arbeitslosigkeit setzt und nach ihrem Erfinder Alban Philipps benannt ist.
2   Da man natürlich für Geld Güter und Arbeit kauft, läuft im theoretischen Modell gegenläufig, aber sonst identisch zum Geldkreislauf ein Waren- und Wertekreislauf: Güter fließen zu dem Konsumenten, deren Arbeit zu den Firmen und so weiter. Der Moniac beschränkt sich, wie viele andere Modelle, auf die Geldseite dieses Kreislaufes, in der Annahme, dass sich die Werteseite identisch verhält.
3   AS-AD steht für »Aggregate Supply – Aggregate Demand«, also gesamtwirtschaftliches Angebot und Nachfrage. Das Modell verbindet durch ein Gleichungssystem die gesamtwirtschaftliche Produktion mit dem allgemeinen Zinssatz und ist damit gewissermaßen eine mathematische Zusammenfassung von Keynes' Hauptwerk, der *General Theory*. Ich komme in Kapitel »Die Benutzeroberfläche« darauf zurück.
4   Ich spreche von den Dynamic Stochastic General Equilibrium Models (DSGE), die die Europäische Zentralbank, die OECD und alle anderen für ihre Vorhersagen benutzen. Siehe zum Beispiel Christoffel, Coenen, Warne (2010), »Forecasting with DSGE models«.
5   Für eine gute Zusammenfassung der Wirtschaftstheorie des Moniac und als gutes Beispiel, wie explizit das Maschinenbild im Wirtschaftsdenken sein kann, siehe das Video von Jonathan Jarvis und Ray Dalio (2014), »How the Economic Machine Works«.
6   Sogar OECD, IMF und Weltbank, die drei größten Institute zur Wirtschaftserforschung, geben zu, die Implosion der Finanzmärkte ab 2008 nicht vorhergesehen und das Wirtschaftswachstum überschätzt zu haben. Siehe zum Beispiel OECD (2014), »OECD forecasts during and after the financial crisis: a post-mortem«.
7   Der Moniac beziehungsweise die Idee des Wirtschaftskreislaufs weisen noch weitere theoretische Probleme auf: Sie nehmen erstens an, dass die Wirtschaft keine

Ressourcen verbraucht und keinen Müll produziert, behandeln sie also wie ein Perpetuum mobile. Zweitens fließen in ihnen der Ertrag von Investitionen und der Ertrag von Lohnarbeit in den Topf der Haushalte, was das Modell (und seine Benutzer) blind macht für Verteilungsfragen. Und drittens setzen sie Geld mit Gütern gleich, was bedeutet, dass alle Güter für Geld käuflich sind, alle Güter in sich homogen sind und alles Geld in sich gleich ist – folgenreiche Annahmen, die so ziemlich jedes mathematische Modell trifft und die uns noch ausführlicher begegnen werden.

8   »Metapher« bedeutet wörtlich »Übertragung«. Wenn Sie mehr über Philosophie und kognitive Psychologie der Metaphern erfahren möchten, siehe Lakoff, Johnsson (1980), *Metaphors we live by*. Mehr über allgemeine Metaphorik der Ökonomik finden Sie bei Mirowski, Hg. (1994), *Natural Images in Economic Thought. Markets Read in Tooth and Claw*, insbesondere Klamer, Leonard (1994), »So, what's an economic metaphor?«.

9   Diese Definition ist angelehnt an den Philosophen der Maschine, Mumford (1967), *Myth of the Machine*, S. 191 ff.

10 Galbraith (1975), *Money. Whence it came, where it went*, S. 5, (eigene Übersetzung).

11 Siehe Mankiw (2007), *Macroeconomics*, S. 22–32, oder so gut wie jedes andere Wirtschaftslehrbuch.

12 Blanchard (2011), *Macroeconomics*, S. 67, definiert zum Beispiel Geld als »financial assets that can be used directly to buy goods«, also finanziellem Vermögen, welches direkt genutzt werden kann, um Güter zu kaufen. Wertpapiere, die man erst liquidieren muss, bevor man etwas dafür kaufen kann, gehören also nicht dazu – das drängt natürlich die Frage auf, was denn dann »finanziell« bedeutet. Wie Sie gleich sehen werden, handelt dieses Buch von einem allgemeineren Begriff des Geldes, der Schuldscheine, Schecks, Bankguthaben, Aktien, Scheine und auch Münzen einschließt, also von dem, was wohl für Blanchard das Finanzielle ist.

13 Siehe zum Beispiel Perloff (2011), *Microeconomics*, Kapitel 1. Graeber (2011), *Debt. The First 5000 Years*, S. 22 ff., hat sich die Mühe gemacht, diese Lehrbuchgeschichte bei einem Dutzend anderer Autoren aufzuspüren. Ich kann bestätigen, dass sie bei dem, was ich von der Ökonomenzunft gesehen habe, allgemein als selbstverständlich gehandelt wird. Graeber nimmt sie mit viel Genuss auseinander: Die älteste Version kommt von Aristoteles und wurde viele Male abgeschrieben, zuletzt von Adam Smith. Von dort wurde sie in fast jedes neuere Wirtschaftslehrbuch kopiert.

14 Wenn Sie bei dem Wort *Geschenk* stutzen, weil es zu nett klingt, liegt das daran, dass wir gewohnt sind, das Geschenk als etwas zu betrachten, das man einfach so gibt, ohne etwas zu erwarten. Aber Geschenke sind vielschichtiger. Mauss' (1923/1986) anthropologischer Grundlagentext zu Geschenken als fundamentaler Austauschform traditioneller Gesellschaften charakterisiert das Geschenk als ein »totales soziales Phänomen«, das »nicht nur ökonomische, sondern auch juristische, moralische, ästhetische, religiöse und mythologische« Bewandtnis hat. Insbesondere zeigt er, dass an das Geschenk nicht nur die Verpflichtung zu geben, sondern auch die zu empfangen und zu erwidern gebunden ist. Das Geschenk ist also grundsätzlich an das Gegengeschenk, an Reziprozität gekoppelt, die durch die soziale Interaktion von Bekannten entsteht. Dazu mehr in Kapitel 2.2.3.

15 Diese anekdotische Evidenz kommt von Rätsch (2008), Notizen aus: *Vom Forscher, der auszog, das Zaubern zu lernen*. Siehe Mauss (1923/1986), *Essay sur le don*, und Hydes (2008), *Die Gabe*, für zahlreiche Beispiele für Geschenkorganisation in Ethnologie, Geschichte und Mythologie, sowie Sahlins (1974), *Stone Age Economics*, S. 149–165, für eine ökonomische Diskussion. Für weitere Quellen zur Schenkungswirtschaft ist Graeber (2011), S. 30 ff., eine vielfältige Anlaufstelle.
16 Zitiert aus Everett (2005), »Cultural Constraints on Grammar and Cognition in Pirahã«, Appendix A. Weitere Beobachtungen über die materielle Sorglosigkeit der Pirahã« gibt es bei Everett (2009), *Don't Sleep, there are Snakes. Life and Language in the Amazonian Jungle*, S. 71 ff.
17 Graeber (2011), S. 30–33.
18 Siehe Schmandt-Besserat (1977), »The Earliest Precursor of Writing« und Nissen, Damerow, Englund (2004), *5000 Jahre Informationsverarbeitung*, Kapitel 4, für eine Dokumentation der Funde und Theorien darüber, wie genau sie funktioniert haben könnten. Für die Beziehung zum kognitiven Denken siehe Burke, Ornstein (1997), *The Axemaker's Gift*, Kapitel 2.
19 Siehe neben Graeber (2011), S. 38–40, auch Nemat–Nejat (1998), *Daily life in Ancient Mesopotamia*, S. 263 ff., oder Heichelheim (1938), *An Ancient Economic History*, S. 122.
20 Lietaer (2002), *Das Geld der Zukunft*.
21 Daher konnte der Tempel durchaus mehr Guthaben versprechen, als er Silber lagerte – wie eine Bank, die kaum Scheine besitzen muss, auf die ihr Guthaben einen Anspruch gewährt. Im Geld der Sumerer war unser heutiges System bereits im Wesentlichen enthalten.
22 Schaps (2004), *The Invention of Coinage and the Monetization of Ancient Greece*, siehe auch Graeber (2011), S. 223–233. Ein anderer Theoriezweig leitet die Münzen aus Eigenheiten der griechischen Kultur her – siehe Martin (2014), *Money. The Unauthorized Biography* und Seaford (2004), *Money and the Early Greek Mind*.
23 Siehe Seaford (2004), auch für die sonstige Beschreibung von Ursprung und geistigem Einfluss der Münze.
24 Womit sich auch die Frage Blanchards (2011), Fußnote 13, beantwortet, was »finanziell« bedeutet: Es bezeichnet ein Objekt, das fiduziären Wert hat, also den zugesprochenen, versprochenen, ausgedachten Wert, der nicht durch den praktischen Nutzen des Objekts gedeckt wird. Das eint die Münze und die Aktie.
25 Plutarch (zirka 100/1800), »Perikles«, 12., zitiert aus Martin (2014), S. 74. Auf die Loslösung von traditionellen Familien- und Schenkungsbeziehungen komme ich zurück in Kapitel »Gemeinschaft und Gesellschaft«.
26 In Kürze: Martin (2014), S. 82 ff. Ausführlich: Andreau (1999), *Banking and Business in the Roman World*.
27 Diese Finanzkrise ist eine durchaus unterhaltsame Geschichte, von der Tacitus in den Annalen, 6.16–17, berichtet. Er erzählt, dass im ersten Jahrhundert nach Christus Steuerhinterziehung so üblich gewesen sei wie Wucherzinsen von über 10 Prozent und die sozialen Verwerfungen so gruselig, dass Caesar die Zinsen auf 5 Prozent reduzierte, den Zinseszins völlig verbot und allen Steuerflüchtigen den Kampf ansagte. Der Erfolg war bescheiden, weil die Senatoren selbst knietief in die Finanzsünden verstrickt waren.

28 Graeber (2011), Kapitel 10, erzählt, das Gold der Antike sei in Asien verschwunden, das damals Europa mit Seide und Gewürzen versorgte, aber wenig an den primitiven Produkten Europas interessiert war. Indiens Tempel aus massivem Gold zeugen heute von diesem Handel. Ich habe keine Ahnung, ob das stimmt; aber der Punkt hier ist, dass im mittelalterlichen Europa die abstrahierte Idee von Edelmetallen als Wertmaßstab auch in ihrer Abwesenheit in Form von Krediten herumspukte.
29 Graeber (2011), S. 251 f., auch Martin (2014), S. 60 ff.
30 Die große Referenz hierfür ist Spufford (1988), *Money and its Use in Medieval Europe*.
31 Martin (2014), S. 85–95.
32 Technisch gesagt: Weil das Geld auf diese Weise seine Funktion als Wertespeicher einbüßte, erhöhte sich die Umlaufgeschwindigkeit, und Sachwerte wurden attraktiver. Einige Historiker und Ökonomen führen die kulturelle Blüte des Hochmittelalters mit seinen Kathedralen darauf zurück, dass Geldvermögen sich nicht ansammeln konnte und daher die Investition in reales Vermögen gefördert wurde. Siehe Fisher, Cohrssen (1934), *Stable Money*, Walker (1959/2006), *Das Geld in der Geschichte*, und Kennedy (2006), *Geld ohne Zins und Inflation*.
33 Der Vollständigkeit halber: Sie erfanden Banken und Papiergeld nicht. In China wurde Papiergeld bereits ab dem 9. Jahrhundert benutzt und zirkulierte bis nach Persien. Marco Polo bereiste um 1300 China und berichtete bei seiner Rückkehr, dass die Leute dort mit reinem Papier bezahlten und unermesslich reich seien. Und im Orient funktioniert seit dem frühen Mittelalter das Hawala-Überweisungssystem, das auf dem Vertrauen zu einander bekannten Kredithändlern beruht. Um die Geschichte hier einfach und übersichtlich zu halten, beschränke ich mich auf Europa – tatsächlich war aber dieser Kontinent in finanzieller Hinsicht eher ein Nachzügler. Siehe Temple (1998), *The Genius of China*, S. 117 ff., Graeber (2011), S. 258 ff., und Martin (2014), S. 76 ff., für Exkursionen zu Geld in China und Indien.
34 Die folgende Darstellung ist angelehnt an Martin (2014), S. 100 ff.
35 Spufford (2002), S. 38.
36 Ausführlich: Boyer-Xambeau, Deleplace, Gillard (1994), *Private Money and Public Currencies*, Kapitel 2. In Kürze: Martin (2004), S. 106.
37 Martin (2014), S. 100 ff.
38 Aktien, Anleihen und Wertpapiere sind nach dieser Definition ebenfalls Geld: Sie haben nur Wert, weil ihre Käufer dem Versprechen glauben, in Zukunft Dividenden zu erhalten und sie zum hohen Preis verkaufen zu können. Schwindet dieser Glaube, schwindet der Wert der Aktie. Viele Ökonomen halten diese Papiere nicht für Geld: Alle Investitionen, die länger als zwei Jahre dauern, sind für sie nicht »flüssig«, nicht kurzfristig handelbar (obwohl man sie verkaufen kann), somit kein Zahlungsmittel und kein Geld. Ich glaube, dass diese Unterscheidung den Blick dafür verstellt, wie viel Geld in den letzten Jahrhunderten entstanden ist. All diese Papiere haben eines gemeinsam: Scheine, Buchgeld, Aktien und alles, was wir unter der Kategorie Finanzielles verbuchen, sind im Wesentlichen Versprechen, ausgedachte Objekte, die ertauschten Wert speichern können, solange viele Geldgeber glauben, dass sie ihren Wert wert sind – und dieser Wert verpufft, wenn das Vertrauen schwindet.

39 Martin (2014), Graeber (2011), Zahlen von Lietaer (2002). Der Vollständigkeit halber sei erwähnt, dass die erste Zentralbank nicht Londons Bank of England, sondern Stockholms Sveriges Riksbank war, die aber anders als ihr modernes Pendant ihre Gewinne mit dem Staat teilte.
40 Behauptet zumindest Türcke (2015), Mehr! Philosophie des Geldes, S. 23.
41 Elegant finde ich daher Soddys Definition von Geld: »Money is the nothing you get for something before you get anything« – Geld ist das Nichts, das man für etwas erhält, bevor man irgendetwas erhalten kann. Soddy (1934), The Role of Money, S. 24.
42 Letzteres ist der Fall, wenn Sie durch einen Kredit an das Geld gekommen sind. Die originelle Idee, den impliziten Sprechakt einer Zahlung auszuformulieren, kommt übrigens von Eisenstein (2011), Sacred Economics, S. 11.
43 Nietzsche (1887/1954), Genealogie der Moral, Zweite Abhandlung, Abschnitt 8.
44 Die ausführliche Quelle für den folgenden Abschnitt ist Nissen, Damerow, Englund (2004). Siehe auch Seife (2000), Zero, S. 12 ff., für eine unterhaltsame, aber fundierte Erklärung sumerisch-babylonischer Mathematik. Übrigens nutzten die alten Chinesen kurioserweise ebenfalls die Zwölf als Grundziffer ihres Zahlensystems.
45 Seife (2000), S. 11.
46 Smith (1931), A Short History of Mathematics, S. 5 ff., Hauser (1955), Geometrie der Griechen von Thales bis Euklid.
47 Zitiert und frei übersetzt nach van der Waerden (1985), A History of Algebra, S. 5.
48 Rechnen sah damals übrigens anders aus, weil alle Sätze ausgeschrieben wurden, wie in »fünf und fünf macht zehn«. Die heute übliche symbolische Kurznotation der Mathematiker tauchte zuerst in einem Lehrbuch für Händler auf, genauer in Johannes Widmans Behende und hüpsche Rechenung auff allen Kauffmanschafft von 1489, das zum ersten Mal die Rechenoperationen nicht wörtlich ausschrieb, sondern die Zeichen + und − verwendete. Von Adam Ries kam das Wurzelzeichen √ und von René Descartes das Gleichheitszeichen = dazu.
49 Ore (1953), Cardano – the Gambling Scholar.
50 Für eine tiefere, erhellende Diskussion über den Einfluss von Zahlen auf das Denken siehe Eisenstein (2007), Die Renaissance der Menschheit, Kapitel 2.4 über »Maß und Mathematik«. Etwas radikaler ist Zerzan (1988), Elements of Refusal, Kapitel 4 über »Number: Its Origin and Evolution«. Etwas neutraler ist Burke, Ornstein (1995), S. 45.
51 Aristoteles (ca. 350 vor Christus/2010), Politik, 1259a.
52 Wehrli (1967), Die Schule des Aristoteles, Fragment 114, zitiert nach Snell (1971), Leben und Meinungen der sieben Weisen, S. 105.
53 Der Gedanke, dass die Münze die Philosophen inspiriert hat, kommt von Seaford (2004) und Sohn-Rethel (1978), Warenform und Denkform, die ihn allerdings nicht auf Platon, sondern auf Parmenides zurückführen. Das ist insofern interessant, weil Parmenides im 5. Jahrhundert vor Christus in einer griechischen Kolonie im heutigen Süditalien lebte und damit die Unterscheidung zwischen wahrnehmbarem Schein und nicht wahrnehmbarer Wirklichkeit erstmalig exakt dort formuliert wurde, wo gerade die Münze hingeflossen war. Für eine eingehende Diskussion über Rationalität und ihre Genese siehe Silvio Vietta (2012), Rationalität – eine Weltgeschichte und Müller (1977), Geld und Geist.
54 So sagt Aristoteles (ca. 350 vor Christus/1991), Metaphysik, Abschnitt 1.

55 Usher (1954), History of Mechanical Inventions, S. 197 ff., Markus (1986), Der Gott der Physiker, S. 69 ff., Shapin (1996), The Scientific Revolution.
56 Burke, Ornstein (1995), S. 75.
57 Schopenhauer (1898/1977), Die Welt als Wille und Vorstellung, Teil 2, § 66.
58 Zur Verbindung der Ratio des Marktes und der Rationalität siehe Vietta (2012).
59 Erzählt und zitiert nach Graeber (2011), S. 429.
60 Machiavelli (1513), Il Principe, aus Kapitel 15 und 18.
61 Neben den genannten Werken empfehle ich noch Sedláček (2012) und besonders Eisenstein (2011), Kapitel 3 und 8.
62 Descartes (1637/1863), Abhandlung über die Methode, Kapitel 6.
63 Bentham (1789/1907), Principles of Morals and Legislation, S. 1.
64 Das führt zum Beispiel zum Sadistenparadox: Wenn ein Sadist mehr Lust am Quälen anderer gewinnt als die Gequälten an Lust verlieren, erscheint dem Utilitarismus das Quälen plötzlich erschreckend gut und erstrebenswert. Diesem Problem kann man begegnen; John Stuart Mill führte eine ausgefeilte Differenzierung zwischen den verschiedenen Lüsten und Leiden ein, um unerwünschte Lüste auszuschließen; die sind aber natürlich anders begründet als durch reinen Nutzen.
65 Edgeworth (1881), Mathematical Psychics, S. 101, (eigene Übersetzung). Für einen historischen Abriss über diese Episode siehe Colander (2007), »Edgeworth's Hedonimeter and the Quest to Measure Utility«.
66 Dieses Argument – das sogenannte »Erste Wohlfahrtstheorem« – wird noch heute als »theoretischer Beweis« dafür herangezogen, dass unbeeinflusste Märkte bei vollkommenem Wettbewerb ins Gleichgewicht fließen und eine »paretoeffiziente Verteilung« garantieren, siehe Wetzstein (2011). Klingt gut, aber lassen Sie sich von dem Wort nicht täuschen: »Paretoeffizient« bedeutet lediglich, dass mein Nutzen nicht verbessert werden kann, ohne dass Ihrer verschlechtert wird, was ja per Definition der Grund war, warum wir überhaupt handeln. Das bedeutet also mitnichten, dass die entstehende Verteilung fair ist: Wenn Sie alles Obst haben und ich keines, ist das zwar gemein, aber effizient.
67 Marshall (1890), Principles of Economics, S. 78.
68 Der Punkt kommt von der Ökonomin und Philosophin Robinson (1962), Economic Philosophy, S. 48: »Utility is the quality in commodities that makes individuals want to buy them, and the fact that individuals want to buy commodities shows that they have utility.«
69 Kahneman, Knetsch, Thaler (1986), »Fairness And The Assumptions Of Economics«.
70 Hole (2013), »How do Economists differ from others in distributive situations?«, S. 26.
71 Brümmerhoff, Grömling (2011), Volkswirtschaftliche Gesamtrechnungen, S. 128 ff. Die Zitate und die definitorischen Probleme kommen von Betz (2006), Prediction or Prophecy, S. 104 ff.
72 Neubauer (1994), Wirtschaftsstatistik und Konzepte der Volkswirtschaftlichen Gesamtrechnung, S. 61.
73 Strohm (1997), Beitrag der amtlichen Statistik zur gesamtwirtschaftlichen Konjunkturberechnung, S. 684–5.

Anmerkungen Teil 1   257

74 Aristoteles (ca. 350 vor Christus/2010), Politik, 1256 b 30.
75 Die Umfrage wurde durchgeführt vom Boston College Center on Wealth and Philanthropy und heißt »The Joys and Dilemmas of Wealth« . Die zitierten Auszüge stammen von Wood (2011), »Secret Fears of the Super-Rich«.
76 Der Klassiker in diesem Bereich ist Scitovsky (1976), The Joyless Economy. The Psychology of Human Satisfaction. Erhellend ist die Untersuchung von Kahnemann, Deaton (2010), »High Income improves evaluation of life but not emotional well-being«: Sie haben beim Fragen unterschieden zwischen gegenwärtigem emotionalen Wohlergehen und der Bewertung ihres Lebens und fanden heraus, dass Geld das tägliche Wohlbefinden nicht beeinflusst, aber Reiche eher angeben, ein allgemein erfolgreiches und zufriedenes Leben zu führen. Das kann man pointiert so interpretieren: Geld macht nicht glücklich, aber wir erwarten, Geld haben zu müssen, um uns glücklich fühlen zu dürfen.
77 Siehe Glaeser, Gottlieb, Zi (2014), »Unhappy Cities«.
78 Siehe Easterlin (1974), »Does Economic Growth Improve the Human Lot?«.
79 Der Gedanke kommt von Herman Daly (1996), Beyond Growth, S. 28, der das BIP als »throughput« (Durchsatz) bezeichnet.
80 Alle Angaben kommen von den Webseiten der Schöpfer der jeweiligen Indizes.
81 Siehe dazu Eurodad Report (2006), »World Bank and IMF conditionality: a development injustice«. Ich komme in Kapitel »Staat und Politik« auf die Bedingungen internationaler Kredite zurück.
82 Adams, Effertz (2009), »Die Kosten des Rauchens für Gesundheitswesen und Volkswirtschaft Deutschland«. Ein anderes Beispiel: Die Gesamtabrechnung zur Einführung von Steuern auf Softdrinks, Zucker oder andere Lebensmittel durch die EU. Siehe European Competitiveness and Sustainable Industrial Policy Consortium (2014), »Food Taxes and Their Impact on Competitiveness in the agri-food sector«. Siehe auch Martin (2014), für Preise von Leben und Tod, oder Sandel (2012), What Money Can't Buy, für sonstige, etwas wildere Beispiele.
83 Philip Morris Corporation (2000), »Public Finance Balance of Smoking in the Czech Republic«.
84 Für eine Diskussion der Politik des BIPs siehe Fioramonti (2013), The Gross Domestic Problem. The Politics behind the World's most Powerful Number.
85 Es gibt Dutzende Regalmeter an Büchern, welche die Beziehung von Kapital und Christentum untersuchen. Der Kronzeuge hierfür ist natürlich Weber (1904/2010), Protestantische Ethik und der Geist des Kapitalismus. Diese pointierte Darstellung ist inspiriert von Weber (2010), Biokapital.
86 Genesis 3,19 und 2. Thessaloniker 3,10.
87 Schuler (2006), »Arbeit fürs Essen«.
88 Calvin (1559/2008), Unterricht in der Christlichen Religion. Institutio Christianae religionis, Teil III, Kapitel 10, Abschnitt 6.
89 John Maynard zitiert nach Keynes (1963), Essays in Persuation, S. 372–373, Keynes (1930), Economic Possibilities of Our Grandchildren, (eigene Übersetzung).
90 Siehe Skidelsky, Skidelsky (2012) für eine längere Diskussion der Gründe, was an Keynes' Prophezeiung schiefgelaufen ist.
91 Ich spiele hier auf das populäre Wachstumsmodell von Robert Solow an, das Keynes' Prognose formalisiert.

92 Institution of Mechanical Engineers (2013), »Waste Not, Want Not. Feeding the 9 Billion: The Tragedy of Waste«. Siehe auch International Congress (2011), »Global Food Losses and Food Waste. Extent, Causes and Prevention«. Siehe auch Kreutzberger, Thurn (2012), *Die Essensvernichter*.
93 Eine gute Visualisierung dieses Verhältnisses gibt das Video »Wealth Inequality in America«, youtube.com/watch?v=QPKKQnijnsM.
94 Saez (2008), »Striking It Richer: The Evolution of Top Incomes in the United States«.
95 Siehe Berger (2014), *Wem gehört Deutschland?*.
96 Viele gute Beispiele dafür finden Sie bei Bosbach, Korff (2013), *Lügen mit Zahlen*.
97 Twain (1889), *A Conneticut Yankee in King Arthur's Court*, Kapitel 27.
98 »Wenn aber Eisen mit Silber und Erz mit Gold vermischt wird, so entsteht dann eine Ungleichartigkeit der politischen Gesinnung und eine zu keiner Harmonie mehr zurückführbare Unordnung, und wo immer diese Übel sich einmal eingenistet haben, da erzeugen sie nach ihrem Emporkommen immer Krieg und Feindschaft.« Platon, *Politeia* (ca. 410 vor Christus/1855), Achtes Buch. Siehe auch: Schriefl (2013), *Platons Kritik an Geld und Reichtum*, S. 27 ff.
99 Mit einer berühmt gewordenen Begründung: »[S]o ist vollends mit dem größten Recht Zinsdarlehen und Wuchergeschäft verhaßt, weil dieses unmittelbar aus dem Geld selber den Erwerb zieht und nicht aus dem, wofür das Geld doch allein erfunden ist. Denn nur zur Erleichterung des Tausches kam es auf, der Zins aber vermehrt es (das Geld) an sich (dem Geld) selber. Daher denn auch der griechische Name für ›Zins‹ so viel als ›Junges‹ bedeutet, denn das Junge pflegt seinen Erzeugern ähnlich zu sein, und so ist auch der Zins wieder Geld vom Gelde. Und diese Art von Erwerbskunst ist denn hiernach die widernatürlichste von allen.« Aristoteles (ca. 350 vor Christus/2010), Politik, Buch I, 1258b.
100 Bacon (1625/1985), *Of Expense, Of Riches und Of Usury*.
101 Kant (1795), *Zum Ewigen Frieden*, vierter Preliminarartikel.
102 3. Mose 25. Es lohnt sich, dieses Kapitel zu lesen. Gott hat einige ausgefuchste Wirtschaftsansichten – er ist kein Freund des Landeigentums.
103 Siehe Lietaer (2002), S. 130–131.
104 Das Zinsverbot scheint Gott besonders wichtig zu sein; es taucht sehr häufig auf: im Koran, Sure 2, Vers 278; Sure 3, Vers 130, und im Tanach beziehungsweise in der Bibel im Exodus 22,24; Levitikus 25,36; Deuteronomium 23,20, auch bei den Propheten und Psalmen: Ezechiel 18,5–17; 22,12; Psalmen 15,5, Sprüche 28,8.
105 Zitiert nach Braudel (1979), *Civilization and Capitalism 15th–18th Century*, S. 204.
106 Hume (1742/1987), »On Money«, zitiert nach Miller, Hg. (1987), *Essays, Moral, Political and Literary*, Teil II, Aufsatz I.
107 Smith (1776/1909), *Wealth of Nations*, Buch 1 Kapitel 1.
108 »Individuum« bedeutet »das Unteilbare«, übrigens genau wie das Wort »Atom«.
109 Malthus (1798), *An Essay on the Principle of Population*, Kapitel 6, (eigene Übersetzung). Diese berühmte Passage erschien nur in der ersten Auflage, später ließ Malthus sie lieber verschwinden.
110 Malthus (1798/1998), Kapitel 10.
111 So argumentiert zum Beispiel Sen (1981), *Poverty and Famines*.

112 Siehe auch Rainer (2001), *Der Diskurs der Überbevölkerung: Zu Metaphorik und Funktion einer in Aussicht gestellten globalen Katastrophe*, sowie Thieme (2013), *Der Ökonom als Menschenfeind? Über die misanthropischen Grundmuster der Ökonomik*. Übrigens bezieht sich Malthus' Rechnung mehrfach direkt auf Newtons Mechanik. Siehe auch Cohen (1994), »The Newtonian Style: Malthus' Theory of Population«, S. 76.

113 »If they would rather die they had better do it, and decrease the surplus population.« Dickens, *A Christmas Carol*, Kapitel 1.

114 Kurioserweise hofften viele klassische Ökonomen (John Ramsay McCullock, Charles Babbage, Andrew Ure) auf Linderung durch Maschinen: Erstens weil Maschinen die Produktion erhöhen und so die Menschen der Natur im Populationswettlauf immer eine Nasenlänge voraus bleiben könnten, zweitens weil Arbeiter an Maschinen weniger Zeit haben, Babys zu zeugen, und drittens weil dann die Bevölkerung lernt, sich rigiden Mechanismen wie Stundenplänen zu unterwerfen, und diese Disziplin hilft, den Konsum zu reduzieren. Oder so ähnlich. Siehe Alborn (1994), »Economic man, economic machine: images of circulation in the Victorian money market«, S. 180, Berg (1980), *The Machinery Question and the Making of Political Economy*.

115 Zitate und Darstellung der Krise kommen von Martin (2014), S. 145–149. Zur Darstellung der Ursachen und Folgen der Kartoffelfäule siehe Mann (2013), *Kolumbus' Erbe. Wie Menschen, Tiere, Pflanzen die Ozeane überquerten und die Welt von heute schufen*, S. 356 ff.

116 Das ist der größte Fehler in Malthus' Rechnung: Sie nimmt das exponentielle Bevölkerungswachstum als gegeben hin. Daraus folgt, dass nur der Hungertod die Bevölkerung im Gleichgewicht halten kann, dass also nur Knappheit die Knappheit bekämpfen kann und Freigiebigkeit den Mangel verschärft. Tatsächlich ist das Gegenteil der Fall: Die Geburtenrate ist nämlich flexibel, und generell steigt sie, wenn Kinder für Arbeit gebraucht werden und früh sterben und wenn Mütter keinen Zugang zu Bildung und Arbeit haben und daher auf viele Kinder angewiesen sind. Anders gesagt ist eine hohe Geburtenrate keine *Ursache* von, sondern eine *Reaktion* auf Knappheit. Somit sind die Handlungsempfehlungen, die Malthus' Geschichte folgen und das Bevölkerungswachstum mit Knappheit bekämpfen wollen, kontraproduktiv, denn nur wo es Kindern gut geht und Frauen sich nicht um ihre Zukunft sorgen, sinkt die Geburtenrate. Knappheit bringt Knappheit – wieder eine sich selbst erfüllende Prophezeiung.
Siehe Cohen (1996), *How Many People can the Earth Support?*, Conway (2012), *One Billion Hungry: Can we Feed the World?*. Sehenswert auch Rosling (2012), »Religions and Babies«. Eine gute Zusammenfassung bietet Johnsson (2015), »So can we really feed the world? Yes – and here's how«. Für eine klassische Diskussion von Malthus siehe George (1879/1920), *Progress and Poverty*, Kapitel 6 und 7.

117 Simms, Moran, Chowla (2006), »The UK Interdependence Report«, S. 23.

118 Diese Analyse kommt von Daly (1996), S. 151–153.

119 Walras (1874), *Éléments d'économie pure ou théorie de la richesse sociale*, S. 71, (eigene Übersetzung).

120 Jevons zitiert nach Mirowski, (1989), *More Heat than Light, Economics as Social Physics: Physics as Nature's Economics*, S. 219, (eigene Übersetzung).

121 Pareto, zitiert nach Mirowski (1989), S. 222.

122 Edgeworth (1925), »On the Application of Mathematics to Political Economy«, S. 274.
123 Marshall, Brief an Arthur Bowley vom 27.2.1906. Zitiert aus Weintraub (2002), *How Economics became a Mathematical Science*, S. 22.
124 Bevor ich jetzt irgendein spezielles Papier als Beispiel anführe, würde ich Sie gerne einfach an Fachzeitschriften wie The Economic Journal oder das Journal of Econometrics verweisen. Lesen Sie einfach den erstbesten Beitrag, und Sie werden wissen, was ich meine.
125 Keynes (1936), *General Theory of Employment, Interest and Money*, Kapitel 21, Abschnitt 3, (eigene Übersetzung).
126 Friedman (1953), *Essays in Positive Economics – the Methodology of Positive Economics*, S. 5, (eigene Übersetzung).
127 Die klassische Kritik an dieser Stelle ist Waring (1988), *If Women Counted*, die zeigt, wie ungezahlte, aber systemrelevante Dienstleistungen, vor allem von Frauen, systematisch herausgerechnet werden, wenn nur gezählt wird, was gezahlt wird.
128 Eine schöne Kritik am Circular Flow gibt es von Kate Raworth, die ihn durch ein elegantes Doughnut-Modell ersetzt. Es erweitert den Wirtschaftskreislauf um die planetarischen Grenzen und differenziertere Ziele wie Gesundheit, Nahrung, Wasser, Energie, Resilienz und soziale und geschlechtliche Gleichberechtigung. Auf ihrer Website finden sich mehrere Artikel, Vorträge und Schaubilder, die das gut erklären. Eine klassische Kritik am losgelösten Kreislaufmodell bietet Daly (1996), Kapitel 1, und Boulding (1966), »Economics of the Coming Spaceship Earth«.
129 Hansen, Singleton (1982), »Generalized Instrumental Variables Estimations of Nonlinear Rational Expectations Models«.
130 Canzoneri, Cumby, Diba (2006), »Euler Equations and Money Market Interest Rates: A Challenge for Monetary Policy Models«. Das Beispiel kommt von Smith (2015), »The Equation at the Core of Modern Macro«.
131 Diese Beispiele kommen von Hawken, Lovins, Lovins, (2000), *Öko-Kapitalismus*, Kapitel 1.
132 Eine kleine wohlwollende Sammlung gibt es bei Smith (2014), »Here's what Economics gets right«.
133 Das sehen übrigens nicht nur Dissidenten wie ich so, sondern auch unter Mainstream-Ökonomen wird über übertriebene Mathematik gestritten. Siehe zum Beispiel Romer (2015), »Mathiness in the Theory of Economic Growth«.
134 Betz (2006).
135 OECD (2014).
136 Siehe Eisenstein (2011), Kapitel 8, sowie Binswanger (1985), *Geld und Magie*.

Teil 2: Die manifestierte Maschine: Wie wirkt das Geld auf die Welt?

1 Give credit where credit is due: Die Geschichte ist von Lietaer (2002), S. 132–140. Er sagt, er habe sie »aus Australien«. Ausgeschmückt wurde sie von Eisenstein (2011), S. 95 ff. Man kann diese Parabel auch ohne Geschichte und dafür formal mit Mathematik analysieren; das tun Freydorf, Kimmich, Kouda, Schuster, Wenzlaff (2012), »Wachstumszwänge in der Geldwirtschaft«, S. 29 ff.

2 George (1879/1920), *Progress and Poverty*, Abschnitt I.15, (eigene Übesetzung).
3 »Den Handel vereinfachen« – da erzähle ich wieder die alte Ökonomengeschichte. Es gibt natürlich noch andere Möglichkeiten, wie der Bankier die Dörfler dazu bringen könnte, die ersten Münzen anzunehmen: Er könnte ihnen ebenso unbekannte neue Güter versprechen oder gewaltsam von ihnen Steuern in dieser Münze erheben – ich komme in Kapitel »Staat und Politik« darauf zurück. Wichtig ist an dieser Stelle nicht, warum die Dörfler ihren ersten Kredit nehmen, sondern was dadurch passiert.
4 Erscheint Ihnen dies wie eine dubiose Geschäftsmethode? Nun, das Geld in dem Dorf entsteht genauso wie in unserem Geldsystem: durch verzinste Kredite, die als Zahlungsmittel benutzt werden. Daher entfaltet sich, wie ich zeigen möchte, in unserer Wirtschaft die gleiche Dynamik wie in diesem Dorf. Der einzige Unterschied zwischen dem Dorf und unserer Währung besteht darin, dass unser Geldsystem mehrstufig ist: Wir haben Buchgeld der Geschäftsbanken, das gedeckt wird durch das Buchgeld der Zentralbanken, und wir haben noch allerlei andere Wertpapiere draufgetürmt. Der springende Punkt ist aber, dass dies im Wesentlichen verzinste Zahlungsversprechen sind, daher werde ich diese Mehrstufigkeit hier vernachlässigen.
5 Bonität kommt von lateinisch »bonus«, das heißt gut. Was auch sonst? Bonität haben diejenigen, die den Bankier überzeugen können, besser als die Konkurrenten um das Geld zu werben – also Vermögende und Unternehmer.
6 Rousseau, (1754/1998) *Abhandlung über den Ursprung und die Grundlagen der Ungleichheit unter den Menschen*, Teil II, 1.
7 Zitiert aus Kaiser (1992), *Die Erde ist uns heilig. Die Reden des Chief Seattle*, S. 83.
8 Für die lange Erzählung der Privatisierung und Einhegung siehe Linklater (2013), *Owning the Earth: The Transforming History of Land Ownership*, Linebaugh (2014), *Stop, Thief: The Commons, Enclosure, and Resistance*. Siehe auch Rifkin (2014), *Die Null-Grenzkosten-Gesellschaft*.
9 Dieses Argument geht auf Proudhon (1840) zurück, *Qu'est-ce la propriété?*.
10 Die genauen Zahlen variieren; diese hier sind von Burke, Ornstein (1995), S. 178.
11 Lloyd (1833), *Two Lectures on the Checks to Population*.
12 Hardin (1968), »The Tragedy of the Commons«.
13 Die Leviten lesen – in passender Ausdruck! Das dritte Buch Mose, auch genannt Leviticus, verbietet schließlich privates Landeigentum.
14 Dies ist mittlerweile vielfach theoretisch wie empirisch gezeigt worden. Wissenschaftliche Kronzeugenaussage hierfür ist die Arbeit der Nobelpreisträgerin Ostrom (1990), *Governing the Commons*.
15 Diese Gegentragödie kommt von Monbiot (1994), »The Tragedy of Enclosure«. Monbiot liefert zahlreiche gut dokumentierte Beispiele aus Afrika und Südamerika, wo genau diese Geschichte heute und im Zeitraffer passiert.
16 Im Original: »The law imprisons man or woman/Who steals the goose from off the common/But leaves the greater felon loose/Who steals the common from the goose.«, (eigene Übersetzung).
17 Als die Europäer eintrafen, hatten die Bewohner Amerikas (wohl zwischen 50 und 100 Millionen) im großen Stil die Umgebung verändert, hatten mit langer Erfahrung Gärten gehegt, Unterholz verbrannt, Wälder gepflegt und bevorzugte Sorten

gezüchtet. Mindestens 75 Prozent unserer Nutzpflanzen kommen von dort, darunter Kartoffeln, Tomaten, Erdbeeren, Kürbis, Sonnenblume, Mais, Bohnen, Baumwolle, Avocados, Papaya, Blaubeeren, Schokolade, Banane, Mango, Tabak und Medizinpflanzen. Siehe Devenan (1992), »The Pristine Myth: The Landscape of the Americas in 1492«, Martinez (2004), »Indigenous Science: The Cultivated Landscape of Native America« sowie Baden-Mayer, Cummins (2009), »Thanking Indigenous People for the Food We Eat«.

18 Sagt der Entdecker Arthur Barlowe um 1600, Barlowe (1984), The First Voyage to Roanoke, S. 3.
19 Zitiert nach Jenssen (2000), A Language Older than Words, S. 61–62. Siehe auch Mann (2005), 1491: New Revelations of the Americas before Columbus.
20 Diamond (1987), »The Worst Mistake in the History of the Human Race«. Siehe auch Gowdy (1998), Limited Wants, Unlimited Means. A reader on Hunter-Gatherer Economics and the Environment.
21 Gusinde (1961), S. 336, zitiert aus Sahlins (1974), S. 31, (eigene Übersetzung).
22 Zitiert nach Lee (1968), »What Hunters Do for a Living«, S. 33.
23 Perlin (2005), A Forest Journey. The Story of Wood and Civilization, Kapitel 2, 4, 7 und für einen detaillierten Überblick über den Konflikt zwischen Bäumen und Zivilisation. Lesenswert ist auch Hart, Douglas (1976), Forest Farming, Kapitel 2, »Trees and Man«.
24 Ziemlich interessant: Der Waldgürtel eines Kontinents leitet Wasser ins Landesinnere weiter und funktioniert als biotische Pumpe. Das erklärt, wie die Wälder Nordafrikas und Mesopotamiens so schnell und plötzlich verschwinden konnten. Es wäre schön, wenn dieses Schicksal dem Amazonas erspart bliebe. Makarieva, Gorshkov (2006), »Biotic pump of atmospheric moisture as driver of the hydrological cycle on land«, Bunyard (2010), »The Real Importance of the Amazon Rain Forest«.
25 Siehe Isomäki, Gandhi (2004), The Book of Trees, S. 50 ff.
26 Hawken (2010), Wir sind der Wandel, S. 64 ff.
27 World Wide Fund of Nature (WWF) (2012), »Living Planet Report 2012«, S. 18.
28 Deutschland: Schweppe-Kraft (2009), »Natural Capital in Germany – State and Valuation with Special Reference to Biodiversity«. Global: Costanza et al (1997), »The Value of the World's ecosystem services«.
29 Eisenstein (2011), Kapitel 12.
30 Siehe The World Bank (2008), »World Bank Development Report 2008: Agriculture for Development«, und Franco, Borras, Hg. (2013), Land concentration, land-grabbing and people's struggles in Europe sowie Oxfam (2013), Even it Up. Time to End Extreme Inequality, S. 33.
31 Das ist kein Scherz, wie moonestates.com beweist.
32 Der Vergleich Land und Patent im Detail: Löhr (2009), »Die neuen Landnahme-Patente als virtueller Grundbesitz«, und (2013), Prinzip Rentenökonomie: Wenn Eigentum zu Diebstahl wird, Boyle (2003), »The Second Enclosure Movement and the Construction of the Public Domain«. Eine gute moralische Kritik am Patentwesen bietet Sterckx (2006), »The Moral Justifiability of Patents«.
33 Orwell (1949/1994), 1984, Teil 1, Kapitel 3.
34 Sahlins (1974), Kapitel 1. Ähnliche Zahlen findet er für die Wüste Australiens, Abbildung 1.1.

35 Liedloff (1975), The Continuum Concept, S. 23.
36 Rätsch (2008), S. 130 und 184.
37 Sahlins (1974), S. 35, (eigene Übersetzung).
38 Spät (2014), Und, was machst du so? Fröhliche Streitschrift gegen den Arbeitsfetisch, S. 14–15.
39 Gurven, Kaplan (2007), »Longevity Among Hunter-Gatherers: A Cross-Cultural Examination«.
40 Benjamin Franklin, Brief an Peter Collison, 9.5.1753, zitiert nach Monbiot (2013), Feral. Rewilding the Land, Sea and Human Life, S. 45, (eigene Übersetzung).
41 Monbiot (2013), S. 45.
42 Eine Tragödie, die niemals aufgehört hat – siehe die Website und Publikationen von Survival International für Berichte von gegenwärtigen Vertreibungen und Genoziden bei den Ayoreo, den Awá, den Akuntsu und zahllosen anderen.
43 St. John de Crèvecoeur (1785/2013), Letters from an American Farmer and Other Essays, Brief 12, S. 306.
44 Für eine detaillierte Untersuchung, wie in Deutschland durch einen Niedriglohnsektor systematisch Arbeitskosten gesenkt wurden, um die Exporte und die Kapitalrendite abzusichern, siehe Butterwegge (2015), Hartz IV und die Folgen. Auf dem Weg in eine andere Republik.
45 Watt, Hecker (2006), »Occupational Changes during the 20th Century«.
46 Ostler (1971), Die deutschen Rechtsanwälte 1871–1971, S. 60; für die Zeit danach: Bundesrechtsanwaltskammer.
47 Sagt Facebook-Urgestein Jeff Hammerbacher, der es wohl wissen muss. Vance (2011), »This Tech Bubble is Different«.
48 Graeber (2013), »On the Phenomenon of Bullshit Jobs«, schreibt sehr amüsant über diese sogenannten Bullshit-Jobs.
49 Bain & Company (2014), »Busy CEOs spend one day each week managing communications, two days in meetings«.
50 Siehe Martin (2014), S. 22 ff.
51 Diese Formulierung ist aus meinem Lieblingswirtschaftsroman entlehnt: Ende (1971), Momo, S. 70–72. Ende wusste übrigens genau, was er meinte mit den grauen Herren und den Zeitbanken, siehe seine Erklärung unter sozialoekonomie.info/Weiterfuhrende_Informationen/Momo_UnendlicheGeschichte/Ende-Brief.jpg.
52 Siehe Binswanger (1985) für eine schöne Diskussion über Geld und Sorge.
53 Die Megastudie zu dieser Beschleunigung des Lebens ist Rosa (2005), Beschleunigung. Die Veränderung der Zeitstrukturen in der Moderne.
54 Die klassische Literatur zu diesem Punkt ist Huizinga (1938), Homo ludens. Richtig gut ist auch Nachmanovic (1990), Free Play: Improvisation in Art and Life.
55 Der Vorschlag mit der 20-Stunden-Woche findet sich bei Paech (2012), Befreiung vom Überfluss. Auf dem Weg in die Postwachstumsökonomie und Coote, Franklin (2014), Time on our side. Why we all need a shorter working week.
56 Norberg-Hodge (1991), Ancient Futures – Learning from Ladakh, S. 21 und 27, (eigene Übersetzung).
57 Norberg-Hodge (1991), S. 39.
58 Siehe auch Marglin (2008), The Dismal Science. How Thinking like an Economist Undermines Community, insbesondere Kapitel 2 und 5.

264 Anmerkungen Teil 2

59 Norberg-Hodge (1991), S. 34.
60 Norberg-Hodge (1991), S. 39.
61 Mehr über Dankbarkeit und Verpflichtung: Blau (2009), *Exchange and Power in Social Life*, S. 91 ff.: »Only social exchange tends to engender feelings of personal obligation, gratitude and trust; purely economic exchange does not.«
62 Norberg-Hodge (1991), S. 77.
63 Diese Analyse der finanziellen Unabhängigkeit stammt von Eisenstein (2007), *The Ascent of Humanity*, Kapitel 4.2, »Alone in the Crowd«.
64 Norberg-Hodge, (1991), S. 67.
65 Norberg-Hodges, (1991), S. 79.
66 Die Umfrage wurde durchgeführt vom Boston College Center on Wealth and Philantropy und heißt »The Joys and Dilemmas of Wealth«. Die zitierten Auszüge stammen von Wood (2011).
67 Wood (2011).
68 Wood (2011).
69 Norberg-Hodge (1991), S. 68
70 Dieses Argument stammt von Gesell (1916), *Natürliche Wirtschaftsordnung*. Ich werde in Kapitel »Freies Geld« darauf etwas expliziter eingehen.
71 Lee (1979), *The !Kung San. Men, Women and Work in a Foraging Society*, S. 101.
72 So nennt sie Sahlins (1974), S. 1.
73 Merkel (2009), »Regierungserklärung von Bundeskanzlerin Merkel im Wortlaut«.
74 Bundesfinanzministerium (2011), *Monatsbericht. Gesamtübersicht über die Entwicklung des Bundeshaushaltes 1969–2012*. Eine grafische Darstellung und Aufschlüsselung findet sich auf Wikipedia/Bundeshaushaltsplan sowie unter staatsverschuldung.de/glaeubiger.htm.
75 Wie im Falle Deutschlands im Ersten Weltkrieg, der auf Pump finanziert war in der Hoffnung, zu gewinnen und den Kredit mit Reparationen begleichen zu können. Ähnlich finanzierten sich die Kriege der Vereinigten Staaten in Vietnam und Irak.
76 In den USA ließ sich schön beobachten, wie Ronald Reagan in den Achtzigern den Spitzensteuersatz der 1,2 Prozent Reichsten von 70 Prozent auf 28 Prozent senkte und die Kapitalertragsteuer von 38 Prozent auf 20 Prozent halbierte. Seitdem zahlen die Reichen fast keine Steuern, sondern leihen dem Staat das Geld, das er braucht. Kaum überraschend, dass sich die öffentlichen Schulden der USA unter Reagan von 0,7 auf 3 Billionen Dollar verdreifachten; durchaus überraschend dagegen, dass die darauf folgenden Präsidenten diese Steuern nur leicht wieder erhöhten. Seitdem zahlt ein Milliardär wie Warren Buffett einen geringeren Steuersatz als seine Sekretärin. Ebenso wurde in Deutschland 1991 unter Helmut Kohl die Finanztransaktionssteuer abgeschafft, und wer weiß, ob sie jemals wiederkommt.
77 In Deutschland macht das der »Sonderfonds Finanzmarktstabilisierung«, der in den Jahren nach 2008 jährlich 5 Milliarden neue Schulden aufnimmt, um Banken zu »stabilisieren«. Zum Glück ist das ein Extrahaushalt, sonst würden die Milliarden ja im Regierungshaushalt auftauchen.
78 Ejsing, Lemke (2009), »The Janus Headed Salvation. Sovereign and Bank Credit Risk Premia During 2008–09«.

79 Attac Österreich (2013), *Three Years of Greek Bail-Out: 77 % went into the Financial Sector*. Siehe auch Berger; »Wir retten nicht die Griechen, sondern die Banken«.
80 Griechenland-Blog, 21.3.2013.
81 17. Deutscher Bundestag (2012), schriftliche Fragen mit den in der Woche vom 17.12.2012 eingegangenen Antworten der Bundesregierung.
82 So nennen ihn Weick und Friedrich (2013), *Der Crash ist die Lösung. Warum der Kollaps kommt und wie Sie Ihr Vermögen retten*. Siehe auch Berger (2013), »Merkels Milliardenhypothek«.
83 Bei Kommissar Günther Oettinger ist das Verhältnis sogar 1 zu 20. Transparency International, (2015), »EU Integrity Watch, Brussels Lobbying in Numbers«.
84 Diese Liste könnte man seitenlang weiterführen. Siehe Häring, Douglas (2012), *Economists and the Powerful*, S. 69 ff., oder Johnsson (2009), »The Quiet Coup«. Siehe auch Krüger (2013), »Meinungsmacht, für Drehtüren zur Presse«.
85 Zwischen 2007 und 2013 sind in den USA 14 % aller Banken, das sind 800, verschwunden, vor allem kleine, lokale Gemeinschaftsbanken. McCord, Prescott, Sablik (2015), »Explaining the Decline in the Number of Banks since the Great Recession«.
86 Die Unwissenheit darüber hat praktische juristische Konsequenzen: Verantwortliche Bankiers argumentieren vor Gericht gerne, sie hätten nichts gewusst oder hätten die Konsequenzen nicht überblicken können. Es muss ihnen manchmal nachgewiesen werden, dass sie wussten, was passiert. Viele Bundestagsabgeordneten hingegen, die in knapper Zeit endlose Verträge zu durchschauen hatten, schienen keine Ahnung zu haben. Obwohl es durchaus Redner im Bundestag gab, die die Problematik aufzeigten, schien mancher nicht mal zu wissen, dass das Geld zur Bankensanierung ausgezahlt würde. Siehe »Panorama«, ARD, 29.09.2011.
87 Zum Teil haben sie ja selbst dem Staat dabei geholfen, seine Zahlen zu fälschen. Siehe Balzli, »How Goldman Sachs helped Greece to Mask its Debts«.
88 Lohnenswert: Schumann, »Macht ohne Kontrolle – die Troika«, Arte, 24.02.2015 sowie Uthoff, von Wagner, »Die Anstalt«, ZDF, 31.03.2015 mit Zusammenstellung vieler Quellen, zdf.de/ZDF/zdfportal/blob/37830270/2/data.pdf.
89 Aswestopoulos (2013), »Chaos wegen Schließung des staatlichen Rundfunks«.
90 Aswestopoulos (2014), »Griechenland: Gesundheit SOS«.
91 »Mindestlohn für Griechenland gesenkt: Keine Kohle in Athen«.
92 Kreutzfeld (2014), »Privatisierung von Griechenlands Stränden: Zerstörung im Namen der Troika«.
93 »Fraport darf griechische Flughäfen betreiben«.
94 Müller (2013) und andere vertreten die These, dass die Pleite Griechenlands mit dem vorher in der Ägäis gefundenen Mineralöl zu tun hat, das nun an Gläubiger statt an Griechen fließt – siehe *Showdown. Der Kampf um Europa und unser Geld*. Ob das stimmt, weiß ich nicht, aber überraschen würde es mich nicht. Siehe auch: Höhler (2012), »Ölmilliarden sollen Griechenland retten«.
95 Dittmeier (2015), »Jahrelange Insolvenzverschleppung? Die Horror-Bilanz der Griechenland-Hilfen«.
96 Tatje (2012), »Rüstungsindustrie: Schöne Waffen für Athen«.
97 Griechenland-Blog, 22.10.2015, »2,25 Euro Stundenlohn«.
98 Diekman, Kwasniewski (2014), »Folgen der Sparpolitik: Säuglingssterblichkeit in Griechenland steigt um 43 Prozent«.

99 Griechenland-Blog, 18.11.13, »350 000 Haushalte in Griechenland ohne Strom«.
100 Weltgesundheitsorganisation WHO (2014), »Malaria: große Fortschritte bei der Eliminierung, doch anhaltende Bedrohung durch eingeschleppte Fälle und Gefahr der Wiedereinführung«.
101 Siehe Blyth (2014), Wie Europa sich kaputtspart. Die gescheiterte Idee der Austeritätspolitik, S. 95 ff.
102 Hier Vorschläge, wie eine griechische Parallelwährung aussehen könnte: Andresen, Parenteau (2015), »A program proposal for creating a complementary currency in Greece«, Harvey (2015), »Updated proposal for a complementary currency in Greece«.
103 Berichtet Polybios, Geschichte, Buch 1, § 62.7–63.3.
104 Nicht, dass die Madegassen gefragt wurden, ob und wo diese Züge, Straßen, Brücken verlaufen sollten – im Gegenteil, im Laufe der nächsten Jahrzehnte töteten die französische Armee und die Polizei Millionen, die sich diesem Arrangement widersetzten. Graeber (2011), S. 5–6, 50–51.
105 Encyclopaedia Britannica (2014), Eintrag: »Madagascar«.
106 Eisenstein (2007), The Ascent of Humanity, S. 215, (eigene Übersetzung).
107 Glaubt man ehemaligen Unternehmensberatern und Whistleblowern wie John Perkins und seinen Confessions of an Economic Hit-Man (2004), scheint das sehr gezielt zu funktionieren.
108 Viele erschreckende Informationen dazu in Scahill (2008), Blackwater. Aufstieg der mächtigsten Privatarmee der Welt.
109 So sieht das zumindest in Sierra Leone aus. Baxter (2013), »Who is benefitting? The Social and Economic Impact of three large-scale land investments in Sierra Leone«.
110 Blasberg, Blasberg, »Warum muss Joy hungern?«, S. 17.
111 Empfehlen kann ich die sehr gut aufgearbeitete Landkarte der Jubilee-Debt-Kampagne: jubileedebt.org.uk/countries.
112 Klas (2011), Die Mikrofinanz-Industrie. Die große Illusion oder das Geschäft mit der Armut, Bateman (2010), Why Doesn't Microfinance Work? The Destructive Rise of Local Neoliberalism.
113 Für ein Kritik am IWF, siehe zum Beispiel Wolff (2014), Weltmacht IWF. Chronik eines Raubzugs. Die klassische Abrechnung mit der Weltbank, von ihrem Ex-Chefökonom persönlich, ist Stiglitz (2002), Globalization and its Discontents.
114 Siehe Skinner (2008), A Crime so Monstrous. Face-to-face with modern day slavery. Siehe auch freetheslaves.net für Quellen, Karten und Berichte Überlebender.
115 World Bank (2014), »Poverty Overview«.
116 Dreher, Vreeland (2011), »Buying Votes and International Organizations«.
117 Siehe nlpu.com/Articles/Sept_11.html, (eigene Übersetzung), zur strittigen Zuschreibung siehe wikiquote.org/wiki/Albert_Einstein#Misattributed.
118 Darwin (1876/1958), Autobiography, S. 120.
119 Darwin (1859/2009), Origin of Species, § 3, »Struggle for Existence«.
120 Schneider (1984), Streit um Arbeitszeit. Geschichte des Kampfes um Arbeitszeitverkürzung in Deutschland.
121 Zum Beispiel bei Marshall (1890), Buch IV, Kapitel 8, bei John Stuart Mill, Stanley Jevons sowie natürlich Veblen (1898), »Why Economics is Not an Evolutionary

Science«, und bei Friedrich von Hayeks Ausführungen über spontane Ordnung, Schumpeter (1911), *Theorie der wirtschaftlichen Entwicklung*, und Boulding (1981), *Evolutionary Economics*. Siehe Mirowski, Hg. (1994), *Natural Images in Econonmic Thought* für eine detaillierte Spurensuche. Gegenwärtige Anwendungen siehe Rothschild (1990), *Bionomics: Economy as Ecosystem*, Sauders (1999), »Darwinism and Economic Theory«, und Hodgson, Knudsen (2013), *Darwin's Conjecture: The Search for General Principles of Social and Economic Evolution*.

122 Haeckel (1899), *Das Weltenrätsel*, Kapitel 14.
123 Dawkins (1976), *The Selfish Gene*, Vorwort zur Ausgabe von 1976, (eigene Übersetzung).
124 Carnegie (1889), »The Gospel of Wealth«, (eigene Übersetzung).
125 Spencer (1884), »The Man versus the State«.
126 Richtig unangenehm zu lesen: Haeckel (1904), *Die Lebenswunder*, S. 23.
127 Weiss (1998), *Der lange Weg zum Holocaust. Die Geschichte der Judenfeindschaft in Deutschland und Österreich*, S. 185 f., Weingart, Kroll, Bayertz, (1992), *Rasse, Blut und Gene – Geschichte der Eugenik und Rassenhygiene in Deutschland*.
128 Friedman (1953), Abschnitt III.
129 Gut aufgearbeitet findet sich das bei Thieme (2013), vor allem Kapitel 3.4, »Der Markt als natürliche Auslese«. Das Argument, dass der Malthusianismus zum Arbeiten zwingt, geht wohl zurück auf Polanyi (1944), *The Great Transformation*, S. 224 ff.
130 Siehe zum Beispiel von Lilienfeld (1873), *Gedanken über die zukünftigen Sozialwissenschaften*, Schäffle (1878), *Bau und Leben des socialen Körpers*. Einen expliziten Vergleich der Metaphorik gibt Sombart (1930), *Drei Nationalökonomien*.
131 Shapiro (2011), *Evolution. A View from the 21st Century*, Kapitel 1.
132 Hier gibt es einige Untersuchungen, siehe zum Beispiel Rosenberg (2001), »Evolving Responsively: Adaptive Mutation«, Galhardo, Hastings, Rosenberg (2007), »Mutation as a Stress Response and the Regulation of Evolvability«. Eine nichttechnische Zusammenfassung gibt es von Singer (2014), »Under Pressure, does Evolution Evolve?«.
133 Diese Daten, Versuche und Schlüsse kommen von Shapiro (2011).
134 Siehe Lehrbücher wie zum Beispiel Kutschera (2015), *Evolutionsbiologie*.
135 Dafür gibt es zahlreiche Studien. Gyles, Boerlin (2014), »Horizontally transferred genetic elements and their role in pathogenesis of bacterial disease«. Eine Übersicht verschafft Powell (2002), »Molecular Mechanisms of Antimicrobial Resistance«.
136 Edwards (2010), »Horizontal gene transfer in microbes much more frequent than previously thought«. Liu et al. (2010), »Widespread Horizontal Gene Transfer from Double-Stranded RNA Viruses to Eucariotic Nuclear Genomes«. McDaniel et al. (2010), »High Frequency of Horizontal Gene Transfer in the Oceans«.
137 Rumpho, Worful, Lee et al. (2008), »Horizontal gene transfer of the algal nuclear gene psbO to the photosynthetic sea slug Elysia chlorotica«. Siehe auch Ryan (2010), *Virolution. Die Macht der Viren in der Evolution*.
138 Crisp, Boschetti, Perry, Tunnacliffe, Micklem (2015), »Expression of multiple horizontally acquired genes is a hallmark of both vertebrate and invertebrate genomes«. Zusammenfassung: Williams (2015), »Humans may harbor more than 100 genes from other organisms«.

139 Keeling (2009), »Role of horizontal gene transfer in the evolution of photosynthetic eukaryotes and their plastids«.
140 Villarreal (2004), »Can Viruses Make Us Human?«, Svitil (2002), »Did Viruses Make Us Human?«.
141 Die technische Referenz ist Margulis (1970), *Origin of Eukaryotic Cells*. Für eine zugängliche Einführung, siehe Margulis (1999), *Die andere Evolution*. Für die Lehrbuchdarstellung, siehe Kutschera (2015), *Evolutionsbiologie*.
142 Stamets (2005), *Mycelium Running. How Mushrooms can Save the World*, S. 24–29 und S. 195 ff.
143 Simard, Perry, Jones, Myrold, Durall, Molina (1997), »Net Transfer of Carbon between ectomycorrhizal tree species in the field«.
144 In Oregon gibt es einen 1000 Hektar großen Hallimasch, etwa 2200 Jahre alt – möglicherweise der größte Organismus der Welt. Siehe Stamets (2005), S. 49. Hallimasche scheinen weniger kooperativ als manche anderen Pilze, sie töten und verzehren Bäume, schaffen dadurch aber große Mengen an Humus und Fruchtbarkeit.
145 Keine neue Erkenntnis. Siehe zum Beispiel Kropotkin (1902/2011), *Gegenseitige Hilfe in Tier- und Menschenwelt*.
146 So argumentiert Tisdell (2004), »Economic Competition and Evolution: Are there Lessons from Ecology?«. Zu Resilienz durch Vielfalt siehe auch Zolli, Healy (2012). *Resilience. Why Things Bounce Back*.
147 Siehe Herbers (1981), »Time Resources and Laziness in Animals«.
148 Wickman (2012), »Minding their own Beeswax. How busy are bees, really?«.
149 Tenczar, Lutz, Rao, Goldenfeld, Robinson (2014), »Automated monitoring reveals extreme interindividual variation and plasticity in honeybee foraging activity levels«.
150 Die Zitate sind aus Angier (1991), »Busy as a Bee? Then Who's Doing the Work?«.
151 Dannoritzer, Reuß (2013), *Kaufen für die Müllhalde. Das Prinzip der geplanten Obsoleszenz*.
152 Wie die drei Studenten und Aktivisten in Eschwege lernen mussten, die abgelaufene Lebensmittel aus dem Müllcontainer des Tegut-Supermarkts fischten und dafür zu 4500 Euro Strafe wegen Einbruchdiebstahls verurteilt wurden. Joachim Tornau, »Verbotener Griff in die Mülltonne«.
153 Siehe zum Beispiel Harel, »Zeitbombe Steuerflucht«, Arte, 22.7.2014. Auch: Shaxson (2015), »Follow the money: inside the world's tax havens«.
154 Oakland Institute (2013), »The World Bank's Bad Business with Seed and Fertilizer in African Agriculture«.
155 Die Zahl ist aus Meadows, Meadows, Randers (2006), *Grenzen des Wachstums, das 30-Jahre-Update. Signal zum Kurswechsel*.
156 Die Parallele zwischen unserem System und der Verbrennung des konsumierenden Feuers ist Eisenstein (2007) aufgefallen, Kapitel 2.2.
157 So sieht das von oben aus: tinyurl.com/o9o9wuu.
158 Sehen Sie es mit eigenen Augen. »When Birds Eat Plastic«, youtube.com/watch?v=dAL9Xvrg3hI, tinyurl.com/psuw43f.
159 Genesis 11,1–9.
160 Kein Witz: Ab dem 12. Jahrhundert, als die Kommerzialisierung Europas erneut begann, bauten norditalienische Aristokraten um die Wette immer höhere Türme. In San Giminiano stehen von den ehemals 72 Türmen nur noch 14, aber in Bologna soll es mal 180 Stück gegeben haben. Sie waren nicht nur gute Aussichtsplattfor-

men, sondern auch Statussymbole für die mächtigste Adelsfamilie. Siehe Martin (2014), S. 87.
161 Ovids *Metamorphosen* (ca. 3 bis 8 nach Christus / 1990), Buch XI, und Aristoteles' *Politik* (ca. 350 vor Christus / 2010) berichten davon.
162 Es ist eine alte Geschichte, doch sie bleibt immer neu. Diese Variante ist angelehnt an Eisenstein (2008), »Money and the Crisis of Civilization«.
163 Zur BVG, der die Bank JP Morgan noch 2007, am Vorabend der Krise, Kreditausfallversicherungen verkaufte, von denen sie wusste, dass sie wertlos sind, siehe Hermann (2014), »Der Betrug am dummen Deutschen«, 27.1.2014.

Teil 3: Die Metamorphose des Geldes und die organische Wirtschaft

1 Graeber (2011), S. 8, zitiert für diesen griffigen Spruch den Historiker Finley (1973), *The Ancient Economy*, S. 80, als Urheber.
2 lebensform.heidemarieschwermer.com. Boyle (2012), *Moneyless Manifesto*; Fellmers (2013), *Glücklich ohne Geld*, lebensmittelretten.de. Ein schöner Erfahrungsbericht: experimentselbstversorgung.net.
3 Nennt sich Tonkrugkühler und wurde in den Neunzigern von dem Nigerianer Mohammed Bah Abba erfunden. Whitefield (2015), »An electricity-free terracotta fridge«. Oluwasola (2011), »Pot-in-pot Enterprise: Fridge for the Poor«, Rinker (2014), »Der Tonkrugkühler – eine angepasste Kühlmöglichkeit. Bau- und Nutzungsanleitung«.
4 Humburg (2014), »Selbermachen ohne Grenzen«. Auf der anderen Seite haben Bastler der Open Source Ecology 50 Maschinen identifiziert, die wesentlich für die Zivilisation sind, und Open Source Bau- und 3D-Druckerpläne dafür veröffentlicht. Vielleicht genügen in ein paar Jahren 3D-Druckern auf Dörfern, um die Industrie zu ersetzen – aber wer weiß das schon so genau.
5 Thoreau (1845), *Walden or: Life in the Woods*, Kapitel 1, »Economy«, (eigene Übersetzung).
6 Die Formeln bleiben dieselben wie beim positiven Zins: Einfach der Anfangsbetrag mal $0{,}99^t$, wobei t die Anzahl der Monate ist.
7 Dieser Vorschlag ist die Synthese von Ideen, die ich in der Geschichte der Wirtschaftstheorie finden konnte, angefangen bei Thomas Morus und John Stuart Mill über Pierre-Joseph Proudhon, Henry George und Silvio Gesell bis hin zu Irving Fisher, Milton Friedman, Charles Eisenstein und Dirk Löhr.
8 Diese Theorie über die Ursache des Zinses folgt Keynes (1936).
9 Selbst wenn ich die 30 verleihe zu minus 5 Prozent, ist davon nach 13,5 Jahren nur noch die Hälfte übrig. Und selbst wenn es mir gelingt, ihn zu 0 Prozent zu verleihen, wird er sicher nicht mehr, und ich erhalte keine Rente.
10 Auch diese Rechnung geht wie normale Zinsrechnungen: Wenn S(0) die Kreditsumme von 100 ist, der Jahreszins i –5 Prozent beträgt und ich jährlich eine Rate R von 5 tilge, gilt die Annuitätenformel $R = S_0 \times (1+i)^n \times i \div (1+i)^n - 1$, das löst sich für n = 13,5. Nach dreizehneinhalb Jahren ist der Kredit vollständig beglichen.
11 Eisenstein (2011), Kapitel 11.
12 Diese originelle Idee kommt von Gandhi, Isomäki (2004).

13 Für eine tiefergehende Diskussion ökonomischer Renten und ihrer Eliminierung siehe Löhr (2013), *Prinzip Rentenökonomie: Wenn Eigentum zu Diebstahl wird*.
14 Die Rechnung: Angenommen, es werden keine Ressourcen von dem Geld gekauft, dann steigt die Geldmenge pro Kopf und Monat um 1000 und sinkt nur um 1 Prozent. Ein Gleichgewicht tritt ein, wenn genauso viel dazu- wie wegfließt. Wenn also die Geldmenge pro Kopf M sei und 1 Prozent M = 1000; dann ist die Geldmenge M = 100 000. Das ist übrigens, nach der Bundesbank, ebenfalls die Geldmenge pro Kopf in Deutschland, Wertpapiere, deren Wert ein Vielfaches höher ist als der Wert der gesamten Geldmenge, nicht eingerechnet. Diese Gleichung ist selbstregulierend: Wenn die Geldmenge geringer ist als die Gleichgewichtsmenge, fließt mehr Geld hinzu als hinaus und umgekehrt.
15 Die Rechnung: In Europa betragen die Staatsausgaben im Durchschnitt etwas weniger als 50 Prozent des BIP, und davon fließen fast zwei Drittel an Sozialsysteme, Zinszahlung, Finanzverwaltung, die obsolet würden. Was in Deutschland monatlich pro Kopf an Steuern gezahlt wird, abzüglich oben genannter Leistungen, beträgt also etwa Deutschlands BIP × (0,5 × 0,33) ÷ (12 × Einwohnerzahl) = 1 ÷ 72 × 2,7 Billionen Euro ÷ 80 Millionen = 468 Euro pro Einwohner. Um also sonst unverändert zu funktionieren, bräuchte der Staat ein Einkommen von zirka 500 Euro pro Monat und Kopf, das ist die Hälfte des hier vorgeschlagenen Grundeinkommens. Wie oben erklärt, stiege durch dieses Staatsgrundeinkommen bei einem Negativzins von minus 1 Prozent die Geldmenge langfristig um 50 000 Euro pro Kopf (ich ignoriere in dieser Rechnung, dass Geld verschwindet beim Ressourcenkauf). Der Staat erhielte also dadurch praktisch ein Anrecht auf die Hälfte der Ressourcen, die wir der Wirtschaft zur Verfügung stellen.
16 Dieser Analogie zufolge ist momentan der Zins eine Subvention auf das Halten von Geld: Je mehr Geld Sie haben, desto mehr erhalten Sie. Sie wird finanziert vom Staat (durch Zinszahlung auf die Staatsverschuldung, finanziert durch Steuern) und von Bürgern, die Geld brauchen, leihen und Zins zahlen. Keine richtig gute Politik, wenn man Geld für sein Fließen schätzt.
17 Und selbst wenn, kämpfen wir nicht gerade gegen die Deflation, also das Phänomen, dass die Leute, die Geld haben, es lieber lagern, als es zu verleihen, weil sie ahnen, dass die Preise sinken werden? Dagegen hilft es doch viel mehr, das Geld den Leuten in die Hand zu geben, als damit die Mechanik der Banken zu ölen.
18 Die klassische Studie hierfür ist Johada, Lazarsfeld, Zeisel (1933), *Die Arbeitslosen von Marienthal*, verfilmt 1988 von Karin Brandauer als »Einstweilen wird es Mittag«, ORF. Einen medizinischen Überblick über die Beziehung von Arbeitslosigkeit und Krankheit gibt es bei Gündel, Glaeser, Angerer (2014), *Arbeiten und gesund bleiben*, Kapitel 2, »Macht Arbeitslosigkeit krank?«.
19 Das berichtet zum Beispiel Forget (2008), »The Town with No Poverty: A History of the North American Guaranteed Annual Income Social Experiments«.
20 Ich kenne keine genaue Quelle für die Menge an Zinsen, die in Preisen enthalten sind, allein die grobe Überschlagsrechnung von Creutz (2005), »Die Umverteilung durch die Zinsströme. Ermittlung der relativen Zinsbelastungen der Haushalte«. Er kommt zu dem Ergebnis, dass im Jahr 2000 die versteckten Zinsen 42 Prozent der Ausgaben der Haushalte betragen. Eine Steuer auf alle Güter, zu zahlen an die Kre-

ditgeber – irgendjemand muss schließlich den Preis des Geldes zahlen. Wenn Sie dazu Genaueres wissen, wäre ich interessiert, davon zu erfahren.
21 So verstehe ich die Arbeit von Piketty (2014), *Capital in the 21st Century*.
22 Berichtet zumindest der Verkehrswissenschaftler Heiner Monheim. Siehe Zdrzalek (2015), »Mehr Nahverkehr kostet weniger Geld«.
23 Da das Grundeinkommen Geld entmonopolisiert und allgemein verfügbar macht, steigt das Angebot von Geld, daher sollte allein dadurch schon der Zins sinken, auch wenn Bargeld noch als Wertspeicher begehrt wird. Das ist ein Punkt, den Gesell und andere Negativzinstheoretiker wie Willem Buiter übersehen, weil sie nur den Negativzins analysieren, ohne ihn an Grundeinkommen und Ressourcendeckung zu koppeln. Buiter (2009), »Negative Nominal Interest Rates. Three ways to overcome the lower bound«, sowie Buiter (2009), »Negative Interest Rates. When are they coming to a central bank near you?«.
24 Koch (2006), »Ein großes Experiment«. Die wissenschaftliche Darstellung und Auswertung finden Sie in Forget (2008).
25 Heß (o. J.), »Was wurde aus dem Grundeinkommen in Namibia?«. Für eine detaillierte Auswertung des Experiments siehe Haarmann, Haarmann (2012), »Piloting Basic Income in Namibia. Critical Reflections on the Process and Possible Lessons« und weitere Studien auf bignam.org. Leider wurde das Projekt dafür kritisiert, dass alle Auswertungen von den Beteiligten selbst ausgeführt und die Daten nicht von außen überprüft wurden. Dennoch sind andere Grundeinkommensexperimente zu ähnlichen Ergebnissen gekommen – siehe nächste Fußnoten.
26 Grundeinkommen-Umsetzungsbeispiele weltweit: Siehe Basic Income Earth Network, BIEN, basicincome.org, das Netzwerk Grundeinkommen, grundeinkommen.de, und nicht zuletzt en.wikipedia.org/wiki/Basic_income#Examples_of_implementation. Einen breiteren Überblick über direkte Geldtransfers als erfolgreiches Mittel zur Armutsbekämpfung liefert Hanlon, Barrientos, Hulme (2010), *Just Give Money to the Poor*.
27 Um das mal vorzurechnen: Im Falle von Deutschland bräuchte man, um jedem Bürger 1000 Euro pro Monat zu zahlen und weitere Regierungsausgaben von 500 Euro pro Kopf zu gewährleisten, ein Steueraufkommen von 1500 Euro pro Kopf und Monat. Das Steueraufkommen pro Kopf und Monat betrug 2014 aber nur 670 Euro. Um das Grundeinkommen über Umlagen zu finanzieren, müssten die Steuereinnahmen mehr als verdoppelt werden – kein sehr erfolgversprechender Ansatz.
28 Es ist, glaube ich, noch zu klein und zu jung, um sein Funktionieren beurteilen zu können: bge-kreise.de.
29 Onken (1983): »Ein vergessenes Kapitel der Wirtschaftsgeschichte. Schwanenkirchen, Wörgl und andere Freigeldexperimente«. Auch: de.wikipedia.org/wiki/WÄRA.
30 Ein Beobachter kommentierte: »Die Steuerfreudigkeit der Wörgler Bürger erklärt sich meines Erachtens sehr einfach daraus, daß der Kaufmann, der eine größere Summe von Schwundgeld am Ende des Monats in seiner Kasse liegen hat, dieses Geld am leichtesten, und ohne Verlust, los wird, wenn er seine Verpflichtungen an die Gemeinde erfüllt. Es hat eine Umstellung in der Bewertung dieser Verpflichtungen stattgefunden. Kam die Zahlung der Steuer sonst an letzter Stelle, so rückte sie nun in den ersten Rang.« Von Muralt (1933), »Der Wörgler Versuch mit dem Schwundgeld«. Für weitere Quellen über Wörgler und andere Freigeldexperimente,

siehe auch die Website des Wörgler Unterguggenberger-Instituts und die Website geldreform.de.
31 Fisher (1933), *Stamp Scrip*, Kapitel 5. Nicht alle diese Währungen waren mit einem Negativzins belegt.
32 Lietaer (2002), S. 156–60, Eisenstein (2011), S. 210–4.
33 Keynes (1936), Kapitel 23, Abschnitt 6.
34 Siehe die englischen Wikipedia-Seiten für Patacón, LECOP und Crédito.
35 Mankiw (2009), »It May Be Time for the Fed to Go Negative«.
36 Zum Weiterlesen kann ich die Publikationen der New Economics Foundation über Regiogeld empfehlen: Bindewald, Collins, Greenham, Schuster (2013), »Energizing Money«. Aber es gibt Dutzende gute Bücher und Artikel zum Thema Regio- und Freigeld; zum Beispiel Creutz (2012), *Das Geldsyndrom*, Kennedy (2006), oder Lietaer (2002), *Das Geld der Zukunft*. Die für mich wichtigste Diskussion zum Thema Negativzins und zu Freigeld et cetera siehe Eisenstein (2011).
37 Carson (1999), »Design for Nature Writing«, S. 94.
38 Das Wort »Gleichgewicht« ist zwar ein wenig unglücklich gewählt, weil es ein deterministisches, unveränderliches Gleichgewicht impliziert. Je nach Umgebung entwickeln sich diese Systeme unterschiedlich, und auch auf der Klimax finden Veränderungen statt, zum Beispiel durch Waldbrände und eingewanderte Arten. Aber ich will die Geschichte hier einfach halten.
39 Und ich habe sie mir nicht selbst ausgedacht, sondern gefunden bei Hawken (1993), *The Ecology of Commerce*. Eine ähnliche Analogie benutzt auch Homer-Dixon (2010), *The Upside of Down*, Kapitel 9.
40 Siehe zum Beispiel Isenmann (2003), *Natur als Vorbild. Plädoyer für ein differenziertes und erweitertes Verständnis der Natur in der Ökonomie*, oder Allenby, Richards, Hg. (1994), *The Greening of Industrial Ecosystems* sowie Ayres, Ayres, Hg. (2002), *A Handbook of Industrial Ecology*. Hilfreich für diesen Abschnitt fand ich Korhonen (2000), »Four Ecosystem Principles for an Industrial Ecosystem«.
41 Diese Vision beschreiben Braungart, McDonough (2003), *Einfach intelligent produzieren. Cradle to Cradle: Die Natur zeigt, wie wir es besser machen können*.
42 Michelin, KPN, Interface sind Unternehmen, die nach diesen Prinzipien zu wirtschaften begonnen haben. Siehe zum Beispiel Merkies, Lowies (2012), »Leasing could provide a route to a circular and self-supporting economy«.
43 Diese Lagerkosten würden übrigens das Konzept von Eigentum zu Ende denken, weil sie das Eigentumsrecht um die Eigentumspflicht ergänzen: Wer will, kann gerne Dioxin und Plastik herstellen, aber es ist dann für immer seins, und er muss sich darum kümmern. Beachten Sie außerdem, wie gut das zum Negativzins passt, in dem zukünftige Kosten nicht weniger werden und daher nicht diskontiert werden können. Dadurch verursacht der Schaden von dauerhaftem Müll dem Produzenten auch andauernde Kosten. Siehe von Eisenstein (2007), Kapitel 7.3, »The Restorative Economy«.
44 Hawken, Lovins, Lovins (1999), *Natural Capitalism*, Kapitel 1, »Reinventing the Wheels: Hypercars and Neighborhoods«.
45 Limberg (2007), *Das Plankton-Manifest*. Man hört, Obama habe vor einigen Jahren ein paar Millionen in die Entwicklung investiert. Siehe Obama (2012), »Remarks by the President on Energy«.

Anmerkungen Teil 3   273

46 Gorhau (2015), »Kommt bald Kraftstoff aus dem Stahlwerk?«. Siemens, LanzaTech (2013), »Siemens and LanzaTech partner to transform steel mill off-gases into bioethanol«.
47 Eine detaillierte Diskussion dieser Technik, gerade verbunden mit sinkenden Solarenergiekosten und einer wachsenden Open-Source-Bewegung, siehe Rifkin (2014).
48 Siehe zum Beispiel Ford (2008), »The wheel turns for watermills and DIY energy«. In den Techniken dezentraler Energieerzeugung geschehen gerade phänomenale Fortschritte; manche Solarzellen erreichen mittlerweile einen Effizienzgrad von über 40 Prozent. Immer noch weit entfernt von den 90 Prozent, den die Photosynthese erreicht, aber immerhin.
Diese nachhaltigen Energieformen können zwar schwerlich den gegenwärtigen Energiehunger stillen; aber wenn ihre Effizient steigt und wir weniger Energie verschwendeten, könnten sie gut ausreichen.
49 Einige Beispiele bei Benyus (2007), »Biomimicry in Action«. Einen Überblick zum Durchklicken gibt es bei Wikipedia: en.wikipedia.org/wiki/Category:Sustainable_technologies.
50 Die Zahl kommt vom IWF: Coady, Parry, Sears, Shang (2015), »How large are global energy subsidies?«.
51 Das ist gerade im Kommen: Das Unternehmen Fairtransport baut zurzeit einen Ecoliner, der genauso schnell fahren soll wie gegenwärtige Frachtschiffe, aber eben mit Wind angetrieben wird und daher fast emissionsfrei fährt. Ich muss sagen, eine Welt, in der wieder mehr Dreimaster fahren, kann nicht so schlecht sein.
52 Die Earthships des Architekten Michael Reynolds werden gebaut aus Lehm, Erde und Abfällen, die Wände sind aus alten Autoreifen, bedeckt mit Lehm, es gibt viele kleine Buntglasfenster aus alten Flaschen, sie heizen sich selbst, versorgen Bewohner mit Wasser, Nahrung und Energie, brauchen keine teure Technik und kosten wenig. Siehe Reynolds (1990), *Earthship. How to Build Your Own Solar Survival Architecture.*
53 Davon träumen übrigens nicht nur Hippies wie ich. Einige Beiträge zur Kreislaufwirtschaft kommen zum Beispiel von Freystedt, Bihl (2005), *Equilibrismus. Neue Konzepte statt Reformen für eine Welt im Gleichgewicht*, Liu, Hanauer (2011), *The Gardens of Democracy*, Fullerton (2015), »Regenerative Capitalism. How Universal Principles and Patterns Will Shape Our New Economy«, Ellen McArthur Foundation (2015), *Towards the Circular Economy. Economic and Business Rationale for an Accelerated Transition.* Hanauer und Fullerton sind sehr reiche Bankiers, und die McArthur Foundation bringt die Kreislaufwirtschaft mit Hilfe von McKinsey gerade den EU-Kommissionen nahe. Das hat selbst mich überrascht. Siehe EU-Kommission (2015), »Moving towards a Circular Economy«.
54 Newman, Cragg (2013), »Natural Products as Sources of New Drugs over the 30 Years from 1981 to 2010«. McChasey, Venkataramaran, Henri (2007), »Plant Natural Products: Back to the Future or into extinction?«.
55 Das Beispiel finde ich persönlich faszinierend, aber es gibt noch viel mehr ungenutzte Möglichkeiten für Pilze als Filter, Medizin, Pestizide und mehr. Ein Mustsee: Paul Stamets (2008), »6 Ways Mushrooms can Save the World«. Anleitungen und Details gibt es in Stamets (2005).

56 World Wide Fund of Nature (WWF) (2015), »Soil Erosion and Degradation«. Es gibt auch einen Film darüber: Benenson, Rosow, Dailly (2009), »Dirt! The Movie«.

57 Siehe zum Beispiel Davis, Epp, Riordan (2004), »Changes in USDA food composition data for 43 garden crops, 1950 to 1999«, Halweil (2007), »Still no Free Lunch: Nutrient Levels in US Food Supply Eroded by Pursuit of High Yields«.

58 Eine (akademische) Studie warnt sogar, Englands Felder lieferten nur noch 100 Ernten, und eine andere Studie (von der Versicherung Lloyd's und der UK/US Task Force on Resilience of the Global Food Supply Chain to Extreme Events) rechnet mit globalem zivilisatorischem Kollaps wegen Nahrungsmangels, wenn sich nichts ändert. Gruselig, aber kaum überraschend, wenn man weiß, wie sehr unsere gegenwärtige Nahrungsproduktion von fragilem Öl, Energie und Maschinen abhängt. Siehe Edmondson, Davies, Gaston, Leake (2014), »Urban cultivation in allotments maintains soil qualities adversely affected by conventional agriculture«, Lloyd's (2015), »Food System Shock. The insurance impacts of acute disruption to global food supply«.

59 Der UN zufolge ist Landwirtschaft die menschliche Aktivität mit der »größten Gefahr für die Biodiversität und Ökosystemfunktion«. Cassman, Wood (2005), *Millennium Ecosystem Assessment. Ecosystems and Human Well-Being: Current State and Trends*, Kapitel 26, »Cultivated systems«.

60 Toensmayer (2007), *Perennial Vegetables*, Crawford (2012), *How to Grow Perennial Vegetables*. Auch viele einjährige, klassische Gemüse lassen sich ohne Bodenbearbeitung anbauen; siehe Dowding (2013), *Organic Gardening. The natural no-dig way*.

61 Ich kann leider keine gute Studie hervorzaubern, die den Vorteil einer solchen Landwirtschaft gegenüber klassischer Monolandwirtschaft durch Zahlen belegt. Zwar liefert Smith (1929), *Tree Crops. A Permanent Agriculture*, Zahlen, die behaupten, dass viele Nussbäume einen höheren Flächenertrag liefern als Reis und Getreide, aber der Witz an den hier beschriebenen Systemen ist, dass sie auf die Kooperation zwischen Pflanzen aufbauen. Diese produzieren logischerweise eine Vielzahl von Erträgen, die sich nicht mit den einheitlichen Erträgen der Monolandwirtschaft vergleichen lassen. Für eine Untersuchung der Erträge alternativer ökologischer Ansätze siehe Horlings, Marsden (2011), »Towards the real green revolution? Exploring the conceptual dimensions of a new ecological modernisation of agriculture that could ›feed the world‹«. Mir persönlich scheint es offensichtlich, dass eine Landwirtschaft, die auf Öl und lange Transportwege angewiesen ist, ineffizient gegenüber einer ist, die alle Fruchtbarkeit vor Ort produziert. Außerdem spricht die Logik der Sukzession dafür: Sie trägt Land generell in Richtung eines reifen Waldes; je weiter Land also vom Wald entfernt ist, desto mehr Energie muss in das System eingesetzt werden, um es im Pionierstadium zu halten. Ergo ist Landwirtschaft mit waldnahen Systemen energetisch am effizientesten. Ich würde mich aber auch über tiefere Untersuchungen freuen. Siehe Crawford (2010), *Creating a Forest Garden*, Kapitel 1.

62 Whitefield (2004), *The Earth Care Manual. A Permaculture Handbook for Britain and other Temperate Climates*, S. 15. Siehe auch die klassische Quelle: Smith (1929).

63 Michon, (2011), »Revisiting the Resilience of Chestnut Forests in Corsica. From Social-Ecological Systems Theory to Political Ecology«. Smith (1929), Hart und

Douglas (1976) berichtet von Baumfarmen bei alten Kulturen überall auf der Welt, vor allem in Asien und Südamerika.

64 Neben den eben genannten Quellen, siehe Gandhi, Isomäki (2004) und Vira, Wildburger, Mansourian (2015), »Forests, Trees and Landscapes for Food Security and Nutrition«.

65 Hört man zumindest. Rochmyaningsih (2012), »Include trees in climate modelling, say scientists«. Siehe auch Van Noordwijk, Hoang, Neufeldt, Öborn, Yatich, Hg. (2011), *How trees and people can co-adapt to climate change: reducing vulnerability through multifunctional agroforestry landscapes*.

66 Und zwar ohne die Speicherkapazität der Bäume selbst mitzurechnen. Daher bräuchte es eigentlich nicht mal mehrjährige Sorten; Polykulturen und fluglose Direktsaattechniken können ebenfalls den Boden bewahren. Siehe zum Beispiel Philpott (2013), »One Weird Trick to Fix Farms Forever. Does David Brandt hold the secret for turning industrial agriculture from global-warming problem to carbon solution?«.

67 Für die Rechnung siehe Rodale Institute (2014), »Regenerative Organic Agriculture and Climate Change«. Siehe auch Lal (2004), »Soil Carbon Sequestration« Impacts on Global Climate Change and Food Security«.

68 Die Zahlen kommen aus der Präsentation von Smits (2009), »How to Restore a Rain Forest«. Siehe auch Little (2008), »Regrowing Borneo's Rain Forest – Tree by Tree« und Zolli, Healy (2012).

69 Für eine längere und differenziertere Lobeshymne auf Bäume siehe Douglas, Hart (1984). Ein Klassiker: Smith (1929). Für eine Liste von nützlichen (und weitgehend unbekannten) Bäumen siehe Crawford (2001), *Trees for Gardens, Orchards and Permaculture*.

70 Kein Witz: Bäume reduzieren Gewalt in der Stadt. Siehe Kuound, Sullivan (2001), »Aggression and violence in the inner city: Impacts of environment via mental fatigue«.

71 Makarieva, Gorshkov (2006).

72 Bäume sind übrigens in der Lage, die Geschwindigkeit der Wolkenbildung zu beeinflussen, indem sie bei der Evapotranspiration variierende Mengen von Chemikalien (Kalisalze, Terpene oder Isopren) ausscheiden, die als Kondensationskerne für die Wolkenbildung fungieren. Siehe DOE / Lawrence Berkeley National Laboratory (2012), »Salt Seeds Clouds in the Amazon Rainforest: Researchers Track Down the Sources of Condensation Nuclei«, Pöhlker et al. (2012), »Biogenic Potassium Salt Particles as Seeds for Secondary Organic Aerosol in the Amazon«.

73 »Geld verdunstet« – diese Metapher ist ausbaufähig. Mit wenig Fantasie kann man im Geld drei Aggregatszustände erkennen: Wasser kann zu Eis und Dampf werden, kann also fest, flüssig oder gasförmig sein. Ebenso Geld: Hier spricht man von Festgeldern – Sparbriefe, Anleihen, Schulden – die nur durch etwas Aufwand liquidierbar sind. Nutzt man es als Zahlungsmittel, spricht man von flüssigem Geld: Münzen, Guthaben und andere liquide Mittel können schnell fließen und die Güter durch den Wirtschaftskreislauf schwemmen. Und zuletzt kann Geld gewissermaßen gasförmig sein: Bonität, Glaubwürdigkeit, die »große Wolke der unausgeschöpften Kreditspielräume« sind die ungreifbare Vorform des Geldes, die man aber durch einen Kredit zu flüssigem Geld kondensieren kann. Dieser Hinweis auf

die Aggregatszustände des Geldes kommt von Egon W. Kreutzer (2005), »Wie viel Geld bleibt übrig, wenn alle Schulden getilgt sind?«.
74 Surowiecki (2014), »Home Free?«.
75 Zur Problemanalyse siehe Lessing (2001), The Future of Ideas, für den Lösungsvorschlag siehe Braun (2014), Grundeinkommen statt Urheberrecht? Zum kreativen Schaffen in der digitalen Welt. Viele weitere Beispiele Güter, deren Grenzkosten gegen null gehen und daher einfacher durch ein Grundeinkommen gut finanziert würden, finden sich bei Rifkin (2014).
76 Der schöne Satz kommt aus der Bergpredigt, Matthäus 5,45. Interessant übrigens, dass Jesu Gleichnisse zum großen Teil entweder von Natur (Stichwort Samenkorn, Kraut im Weizen, Feigenbaum) oder Geld (Zöllner, unbarmherziger Gläubiger, Arbeiter auf dem Weinberg) handeln.
77 Der Schweizer WIR, eine Mischung aus Genossenschaftsbank und Komplementärwährung, hat 2014 selbst Guthaben im Wert von beachtlichen 768 Millionen Schweizer Franken geschöpft. Zolli und Healy (2012), S. 74 ff., machen dieses flächendeckende Komplementärwährungssystem für die sprichwörtliche Beständigkeit der Schweizer Wirtschaft verantwortlich, weil es immer dann besonders floriert und Zahlungen ermöglicht, wenn das normale Geld stockt.
78 Für eine Diskussion von vielfältigen Währungssystemen und einen expliziten Vergleich zwischen Geld- und Ökosystemen, siehe Douthwaite (2000), The Ecology of Money, und Lietaer, Arnsperger, Goerner, Brunnhuber (2012), Money and Sustainability. The Missing Link.
79 Murphy, Morgan (2013), »Cuba: Lessons from a Forced Decline«. Siehe auch Oya Magazine (2014), »Es geht!«. Es gibt dazu auch einen Film: Morgan (2006), »The Power of Community. How Cuba survived Peak Oil«.
80 World Wide Fund of Nature (WWF) (2006), »Living Planet Report 2006«, S. 19.
81 Ein Eindruck, wie viele tausend solcher kleiner, aber wichtiger Initiativen es gibt, siehe Hawken (2007), Blessed Unrest. How the Largest Movement in the World Came into Being and Why No On Saw it Coming.
82 Dieser letztere Vergleich kommt von Hawken (2007).
83 Dieser Punkt geht an Spencer (1860), »Social Organism«.
84 Pschyrembel (2014), Klinisches Wörterbuch, S. 292 ff. Außerdem nehme ich dieses Wissen als Allgemeingut an und beziehe mich daher auf die Wikipedia-Artikel zu Erythrozyten, Polyglobulie und Polyzythämie.
85 Außerdem besteht Blut zu weniger als 1 Prozent aus weißen Blutzellen und Blutplättchen (Leukozyten und Thrombozyten), die ich aus Gründen der Komplexitätsreduktion hier weglassen möchte.
86 Das ist die Option, die die Hebräer gewählt haben, bei denen alle 7 Jahre alle Schulden erlassen und alle 49 Jahre das Land zurückverteilt wurde – siehe Kapitel »Die Benutzeroberfläche«. Keine schlechte Idee das, wirklich.
87 Das funktioniert so: Referenzzinssätze wie der Libor oder der Euribor werden errechnet, indem große Banken ihre Zinssätze angeben und deren Durchschnitt errechnet wird. Privatkredite und Hypotheken mit variablem Zinssatz orientieren sich häufig an diesem Referenzzinssatz. Wenn also die Banken sich zusammentun und falsche, höhere Zinssätze angeben, können sie überteuerte Zinssätze vergeben oder die Zinssätze ihrer Hypotheken nachträglich künstlich anheben und ihr Ver-

mögenswachstum dopen. Siehe: Binham (2012), »US woman takes on banks over Libor«.
88 Das Beispiel kommt von Sacks (2002), »The Money Trail. Measuring your Impact on the Local Economy using LM3«. Eine gute Quelle für Studien zu dem Thema ist auch das Institute for Local Self-Reliance.
89 Diese nachhaltigen Banken (GLS, Triodos, Umweltbank, Ethikbank) vergeben kategorisch keine Kredite an Rüstung, Kinderarbeit etc. Obwohl (oder weil?) sie also nicht profitmaximierend arbeiten, wachsen sie gerade stark.
90 Das funktioniert so: Angenommen, ich habe mich wegen einer Krankheit auf 100 000 Euro verschuldet, habe aber kein Einkommen. Nun kann ich keine Raten zahlen, muss Risikozuschläge auf den Zinssatz zahlen und stehe vor einem immer schneller wachsenden Schuldenberg. Weil ich diese Schulden wahrscheinlich nie zurückbezahlen werde, ist mein Schuldversprechen ein unprofitables Risikogeschäft. Daher kann jemand anderes diese Schulden für einen Bruchteil ihres Nennwertes kaufen. Wenn er sie nun vergibt, hat er mich nicht nur aus der drohenden Schuldensklaverei gerettet, sondern auch mit sehr wenig Geld sehr viel Geld vernichtet. Siehe Details, auch zum Ausmaß der Verschuldung amerikanischer Privathaushalte, unter rollingjubilee.org.
91 Siehe zum Beispiel North (2010), *Local Money*, Lietaer (2002), Douthwaite (1999), Kent (2005), *Healthy Money, Healthy Planet. Developing Sustainability through New Money Systems*.
92 Diese sprießen gerade aus dem Boden wie Pilze nach einem Gewitter: Fairconomy, Local Exchange Trading System (LETS), die gearbeitete Stunden als Guthaben anrechnen, BGE-Kreise, die ein Grundeinkommen in Freigeld zahlen, aber auch auf Facebook oder Craigslist und in Ihrer Nachbarschaft. Das Prinzip funktioniert auch oder gerade in ärmeren Regionen: Siehe De Abreu Pinto (2011), »Viva Favela-Bank!«.
93 Siehe Rifkin (2014), S. 373 ff.
94 Dieser Satz und manche Idee und Formulierung dieses Teils stammen aus Eisenstein (2008) und (2011), S. 310, (eigene Übersetzung).
95 Food-Coops, Biokisten oder andere Formen Community Supported Agriculture (CSA) bieten einen machtvollen Schritt gegen die Kommerzialisierung der Nahrung: Sie vermeiden die zentralen Ketten, indem sie ihren Austausch mit den Bauern selbst in die Hand nehmen. Ich habe bei einer in Berlin mitgemacht und fand sie prima. Die Bauern sagten uns online, was gerade erntereif war, und wir bestellten, was wir haben wollten. So gingen 90 Prozent des Einkaufspreises an allen großen Geldern vorbei direkt an die Bauern, und nichts musste weit verschifft oder gekühlt werden. Und das Gemüse war richtig lecker.
96 Es gibt so viele Gründe, weniger für Geld zu arbeiten: Sie produzieren weniger Geld und Müll, haben einen kleineren ökologischen Fußabdruck, geben anderen mehr Arbeitsmöglichkeiten, haben mehr Zeit, um Eltern, Freunde, Nachbarn und aktive Bürger zu sein, mehr Zeit, die Füße hochzulegen … Je weniger wir für Geld arbeiten, desto weniger hängt vom unpersönlichen Geld und desto mehr von persönlicher Fürsorge ab. Siehe auch Coote, Franklin (2014).
97 Zum Beispiel Monetative e. V. und Global Change Now e. V. – es gibt noch einige andere.

98 Die Anstiftung e. V. ist ein guter Ansatzpunkt, um urbane Gärten in Ihrer Nachbarschaft oder Anleitungen zum Selbermachen zu finden.
99 Foodsharing.de hat hier gute Ratschläge zu bieten.
100 Hessel (2011), Empört Euch!, S. 21.
101 Das ist 1986 dem Informatiker Craig Reynolds gelungen. Siehe Reynolds (1987), »Flocks, Herds, Schools: A Distributed Behavioral Model«. Siehe auch seine Website, red3d.com/cwr, für animierte Fische und Vögel.
102 John Maynard Keynes verglich diese Märkte mit den an Schönheitswettbewerbe angeknüpften Preisausschreiben amerikanischer Modezeitschriften: Dort sandten Bewerberinnen ihr Bild ein, Leser wählten ihre Favoritin, und die Gewinnerin erhielt einen Preis. Um die Leser zum Abstimmen zu animieren bekam eine zufällig bestimmte Person von denen, die die Gewinnerin gewählt hatten, eine Prämie. Infolgedessen hatten abstimmende Leser – wenn sie Geld gewinnen wollen – nicht den Anreiz, für die Dame zu stimmen, die sie am schönsten fanden, sondern für die, von der sie glaubten, dass der Durchschnitt sie am schönsten fand. Kurz gesagt: Wer sich zur Mitte bewegt, gewinnt (Keynes (1936), Kapitel 12, § V). Ähnlich ist es mit Aktien, Fonds und ähnlichen Papieren: Man kann sein Geld zwar dem Projekt geben, das man am schönsten findet. Aber man kann mehr Geld erspekulieren, wenn man den Unternehmen Geld gibt, von denen man glaubt, dass die anderen ihnen ebenfalls Geld geben werden.
103 Beispiel aus Totnes, England: Hier erzählte mir eine junge Frau von der Transition-Town-Bewegung, dass jemand aus ihrer Nachbarschaft von den Anwohnern Kredite aufgenommen hat, um eine Bäckerei zu eröffnen, und diese Kredite in Brotform tilgt. Was für eine Win-win-Situation: Die Investoren haben eine Bäckerei in der Nachbarschaft, haben Anteil an etwas, das nicht allein durch eine Bankpleite verschwinden kann, und bekommen leckeres Brot; die Bäckerin muss sich nicht mit Banken, Zinsen, unpersönlichen Papieren rumschlagen, sie hat ihr bekannte Gläubiger, die interessiert am langfristigen Wohlergehen der Unternehmung sind, und sie baut durch die Rückzahlung einen soliden Kundenstamm auf.
104 Niko Paech beschreibt, wieso Geld hier eigentlich nicht das Wichtigste ist: Paech (2012), S. 120 ff.
105 Ich kann Ihnen nur wärmstens empfehlen, sich hier einzulesen beziehungsweise einige Projekte anzusehen. Dahinter steht eine zukunftsweisende Philosophie, welche die Erkenntnisse der Ökologie verarbeitet. Siehe Mollison, Slay (1991), *Introduction to Permaculture*, Mollison (2010), *Handbuch der Permakultur-Gestaltung*, Holmgren (2013), *Permakultur. Gestaltungsprinzipien für zukunftsfähige Lebensweisen*, Holzer (2004), *Sepp Holzers Permakultur. Praktische Anwendungen für Garten, Obst und Landwirtschaft*. Für eine technischere Einführung, siehe Kleber (2010), *Gärtnern in Biotop mit Mensch. Das praktische Permakultur- und Biogarten-Handbuch für zukunftsfähiges Leben*.
106 Das ist zumindest die Zahl an Initiativen, die sich auf der offiziellen Seite transitionnetwork.org/initiatives registriert haben.
107 Joubert (2013), »Ein guter Weg für Afrika. Tausende traditionelle Gemeinden im Senegal wollen Ökodörfer werden«.
108 Delobel, Bisetto (2013), »Learning from New Peasants«.
109 Ein schönes Buch zu der riesigen Menge an unsichtbaren, kleinen Initiativen, die sich wie ein Immunsystem als Reaktion auf die Sorgen bilden: Hawken (2007).

110 Der Vergleich stammt von dem Fondsmanager und Philosophen Georg von Wallwitz (2011), *Odysseus und die Wiesel. Eine fröhliche Einführung in Finanzmärkte*, S. 59–60.
111 Dieser tolle Satz ist von Käptn Peng, »Kündigung 2.0«, geklaut – hätte ich nicht besser sagen können.
112 Dieses althergebrachte Rezept haben wir übrigens aus der Sendung mit der Maus, »Farben aus Quark«, tinyurl.com/o5hr4xs.
113 Die Bibel der Fermentierungen: Katz (2012), *The Art of Fermentation. An In-Depth Exploration of Essential Concepts and Processes from Around the World*. Für klassische Selbstversorgungstechniken siehe Seymour (1976), *The New Complete Book of Self-Sufficiency. The Classic Guide for Realists and Dreamers*.
114 Crawford (2010), Kapitel 1.
115 Pflanzen haben meist einen komplexeren Gencode als viele Tiere, und da sie fest an einem Ort verwurzelt sind, sind sie stark darauf angewiesen, ihre Umgebung zu observieren. Daher sind ihre Organe zum Sehen, Riechen, Tasten und Hören oft ausgeprägter als die von Säugetieren, weshalb sie zum Beispiel ein viel breiteres Farbspektrum als Menschen wahrnehmen können. Siehe zum Beispiel Chamovitz (2013), *Was Pflanzen wissen. Wie sie sehen, riechen und sich erinnern*. Gut fand ich auch den Film »What Plants Talk About«, (2013) von Erna Buffie.
116 Rocheleau, Raintree (1987), »Agroforestry and the Future of Food Production in Developing Countries«. Für ein tieferes Argument, genauere Techniken und Vorschläge für Bäume zum Anfangen, siehe Gandhi, Isomäki (2004), Teil 3, »Growing Food Bearing Trees«.

Literatur

Ich habe mir erlaubt, allzu klobige Links abzukürzen. Wenn Ihnen Links mit unbekanntem Ziel suspekt sind, können Sie sie unter longurl.org wieder verlängern.

Alborn (1994), »Economic man, economic machine: images of circulation in the Victorian money market«, in: Mirowski, Hg., *Natural Images in Economic Thought. Markets Read in Tooth and Claw*. Cambridge University Press.

Allenby, Richards, Hg. (1994), *The Greening of Industrial Ecosystems*. National Academy Press, Washington.

Andreau (1999), *Banking and Business in the Roman World*. Cambridge University Press.

Andresen, Parenteau (2015), »A program proposal for creating a complementary currency in Greece«, *Real World Economic Review* 71, paecon.net/PAEReview/issue71/AndresenParenteau71.pdf.

Angier (1991), »Busy as a Bee? Then Who's Doing the Work?«, *New York Times*, 30.07.1991, tinyurl.com/on5pm3b.

Aquin (1273), *Summa Theologica*. Verwendete Ausgabe: Bernhart (1985), Übers. und Hg., Stuttgart, Alfred Kröner Verlag.

Aristoteles (ca. 350 vor Christus), *Metaphysik*. Verwendete Ausgabe: Schwartz (1991), Übers. und Hg., Reclam, Ditzingen.

Aristoteles (ca. 350 vor Christus), *Politik*. Verwendete Ausgabe: Schwartz (2010), Übers. und Hg., Reclam, Ditzingen.

Attac Österreich (2013), *Three Years of Greek Bail-Out: 77% went into the Financial Sector*, tinyurl.com/p8dlyoe.

Aswestopoulos (2013), »Chaos wegen Schließung des staatlichen Rundfunks«, *Telepolis*, 12.06.2013, heise.de/tp/artikel/39/39308/1.html.

Aswestopoulos (2014), »Griechenland: Gesundheit SOS«, *Telepolis*, 18.02.2014, heise.de/tp/artikel/41/41028/1.html.

Ausubel, Hg. (2004), *Nature's Operating Instructions: The True Biotechnologies*. Sierra Club Books, San Francisco.

Ayres, Ayres, Hg. (2002), *A Handbook of Industrial Ecology*. Edward Elgar Publishing, Cheltenham.

Bacon (1625), *Essays. Of Expense, Of Riches und Of Usury*. Verwendete Ausgabe: Pitcher (1985), Hg., Penguin, Harmondsworth.

Baden-Mayer, Cummins (2009), »Thanking Indigenous People for the Food We Eat«, *Organic Consumers Association*. organicconsumers.org/essays/thanking-indigenous-people-food-we-eat.

Bain & Company (2014), »Busy CEOs spend one day each week managing communications, two days in meetings«, Pressemitteilung 06.05.2014, tinyurl.com/qc9oopz.
Balzli (2012), »How Goldman Sachs helped Greece to Mask its Debts«, *Spiegel Online*, 08.02.2012, tinyurl.com/ak8r8dl.
Barlowe (1584), »The First Voyage to Roanoke«, in: University of North Carolina, Hg. (2002), *Old South Leaflets 92*, docsouth.unc.edu/nc/barlowe/barlowe.html.
Bateman (2010), *Why Doesn't Microfinance Work? The Destructive Rise of Local Neoliberalism*. Zed Books, London.
Battison, Glattfelder, Vitali (2011), »The Network of Global Corporate Control«, PLOS ONE 10/6, e25995, arxiv.org/pdf/1107.5728.pdf.
Baxter (2013), »Who is benefitting? The Social and Economic Impact of three large-scale land investments in Sierra Leone«, *Action for Large-scale Acquisition Transparency*, nachdenkseiten.de/upload/pdf/131030_who-is-benefitting-Sierra-Leone-report.pdf.
Benenson, Rosow, Dailly (2009), »Dirt! The Movie«.
Bentham (1789), *An Introduction to the Principles of Morals and Legislation*. Verwendete Ausgabe: (1907), Claredon Press, Oxford, econlib.org/library/Bentham/bnthPML.html.
Benyus (2009), »Biomimicry in Action«, *Ted-Talk*, ted.com/talks/janine_benyus_biomimicry_in_action.
Berg (1980), *The Machinery Question and the Making of Political Economy*. Cambridge University Press.
Berger (2013), »Wir retten nicht die Griechen, sondern die Banken«, *Nachdenkseiten*, 17.06.2013, nachdenkseiten.de/?p=17651.
Berger (2013), »Merkels Milliardenhypothek«, *Nachdenkseiten*, 08.08.2013, nachdenkseiten.de/?p=18230.
Berger (2014), *Wem gehört Deutschland?*. Westend, Frankfurt am Main.
Betz (2006), *Prediction or Prophecy? The boundaries of economic foreknowledge and their sociopolitical consequences*. Deutscher Universitätsverlag, Wiesbaden.
Bindewald, Ryan-Collins, Greenham, Schuster (2013), »Energizing Money«, *New Economics Foundation*. neweconomics.org/publications/entry/energising-money.
Binham (2012), »US woman takes on banks over Libor«, *Financial Times*, 14.10.2012, tinyurl.com/pqu9xxg.
Binswanger (1985), *Geld und Magie. Deutung und Kritik der modernen Wirtschaft anhand von Goethes Faust*. Murmann, Hamburg.
Binswanger (2006), *Die Wachstumsspirale. Geld, Energie und Imagination in der Dynamik des Marktprozesses*. Metropolis, Marburg.
Blanchard (2011), *Macroeconomics*, 4. Edition. Prentice Hall, Upper Saddle River.
Blasberg, Blasberg (2013), »Warum muss Joy hungern?«, *Die Zeit*, 42/2013, 21.10.13, zeit.de/2013/42/hunger-unterernaehrung-dossier.
Blau (1964), *Exchange and Power in Social Life*. Transaction Publishers, Piscataway.
Blume (2013), *Food and Permaculture*. whale.to/a/blume.html.
Blume (2007), *Alcohol Can Be a Gas! Fueling an Ethanol Revolution for the 21st Century*. International Institute for Ecological Agriculture, Santa Cruz.
Blyth (2013), *Austerity. History of a Dangerous Idea*. Oxford University Press.
  Deutsch: (2014), *Wie Europa sich kaputtspart. Die gescheiterte Idee der Austeritätspolitik*. Vormann, Übers., Karl Dietz Verlag, Berlin.
Bosbach, Korff (2013), *Lügen mit Zahlen. Wie wir mit Statistiken manipuliert werden*. Heyne Verlag, München.

Boulding (1966), »The Economics of the Coming Spaceship Earth«, in: Harred, Hg., *Environmental Quality in a Growing Economy*. John Hopkins University Press, Baltimore.
Boulding (1981), *Evolutionary Economics*. Sage Publications, Thousand Oaks.
Boyer-Xambeau, Deleplace, Gillard (1994), *Private Money and Public Currencies. The sixteenth century challenge*. Routledge, London.
Boyle (2003), »The Second Enclosure Movement and the Construction of the Public Domain«, *Law and Contemporary Problems* 66.
Boyle (2012), *The Moneyless Manifesto. Live well. Live Rich. Live Free*. Permanent Publications, Hampshire.
Branas, Kastanaki, Michalodimitrakis, Tzougas, Kranioti, Theodorakis, Carr, Wiebe (2015), »The Impact of austerity and prosperity events in Greece: a 30-year interrupted time-series analysis«, BMJ Open 5/2015, bmjopen.bmj.com/content/5/1/e005619.full.
Brandauer (1988), »Einstweilen wird es Mittag«, ORF, 01.05.1988.
Braudel (1979), *Civilization and Capitalism 15th–18th Century*. University of California Press.
Braun (2014), *Grundeinkommen statt Urheberrecht? Zum kreativen Schaffen in der digitalen Welt*. Transcript, Bielefeld.
Braungart, McDonough (2002), *Cradle to Cradle: Remaking the Way we Make Things*. North Point Press, New York.
  Deutsch: (2003), *Einfach intelligent produzieren. Cradle to Cradle: Die Natur zeigt, wie wir es besser machen können*. Schuler, Pesch, Übers., Berlin Taschenbuch Verlag.
Brümmerhoff, Grömling (2011), *Volkswirtschaftliche Gesamtrechnungen*. De Gruyter, Berlin.
Buffie (2013), »What Plants Talk About«, PBS, Arlington.
Buiter (2009), »Negative Nominal Interest Rates. Three ways to overcome the lower bound«, National Bureau of Economic Research, nber.org/papers/w15118.pdf.
Buiter (2009), »Negative Interest Rates. When are they coming to a central bank near you?«, Financial Times Blog, 07.05.2009, tinyurl.com/pzeoxbe.
Bundesfinanzministerium (2011), *Monatsbericht. Gesamtübersicht über die Entwicklung des Bundeshaushaltes 1969–2012*, tinyurl.com/q9ameru.
Bunyard (2010), »The Real Importance of the Amazon Rain Forest«, *Institute of Science in Society*, i-sis.org.uk/importanceOfTheAmazonRainForest.php.
Burke, Ornstein (1995), *The Axemaker's Gift: Technology's Capture and Control of Our Minds and Culture*. G. P. Putnam, New York.
Butterwegge (2015), *Hartz IV und die Folgen. Auf dem Weg in eine andere Republik?*. Beltz, Weinheim.
Calvin (1559), *Institutio Christianae religionis*. Verwendete Ausgabe: (2008), *Unterricht in der christlichen Religion*. Weber, Übers., und Freudenberg, Hg. Neukirchener Verlagsgesellschaft.
Canzoneri, Cumby, Diba (2007), »Euler Equations and Money Market Interest Rates: A Challenge for Monetary Policy Models«, *Journal of Monetary Economics* 7 (54), S. 1863–1881.
Carnegie (1889), »The Gospel of Wealth«. *North American Review*, swarthmore.edu/SocSci/rbannis1/AIH19th/Carnegie.html.
Carson, Rachel (1999), »Design for Nature Writing«, in: Lear, Hg., *Lost Woods: The Discovered Writing of Rachel Carson*. Beacon Press, Boston.
Cassman, Wood (2005), »Cultivated systems«, in: United Nations Einvironment Programme (UNEP) Hg., *Millennium Ecosystem Assessment. Ecosystems and Human Well-Being: Current State and Trends*. Island Press, Washington.

Chamovitz (2012), *What a Plant Knows*. Scientific American.
Deutsch: (2013), *Was Pflanzen wissen. Wie sie sehen, riechen und sich erinnern*. Hanser, München.
Christoffel, Coenen, Warne (2010), »Forecasting with DSGE Models«, *European Central Bank Working Papers* 1185, 5/2010, ecb.europa.eu/pub/pdf/scpwps/ecbwp1185.pdf.
Coady, Parry, Sears, Shang (2015), »How large are global energy subsidies?«, *IMF Working Paper* 15/105.
Colander (2007), »Edgeworth's Hedonometer and the Quest to Measure Utility«, *Journal of Economic Perspectives* 2/21, S. 215–225.
Cohen (1994), »Newton and the Social Sciences«, in: Mirowski, Hg., *Natural Images in Economic Thought. Markets Read in Tooth and Claw*. Cambridge University Press.
Cohen (1996), *How Many People Can the Earth Support?*. W. W. Norton & Company, New York.
Conway (2012), *One Billion Hungry: Can We Feed the World?*. Cornell University Press.
Coote, Franklin (2014), *Time on Our Side. Why We All Need a Shorter Work Week*. New Economics Foundation.
Costanza et al (1997), »The value of the world's ecosystem services and natural capital«, *Nature* 387, S. 253–260.
Crawford (2001), *Trees for Gardens, Orchards and Permaculture*. Permanent Publications, Hampshire.
Crawford (2010), *Creating a Forest Garden. Working with Nature to Grow Edible Crops*. Green Books, Datington.
Crawford (2012), *How to Grow Perennial Vegetables. Low-maintenance, Low-impact Vegetable Gardening*. Green Books, Datington.
Creutz (2012), *Das Geldsyndrom. Wege zu einer krisenfreien Marktwirtschaft*. Wissenschaftsverlag Mainz.
Creutz (2005), »Die Umverteilung durch die Zinsströme. Ermittlung der relativen Zinsbelastungen der Haushalte«, *Humane Wirtschaft*, humane-wirtschaft.de/pdf_z/creutz-grafik-59b_zinsbelastungen.pdf.
Crèvecoeur (1785), *Letters from an American Farmer and Other Essays*. Verwendete Ausgabe: Moore (2013), Hg., Harvard University Press.
Crisp, Boschetti, Perry, Tunnacliffe, Micklem (2015), »Expression of multiple horizontally acquired genes is a hallmark of both vertebrate and invertebrate genomes«, *Genome Biology*, 50 (16).
Daly (1996), *Beyond Growth. The Economics of Sustainable Development*. Beacon Press, Boston.
Dannoritzer, Reuß (2013), *Kaufen für die Müllhalde. Das Prinzip der geplanten Obsoleszenz*. Orange-Press, Freiburg.
Darwin (1859), *The Origin of Species*. John Murray, London. Verwendete Ausgabe: Gutenberg.org (2009).
Darwin (1876), *Autobiography*. Verwendete Ausgabe: Barlow (1958), Hg., St. James' Place, London.
Davis, Epp, Riordan (2004), »Changes in USDA food composition data for 43 garden crops, 1950 to 1999«, *Journal of the American College Nutrition* 6/23, S. 669–82.
Dawkins (1976), *The Selfish Gene*. Oxford University Press.
De Abreu Pinto (2011), »Viva Favela-Bank!«, *Oya* 8/2011.
Delobel, Bisetto (2013), »Learning from New Peasants«, *Agriculture's Network*, agriculturesnetwork.org/magazines/global/family-farming/spain-learning-from-new-peasants.

Devenan (1992), »The Pristine Myth: The Landscape of the Americas in 1492«, *Annals of the Association of American Geographers* 82/3, S. 369–385.

Descartes (1637), *Abhandlung über die Methode des richtigen Vernunftgebrauchs und der wissenschaftlichen Wahrheitsforschung.* Verwendete Ausgabe: Fischer (1863), Übers., Textlog.de/descartes-methode.html.

17. Deutscher Bundestag (2012), »Schriftliche Fragen mit den in der Woche vom 17. Dezember 2012 eingegangenen Antworten der Bundesregierung«, *Drucksache* 17/11976, S. 13–14.

Diamond (1987), »The Worst Mistake In The History Of The Human Race«, *Discover Magazine*, 5/1987, S. 64–86, discovermagazine.com/1987/may/02-the-worst-mistake-in-the-history-of-the-human-race.

Dickens (1843), *A Christmas Carol.* Chapman and Hall, London, Wikisource.

Diekmann, Kwasniewski (2014), »Folgen der Sparpolitik: Kindersterblichkeit in Griechenland steigt um 43 %«, *Spiegel Online*, 22.02.2014, spiegel.de/wirtschaft/soziales/studie-sparkurs-hat-verheerende-folgen-fuer-gesundheit-der-griechen-a-954879.html.

Dittmer (2015), »Jahrelange Insolvenzverschleppung? Die Horror-Bilanz der Griechenland-Hilfen«, *n-tv*, 13.03.2015, n-tv.de/wirtschaft/Die-Horror-Bilanz-der-Griechenland-Hilfen-article14690166.html.

DOE / Lawrence Berkeley National Laboratory (2012), »Salt Seeds Clouds in the Amazon Rainforest: Researchers Track Down the Sources of Condensation Nuclei«, *Science Daily*, 10.09.2012, science daily.com/releases/2012/09/120910121831.htm.

Douthwaite (2000), *The Ecology of Money.* Green Books, Dartington, feasta.org/documents/moneyecology/contents.htm.

Dowding (2013), *Organic Gardening. The Natural No-Dig Way.* Green Books, Dartington.

Dreher, Vreeland (2011), »Buying Votes and International Organizations«, *Diskussionspapier Universität Göttingen*, tinyurl.com/kwqad32.

Easterlin (1974), »Does Economic Growth Improve the Human Lot?«, in: David, Reder, Hg., *Nations and Households in Economic Growth: Essays in Honor of Moses Abramovitz.* Academic Press, New York, S. 89–125.

Edgeworth (1881), *Mathematical Psychics. An Essay on the Application of Mathematics to the Moral Sciences.* Kegan Paul & Co, Routledge, London, archive.org/details/mathematicalpsy01goog.

Edgeworth (1925), »On the Application of Mathematics to Political Economy«, *Papers Relating to Political Economy.* Macmillan & Co., London.

Edmondson, Davies, Gaston, Leake (2014), »Urban cultivation in allotments maintains soil qualities adversely affected by conventional agriculture«, *Journal of Applied Ecology* 4/51, S. 880–889.

Edwards (2010), »Horizontal gene transfer in microbes much more frequent than previously thought«, *Phys.org.* phys.org/news/2010-10-horizontal-gene-microbes-frequent-previoulsy.html.

Effertz, Adams (2009), »Die Kosten des Rauchens für Gesundheitswesen und Volkswirtschaft Deutschland«, *Deutsches Krebsforschngszentrum*, tinyurl.com/pc224aj.

Ejsing, Lemke (2009), »The Janus Headed Salvation. Sovereign and Bank Credit Risk Premia During 2008–09«, *ECB working papers*, ecb.europa.eu/pub/pdf/scpwps/ecbwp1127.pdf.

Eisenstein (2007), *The Ascent of Humanity. Civilization and the Human Sense of Self.* Panenthea Press, Harrisburg, ascentofhumanity.com/text.php.
Deutsch: (2012), *Die Renaissance der Menschheit.* Richter, Hornschuh, Übers., Scorpio, München.
Eisenstein (2008), »Money and the Crisis of Civilization«, *Reality Sandwich*, realitysandwich.com/8855/money_and_crisis_civilization.
Deutsch: (2012), *Keine Forderung kann groß genug sein.* Scorpio, München.
Eisenstein (2011), *Sacred Economics. Money, Gift & Society in the Age of Transition.* North Atlantic Books, Berkeley.
Deutsch: (2013), *Die Ökonomie der Verbundenheit. Wie das Geld die Welt in den Abgrund führte und sie dennoch jetzt retten kann.* Scorpio, München.
Eisenstein (2013), *The More Beautiful World Our Hearts Know is Possible.* North Atlantic Books, Berkeley.
Deutsch: (2014), *Die schönere Welt, die unser Herz kennt, ist möglich.* Scorpio, München.
Ellen McArthur Foundation (2015), *Towards the Circular Economy. Economic and Business Rationale for an Accelerated Transition.*
Ende (1971), *Momo.* Thiememann-Esslinger, Stuttgart.
Encyclopaedia Britannica (2014), »Madagascar«, tinyurl.com/lvbfq4u.
Eurodad Report (2006), »World Bank and IMF conditionality: a development injustice«, Eurodad, tinyurl.com/kejcvse.
EU-Kommission (2015), »Moving towards a Circular Economy«, ec.europa.eu/environment/circular-economy/index_en.htm.
European Competitiveness and Sustainable Industrial Policy Consortium (2014), »Food Taxes and Their Impact on Competitiveness in the agri-food sector«.
Everett (2005), »Cultural Constraints on Grammar and Cognition in Pirahã. Another Look at the Design Features of Human Language«, *Current Anthropology* 4/46, S. 621–646.
Everett (2009), *Don't Sleep, there are Snakes. Life and Language in the Amazonian Jungle.* Profile Books, London.
Deutsch: (2010), *Das glücklichste Volk. Sieben Jahre bei den Pirahã-Indianern am Amazonas.* Vogel, Übers., Pantheon, München.
Fellmer (2013), *Glücklich ohne Geld. Wie ich ohne einen Cent besser und ökologischer lebe.* Redline Verlag, München.
Finley (1973), *The Ancient Economy.* University of California Press.
Fioramonti (2013), *The Gross Domestic Problem. The Politics Behind the World's Most Powerful Number.* Zed Books, London.
Fisher (1933), *Stamp Scrip.* Adelphi Company, New York, userpage.fu-berlin.de/~roehrigw/fisher/.
Fisher, Cohrssen (1934), *Stable Money. A history of the movement.* Adelphi Company, New York.
Food and Agriculture Organization of the United Nations (FAO) (2011), »Global Food Losses and Food Waste. Extent, Causes and Prevention«, *Congress Save Food!* fao.org/docrep/014/mb060e/mb060e.pdf.
Food and Agriculture Organization of the United Nations (FAO) (2014), »Perennial Crops for Food Security«, fao.org/3/a-i3495e.pdf.
Ford (2008), »The Wheel Turns for Watermills and DIY energy«, CNN, 22.12.2008, edition.cnn.com/2008/WORLD/europe/11/20/eco.diyenergy/.

Forget (2008), »The Town with No Poverty: Using Health Administration Data to Revisit Outcomes of a Canadian Guaranteed Annual Income Field Experiment«, University of Manitoba, tinyurl.com/o9sashg.

Franco, Borras, Hg. (2013), *Land concentration, land grabbing and people's struggles in Europe.* The Transnational Institute (TNI) for European Coordination Via Campesina and Hands Off the Land Network, tni.org/files/download/land_in_europe-jun2013.pdf.

Freystedt, Bihl (2005), *Equilibrismus. Neue Konzepte statt Reformen für eine Welt im Gleichgewicht.* Signum Verlag, Wien.

Friedman (1953), *Essays in Positive Economics.* University of Chicago Press.

Fullerton (2015), »Regenerative Capitalism. How Universal Principles and Patterns Will Shape Our New Economy«, *Capital Institute,* capitalinstitute.org/wp-content/uploads/2015/04/2015-Regenerative-Capitalism-4-20-15-final.pdf.

Freydorf, Kimmich, Koudela, Schuster, Wenzlaff (2012), »Wachstumszwänge in der Geldwirtschaft«, *Wissenschaftliche Arbeitsgruppe Geld und Nachhaltigkeit,* tinyurl.com/pe88zje.

Galbraith (1975), *Money. Whence it Came, Where it Went.* Houghton Mifflin, Boston. Deutsch: (1982), *Geld. Woher es kommt, wohin es geht.* Droemer-Knaur, München.

Galhardo, Hastings, Rosenberg (2007), »Mutation as a Stress Response and the Regulation of Evolvability«, *Critical Reviews in Biochemistry and Molecular Biology* 5/42, S. 399–435.

George (1879), *Progress and Poverty. An Inquiry into the Cause of Industrial Depression and of Increase of Want with Increase of Wealth.* Verwendete Ausgabe: (1920), Appleton, New York, econlib.org/library/YPDBooks/George/grgPP.html.

Georgescu-Roegen (1971), *The Entropy Law and the Economic Process.* Harvard University Press.

Gesell (1916), *Natürliche Wirtschaftsordnung.* Verwendete Ausgabe: (1949), Selbstverlag/ Rudolf Zitzmann Verlag, Nürnberg, userpage.fu-berlin.de/~roehrigw/gesell/nwo/.

Glaeser, Gottlieb, Zi (2014), »Unhappy Cities«, *National Bureau of Economic Research,* Working Paper 20291, nber.org/papers/w20291.

Glover et al. (2010), »Increased Food and Ecosystem Security via Perennial Grains«, *Science* 5986/328, S. 1638–1639.

Goethe (1827), *Der Zauberlehrling,* in: Schiller, Hg., *Musen-Almanach für das Jahr 1798.* Cotta, Tübingen, S. 32–37.

Gorhau (2015), »Kommt bald Kraftstoff aus dem Stahlwerk?«, *Heise.de,* 08.07.2015, tinyurl.com/qjzc42w.

Gowdy (1998), *Limited Wants, Unlimited Means. A reader on Hunter-Gatherer Economics and the Environment.* Island Press, Washington.

Graeber (2011), *Debt. The first 5000 Years.* Melville-House. Deutsch: (2012), *Schulden. Die ersten 5000 Jahre.* Schäfer, Freundl, Gebauer Übers., Klett-Cotta, Stuttgart.

Graeber (2013), »On the Phenomenon of Bullshit Jobs«, *Strike Magazine,* 17.08.2013, strikemag.org/bullshit-jobs.

Griechenland-Blog (2013), »2,25 Euro Stundenlohn in Griechenland«, *Griechenland-Blog,* 22.10.2013, griechenland-blog.gr/2013/10/225-euro-stundenlohn-in-griechenland/64090.

Griechenland-Blog (2013), »350000 Haushalte in Griechenland ohne Strom«, *Griechenland-Blog,* 18.11.2013, griechenland-blog.gr/2013/11/350000-haushalte-in-griechenland-ohne-strom/74114.

Gündel, Glaeser, Angerer (2014), Arbeiten und gesund bleiben. K.O. durch den Job oder fit im Beruf. Springer Spektrum, Heidelberg.

Gurven, Kaplan (2007), »Longevity Among Hunter-Gatherers: A Cross-Cultural Examination«, Population and Development Review 2/33, S. 321–365.

Gusinde (1937), Die Feuerland-Indianer. Ergebnisse meiner vier Forschungsreisen. Band 2: Die Yámana. Mödling.

Englisch: (1961), The Yámana: The Life and Thought of the Water Nomads of Cape Horn. Schütze, Übers., Human Relations Area Files, New Haven.

Gyles, Boerlin (2014), »Horizontally Transferred Genetic Elements and Their Role in Pathogenesis of Bacterial Disease«, Veterinary Pathology 2/51, S. 328–340, vet.sagepub.com/content/51/2/328.long#aff-1.

Haarmann, Haarmann (2012), »Piloting Basic Income in Namibia. Critical Reflections on the Process and Possible Lessons«, BIG Namibia, basicincome.org/bien/pdf/munich2012/haarmann.pdf.

Haeckel (1899), Das Welträtsel. Verlag Emil Strauß, Bonn, tinyurl.com/pw3436w.

Haeckel (1904), Die Lebenswunder. Alfred Kröner Verlag, Stuttgart, archive.org/details/dielebenswunder01haecgoog.

Halweil (2007), »Still no Free Lunch: Nutrient Levels in US Food Supply Eroded by Pursuit of High Yields«, The Organic Center, organic-center.org/reportfiles/YieldsReport.pdf.

Hanlon, Barrientos, Hulme (2010), Just give Money to the Poor. The Development Revolution from the Global South. Kamurian Press, Boulder.

Hansen, Singleton (1982), »Generalized Instrumental Variables Estimations of Nonlinear Rational Expectations Models«, Econometrica 5/50, S. 1269–1286.

Hardin (1968), »The Tragedy of the Commons«, Science Journal 162/3859, S. 1243–1248.

Harel (2014), »Zeitbombe Steuerflucht«, Arte, 22.07.2014, youtube.com/watch?v=wiQUhDElnbU.

Häring, Douglas (2012), Economists and The Powerful. Convenient Theories, Distorted Facts, Ample Rewards. Anthem Press, London.

Hart, Douglas (1976), Forest Farming. Towards a Solution to Problems of World Hunger and Conservation. ITDG Publishing, Bradford.

Harvey (2015), »Updated Proposal for a Complementary Currency in Greece«, Real-World Economic Review 71, paecon.net/PAEReview/issue71/Harvey71.pdf.

Hauser (1955), Geometrie der Griechen von Thales bis Euklid. Eugen Haag, Hg.

Hawken (1993), The Ecology of Commerce. A Declaration of Sustainability. Harper Collins, New York.

Deutsch: (1996), Kollaps oder Kreislaufwirtschaft. Wachstum nach dem Vorbild der Natur. Siedler Verlag, München.

Hawken (2007), Blessed Unrest: How the Largest Movement in the World came into Being and Why no one Saw it Coming. Viking, New York.

Deutsch: (2010), Wir sind der Wandel. Warum die Rettung der Erde bereits voll im Gang ist – und kaum einer es bemerkt. Hans-Nietzsch-Verlag, Emmendingen.

Hawken, Lovins, Lovins (1999), Natural Capitalism. Creating the Next Industrial Revolution. Little, Brown & Company. New York.

Deutsch: (2000), Öko-Kapitalismus. Die industrielle Revolution des 21. Jahrhunderts. Riemann Verlag, München.

Heichelheim (1938), An Ancient Economic History. Stijthoff, Leiden.

Herbers (1981), »Time Resources and Laziness in Animals«, *Oecologia* 49, S. 252–262.
Hermann (2014), »Der Betrug am dummen Deutschen«, *Taz*, 27.01.2014, taz.de/Kommentar-Investmentdesaster-der-BVG/!131762.
Heß (o. J.), »Was wurde aus dem Grundeinkommen in Namibia?«, *Brand eins*, brandeins.de/lesen/was-wurde-aus/grundeinkommen-in-namibia/.
Hessel (2011), *Empört Euch!* Kogon, Übers., Ullstein, Berlin.
Hodgson (1993), *Economics and Evolution. Bringing Life Back to Economics.* University of Michigan Press, Ann Arbor.
Hodgson, Knudsen (2013), *Darwin's Conjecture: The Search for General Principles of Social and Economic Evolution.* Chicago University Press.
Hole (2013), »How do Economists differ from others in distributive situations?«, *Nordic Journal of Political Economy* 4/38, S. 26, nopecjournal.org/NOPEC_2013_1_a04.pdf.
Höhler (2012), »Ölmilliarden sollen Griechenland retten«, *Die Zeit*, 16.10.2012, zeit.de/wirtschaft/2012-10/griechenland-oel.
Holmgren (2002), *Permaculture. Principles and Pathways Beyond Sustainability.* Chelsea Green, White River Junction.
Deutsch: (2013), *Permakultur. Gestaltungsprinzipien für zukunftsfähige Lebensweisen.* Drachen Verlag, Klein Jasedow.
Holzer (2014), *Sepp Holzers Permakultur. Praktische Anwendungen für Garten, Obst und Landwirtschaft.* Leopold Stocker Verlag, Graz.
Homer-Dixon (2010), *The Upside of Down. Catastrophe, Creativity and the Renewal of Civilization.* Island Press, Washington.
Hopkins (2008), *The Transition Handbook. From oil dependency to local resilience.* Green Books, Dartington.
Deutsch: (2008), *Energiewende: Das Handbuch. Anleitung für zukunftsfähige Lebensweisen.* Zweitausendeins, Leipzig.
Hopkins (2011), *The Transition Companion. Making your community more resilient in uncertain times.* Green Books, Dartington.
Hopkins (2013), *The Power of Just doing Stuff. How Local Action can Change the World.* Green Books, Dartington.
Deutsch: (2014), *Einfach. Jetzt. Machen! Wie wir unsere Zukunft selbst in die Hand nehmen.* Oekom, München.
Horlings, Marsden (2011), »›Towards the real green revolution? Exploring the conceptual dimensions of a new ecological modernisation of agriculture that could ›feed the world‹«, *Global environmental change: human and policy dimensions* 2/21, S. 441–452.
Huizinga (1938), *Homo Ludens. Vom Ursprung der Kultur im Spiel.* Nachod, Übers., Rowohlt.
Humburg (2014), »Selbermachen ohne Grenzen«, *Oya* 24/14, oya-online.de/article/read/1184-selbermachen_ohne_grenzen.html#.
Hume (1758), »On Balance of Trade«, in: Miller (1987), Hg., *Essays, Moral, Political, and Literary.* Liberty Fund, Indiana, econlib.org/library/LFBooks/Hume/hmMPL28.html.
Hume (1742), »On Money«, in: Miller (1987), Hg., *Essays, Moral, Political, and Literary.* Liberty Fund, Indiana, econlib.org/library/LFBooks/Hume/hmMPL26.html.
Hutter (1994), »Organism as a metaphor in German economic thought«, in: Mirowski, Hg., *Natural Images in Economic Thought. Markets Read in Tooth and Claw.* Cambridge University Press.
Hyde (2006), *The Gift: How the Creative Spirit transforms the World.* Canongate, Edinburgh.

Deutsch: (2008), *Die Gabe. Wie Kreativität die Welt bereichert*. S. Fischer, Frankfurt am Main.
Institution of Mechanical Engineers (2013), »Waste Not, Want Not. Feeding the 9 Billion: The Tragedy of Waste«, imeche.org/knowledge/themes/environment/global-food.
Isenmann (2003), *Natur als Vorbild. Plädoyer für ein differenziertes und erweitertes Verständnis der Natur in der Ökonomie*. Metropolis, Marburg.
Isomäki, Gandhi (2004), *The Book of Trees. A Vasudhaiva Kudumbakam Perspective*. Other Indian Press, Goa.
Jarvis, Dalios (2014), »How the Economic Machine Works«, Video auf jonathanjarvis.com/economic-machine-works.
Jensen (2002), *A Language Older Than Words*. Souvenir Press Ltd., London.
Jessen (2010), »Absturz der griechischen Wirtschaft: Erst Depression, dann Explosion«, *Spiegel Online*, 18.08.2010, spiegel.de/wirtschaft/soziales/absturz-der-griechischen-wirtschaft-erst-depression-dann-explosion-a-712089.html.
Johada, Lazarsfeld, Zeisel (1933), *Die Arbeitslosen von Marienthal. Ein soziographischer Versuch über die Wirkungen langandauernder Arbeitslosigkeit*. Suhrkamp, Frankfurt am Main.
Johnsson (2009), »The Quiet Coup«, *The Atlantic*, 5/2009, theatlantic.com/magazine/archive/2009/05/the-quiet-coup/307364/.
Johnsson, (2015), »So can we really feed the world? Yes – and here's how«, *grist.org*, grist.org/food/so-can-we-really-feed-the-world-yes-and-heres-how/.
Joubert (2013), »Ein guter Weg für Afrika. Tausende traditionelle Gemeinden im Senegal wollen Ökodörfer werden«, *Oya* 20/2013, oya-online.de/article/read/993-.html.
Kahneman, Knetsch, Thaler (1986), »Fairness and the Assumptions of Economics«, *Journal of Business* 4/59, S. 285, tinyurl.com/lxbvm4d.
Kahnemann, Deaton (2010), »High income improves evaluation of life but not emotional well-being«, *Proceedings of the National Academy of Sciences of the US* 38/107, S. 16489–93.
Kaiser (1992), *Die Erde ist uns heilig. Die Reden des Chief Seattle und anderer indianischer Häuptlinge*. Herder, Freiburg.
Kant (1795), *Zum Ewigen Frieden*. Verwendete Ausgabe: (2008), S. Fischer, Frankfurt am Main, philosophiebuch.de/ewfried.htm.
Katz (2012), *The Art of Fermentation. An In-Depth Exploration of Essential Concepts and Processes from Around the World*. Chelsea Green, White River Junction.
Keeling (2009), »Role of horizontal gene transfer in the evolution of photosynthetic eukaryotes and their plastids«, *Methods of Molecular Biology* 532, S. 501–515.
Kennedy (2006), *Geld ohne Zinsen und Inflation*. Goldmann, München.
Kent (2005), *Healthy Money, Healthy Planet. Developing Sustainability through New Money Systems*. Craig Potton Publishing, Nelson.
Keynes (1930), »Economic Possibilities of Our Grandchildren«, in: *Essays in Persuation*. W. W. Norton & Co, New York. econ.yale.edu/smith/econ116a/keynes1.pdf.
Keynes (1936), *General Theory of Employment, Interest and Money*. Palgrave Macmillan, London.
King (1911), *Farmers of Forty Centuries, or Permanent Agriculture in China, Korea and Japan*. Verwendete Ausgabe: (2004), Dover Publications, Mineola, permaculturenews.org/files/farmers_of_forty_centuries.pdf.
Kirsteiner (2014), *Temperate Climate Permaculture*, tcpermaculture.com/site/plant-index/.

Klamer, Leonard (1994), »So, what's an economic metaphor?«, in: Mirowski, Hg., *Natural Images in Economic Thought. Markets Read in Tooth and Claw*. Cambridge University Press.

Klas (2011), *Die Mikrofinanz-Industrie. Die große Illusion oder das Geschäft mit der Armut*. Assoziation A, Berlin.

Kleber, Klever (2010), *Gärtnern mit Biotop und Mensch*. Organischer Landbau Verlag, Kevelaer.

Koch (2006), »Ein großes Experiment«, *Taz*, 01.12.2006, taz.de/1/archiv/archiv/?dig=2006/12/01/a0141.

Korhonen (2001), »Four Ecosystem Principles for an Industrial Ecosystem«, *Journal of Cleaner Production* 9, S. 253–259.

Krajewski (2001), »Vom Krieg des Lichtes zur Geschichte von Glühlampenkartellen«, in: Berz, Höge, Krajewski, Hg., *Das Glühbirnenbuch*. Edition Selene, Klagenfurt.

Kreutzberger, Thurn (2012), *Die Essensvernichter. Warum die Hälfte aller Lebensmittel im Müll landet und wer dafür verantwortlich ist*. Kiepenheuer & Witsch, Köln.

Kreutzer (2005), »Wie viel Geld bleibt übrig, wenn alle Schulden getilgt sind? Praktische Folgen der angewandten Theorie«, Vortrag in Dresden, 07.06.2005, egon-w-kreutzer.de/Geld/Vortrag/teil1.htm.

Kreutzfeldt (2014), »Privatisierung vom Griechenlands Stränden: Zerstörung im Namen der Troika«, *Taz*, 18.07.2014, taz.de/!5036668/.

Kropotkin (1902), *Gegenseitige Hilfe in der Tier- und Menschenwelt*. Verwendete Ausgabe: Landauer (2011), Übers., Trotzdem Verlag, Grafenau.

Krüger (2013), *Meinungsmacht. Der Einfluss von Eliten auf Leitmedien und Alpha-Journalisten. Eine kritische Netzwerkanalyse*. Verlag Herbert von Halem, Köln.

Kuo, Sullivan (2001), »Aggression and violence in the inner city: Impacts of environment via mental fatigue«, *Environment & Behavior* 4/33, S. 543–571.

Kutschera (2015), *Evolutionsbiologie*. 4. Auflage. Uni-Taschenbücher, Stuttgart.

Lakoff, Johnson (1980), *Metaphors we Live by*. University of Chicago Press.
Deutsch: (2004), *Leben in Metaphern. Konstruktion und Gebrauch von Sprachbildern*. Hildebrand, Übers,. Carl-Auer Verlag, Heidelberg.

Lal (2004), »Soil Carbon Sequestration Impacts on Global Climate Change and Food Security«, *Science* 6577/304, S. 1623–1627, sciencemag.org/content/304/5677/1623.short.

Lee (1968), »What Hunters Do for a Living, or: How to Make Out on Scarce Resources«, in: Devore, Lee, Hg., *Man the Hunter*. Aldine de Gruyter, Hawthorne.

Lee (1979), *The !Kung San. Men, Women and Work in a Foraging Society*. Cambridge University Press.

Lessing (2001), *The Future of Ideas. The Fate of the Commons in a Connected World*. Random House, New York, the-future-of-ideas.com.

Liebig (1878), *Chemische Briefe*. C. F. Winter, Leipzig, de.wikisource.org/wiki/Chemische_Briefe.

Leo (2010), »Oil spill may end up lifting GDP slightly«, *Wall Street Journal*, 15.06.2010, blogs.wsj.com/economics/2010/06/15/oil-spill-may-end-up-lifting-gdp-slightly/.

Liedloff (1975), *The Continuum Concept. In Search of Happiness Lost*. Perseus, New York.
Deutsch: (1999), *Auf der Suche nach dem verlorenen Glück. Gegen die Zerstörung unserer Glücksfähigkeit in der frühen Kindheit*. Schlottermann, Taeni, Übers., Beck, München.

Limberg (2007), *Das Plankton-Manifest. Wie ein neuer Rohstoff die Welt verändern wird*. Edition Zaumkönig, Hamburg.

Linebaugh (2014), *Stop, Thief: The Commons, Enclosure, and Resistence*. PM Press, Oakland.

Linklater (2013), *Owning the Earth. The Transforming History of Land Ownership*. Bloomsbury, London.

Lietaer (2002), *Das Geld der Zukunft. Über die destruktive Wirkung des existierenden Geldsystems und die Entwicklung von Komplementärwährungen*. Schäfer, Übers., Riemann Verlag, München.

Lietaer, Arnsperger, Goerner, Brunnhuber (2012), *Money and Sustainability. The Missing Link*. Triarchy Press Ltd., Axminster.

Deutsch (2013): *Geld und Nachhaltigkeit. Von einem überholten Finanzsystem zu einem monetären Ökosystem*. Europa Verlag, Berlin.

Lilienfeld (1873), *Gedanken über die zukünftigen Sozialwissenschaften. Teil 1: Die menschlichen Gesellschaft als realer Organismus*. Verlag E. Behre, Jelgava, archive.org/details/gedanken berdie00liliuoft

Little (2008), »Regrowing Borneo's Rain Forest – Tree by Tree«, *Scientific American*, 01.12.2008, scientificamerican.com/article/regrowing-borneo/?page=5.

Liu, Jiang, Xie, Peng, Ghabrial (2010), »Widespread Horizontal Gene Transfer from Double-Stranded RNA Viruses to Eukaryotic Nuclear Genomes«, *Journal of Virology* 22/84, S. 11876–87.

Liu, Hanauer (2011), *The Gardens of Democracy. An American Story of Citizenship, the Economy, and the Role of Government*. Sasquatch Books, Seattle.

Lloyd (1833), *Two Lectures on the Checks to Population*. Oxford University Press, tinyurl.com/yk76rmw.

Lloyd's Corporation (2015), »Food System Shock. The insurance impacts of acute disruption to global food supply«, *Lloyd's Emerging Risk Report* 7/2015.

Logan (1997), *Dirt. The Ecstatic Skin of the Earth*. W. W. Norton, New York.

Löhr (2009), »Die neue Landnahme – Patente als virtueller Grundbesitz«, *Zeitschrift für Sozialökonomie* 162–163, S. 11.

Löhr (2013), *Prinzip Rentenökonomie: Wenn Eigentum zu Diebstahl wird*. Metropolis, Marburg.

Lucas, Jones, Hines (2006), »Fuelling a Food Crisis. The Impact of Peak Oil on Food Security«, *The Greens, European Free Alliance*, tinyurl.com/6f9dt3.

Lü Buwei (239 vor Christus), *Lüshi chunqiu*. Verwendete Ausgabe: Knoblock, Riegel (2001), Übers., *The Annals of Lü Buwei*, Stanford University Press.

Machiavelli (1513), *Il Principe*. Antonio Blado d'Asola, Florenz.

MacLay (1990), *The Social Organism: A Short History of the Idea That a Human Society May Be Regarded As a Gigantic Living Creature*. North River Press, Great Barrington.

Makarieva, Gorshkov (2006), »Biotic pump of atmospheric moisture as driver of the hydrological cycle on land«, *Hydrology and Earth System Sciences* 3, S. 2621–2673.

Malthus (1798), *An Essay on the Principle of Population*. Verwendete Ausgabe: (1998), Electronic Scholarly Publishing Project, esp.org/books/malthus/population/malthus.pdf.

Mankiw (2007), *Macroeconomics*, Worth Publishers, New York.

Mankiw (2009), »It May Be Time for the Fed to go Negative«, *New York Times*, 18.04.2009.

Mann (2005), *1491. New Revelations of the Americas Before Columbus*. Alfred Knopf, New York.

Mann (2011), 1493. Unvocering the New World Columbus Created. Alfred Knopf, New York.
Deutsch: (2013), Kolumbus' Erbe. Wie Menschen, Tiere, Pflanzen die Ozeane überquerten und die Welt von heute schufen. Kober, Übers., Rowohlt, Hamburg.
Marglin (2008), The Dismal Science. How Thinking Like an Economist Undermines Community. Harvard University Press.
Margulis (1970), Origin of Eukaryotic Cells. Yale University Press. New Haven.
Margulis (1999), Die andere Evolution. Spektrum Akademischer Verlag, Heidelberg.
Markus (1986), Der Gott der Physiker. Birkhäuser, Basel.
Marshall (1890), Principles of Economics. Macmillan, London.
Martin (2013). Money. The unauthorized biography. Bodley Head, London.
Deutsch: (2014), Geld, die wahre Geschichte: Über den blinden Fleck des Kapitalismus. Deutsche Verlags-Anstalt, München.
Martinez (2004), »Indigenous Science: The Cultivated Landscape of Native America«, in: Ausubel, Hg., Nature's Operating Instructions: The True Biotechnologies. Sierra Club Books, San Francisco.
Mauss (1925), Essay sur le don – Forme et raison de l'échange dans les sociétés archaïques. L'année Sociologique.
Deutsch: (1968), Die Gabe. Die Form und Funktion des Austauschs in archaischen Gesellschaften. Moldenhauer, Übers., Suhrkamp, Frankfurt am Main.
May, Levin, Sugihara (2008), »Complex Systems: Ecology for Bankers«, Nature 451, S. 893–895, nature.com/nature/journal/v451/n7181/full/451893a.html.
McChasey, Venkatamaran, Henri (2007), »Plant Natural Products: Back to the Future or into extinction?«, Journal of Phytochemistry 68, S. 2015–22.
McCord, Prescott, Sablik (2015), »Explaining the Decline in the Number of Banks since the Great Recession«, Economic Brief, Federal Reserve Bank of Richmond, tinyurl.com/p2yd323.
McDaniel et al. (2010), »High Frequency of Horizontal Gene Transfer in the Oceans«, Science, 6000/330, S. 5.
Meadows, Meadows, Randers (2006), Grenzen des Wachstums, das 30-Jahre-Update. Signal zum Kurswechsel. Hirzel, Stuttgart.
Merkel (2009), »Regierungserklärung von Bundeskanzlerin Merkel im Wortlaut«, bundeskanzlerin.de, tinyurl.com/oe7uxfg.
Merkies, Lowies (2012), »Leasing Could Provide a Route to a Circular and Self-Supporting Economy«, The Guardian, 20.04.2012, theguardian.com/sustainable-business/leasing-route-circular-economy.
Michon, (2011), »Revisiting the Resilience of Chestnut Forests in Corsica: from Social-Ecological Systems Theory to Political Ecology«, Ecology and Society 16 (2), S. 5.
Mirowski (1989), More Heat than Light. Economics as Social Physics, Physics as Nature's Economics. Cambridge University Press.
Mollison, Slay (1991), Introduction to Permaculture. Tagari Publications, Sister's Creek.
Mollison (1998), Permaculture – A Designer's Manual. Tagari Publications, Sister's Creek, Australia.
Deutsch: (2010), Handbuch der Permakultur-Gestaltung. Permakultur-Akademie im Alpenraum.
Monbiot (1994), »The Tragedy of Enclosure«, monbiot.com, monbiot.com/1994/01/01/the-tragedy-of-enclosure.

Monbiot (2013), *Feral. Searching for Enchantment on the Frontiers of Rewilding.* Penguin, London.
Morgan (2006), »The Power of Community. How Cuba survived Peak Oil«, Arthur Morgan Institute for Community Solutions, Yellow Springs.
Müller, Dirk (2013), *Showdown. Der Kampf um Europa und unser Geld.* Droemer Knaur, München.
Müller, Rudolf Wolfgang (1977), *Geld und Geist: Zur Entstehungsgeschichte von Identitätsbewusstsein und Rationalität seit der Antike.* Campus, Frankfurt am Main.
Mumford (1967), *Myth of the Machine. Technics and Human Development.* Secker & Warburg, London.
Deutsch: (1984), *Mythos der Maschine. Kultur, Technik, Macht.* Fischer, Frankfurt am Main.
Muralt (1933), »Der Wörgler Versuch mit dem Schwundgeld«, *Ständisches Leben* 6/1933, S. 306 ff., userpage.fu-berlin.de/~roehrigw/schmitt/text6.htm.
Murphy, Morgan (2013), »Cuba: Lessons from a Forced Decline«, *State of the World 2013: Is Sustainability still Possible?*, The World Watch Institute, Washington.
Nachmanovic (1990), *Free Play: Improvisation in Art and Life.* Penguin Tarcher, London.
Nemat-Nejat (1998), *Daily Life in Ancient Mesopotamia.* Greenwood, Santa Barbara.
Neubauer (1994), »Wirtschaftsstatistik und Konzepte der Volkswirtschaftlichen Gesamtrechnung«, in: Statistisches Bundesamt, Hg., *Volkswirtschaftliche Gesamtrechnungen: bewährte Praxis – neue Perspektiven.*
Newman, Cragg (2013), »Natural Products as Sources of New Drugs over the 30 Years from 1981 to 2010«, *Journal of natural products* 3/75, S. 311–335.
Nietzsche (1887), *Genealogie der Moral.* Verwendete Ausgabe: (1954), *Werke in drei Bänden*, Band 2. Hanser, München.
Nissan, Spratt (2009), »The Ecology of Finance«, New Economics Foundation, neweconomics.org/publications/entry/the-ecology-of-finance.
Nissen, Damerow, Englund (2004), *5000 Jahre Informationsverarbeitung: Frühe Schrift und Techniken der Wirtschaftsverwaltung im Alten Vorderen Orient.* Franzbecker Verlag, Hildesheim.
Norberg-Hodges (1991), *Ancient Futures. Learning from Ladakh.* Oxford University Press.
Noordwijk, Hoang, Neufeldt, Öborn, Yatich, Hg. (2011), *How trees and people can co-adapt to climate change: reducing vulnerability through multifunctional agroforestry landscapes.* World Forestry Centre, Nairobi.
North (2010), *Local Money: how to make it happen in your community.* Green Books, Dartington.
Oakland Institute (2013), »The World Bank's Bad Business with Seed and Fertilizer in African Agriculture«, oaklandinstitute.org/world-banks-bad-business-seed-and-fertilizer-african-agriculture.
Obama (2012), »Remarks by the President on Energy«, 23.02.2012, whitehouse.gov/the-press-office/2012/02/23/remarks-president-energy.
OECD (2014), »OECD forecasts during and after the financial crisis: a post mortem«, *OECD Economics Department Policy Note* 23, http://tinyurl.com/oqdeh83.
Oluwasola (2011), »Pot-in-pot Enterprise: Fridge for the Poor«, United Nations Development Programme, tinyurl.com/ojs8f56.
Onken (1983), »Ein vergessenes Kapitel der Wirtschaftsgeschichte. Schwanenkirchen, Wörgl und andere Freigeldexperimente«, *Zeitschrift für Sozialökonomie* 57–58/1983, S. 3–20, tinyurl.com/lbws5nz.

Ore (1953), *Cardano – the Gambling Scholar*. Princeton University Press.

Orwell (1949), *1984*. Verwendete Ausgabe: Walter (1994), Übers., Ullstein, Berlin.

Ostler (1971), *Die deutschen Rechtsanwälte 1871–1971*. Juristischer Verlag W. Ellinghaus, Essen.

Ostrom (1990), *Governing the Commons. The Evolution of Institutions for Collective Action*. Cambridge University Press.
Deutsch: (1999), *Die Verfassung der Allmende. Jenseits von Staat und Markt*. Mohr, Tübingen.

O. V. (2011), »Mindestlohn für Griechenland gesenkt: Keine Kohle in Athen«, *Taz*, 15.11.2011.

O. V. (2015), »Fraport darf griechische Flughäfen betreiben«, *Frankfurter Allgemeine*, 18.08.2015.

Ovid (ca. 3 bis 8 nach Christus), *Metamorphosen*. Verwendete Ausgabe: Voß (1990), Übers., Insel Verlag, Frankfurt am Main, gutenberg.spiegel.de/buch/metamorphosen_4723/50.

Oxfam (2013), *Even it Up. Time to End Extreme Inequality*. Oxfam GB, Oxford.

Oya Magazin (2014), »Es geht!«, *Oya* 25, oya-online.de/article/read/1273-es_geht.html.

Paech (2012), *Befreiung vom Überfluss. Auf dem Weg in die Postwachstumsökonomie*. Oekom, München.

»Panorama«, ARD, 29.09.2011, youtube.com/watch?v=iLLfUIm4sWs.

Petersen (1999), »Monsanto Campaign Tries to Gain Support for Gene-Altered Food«, *New York Times*, 08.12.1999, tinyurl.com/nnwztcx.

Perkins (2004), *Confessions of an Economic Hitman*. Berrett-Koehler, Oakland.
Deutsch: (2005), *Bekenntnisse eines Economic Hit Man. Unterwegs im Dienste der Wirtschaftsmafia*. Freudl, Schlatterer, Übers., Riemann Verlag, München.

Perlin (2005), *A Forest Journey. The Story of Wood and Civilization*. The Countryman Press, Woodstock.

Perloff (2011), *Microeconomics*. Pearson, London.

Philip Morris Corporation (2000), »Public Finance Balance of Smoking in the Czech Republic«, tinyurl.com/osuuygg.

Philpott (2013), »One Weird Trick to Fix Farms Forever. Does David Brandt hold the secret for turning industrial agriculture from global-warming problem to carbon solution?«, *Motherjones.com*, 09.09.2013, tinyurl.com/obwspc5.

Piketty (2014). *Capital in the 21st Century*. Goldhammer, Übers., Harvard University Press.

Platon (ca. 410 vor Christus), *Politeia*. Verwendete Ausgabe: Teuffel und Wiegand (1855), Übers., *Der Staat*. Didot, Stuttgart, opera-platonis.de/Politeia.html.

Plutarch (zirka 100), »Perikles«. Verwendete Ausgabe: Kaltwasser (1800), Übers., *Des Plutarchus von Chäroneia vergleichende Lebensbeschreibungen*, Band 2. G. Ch. Keil, Magdeburg, reader.digitale-sammlungen.de/resolve/display/bsb10237847.html.

Pöhlker et al. (2012), »Biogenic Potassium Salt Particles as Seeds for Secondary Organic Aerosol in the Amazon«, *Science* 6098/337, S. 1075–1078.

Polanyi (1957), *The Great Transformation*. Beacon Press, Boston.
Deutsch: (1976), *The Great Transformation. Politische und ökonomische Ursprünge von Gesellschaften und Wirtschaftssystemen*. Jelinek, Übers., Suhrkamp, Frankfurt am Main.

Polybios (circa 150 vor Christus), *Geschichte*. Verwendete Ausgabe: Drexler (1961), Übers., Bibliothek der Alten Welt, Zürich.

Powell (2002), »Molecular Mechanisms of Antimicrobial Resistance. Technical Report #14«, *Food Safety Network*, tinyurl.com/pgvqpmo.

Proudhon (1840), *Qu'est-ce la propriété?*. La Librairie de Prévot, Paris.

Pschyrembel (2014), *Klinisches Wörterbuch*. De Gruyter, Berlin.

Rainer (2001), *Der Diskurs der Überbevölkerung. Zur Metaphorik und Funktion einer in Aussicht gestellten globalen Katastrophe*. Dissertation am Ottio-Suhr-Institut, Freie Universität Berlin, tinyurl.com/nkzdu8y.

Rätsch (2008), *Vom Forscher, der auszog, das Zaubern zu lernen. Meine Erlebnisse bei den Erben der Maya*. Kosmos, Stuttgart.

Reserve Bank of New Zealand Museum (2014), »A. W. H. Phillips, MBE and the MONIAC«, tinyurl.com/oqnv62p.

Reynolds (1987), »Flocks, Herds, and Schools: A Distributed Behavioral Model, in Computer Graphics«, *SIGGRAPH '87 Conference Proceedings* 4/21, S. 25–34, red3d.com/cwr/.

Reynolds (1990), *Earthship. How to Build Your Own Solar Survival Architecture*. Solar Survival Architecture, Santa Fe.

Ries (1522), *Rechenung auff der linihen vnd federn in zal, maß, vnd gewicht auf allerley handierung, gemacht vnnd zu samen gelesen durch Adam Riesen von Staffelstein, Rechenmeyster zu Erffurdt*. Verwendete Ausgabe: Deschauer (1992), Hg., *Das 1. Rechenbuch des Adam Ries*. München.

Rifkin (2014), *The Zero Marginal Cost Society. The Internet of Things, the Collaborative Commons and the Eclipse of Capitalism*. Macmillan, New York.

Deutsch: (2014), *Die Null-Grenzkosten-Gesellschaft: Das Internet der Dinge, kollaboratives Gemeingut und der Rückzug des Kapitalismus*. Schmidt, Übers., Campus, Frankfurt am Main.

Rinker (2014), »Der Tonkrugkühler – eine angepasste Kühlmöglichkeit. Bau- und Nutzungsanleitung«, *Movement e.V,.* tinyurl.com/oljcbqo.

Robinson (1962), *Economic Philosophy*. Penguin, London.

Robinson (2012), »Top 1 % Got 93 % of Income Growth as Rich-Poor Gap Widened«, *Bloomberg*, 02.10.2012, tinyurl.com/o8xhk7t.

Rocheleau, Raintree (1987), »Agroforestry and the Future of Food Production in Developing Countries«, *Impact of Science on Society* 142, S. 127–141.

Rochmyaningsih (2012), »Include trees in climate modelling, say scientists«, *The Guardian*, 06.01.2012.

Rodale-Institute (2014), »Regenerative Organic Agriculture and Climate Change«, rodaleinstitute.org/regenerative-organic-agriculture-and-climate-change.

Romer (2015), »Mathiness in the Theory of Economic Growth«, *American Economic Review* 5/105, S. 89–93.

Rosa (2005), *Beschleunigung. Die Veränderung der Zeitstrukturen in der Moderne*. Suhrkamp, Frankfurt am Main.

Rosenberg (2001), »Evolving Responsively: Adaptive Mutation«, *Nature Review Genetics* 2, S. 504–515, micab.umn.edu/courses/8002/Rosenberg.pdf.

Rosling (2012), »Religions and Babies«, *Ted Talk*, ted.com/talks/hans_rosling_religions_and_babies.

Rothschild (1990), *Bionomics: Economy as Ecosystem*. Beard Books, Washington.

Rousseau, (1755), *Discours sur l'origine et les fondements de l'inégalité parmi les hommes*. Verwendete Ausgabe: Rippel (1998), Hg. und Übers., *Abhandlung über den Ursprung und die Grundlagen der Ungleichheit unter den Menschen*. Reclam, Stuttgart.

Rumpho, Worful et al. (2008), »Horizontal gene transfer of the algal nuclear gene psbO to the photosynthetic sea slug Elysia chlorotica«, Proceedings of the National Academy of Science of the U.S.A. 46/105, S. 17867–17871, pnas.org/content/105/46/17867.abstract.

Russell (1945). A History of Western Philosophy. Allen & Unwin, London. Deutsch: (2004), Philosophie des Abendlandes. Fischer-Wernecke, Gilischweski, Übers., Piper, München.

Ryan (2009), Virolution. Collins, Seattle. Deutsch: (2010), Virolution. Die Macht der Viren in der Evolution. Kamphuis, Übers., Springer Spektrum, Berlin.

Sacks (2002), »The Money Trail. Measuring Your Impact on the Local Economy Using LM3«, New Economics Foundation und The Country Agency, tinyurl.com/kx8gflq.

Saez (2008), »Striking It Richer: The Evolution of Top Incomes in the United States«, Pathways Magazine, Stanford Center for the Study of Poverty and Inequality, tinyurl.com/q7zmzdy.

Sahlins (1974), Stone Age Economics. Travistock, London.

Sandel (2012), What Money can't Buy. The Moral Limits of the Markets. Penguin, London. Deutsch: (2012), Was man für Geld nicht kaufen kann. Die moralischen Grenzen des Marktes. Reuter, Übers., Ullstein, Berlin.

Sauders (1999), »Darwinism and Economic Theory«, in: Koslowski, Hg., Sociobiology and Bioeconomics. Springer, Berlin.

Scahill (2007), Blackwater. The Rise of the World's most Powerful Mercenary Army. Nation Books, New York. Deutsch: Blackwater. Aufstieg der mächtigsten Privatarmee der Welt. Kollektiv Druck-Reif, Jendricke, Übers., Rororo, Rowohlt, Reinbek.

Schäffle (1878), Bau und Leben des socialen Körpers. Laupp, Tübingen.

Schaps (2004), The Invention of Coinage and the Monetization of Ancient Greece. University of Michigan Press.

Schmandt-Besserat (1977), »The Earliest Precursor of Writing«, Scientific American 6/238, S. 50–58.

Schneider (1984), Streit um Arbeitszeit. Geschichte des Kampfes um Arbeitszeitverkürzung in Deutschland. Bund Verlag, Frankfurt am Main.

Schopenhauer (1892), Die Welt als Wille und Vorstellung. Verwendete Ausgabe: (1977), Zürcher Ausgabe. Werke in zehn Bänden, Band 2. Diogenes, Zürich.

Schriefl (2013), Platons Kritik an Geld und Reichtum. De Gruyter, Berlin.

Schulz (2015), »EZB-Anleihenkäufe: Der 1 140 000 000 000-Euro-Plan«, Süddeutsche Zeitung, 22.01.2015, sueddeutsche.de/wirtschaft/ezb-anleihekaeufe-der-euro-plan1.23 16621.

Schumann (2015), »Macht ohne Kontrolle – die Troika«, Arte, 24.02.2015.

Schuler (2006), »Arbeit fürs Essen«, Die Zeit, 17.05.2006, zeit.de/online/2006/20/ Schreiner.

Schumacher (1977), Small is beautiful. A Study in Economics as if People Mattered. Blond & Briggs. Deutsch: (2013), Small is Beautiful. Die Rückkehr zum menschlichen Maß. Oekom, München.

Schumpeter (1911), Theorie der wirtschaftlichen Entwicklung. Verlag Duncker und Humblot, Leipzig.

Schweppe-Kraft (2009), »Natural Capital in Germany – State and Valuation, with special reference to Biodiversity«, in: Döring, Hg., *Sustainability, Natural Capital and nature Conservation*. Metropolis, Marburg.

Scitovsky (1976), *The Joyless Economy. The Psychology of Human Satisfaction*. Oxford University Press.

Seaford (2004), *Money and the Early Greek Mind*. Cambridge University Press.

Sedláček (2012), *The Economics of Good and Evil. The Quest for Economic Meaning from Gilgamesh to Wall Street*. Oxford University Press.
  Deutsch: (2012), *Die Ökonomie von Gut und Böse*. Proß-Gill, Übers., Hanser, München.

Seife (2000), *Zero. The Biography of a Dangerous Idea*. Viking, New York.

Sen (1981), *Poverty and Famines: An Essay on Entitlement and Deprivation*. Oxford University Press.

Seymour (1976), *The New Complete Book of Self-Sufficiency. The Classic Guide for Realists and Dreamers*. Dorling Kindersley, London.

Shaxson (2015), »Follow the Money: Inside the World's Tax Havens«, *The Guardian*, 19.6.2015, theguardian.com/business/2015/jun/19/tax-havens-money-cayman-islands-jersey-offshore-accounts.

Shapin (1996), *The Scientific Revolution*. Chicago University Press.

Shapiro (2011), *Evolution. A View from the 21st Century*. Financial Times Press, Upper Saddle River.

Sharashkin (2008), *The Socioeconomic and Cultural Significance of Food Gardening in the Vladimir Region of Russia*. Dissertation, University of Missouri-Columbia.

Siemens, LanzaTech (2013), »Siemens and LanzaTech partner to transform steel mill offgases into bioethanol«, Pressemitteilung 13.06.2013, tinyurl.com/psl6w7z.

Simard, Perry, Jones, Myrold, Durall, Molina (1997), »Net Transfer of Carbon between ectomycorrhizal tree species in the field«, *Nature* 388, S. 579–582.

Simms, Moran, Chowla (2006), »The UK Interdependence Report«, *New Economics Foundation*, tinyurl.com/le6dfqb.

Singer (2014), »Under Pressure, does Evolution Evolve?«, *Quantum Magazine*, 15.01.2014, quantamagazine.org/20140115-under-pressure-does-evolution-evolve.

Skidelsky, Skidelsky (2012). *How much is enough? The love of Money and the case for the Good Life*. Other Press, New York.
  Deutsch: (2013), *Wie viel ist genug?: Vom Wachstumswahn zu einer Ökonomie des guten Lebens*. Schäfer, Pfeiffer, Übers., Antje Kunstmann, München.

Skinner (2008). *A Crime so monstrous. Face-to-face with modern day slavery*. Free Press.
  Deutsch: (2010), *Menschenhandel. Sklaverei im 21. Jahrhundert*. Bastei Lübbe, Köln.

Smith, Adam (1776), *An Inquiry into Nature and Causes of the Wealth of Nations*. Verwendete Ausgabe: Cannan (1909), Hg., Methuen & Co, London, econlib.org/library/Smith/smWN.html.

Smith, David Eugene (1931), *A Short History of Mathematics*. Riverside Press.

Smith, J. Russell (1929), *Tree Crops. A Permanent Agriculture*. Harcourt, Brace & Company, New York, soilandhealth.org/01aglibrary/010175.tree%20crops.pdf.

Smith, Jo (2010), »Agroforestry: Reconciling Production with Protection of the Environment«, *Organic Research Centre*, Newbury, orgprints.org/18172/1/Agroforestry_synopsis.pdf.

Smith, Noah (2014), »Here's what Economics gets right«, *Bloomberg View*, bloombergview.com/articles/2014-12-31/heres-what-economics-gets-right.

Literatur

Smith, Noah (2015), »How Mathiness made me Jaded about Economics«, *Bloomberg View*, bloombergview.com/articles/2015-05-22/how-mathiness-made-me-jaded-about-economics.

Smith, Noah (2015), »The Equation at the Core of Modern Macro«.

Smits (2009), »How to Restore a Rain Forest«, *Ted-Talk* 2/2009, ted.com/talks/willie_smits_restores_a_rainforest#t-81627.

Snell (1971), *Leben und Meinungen der sieben Weisen*. Heimeran, München.

Soddy (1934), *The Role of Money. What it should be, and what is has become*. Routledge, London, tinyurl.com/kka3d53.

Sohn-Rethel (1978), *Warenform und Denkform*. Suhrkamp, Frankfurt am Main.

Sohn-Rethel (1990), *Das Geld, die bare Münze des Apriori*. Suhrkamp, Frankfurt am Main.

Sombart (1930), *Drei Nationalökonomien*. Duncker & Humblot, München.

Spät (2014), *Und, was machst du so? Fröhliche Streitschrift gegen den Arbeitsfetisch*. Rotpunkt, Zürich.

Spufford (1988), *Money and its Use in Medieval Europe*. Cambridge University Press.

Spufford (2002), *Power and Profit: The Merchant in Medieval Europe*. Thames & Hudson, London.

Spencer (1884), »The Man versus the State«, in: *Man versus the State with Six Essays on Government, Society and Freedom*. Liberty Fund, Indianapolis, econlib.org/library/LFBooks/Spencer/spnMvS0.html.

Spencer (1860), »Social Organism«, in: *Man versus the State with Six Essays on Government, Society and Freedom*. Liberty Fund, Indianapolis, econlib.org/library/LFBooks/Spencer/spnMvS9.html.

Stamets (2005), *Mycelium Running. How Mushrooms Can Help Save the World*. Ten Speed Press, Berkeley.

Stamets (2008), »6 Ways Mushrooms Can Save the World«, Ted-Talk.

Sterckx (2006), »The Moral Justifiability of Patents. Ethical Perspectives«, *Journal of the European Ethics Network* 2/13, S. 249–265.

Stiglitz (2002), *Globalization and ist Discontents*. W. W. Norton, New York.

Deutsch: (2002), *Die Schatten der Globalisierung*. Schmidt, Übers., Siedler, Berlin.

Strohm (1997), »Beitrag der amtlichen Statistik zur gesamtwirtschaftlichen Konjunkturberechnung«, *Wirtschaft und Statistik* 10, S. 683–688.

Surowiecki (2014), »Home Free?«, *New Yorker*, 22.09.2014, newyorker.com/magazine/2014/09/22/home-free.

Svitil (2002), »Did Viruses Make Us Human?«, *Discover Magazine*, 11/2002, discovermagazine.com/2002/nov/breakvirus.

Tacitus (zirka 110), Annalen. Verwendete Ausgabe: Koestermann (1960), Hg. Leipzig.

Tatje (2012), »Rüstungsindustrie: Schöne Waffen für Athen«, *Die Zeit*, 07.01.2012, zeit.de/2012/02/Ruestung-Griechenland.

Temple (2007), *The Genius of China: 3,000 Years of Science, Discovery, and Invention*. Inner Traditions, Rochester.

Tenczar, Lutz, Rao, Goldenfeld, Robinson (2014), »Automated monitoring reveals extreme interindividual variation and plasticity in honeybee foraging activity levels«, *Animal Behaviour* 95, S. 41–48.

Thieme (2013), *Der Ökonom als Menschenfeind? Über die misanthropischen Grundmuster der Ökonomik*. Verlag Barbara Budrich, Kornwestheim.

Thoreau (1854), *Walden, or: Life in the Woods*. Cramer, Hg. (2004), Yale University Press, gutenberg.org/files/205/205-h/205-h.htm

Thukydides (1960), *Die Geschichte des Peloponnesischen Krieges*. Rinner, Vretska, Übers. und Hg., Reclam, Leipzig.

Tisdell (2004), »Economic Competition and Evolution: Are there Lessons from Ecology?«, *Contemporary Economic Policy* 2/222, S. 179–193.

Toensmayer (2007), *Perennial Vegetables. From Artichokes to Zuiki Taro, A Gardener's Guide to Over 100 Delicious and Easy to Grow Edibles*. Chelsea Green, White River Junction.

Tornau (2014), »Verbotener Griff in die Mülltonne«, *Frankfurter Rundschau*, 05.02.2014, tinyurl.com/mjgtko8.

Transparency International (2015), »EU Integrity Watch. Brussels Lobbying in Numbers«, tinyurl.com/pasdbrv.

Türcke (2015), *Mehr! Philosophie des Geldes*. C. H. Beck, München.

Twain (1889), *A Connecticut Yankee in King Arthur's Court*. Charles L. Webster & Company, New York, gutenberg.org/files/86/86-h/86-h.htm.

Usher (1954), *A History of Mechanical Inventions*. McGraw-Hill, New York, archive.org/details/historyofmechani00ushe

Vance (2011), »This Tech Bubble is Different«, *Business Week*, 14.04.2011, tinyurl.com/6kucyhs.

Veblen (1898), »Why is Economics Not an Evolutionary Science?«, *Quarterly Journal of Economics*, 4/12, S. 373–397.

Vietta (2012), *Rationalität – eine Weltgeschichte. Europäische Kulturgeschichte und Globalisierung*. Wilhelm Fink, Paderborn.

Villarreal (2004), »Can Viruses Make Us Human?«, *Proceedings of the American Philosophical Society*, 3/148, S. 296–323.

Vira, Wildburger, Mansourian (2015), »Forests, Trees and Landscapes for Food Security and Nutrition. International Union of Forest Research Organizations«, *International Union of Forest Research Organizations*, World Series 33.

Waerden (1985), *A History of Algebra. From al-Khwarizmi to Emmy Noether*. Springer, Berlin.

Wagoner, Schaeffer (1990), »Perennial grain development: Past efforts and potential for the future«, *Critical Reviews in Plant Sciences* 5/9, S. 381.

Walker, Karl (1959), *Das Geld in der Geschichte*. Zitzmann Verlag, Lauf bei Nürnberg, userpage.fu-berlin.de/~roehrigw/walker/gdg.htm

Walker, Salt (2007), *Resilience Thinking. Sustaining Ecosystems and People in a Changing World*. Island Press, Washington.

Walker, Salt (2012), *Resilience Practice. Building Capacity to Absorb Disturbance and Maintain Function*. Island Press, Washington.

Wallwitz (2011), *Odysseus und die Wiesel. Eine fröhliche Einführung in Finanzmärkte*. Berenberg Verlag, Berlin.

Walras (1874), *Éléments d'économie pure ou théorie de la richesse sociale*. Corbaz, Paris.

Waring (1988), *If Women Counted. A New Feminist Economics*. Harper, New York.

Watt, Hecker (2006), »Occupational Changes during the 20th Century«, *American Bureau of Labor Statistics*, bls.gov/opub/mlr/2006/03/art3full.pdf.

Webber (2010), »Argentina warns Greek bail-out will fail«, *Financial Times*, 02.05.2010, tinyurl.com/pqrzjnw.

Literatur

Weber, Andreas (2010), Biokapital. Die Versöhnung von Ökonomie, Natur und Menschlichkeit. Berlin Verlag.

Weber, Max (1904), Protestantische Ethik und der Geist des Kapitalismus. Verwendete Ausgabe: Kaesler (2010), Hg., C. H. Beck, München.

Wehrli (1967), Die Schule des Aristoteles. Schwabe, Basel.

Weik, Friedrich (2013), Der größte Raubzug der Geschichte. Warum die Fleißigen immer ärmer und die Reichen immer reicher werden. Tectum, Kassel.

Weik, Friedrich (2014), Der Crash ist die Lösung. Warum der Kollaps kommt und wie Sie Ihr Vermögen retten. Eichborn, Frankfurt am Main.

Weingart, Kroll, Bayertz (1992), Rasse, Blut und Gene. Geschichte der Eugenik und Rassenhygiene in Deutschland. Suhrkamp, Frankfurt am Main.

Weintraub (2002), How Economics Became a Mathematical Science. Duke University Press.

Weiss (1998), Der lange Weg zum Holocaust. Die Geschichte der Judenfeindschaft in Deutschland und Österreich. Hoffman & Campe, Hamburg.

Weltgesundheitsorganisation (WHO) (2014), »Malaria: große Fortschritte bei der Eliminierung, doch anhaltende Bedrohung durch eingeschleppte Fälle und Gefahr der Wiedereinführung«, Pressemitteilung 25.04.2014, tinyurl.com/q96r247.

Wetzstein (2011), Microeconomic Theory. Concepts & Connctions. Cengate Learning.

Whitefield (2004), The Earth Care Manual. A Permaculture Handbook for Britain and Other Temperate Climates. Permanent Publications, Hampshire.

Whitefield (2015), »An electricity-free terracotta fridge«, Perculture Magazine, permaculture.co.uk/readers-solutions/electricity-free-terracotta-fridge.

Wickman (2012), »Minding their own beeswax. How busy are bees, really?«, Slate Magazine 6/2012, tinyurl.com/oxkgv3j.

Williams (2015), »Humans may harbor more than 100 genes from other organisms«, Science Magazine, 12.05.2015, news.sciencemag.org/biology/2015/03/humans-may-harbor-more-100-genes-other-organisms.

WIR Bank (2014), »Jahresabschluss«, tinyurl.com/nsdf4yl.

Wolff (2014), Weltmacht IWF. Chronik eines Raubzugs. Tectum Verlag, Kassel.

Wood (2011), »Secret Fears of the Super-Rich«, The Atlantic, 4/2011, tinyurl.com/ohkqajm.

World Bank (2008), »World Bank Development Report 2008: Agriculture for Development«, tinyurl.com/2fbkl4.

World Bank (2014), »Poverty Overview«, worldbank.org/en/topic/poverty/overview.

World Wide Fund of Nature (WWF) (2006), »Living Planet Report 2006«.

World Wide Fund of Nature (WWF) (2012), »Living Planet Report 2012«, wwf.de/living-planet-report/.

World Wide Fund of Nature (WWF) (2015), »Soil Erosion and Degradation«, worldwildlife.org/threats/soil-erosion-and-degradation.

Zdrzalek (2015), »Mehr Nahverkehr kostet weniger Geld«, Die Zeit, 16.07.2015, zeit.de/mobilitaet/2015-07/nahverkehr-bus-bahn.

Zerzan (1988), Elements of Refusal. Left Bank Books.

Zolli, Healy (2012), Resilience. Why Things Bounce Back. Free Press, New York.

Register

Absolutismus 77
- Merkantilismus 77
Afrika 111, 152
- Kung 110, 116, 136
Ägypten 41
Al-Khwarizmi 41
Allmende 106ff., 131, 139, 148, 172, 185, 213f., 232ff.
Amsterdam 32
Anaximander 44
Anaximenes 44
Angola 114
Aquin, Thomas von 75
Arbeitsteilung 79f., 83, 94, 99, 119ff., 153, 168, 171, 178
Argentinien 110
- Finanzkrise 202, 217
- Yahga 110
Aristoteles 9, 44, 49, 64, 75
Armutsdefinition 153
AS-AD-Modell 16, 87
Asien 153
Athen 29, 47, 54, 149
Ätna 111
Außenhandelsdefizit 76
Austerität 140

Babylon 149
Babylonier 41, 171
Bacon, Francis 75
Bagdad 41
Bank of England 33f.
Barcelona 31
Bentham, Jeremy 56, 61
Berlin 114
Berliner Verkehrsgesellschaft 174

BGE-Kreis (Dirk Schuhmacher) 199
Biodiversität 211
Biologie 9, 156, 161
Biotechnologien 211
BIP. Siehe Bruttoinlandsprodukt
Bologna 171
Bonität 31, 36, 45, 101, 138, 140, 231
Bruttoinlandsprodukt 12, 60ff., 65ff., 73, 89, 95, 102, 112, 193
Buddha 125
Bundeshaushalt 139
Bush, George W. 146

Calvin, Johannes 69
Cardano, Gerolamo 42
Carnegie, Andrew 159
Carson, Rachel 205
Cayman-Inseln 167
China 53
Christen 76

Dänemark
- Ökoindustriepark, Kalundborg 208
Darwin, Charles 156ff., 160f., 166
- Evolutionstheorie 156, 163
Dawkins, Richard 158
Descartes, René 55
Deutschland 72, 83, 112, 122, 145, 158, 196
Dickens, Charles 82
digitales Zeitalter 34
Diktatorspiel 62

Dionysos 171
DNA 162f.
Draghi, Mario 146
Duwamish 106

Easterlin-Paradox 65
Easterlin, Richard 64
Edgeworth, Francis Ysidro 58f., 61, 84f.
Einstein, Albert 155
Eisenstein, Charles 113, 150, 185
Elysia chlorotica 162
Endosymbiontentheorie 163, 165
Engels, Friedrich 69
England 33, 56, 83, 107, 138, 157
Entropie 136
EU 114
EU-Kommission 142, 146
Euler-Gleichung 91
Europa 110, 123, 176, 196
Europäischer Stabilitätsmechanismus (ESM) 144, 176
Europäische Zentralbank (EZB) 142, 144, 146, 148, 202
Everett, Daniel 21

Fermat, Pierre de 42
Fiatgeld 31
Fibonacci, Leonardo 42
fiduziär 28, 33, 35, 239
finanzielle Unabhängigkeit 130
Finley, Ron 220
Fischbestände 168

Register

Fisher, Irving 201
Florenz 31, 49, 53
Franklin, Benjamin 118
Frankreich 30, 149f.
Freigeld 180f., 184, 187ff., 195, 199ff., 217
- Chiemgauer 201
- Schweizer WIR-Genossenschaft 201
- Urstromtaler 201
- Wära, Erfurt 199
- Wära, Schwanenkirchen 199
Freihandel 167
Freihandelsabkommen 83f.
Friedman, Milton 87f., 160

Galbraith, John Kenneth 19
Galilei, Galileo 49, 56
Gallieni, General 149
Geldknappheit 202
Geldschöpfung 36, 55, 181, 184, 188, 228, 232
Genetik 158
Genua 31
George, Henry 98
geplante Obsoleszenz 166
Germanien 111
Gesell, Silvio 195, 201
Gilgamesch-Epos 111
Glücksforschung 66
Goethe, Johann Wolfgang von 171
Gold 19f., 24, 27ff., 33ff., 38f., 77f., 104, 136, 171, 188
Goldman Sachs 146
Graeber, David 122
Great Green Wall 213
Greenwashing 167
Griechenland 28f., 52, 54, 138, 142, 171
- BIP 144
- Griechenlandrettung 144f.
- Krise 142, 145f., 218
- Rettungsschirm 142, 144
- Staatsverschuldung 144
Grundeinkommen 180ff., 184, 186, 188ff., 216, 228, 245
- Brasilien 199
- Finnland 199
- Indien 199
- Manitoba, Kanada 197

- Mongolei 199
- Otjivero, Namibia 198
- Schweiz 199

Haeckel, Ernst 158, 160
Hardin, Garrett 107
Hebecker, Max 199
Hebräer 76
Hedgefonds 151f.
Hedonimeter 58
Herbers, Joan 165
Herdentrieb 236
Hessel, Stéphane 235
Hessen 139
Hicks, John 87
Himalaya 127
Homo oeconomicus 62, 64, 102
Hum, Derek 197
Hume, David 76, 78

IMF 93
Indianer 118f.
Indien 134, 213
Indonesien 213
Industrial Ecology 209
Industrialisierung 107, 157, 168, 207
Inflation 186ff.
Internetwährung 202
- Bitcoin 202
- Freicoin 201
Investition 173
Ionier 27
Irak 23
Irland 82f., 123
- Kartoffelfäule 82, 110
IWF 107, 144, 150, 152, 154

Jevons, William 84
Josef 9

Kant, Immanuel 76
Kapitalrendite 173
Karl der Große 29
Karthago 111, 149
Keynes, John Maynard 69ff., 73, 85ff., 90, 120, 122, 157, 201
Kleinasien 27, 41, 44, 47
Klimawandel 213
Knappheit 81ff., 97, 102, 104, 113, 115, 119, 122, 124, 135ff., 154ff., 161,

165f., 168, 172, 177, 180f., 187, 194f., 217, 228, 230f.
Kommerzialisierung 154f., 167, 169f., 172, 174, 176, 178, 184, 192, 231ff., 238
Konsum 172
Konsumismus 132
Koran 76
Kosmologie 49, 155
Kosten-Nutzen-Analyse 67
Kredit 170, 174ff., 179, 181ff., 188, 192f., 195
Kreditausfallversicherung (Credit Default Swap) 174
Kreditgeld 103
Kreislaufmodell 16, 89
Krieg 140, 197
Krise 175f., 187, 198, 200ff., 205, 217, 219f., 226, 233f., 237, 240
Kroc, Ray 160
Krösus 28
Kuba 218
- Monolandwirtschaft 218
- Organipónicos 218

Ladakhi 127ff., 131f.
Leasing Economy 209
Lee, Richard 136
Lehman Brothers 142, 146
Libanon 111
Liber abbaci 42
Liberia 152
Lloyd, William F. 107
Lobbyverbände 146
Lü Buwei 53
Ludwig XV. 78
Lyder 27f.

Machiavelli, Niccolò 53
Madagaskar 149f.
Makroökonomik 16, 61, 91
Malthus, Thomas 80ff., 155f., 158f., 166
Mangel 156f., 159ff., 166, 190, 194, 223, 231
Manhattan 171
Mankiw, Gregory 203
Margulis, Lynn 165
Marokko 110
Marshall, Alfred 59f., 84f.
Marx, Karl 69, 157

Register 303

Maschine 16ff., 40, 50f., 61, 72, 74f., 82, 86, 89f., 92ff., 113, 154, 159, 161, 166, 168ff., 172, 177, 203ff., 217, 220, 229, 231, 235, 239f.
Melier 54
Melos 54
Mendel, Gregor 158
menschlicher Körper 221
- Blut 221, 226f.
- DNA 229
- Erythropoetin (EPO) 224, 226f.
Merkel, Angela 137
Mesopotamien 24, 36, 41, 110f.
Metaphysik 47, 49, 94
Mexiko 21
- Lakandonen 21, 117
Midas 171
Migration 197
Mikrokredite 152
Mikroökonomik 45
Milet 44
Mittelalter 30, 106, 117, 168, 195
Mondigliani, Franco 87
Moniac 15ff., 61, 77, 87f., 90, 215
Moral Sciences 56
Münzen 19f., 26ff., 32ff., 44, 46f., 49, 52, 75, 99f., 138, 171, 194, 222
- Erythrozyten 222
Mutation 161
Mykene 111
Mykener 111

Nachhaltigkeit 233
Napoleon 106
Negativzins 182, 186f., 202, 228, 233
Negativzinswährung 203
- Wörgl 200
Neodarwinismus 158
Neuzeit 36, 55, 77, 107
New Deal 201
Newton, Isaac 49, 56, 59f., 84, 89
New York 64
nichtstaatliche Organisationen 146
Niebel, Dirk 146

Nietzsche, Friedrich 40
Norberg-Hodge, Elena 127f., 135
Nordamerika 110f., 118
Notfallwährungen
- USA 201
Nutzenoptimierung 158

OECD 93
öffentlicher Nahverkehr 193
Ökosystem 112, 219, 243
- Korsika 212
- Medikamente 210
- Naturkapital 211
- Sukzession 205, 211f.
- Wachstumsregulierung 206
Oligopol 167
Orwell, George 115
Österreichische Nationalbank 201
Oval Office 146

Papiergeld 34f., 138, 194f.
Pareto, Vilfredo 84
Pascal, Blaise 42
Perikles 29
Persien 28
Phaleron, Demetrios von 45
Phillips, Alban 15
Physik 9f., 13, 55f., 59, 75, 78, 84, 87f.
- Hydraulik 16, 84, 88f.
- statistische Mechanik 84
Physiokraten 77, 79
Pirahã (Amazonas) 21, 182
Plastik 194
Platon 47, 75
Polen 115
Portugal 83
Privatisierung 139, 141, 147f., 150, 152, 234
- Saatgut 168
- Selbsternährung 168
Punischer Krieg, erster 149
Pythagoras 47

Quesnay, François 78

Ranavalona III. 149
Rational Expectations 147
Rätsch, Christian 21, 116
Reformation 117
Regiogeld 232

Reichsbank 200
Reichsfinanzministerium 200
Ressourcenproblem 81
Ricardo, David 80, 83
Ries, Adam 42
Risikozins 146
Rolling-Jubilee-Projekt 231
Rom 29, 111, 124, 149
Römer 29, 149
Römisches Reich 106
Roosevelt, Theodore 201
Rousseau, Jean-Jacques 105

Sahara Forest Project 213
Sahlins, Marshall 116f.
Sambia 114
Scheidemünze 28
Schekel 26
Schenkungswirtschaft 23, 48, 178
Schlagsatz (Seigniorage) 30, 42, 195
Schopenhauer, Arthur 50
Schwarmverhalten 236ff.
Schwundgeld 180f., 184, 186f., 196, 199, 201f.
Seattle 106
Shapiro, James 162
Sierra Leone 152
Silber 19, 24ff., 33ff., 38, 77, 136, 149
Simbabwe 152
Sklaven 153
Smith, Adam 9, 78ff., 83, 98, 120, 154
Sokrates 29
Solow, Robert 91
Sozialausgaben 139
Sozialsysteme 121
Spät, Patrick 117
Spencer, Herbert 158, 160
Spieltheorie 54
Staatsanleihen 139
Stamets, Paul 211
Statistisches Bundesamt 63
Steuersenkungen 140
Subsistenzwirtschaft 40, 77, 116, 128, 151, 178, 214
Sumerer 24f., 27, 29, 41, 138
Symbiose 163f.
synergistische Gesellschaft 128

304 Register

Tansania 152
Tauschnetzwerk 199
Thales 41, 44ff.
Thatcher, Margret 126, 160
Thora 76
Thoreau, Henry David 180
Thukydides 54
Tragedy of the Commons 107
Transition Town 220, 240

UN-Generalversammlung 154
universelle Opulenz 80
Universitätslaufbahn 168
UN-Sicherheitsrat 154
Unternehmensberatungen 146
Uruk 23, 111
USA 35, 64, 72, 201
Utilitarismus 56f., 59, 67

Vasallenstaat 151, 153
Verbraucherschutz 167

Volkswirtschaftliche Gesamtrechnung (VGR) 63
Vollbeschäftigung 121

Waal, Frans de 165
Wachstum 12, 103, 119, 130, 137f., 140f., 149, 151, 166, 168, 170, 173ff., 179, 181, 184, 187, 190, 192, 198, 202f., 207, 220, 224, 228, 230
Wachstumsmodell 91
Währung
 - Écu de marc 32
 - Schekel 25ff., 41, 43
 - Tonmarken 23
Währungsmonopol 201
Walras, Léon 84
Weltbank 93, 107f., 146, 153
Weltraum 114
Weltwährungsfonds (IWF) 142
Weltwirtschaftskrise 1929 85f., 199, 217

Wertschöpfung 73
Wettbewerb 156f., 161, 163ff., 173, 223
Wikipedia 89
Wohlstand 75, 84ff., 88, 91f., 95, 120, 135, 137, 148f., 153, 166, 171, 217
WWF 218

Zauberlehrling. Siehe Goethe
Zentralbank 34, 138, 174, 180, 184, 202, 217, 228
Zins 76, 98, 103, 109, 112, 136, 138ff., 146, 151, 170, 172, 179ff., 187, 189, 192, 195, 202, 224, 226, 228, 231
Zinssatz 91, 150, 187
Zinsverbot 76f.
Zinszahlung 139, 150, 154, 187